भारतीय समाज का ऐतिहासिक विश्लेषण

पीपुल्स पब्लिशिंग हाउस (प्रा.) लि.

वाणी प्रकाशन
21-ए, दरियागंज, नयी दिल्ली-110002
फोन : 23273167, 23275710 ● फैक्स : 23275710
e-mail : vani_prakasan@yahoo.com
: vani_prakasan@mantraonline.com

भारतीय समाज का ऐतिहासिक विश्लेषण

भगवत शरण उपाध्याय

वाणी प्रकाशन का लोगो
विख्यात चित्रकार मकबूल फिदा हुसेन
की कूची से

वाणी प्रकाशन
21-ए, दरियागंज, नयी दिल्ली-110002
द्वारा प्रकाशित

प्रथम संस्करण : 2004
द्वितीय संस्करण : 2007

आवरण : वाणी चित्रांकन

शुभम ऑफसेट, दिल्ली-110032
द्वारा मुद्रित

मूल्य : 195.00

BHARATIYA SAMAJ KA ITIHASIK VISHLESHAN
by Bhagwat Sharan Upadhyaya

समाज के उन सर्वहारा श्रमिकों को
जिन्होंने, अन्याय से लड़ते,
लहू और पसीने से लथपथ,
कभी अपने कंधे न डाले।

प्रथम संस्करण की भूमिका

मैं इस पुस्तक की 'भूमिका' नहीं केवल दो शब्द लिख रहा हूँ—यथार्थतः दो शब्द, क्योंकि इस जल्दी में 'दो शब्द' ही संभव, उपादेय पर आवश्यक हैं। इस ग्रंथ के लिए वस्तुतः 'भूमिका' और समुचित सविस्तार भूमिका, अपेक्षित थी, परंतु अवकाश के अभाव में उसे दूसरे संस्करण के लिए स्थगित रखता हूँ।

यह पुस्तक मेरे सांस्कृतिक निबंधों का संग्रह है। स्पष्ट है कि यह समष्ट्यात्मक अनुशीलन नहीं, भारतीय संस्कृति का विश्लेषण मात्र है। उसका समष्ट्यात्मक अध्ययन समय लेगा। समय उसने लिया भी है, प्रायः दस वर्ष, और उसकी रूपरेखा-अंतरगामी मेरे सामने है, परंतु उसका प्रकाशन मैं विदेश से लौट कर करूँगा। इस समय मैं इस संकलन अथवा भारतीय संस्कृति के अध्ययन की इस सूची मात्र से संतोष करता हूँ।

हाँ, यह सूची मात्र है परंतु, जैसा इससे आशा की जा सकती है, यह उस अध्ययन के स्पंदन और नाड़ी पर सही हाथ रखती है, उसकी यथार्थ झाँकी देती है, इसमें मुझे संदेह नहीं।

मेरें पिछले दो साल अत्यंत कष्ट के रहे हैं। कारण मुझे अपनी विदेश यात्रा बार-बार स्थगित करनी पड़ी है, विदेशों में अपने व्याख्यानों की नियत तिथियाँ भी बदलनी पड़ी हैं। परंतु अपने सांस्कृतिक अध्ययन में और विलंब न कर सकने के कारण नितांत असह्य पारिवारिक स्थिति बार-बार आँखों की ओट कर समुंदर पार जा रहा हूँ जिससे भारतीय संस्कृति के आधार-स्वरूप पश्चिमी एशिया, मिस्र आदि से खोदकर निकाली पुरातात्विक मूल सामग्री का अमेरिका और योरप के संग्रहालयों में अध्ययन कर सकूँ और फलतः संस्कृतियों के अंतरावलंबन का अनुशीलन अपने जीवन में ही समाप्त कर सकूँ। अतः पाठकों के सामने अपने संयोजित अध्ययन की अनुक्रमणी मात्र को रख रहा हूँ।

ग्रंथ दो वर्षों से प्रकाशन के वातावरण में रहकर भी अप्रकाशित रहा है और अब मेरे मित्र थी पुरुषोत्तम दास खत्री के प्रयास से प्रकाशित हो रहा है। इसमें संगृहीत निबंध समय-समय पर पत्र-पत्रिकाओं में निकले हैं। मैं उन पत्र-पत्रिकाओं का ऋणी

हूँ। पिछले कई महीनों से प्रायः अज्ञातवास ही करता रहा हूँ। इससे मेरा पता न जानने के कारण प्रकाशक मुझे पुस्तक का प्रूफ न भेज सके और छपाई की इसमें अनेक अशुद्धियाँ रह गयीं। एक अशुद्धि तो पृष्ठ 223 पर काफी बड़ी है। 'संस्कृतियों का अंतरावलंबन' स्वतंत्र और अत्यंत महत्त्वपूर्ण निबंध है जो 'भारतीय संस्कृति में ग्राह्य और अग्राह्य' के परिशिष्ट के रूप में उससे जुड़ा हुआ छप गया है। विज्ञ पाठक कृपया उसे सुधार लेंगे। 'भारतीय चिंतन की द्वंद्वात्मक प्रगति' शीर्षक लेख पहले 'पारिजात' में दिङ्नाग नाम से छपा था जिससे इस पुस्तक में भी लेखक का नाम उस लेख की 10वीं पंक्ति में छप गया है। इस प्रकार की और भी त्रुटियाँ होंगी जिनके लिए अपने पाठकों से मैं क्षमा चाहूँगा।

यदि इस पुस्तक से भारतीय संस्कृति को समझने में पाठकों को सुविधा मिली तो मैं अपना प्रयास सफल मानूँगा। इस ग्रंथ के प्रकाशन में श्री पुरुषोत्तमदास खत्री ने जो कठिनाइयाँ झेली हैं उनके लिए मैं उनका कृतज्ञ हूँ।

प्रयाग, 20-7-'50

लेखक

अनुक्रम

1

गीता–दर्शन अथवा संघर्ष

"धिग्वलं क्षत्रियबलं ब्रह्मतेजो बलं बलम् ।
बलाबले विनिश्चित्य तप एव परं बलम्॥" (महाभारत)
"येन बद्धो बली राजा दानवेन्द्रो महाबलः ।
तेन त्वां प्रतिबध्नामि रक्षे मा चल मा चल ।।"

"क्षत्रिय के पशुबल को धिक्कार है। ब्राह्मण के तेज का जो बल है, वास्तविक बल वही है। इन दोनों प्रकार के बलों पर विचार करने से तप ही परम बल सिद्ध होता है।"

"जिस (छल) के द्वारा दानवों का स्वामी महाबली राजा बलि बाँधा गया था उसी के द्वारा मैं भी तुम्हें बाँधता हूँ। हे राखी, स्थिर रहना, न हिलना न डोलना, जकड़ रखना!"

श्रीमद्भगवद्गीता का अध्ययन अब तक स्वतंत्र दर्शन के रूप में हुआ है। यह दृष्टिकोण यथार्थतः भ्रामक है। प्रत्येक कृति चाहे वह साहित्यिक अथवा घटनापरक हो साधारणतया ऐतिहासिक है, अतः उसकी ऐतिहासिक व्याख्या की जा सकती है। इतिहास के दृष्टिकोण से गीता रेखा के छोर पर खड़ी है जिसमें ब्राहण-क्षत्रियों के दो वर्ग सचेत संघर्ष करते हैं। इस सिद्धांत का अध्ययन हम अनुवृत्त, अंतरंग और व्यक्तित्व नामक तीन शीर्षकों के अंतर्गत करेंगे।

अनुवृत्त

संस्कृत साहित्य में ऋग्वेद से भगवद्गीता तक के काल-प्रसार में आर्थिक लाभ और राजनीतिक शक्ति के अर्थ ब्राह्मण-क्षत्रियों का पारस्परिक द्वंद्व स्पष्ट है। ऋग्वेद में दस राजाओं के प्रसिद्ध 'दाशराम' युद्ध का जो विशद वर्णन है वह शक्ति और संपत्ति के केंद्र पुरोहित-पद के लिए वसिष्ठ और विश्वामित्र के संघर्ष की चरम परिणति है। पुराणों, रामायण और महाभारत में परशुराम द्वारा क्षत्रियों के अनेक बार संहार

की जो कथा कही गयी है वह स्वयं इस दिशा में गंभीर संकेत है। फिर उसी परशुराम का क्षत्रियों को शस्त्र-ज्ञान न देने का व्रत भी अर्थ रखता है। कर्ण ने किस प्रकार प्रवंचना से उस विद्या को ग्रहण किया और किस प्रकार परशुराम के शाप से रण के बीच उसका निधन हुआ, क्यों उस ब्राह्मण का युद्ध राम-भीष्मादि, केवल क्षत्रियों से ही हुआ, फिर उसके असाधारण युद्ध-दुर्मद होते हुए भी 'परशु-रामायण' अथवा 'परशु-महाभारत' क्यों नहीं लिखे गये, क्यों इसके विरुद्ध 'रामायण' और 'महाभारत' नामक इतिहास केवल क्षत्रिय नरपुंगवों की स्तुति में ही रचे गये, इन सबका कारण और अर्थ है। यह भूलने की बात नहीं कि भीष्म के पिता शांतनु का अग्रज देवापि जब त्वचा-दोष के कारण राज्याधिकार से वंचित कर दिया गया तब उसने झट पुरोहित का ब्राह्मण पद स्वायत्त कर लिया और भाई के अश्वमेध में ऋत्विज बना । परीक्षित का बेटा जनमेजय हुआ। उसका पुरोहित ब्राह्मण-उपनिषदों का प्रख्यात ऋषि तुर कावषेय हुआ। जनमेजय के राजकुल और तुरकावषेय के पुरोहित-कुल का परंपरागत पारस्परिक विद्वेष इतिहास-प्रसिद्ध है। जनमेजय के अश्वमेध में उसके पुरोहित ऋत्विज और ब्राह्मण-वर्ग-नेता तुर-का-वषेय ने साजिश से जानबूझ कर, स्वयं ऋत्विज होते हुए भी, जिस प्रकार उस यज्ञ को अपवित्र और उसका विध्वंस किया वह व्यक्तिगत क्रोध का फल न था, यह ब्राह्मण ग्रंथों की व्याख्या से स्पष्ट है। जनमेजय के भाइयों ने इस यज्ञ-विध्वंस के फलस्वरूप जो 60,000 ब्राह्मणों का वध कर शेष को देश से निकाल बाहर किया वह इस पारस्परिक विद्वेष का ही चरम परिणाम था। *महाभारत* का उपरिनिर्दिष्ट श्लोक ब्राह्मण द्वारा वर्ग रूप में क्षत्रिय बल-प्रताप को चुनौती देता है। रक्षा-बंधन के अवसर पर ब्राह्मण द्वारा यजमान के प्रति कहा गया श्लोक "येन बद्धो बली राजा..." एक अभिसंधि उपस्थित करता है जिसमें वामन-पुरोहित की भाँति बलि यजमान को प्रवंचित करने का व्रत घोषित है।

उत्तर-वैदिक काल के आरंभ अथवा वैदिक तथा उपनिषत् काल की संधि पर जनपद राज्यों का उदय हुआ। अब वैदिक राजा केवल दरिद्र जन-राजा न होकर समृद्ध जनपद राज्यों के स्वामी थे। ब्राह्मण गुरु-पुरोहितों ने उन्हें अविजित को जीतने के लिए उत्साहित किया परंतु विजयों की अपहरित विभूति को सर्व-जित यज्ञ में ब्राह्मणों की दक्षिणा की वस्तु ठहराया। एक काल तक तो ब्राह्मणों की कूटनीति चल गयी परंतु शीघ्र राजन्य-नृपतियों ने उनकी चाल भाँप ली। जिन विभूतियों को उन्होंने जान पर खेलकर दिग्विजयों में दूसरों के खून में रथ चला कर उपार्जित किया था उनको परोपजीवी ब्राह्मणों को वे क्यों दे दें? रघु विश्व जीत कर भी पुरोहितों के वाग्जाल में फँस सर्वस्व खो कर मिट्टी के पात्र से आर्घ्य-दान क्यों करे, यह स्वयं रघु तो न समझ सका पर उसके वंशजों ने समझा। उधर ब्राह्मणों ने एक और प्रबंध बाँधना शुरू किया था। स्वयं तो वे मंत्रकर्ता थे, अपनी सूझ के रास्ते औरों को चलाने की क्षमता रखते थे, परंतु धीरे-धीरे जो उनके वर्ग की मेधा क्षीण होती जा रही थी उसके

लिए—अद्यावधि अनागत परंतु उत्तर-क्रमिक कुलांकुरों के लिए—कुछ करना था। पुरोहिताई के लाभ अनंत थे और उनको कुलागत करने के लिए उन्होंने अनेक प्रयत्न किए जिनमें सबसे महत्त्वपूर्ण यज्ञों की योजना थी। सैकड़ों वर्ष तक चलने वाले सत्रों (यज्ञों) की उन्होंने नींव डाली जिनमें राजकुलों और पुरोहितों की अनेक पीढ़ियाँ आसानी से लगी रह सकती थीं। प्राचीन काल के आर्थिक संघर्ष के दाँव-पेंचों की यह चाल साधारण महत्त्व की न थी। यज्ञों की शैली असाधारण कर, उसमें अनेक गुत्थियाँ डाल, उन्होंने उसे अत्यंत गोपनीय और रहस्यमय कर लिया। अनुष्ठान की अनंत भेदभरी क्रियाओं-प्रक्रियाओं का विधान कर उन्होंने उस पर वर्ग-विशेष का स्वत्व स्थापित कर दिया। उस विधान की शाखा-प्रशाखाओं को उन्होंने एक विशिष्ट प्रकार के ग्रंथों में आवृत किया और उनका नाम उस वर्ग के नाम पर ही 'ब्राह्मण' रखा जिनकी कुंजी केवल उनके कुलों में थी। यज्ञ का तकनीक अब रहस्यमय, जन-साधारण से अलक्षित वर्ण-वर्ग विशेष का हो गया। अब विश्वामित्र अथवा देवापि का ऋत्विज होना संभव न था। परंतु क्षत्रिय कम समर्थ न थे। समृद्धि भरा उनका जीवन था, समय का अभाव न था, पेट के लिए उन्हें इधर-उधर झाँकने की ज़रूरत न थी। उन्होंने भी अपने **ब्राह्मण** बनाने की ठानी। दर्शन, भरे पेट का परिणाम है, चिंतन बेकारी और समृद्धि का मन बहलाव। राजन्यों ने दर्शन की नींव डाली, 'उपनिषदों' की रचना की, जिनके मूल तत्त्व और भेद उन्होंने अपने पास रखे, जिनके मंत्र उन्होंने अरण्यों के एकांत में सन्निकट बैठे नव-दीक्षितों के कान में कहे। समर्थ राजन्य ने इस प्रकार अपने साधनहीन दरिद्र प्रतिस्पर्धी के ऊपर दार्शनिक विजय पाई।

यज्ञ-प्रक्रियाओं और उनसे प्रजनित अर्थ-हानि के प्रति राजन्यों ने जो विद्रोह किया उसके नेता चार क्षत्रिय ऋषि हुए जो उपनिषद्-विद्या के प्रख्यात गुरु माने जाते हैं—अश्वपति कैकेय (पंजाब), प्रवहण जैवलि (पंचाल), अजातशत्रु (काशी), जनक (विदेह)। स्पष्ट है कि क्यों उपनिषत्काल के ब्राह्मण उपनिषद्-ज्ञान से अपनी अनभिज्ञता घोषित करते हैं। जब अजातशत्रु दृप्त बालाकि से प्रश्न करता है तब उद्भट मेधावी होता हुआ भी 'घमंडी' (दृप्त) बालाकि बगलें झाँकने लगता है। उसने तो केवल यज्ञों के पति, विशाल पट वाले, अनंत आमिष भोजी, अमित सोमासवपायी और अप्सराओं में वृषभ की भाँति वर्षण करने वाले अति-मानव इंद्र और उसके अनंत शरीरी विश्वदेवा का साक्षात् किया था, अमूर्त 'ब्रह्म', अज्ञेय 'आत्मा' क्या बला है, यह उसकी समझ में न आया। कहाँ तो वह शरीरांत में स्वर्ग में अप्सराओं के रोमांचक स्पर्श, सुस्वादु मांस, प्रमुख पायस के आहार और सोम के आपान के स्वप्न देखता था और कहाँ जन्म-मरण से रहित फिर भी आवागमन के केंद्र निरीह आत्मा की बात सुन कर वह चित्त हो गया। 'ब्रह्म' तक को अन्न का पर्याय बनाकर 'ब्रह्मचर्य' को 'अन्न-भोजन' का प्रतीक जिसने माना था उसके सामने न खाने न खिलाने वाले ब्रह्म और आत्मा के रूप अबूझ पहेली बन कर आये। निस्संदेह उसके प्रतिद्वंद्वी विजेता समृद्ध राजन्य

के सामने पेट का प्रश्न न था, इससे उसका ब्रह्म भी अनाहारी था। ब्राह्मण इस मार से बिलबिला उठा। जनक ने याज्ञवल्क्य को, अजातशत्रु ने दृप्त बालाकि को, और अश्वपति कैकेय ने उद्दालक-आरुणि को अपना शिष्य बनाया, तीनों ब्राह्मण अपने-अपने क्षेत्र में यद्यपि अद्वितीय थे। अश्वपति ने तो ब्राह्मणों की यहाँ तक विडंबना की कि जब आरुणि और श्वेतकेतु—पिता-पुत्र—उसके पास इस नये ज्ञान में दीक्षित होने पहुँचे तब उसने कहा—'समित्पाणीभव'! जो कह कर ब्राह्मण आचार्य नव ब्रह्मचारी को गुरुकुल में स्वीकार करते थे। यह क्षत्रिय विद्रोह बढ़ता गया और अनेक मेधावी उसमें योग देते गये। पार्श्व, महावीर, बुद्ध इस संघर्ष के पिछले काल में हुए, तीनों राजन्य, तीनों अभिजात-कुलीय, तीनों यज्ञानुष्ठानों के प्रहर्ता। इनमें से अंतिम, बुद्ध, ने एक नयी शैली को अपना अस्त्र बनाया। उसने ब्राह्मण समाज की व्यवस्था वर्णाश्रम धर्म पर ही आक्रमण किया, और उनकी भाषा देववाणी संस्कृत को तिरस्कृत कर दिया। योरपीय देशों में जिस प्रकार लातीनी को धर्म की भाषा बना कर पादरी लोग उसकी दुर्भेद्य प्राचीरों के पीछे धर्म के विधाता बन गये थे वैसे ही संस्कृत भी अल्पजनीन होने के कारण ब्राह्मणों की सहायक बन गयी थी। बुद्ध ने उसे त्याग, जनभाषा पाली को अपने आक्रमण और व्याख्या का वाहन बनाया।

जिस बगावत का सूत्रपात कैकेय आदि ने किया था, जिसका वितन्वन पार्श्व-बुद्ध ने किया था उसकी पराकाष्ठा भगवद्गीता ने की। ब्राह्मण ने दुर्बल होते हुए भी अपना प्रयास न छोड़ा। अब संघर्ष असम था, फिर भी ब्राह्मण रक्त और शरीर का तर्पण करने को उद्यत हुआ। एक ओर यदि शक्ति और साधन थे तो दूसरी ओर दुःसाहस और प्रतिशोध की भावना थी। उसके श्रम और दीक्षित अध्यवसाय का तकनीक अनेक बार रिक्त दर्शन तथा शक्ति का अतिक्रमण कर गया। जैन-बौद्धों की शक्ति-परंपरा में शीघ्र एक विशाल साम्राज्य की मगध में स्थापना हुई जिसका आरंभ परिस्थितिवश ब्राह्मण-क्षत्रिय के सम्मिलित-अध्यवसाय से हुआ, परंतु जिसे भोगा केवल क्षत्रिय ने। यह मौर्य कुल था जिसमें संघर्ष के सिद्धांत और क्रिया एकत्र हो गये थे। इसके नृपति कुल रूप में क्षत्रिय थे, दर्शन-सिद्धांत रूप में *उपनिषदों* की विद्रोही न्याय-परंपरा के उत्तराधिकारी बौद्ध अथवा जैन थे। अंतिम मौर्यराज वृहद्रथ को उसके पुरोहित-सेनानी पुष्यमित्र शुंग ने सारी सेना के सामने चमकते दिन के उजाले में मार डाला। पुष्यमित्र न केवल ब्राह्मण और राजपुरोहित कुल का प्रधान था वरन् वह महाभाष्यकार और योगसूत्रों के रचयिता महर्षि पतंजलि का शिष्य भी था। ब्राह्मण ने क्षत्रिय को मार गद्दी अपना ली और यज्ञानुष्ठानों का पुनः संगठन कर संस्कृत को राजपद दे ब्राह्मण-धर्म का पुनरुद्धार किया। उसके अश्वमेध में स्वयं पतंजलि ने ऋत्विज का कार्य किया। इसी काल *मनुस्मृति* की रचना हुई जिसमें ब्राह्मण 'महिसुर' बना और क्षत्रिय को उसने पार्थिव, दूसरा स्थान दिया। निश्चय मौर्य साम्राज्य का अंत ब्राह्मण षड्यंत्र का परिणाम था जिसके तंतुवाय संभवतः स्वयं पतंजलि और संघटयिता निस्संदेह पुष्यमित्र थे। क्षत्रिय ने दर्शन के चिंतन में अपनी तलवार कोने

में टिका दी थी, ब्राह्मण ने अब वह उठा ली। वह उसके हाथों में सहसा चमक उठी, क्षत्रिय राजमुकुट धूल में पड़ा था, ब्राह्मण ने तलवार की नोक से उठाकर उसे अपने मस्तक पर रखा। मगध में शुंगों के बाद पहले काण्वायन फिर आंध्र सातवाहन आये। तीनों ब्राह्मण थे। उनके बाद विदेशियों का शासन रहा, सदियों तक क्षत्रिय असावधान रहे। और मगध में जब वे फिर आये तब ब्राह्मण चारण हो गया था और उसकी प्रशस्ति में *रघुवंश* गाता था, 'आलोक शब्द' बोलता था। परंतु अवश्य इसका कारण है कि ईसा से लगभग दो सदियों पूर्व शुंग काल में भारत के सुविस्तृत भूक्षेत्र के भोक्ता तीन ब्राह्मण सम्राट-कुल ही क्यों थे, क्षत्रिय-कुल क्यों न थे? क्यों तब नर्मदा से सिंधुनद तक शुंगकुलीय पुष्यमित्र तपता था? क्यों पूर्व में सागरतटीय कलिंग, चेदिकुलीय खारबेल खड्ग से अपनी कीर्ति लिखता था? क्यों दक्षिणापथ की दिशायें आंध्र सातवाहनों की शासन-घोषणाओं से गूँजती थीं? आखिर वे तीनों कुल ब्राह्मण क्यों थे? और समय आया जब भारत में ब्राह्मण राजकुलों की संख्या तेरह हो गई। ब्राह्मण सातवाहनों ने अपने अभिलेखों में अपने को 'क्षत्रिय के मान और दर्प को दलने वाला' कहा और ब्राह्मण कुटुंब कुल के प्रतिष्ठाता मयूर शर्मा ने क्षत्रियों की शक्ति और ब्राह्मणों की दुर्बलता और हीनता की निंदा की।

अंतरंग

गीता भी एक उपनिषद् है। वह स्वयं अपने को उपनिषद् कहती है और प्रत्येक अध्याय के अंत में उसको उपनिषत्संज्ञा दी गई है। अनुवृत्त भी उसे उपनिषद् ही कहता है। अन्य उपनिषद् गाय हैं, गोपाल-कृष्ण उसके दोग्धा हैं और गीता इस प्रकार दुहा हुआ दूध है, उपनिषदों का निचोड़। उपनिषदों के अनेक भावों से गीता अनुप्राणित है और उसके अनेक श्लोक सीधे उपनिषदों से ले लिये गये हैं। गीता प्राचीन उपनिषदों में अंतिम है और उसका दर्शन औपनिषदिक विद्रोह की पराकाष्ठा है। इस कारण यह स्वाभाविक ही है कि वह उस क्षत्रिय क्रांति की लहर को आगे बढ़ाये। ब्राह्मणों, ब्राह्मण-साहित्य और उनके यज्ञपरक अनुष्ठानों के केंद्र वेदों की अवमानना और उनके प्रति प्रहार में गीता अपना सानी नहीं रखती। उसकी विचारधाराएँ शुद्ध ब्राह्मण-धर्म पर प्रहार पर प्रहार करती हैं, उसका पद-पद उनको नगण्य और निरर्थक घोषित करता है। ऊपर उद्धृत महाभारत के ब्राह्मण-वाक्य *'तप एव परं बलम्'* के विरुद्ध गीता में स्थान-स्थान पर 'तप, यज्ञ, क्रिया' आदि पर आक्षेप है जहाँ यज्ञानुष्ठानों के केंद्र के स्थान पर क्षत्रिय वसुदेव-पुत्र कृष्ण की प्रतिष्ठा की जाती है। ब्राह्मण-धर्म के निंदक श्लोक गीता में भरे पड़े हैं।* इन श्लोकों और इनकी भाँति अन्य श्लोकों के

---

* स्थानाभाव से यहाँ अवतरण अथवा व्याख्या न देकर केवल उनके हवाले देना ही काफी होगा। 2, 42-43, 2, 45-46, 2, 53, 8, 28, 11, 48-53 आदि

विश्लेषणात्मक अध्ययन के लिए एक स्वतंत्र ग्रंथ की आवश्यकता होगी। ब्राह्मणों की अवमानना की दूसरी ओर क्षत्रिय-ऋषियों का स्तवन हुआ है। ज्ञान से युक्त मानवों में राजन्य जनक का परिगणन प्रतीक रूप में हुआ है परंतु याज्ञवल्क्य का कहीं उल्लेख नहीं है। इतना ही नहीं दूसरे अध्याय के दूसरे श्लोक में गीता अपने ज्ञान अथवा उपनिषत्तत्व को क्षत्रिय-रहस्य—राजविद्या—घोषित करती है जो क्षत्रिय कुलों में ही गुह्य—राजगुह्य—है। इस गोपनीय विद्या-रहस्य के संरक्षक कौन हैं?—क्षत्रिय राजर्षियों की एक 'परंपरा' (परंपरा प्राप्त—राजर्षयः विदुः)। कृष्ण का कहना है कि पहले-पहल उन्होंने इस निगूढ़ विद्या का ज्ञान सूर्यवंश के आदि पुरुष विवस्वान को दिया, विवस्वान ने उसे प्रथम क्षत्रिय राजा मनु को दिया और मनु ने ऐक्ष्वाकु वंशियों में प्रथम राजा इक्ष्वाकु को दिया (4, 1-2)। इसके बाद शृंखला टूट जाती है और सारे कुलागत रहस्यों की भाँति इस रहस्य का भी लोप हो जाता है (4, 2)। भूलना न चाहिए कि यह रहस्य जन साधारण का नहीं, वर्ण-विशेष का है और उसमें भी वर्ग-विशेष, अभिजात-कुलीयों का। और इस गूढ़ दर्शन का तत्त्व क्या है? पंद्रहवें अध्याय का प्रथम श्लोक संभवतः इस प्रसंग पर प्रकाश डालता है—इस दर्शन के सिद्धांत स्वाभाविक, काल-क्रमागत नहीं हैं। यह दर्शन ऐसा अश्वत्थ है जिसकी शाखाएँ तो अधोमुखी हैं और जड़ें आकाश में हैं (ऊर्ध्व मूलमधः शाखा)?* सिद्धांत प्रमाणतः ब्राह्मण-धर्म के विरोध में है। उसके प्रति यह कृष्ण और गीता, क्षत्रिय और उपनिषद् का वाम मार्ग है। साहसी दार्शनिक आनुवृत्तिक परंपरा को बदल देता है, प्राचीन धर्म-शरीर को उलट देता है, मूल ऊपर कर देता है, शाखाएँ नीचे। और फिर जैसे कहता है—यह है मेरा दर्शन जिसमें अनंत-अनंत पत्ते हैं, जिसका पत्ता-पत्ता वेद है (छंदांसि यस्य पत्राणि), अर्थात अनंत-अनंत वेदों का जिस दर्शन में समावेश है। कितना अज्ञानी त्रिगुणात्मक वेदों का पाठक है! प्राचीन को भुला कर जो इस अपेक्षाकृत नवीन, फिर भी विवस्वान, मनु आदि के अध्यापित होने के कारण स्वयं प्राचीन, इसके वेदवत पत्तों को जानता है वही वास्तव में वेदों का जानने वाला है (यस्तं वेद स वेदवित)! इतना ही नहीं योग की प्राचीन परंपरागत व्याख्या—योगश्चित्तवृत्तिनिरोधः (योग सूत्र 1, 2)—की सर्वथा उपेक्षा कर, उलट कर, व्याख्याता ने उसकी अपनी, परिभाषा की—योगः कर्मसुकौशलम्—क्रमागत व्याख्या के विरुद्ध, परंतु अपनी सर्वस्वायत्तीकरण नीति से सर्वथा संगत। कौन अस्वीकार कर सकता है कि अवतारवाद

---

* इस पद का प्रयोग गीता के पूर्व के साहित्य उपनिषदों (कठ) में हुआ, इस कारण चौंकने की कोई बात नहीं है, क्योंकि लेखक ब्राह्मण-धर्म के प्रति यह क्रांति उपनिषदों से ही मानता है जिनका चरम विकास गीता का विषय है। इससे इस पद का गीता का पूर्ववर्ती होना लेखक के सिद्धांत में कोई अंतर नहीं डालता। और चूंकि कृष्ण उपनिषदों से पूर्व के व्यक्ति हैं, गीता के इस पद की प्राचीनता भी एक प्रकार से प्रमाणित की जा सकती है।

की मीमांसा कर स्वयं उसका केंद्र बन जाने वाला कृष्ण कर्मयोगी योजनाओं को पूर्णतया संपादित करने में कुशल न था?

व्यक्तित्व

अनुवृत्त, संस्कृति का था, अंतरंग गीता का, और अब यह व्यक्तित्व कृष्ण का है। आनुवृत्तिक परंपरा से कृष्ण ब्राह्मण अनुष्ठानों के केंद्र इंद्र का अत्यंत शत्रु माना जाता है जिसका संकेत स्वयं ऋग्वेद में मिलता है। इंद्र का विरोध सहज ही ब्राह्मणों का विरोध था, जो उसके पूजक थे। इस लंबे संघर्ष का अंत कृष्ण की विजय में हुआ। कृष्ण ने अपनी प्रजा की रक्षा गोवर्धन गिरि उठा कर इंद्र के वज्र और वर्षा दोनों से की। पहली बार हम कृष्ण का उल्लेख ऋग्वेद में आर्यों के शत्रु अनार्य के रूप में पाते हैं। *अथर्ववेद* (20, 137) में यह प्रसंग दुहराया गया है जहाँ कृष्ण को 'द्रप्सः कृष्णः' कहा गया है। इस पद की व्याख्या सायण 'द्रुतगामी कृष्ण' लिखकर करते हैं। *अथर्ववेद* में कृष्ण का यह प्रसंग परीक्षित के प्रसंग के पास ही है जिससे इन महाभारत के व्यक्तियों की प्रसंगतः ऐतिहासिकता भी प्रमाणित हो जाती है। वहाँ कृष्ण का दस हजार अनुयायियों के साथ अंशुमती अर्थात यमुना के तट पर होना कहा गया है। आर्य ऋषि इंद्र से प्रार्थना करता है कि वह अपने वज्र से कृष्ण का नाश करे।

दूसरा उल्लेख इस संबंध में महाभारत में हुआ है। परंतु वहाँ भी कृष्ण अक्षत्रिय ही है, गोपाल (गोप)। परंतु प्रमाणतः उसकी शक्ति उस काल तक अजेय हो गयी है। वहाँ तर्क का उत्तर वह तर्क से नहीं देता, चक्र की तेज धार से देता है, शिशुपाल के प्रति वह मातिओती के साथ मुसोलिनी का-सा आचरण करता है। आखिर शिशुपाल ने क्यों कहा था—''परंपरया राजसूय में पूजा कुलीन की होती आयी है, सो भीष्मादि के रहते गोप अथवा संदिग्धकुलीय की कैसे होगी?'' प्रश्न समसामयिक आचार का प्राण था और इसका अनादर होने से युधिष्ठिर के सामने एक प्रश्न खड़ा हो गया। कृष्ण के अनाचार से जब अन्य राजा भी क्षुब्ध हो गए तब युधिष्ठिर को बड़ी चतुराई से परिस्थिति सँभालनी पड़ी। इस प्रकार अंधक-वृष्णियों के संघ की बिना अनुमति लिए कृष्ण ने दुर्योधन को जो यादव सेना दे डाली थी उसका विरोध भी कुचल कर कृष्ण ने संघ की स्वतंत्रता का अंत कर दिया था। कृष्ण का एकांततः प्रयास पहले क्षत्रिय बनना है क्योंकि ब्राह्मण से यदि कोई लोहा लेना चाहता तो उसका क्षत्रिय होना पहले आवश्यक था। तभी वह उस वर्ग की शक्ति का प्रयोग कर ब्राह्मणों की प्रतिष्ठित सत्ता का अंत कर सकता था। कृष्ण का आरंभिक व्यक्तिगत इतिहास इसी उत्तरोत्तर—अनार्य से आर्य और आर्य से क्षत्रिय—वर्णारोहण की कहानी है। क्षत्रिय वह बन जाता है, संभ्रांत क्षत्रिय, और आश्चर्यजनक वेग से। शिशुपाल के विवाहार्थ प्रयुक्त भोगवंशीय रुक्मिन् की भगिनी रुक्मिणी को बलपूर्वक ब्याह कर उसने अपना

संबंध विदर्भ के उस संभ्रांत क्षत्रिय कुल से स्थापित किया जहाँ अपना विवाह कर कभी राम के दादा अज ने गर्व किया था। फिर अर्जुन के सुभद्रा को भगा ले जाने वाले निंद्य कार्य में भी वह प्रभूत सहायक होता है और बलराम जब आक्रमण करना चाहते हैं तब वह समझा-बुझाकर उन्हें शांत करता है। कुछ आश्चर्य नहीं जो इस कार्य में सारी चाल कृष्ण की ही रही हो। इससे उसका संबंध तत्कालीन भारत के सर्वोच्च क्षत्रिय राजकुल कौरवों से हो जाता है। निस्संदेह मथुरा से गोकुल जाने की कथा भी इसी कुल-परिवर्तन का एक उदाहरण है। संभव हैं वसुदेव का पितृत्व भी इसी उद्देश्य की पूर्ति के लिए गढ़ा गया हो। कम-से-कम अभिजात-कुलीय चेदिराज शिशुपाल कृष्ण को गोप नंद का ही पुत्र जानता है। गीता के सिद्धांत-निरूपण के बाद के अध्याय प्रायः कृष्ण के स्तुतिपरक हैं जिनमें कृष्ण को संसार की वस्तुओं में सबसे विशिष्ट कहा गया है (देखिए दसवाँ अध्याय) और जहाँ पाठकों को अपना मन सब देव-देवियों की ओर से हटा एकमात्र कृष्ण में लगाने की बात कही गई है। स्वयं कृष्ण कहते हैं–"सर्वधर्मान्परित्यज्य मामेकं शरणं ब्रज।" और भक्त कहीं कृष्ण को आध्यात्मिक ब्रह्म न समझ बैठे इसलिए बार-बार वसुदेव के बेटे, 'वासुदेव इति', पार्थिव शारीरिक कृष्ण की देवत्व-सिद्धि का वितन्वन हुआ है। गीता इतिहास में पहले-पहल अवतारवाद की विस्तृत और पूर्ण प्रतिष्ठा करती है। क्षत्रिय क्रांति-दर्शन का सिद्धांततः निरूपण उपनिषदों में ही हो चुका था। अब इस समन्वय-दर्शन गीता द्वारा उस सिद्धांत में पुरुष-भक्ति की प्रतिष्ठा की गई। क्षत्रिय ने न केवल ब्राह्मण धर्म का अंत कर दिया बल्कि वह उसके देवालय के गर्भगृह में भी स्वयं पुरुषाकार जा बैठा। उसे देवता मान कर *रामायण, महाभारत, गीता, भागवत* लिखवाने की उसने अश्रुतपूर्व योजना की। ब्राह्मणों की धर्माट्टालिका भहरा कर अपनी ही विशालता में खो गई।

प्रश्न यह है कि कृष्ण का यह प्रयास और परिणामतः सफलता क्या इतिहास में अनोखी है? नहीं, यदि व्यक्तिगत अध्यवसाय की दृष्टि से देखा जाय तो यह युग-धर्म का ही एक अंश है। महाभारत-युद्ध का काल साधारणतया प्रायः 1400 ई. पू. माना जाता है जब मिस्र, असीरिया संसार की राजनीति में विशेष जागरूक थे। दोनों देशों के सत्रहवीं सदी ई.पू. के राजा विदेशों को जीत कर उनके देवालयों से प्राचीन देव मूर्तियों को हटा अपनी प्रतिमाएँ पधराते और पुजवाते हैं। मिस्र के आहहेतेप और असीरिया के हम्मुराबी (विशेषकर पिछले) की तो यह स्वाभाविक नीति हो गई थी। हम्मुराबी के पश्चात्कालीन अनुगामी नेबुखदनेज्जार के समय तक मेसोपोटामिया में यह प्रयास चलता रहा था। हम्मुराबी का उदाहरण कृष्ण के सामने था। कृष्ण ने पासा फेंका और वह जीत गये। परंतु निश्चय उसकी यह विजय जुआरी की सद्यः प्राप्त अल्पकालीन नहीं है। आहतेतेप और हम्मुराबी अपने शासन तलवार की नोक से प्रतिष्ठित करते हैं। कृष्ण महान् है, उनसे कहीं महत्तर, और उसके चमकते चक्र

की पैनी धार के साथ-साथ गीता का एक समन्वित दर्शन है। ब्राह्मण देवताओं को स्वर्गीय सिंहासनों से घसीटकर कृष्ण गोवर्द्धन की पथरीली भूमि पर पटककर चूर-चूर कर डालता है।

इस प्रकार अध्ययन करने पर गीता क्षत्रिय ग्रंथ प्रतीत होती है। परंतु आश्चर्य की बात तो यह है कि जिन ब्राह्मणों को इस संघर्ष के क्रम में इसका विरोध करना चाहिए था, वे ही आज इसके स्तंभ बने हुए हैं। संभवतः उन्होंने अपनी पराजय की क्षति और अवमानना से बचने के लिए गीता को अपना कहकर घोषित किया। इस प्रकार की उनकी पराजय एक और थी—जिसे उन्होंने विजय से अधिक गौरव प्रदान किया—जब उन्होंने राम-कृष्ण की पंक्ति में एक तीसरे अब्राह्मण, बुद्ध, को स्थान दिया।

2

भारतीय चिंतन की द्वंद्वात्मक प्रगति–1

भारतीय इतिहास और संस्कृति के विकास में वर्ग-(वर्ण-) संघर्ष कारण हुआ है, इसे स्वीकार करने में किसी मार्क्सवादी को आपत्ति न होगी। इसी 'डायलेक्टिक्स' (द्वंद्वात्मकता) का निरूपण इस लेख का मन्तव्य है। भारतीय दार्शनिक चिंतन के द्वंद्वात्मक विकास और उसके प्रति समाज की प्रतिक्रिया अथवा भारतीय द्वंद्वात्मक दर्शन का सामाजिक जीवन में समन्वय अभी अधिकतर कल्पना की वस्तु रही है। प्रस्तुत लेख में उसका ऐतिहासिक स्पष्टीकरण है। अन्य इतिहासों की ही भाँति भारतीय इतिहास की प्रगति भी तत्वतः द्वंद्वात्मक रही है। उस सिद्धांत का वर्गीय, सामाजिक और प्रमाणजन्य अभिपोषण ऐतिहासिक आँकड़े से ही हो सकता है और उसकी अभिपुष्टि निम्न-निरूपण के आधार पर होगी।

भारतीय इतिहास का रूप क्या है? अंतर्जातीय संघर्ष—सामाजिक द्वंद्व—ऐतिहासिक प्रगति। ज[illegible]ँ आयीं, देशस्थ जातियों और समाज में प्रतिक्रिया हुई, संघर्ष हुआ, पारस्परिक आदान-प्रदान और समन्वय हुए और परिणामतः व्यवस्था बदली, समाज में प्रगति हुई, इतिहास का स्रोत आगे बढ़ा। मध्य-युग के समाजोत्थान के पूर्व भारत में भी अन्य देशों की भाँति ही ऐतिहासिक समाज का क्रमिक विकास हुआ। पहले घोर बर्बर, फिर बर्बर-युग। तब पूर्व और उत्तर पाषाण-काल, तदंतर द्रविड़ और सैन्धव-सभ्यता-युग। इस सैन्धव-सभ्यता के युग तक समाज को किन संघर्षों अथवा किन-किन परिस्थितियों से होकर गुजरना पड़ा, यह स्पष्ट नहीं। कम-से-कम अभी उनकी प्रगति की मंजिलों की विस्तृत व्याख्या नहीं की जा सकती, यद्यपि यह सही है कि उनका क्रमिक उद्गम और विकास भी अन्य देशों के समानांतर और अनुकूल ही हुआ होगा, अर्थात् अनार्थिक स्थिति से उठकर उत्पादन के आर्थिक स्तरों की ओर अर्थ-बहुल स्वामित्व की संख्या में संकोच उत्पन्न करते हुए। जहाँ-जहाँ यह अर्थ-संघर्ष व्यापक न हो सका अथवा जो अर्थ और उत्पादन की सीमित व्यवस्था के कारण कम-से-कम हमको आज स्पष्ट नहीं हो सका है, वहाँ-वहाँ उसे विकास

और उसके स्रष्टा-आधार को हम आज प्रत्यक्ष नहीं कर सके हैं। द्वंद्वात्मक वर्ग-संघर्ष अर्थ-संपत्ति की विषमता और उत्पादन की बहुलता का सीधा परिणाम है। यह उत्पादन-बहुलता जिस समाज में जितनी ही अधिक होगी समाज के वर्ग उतने ही स्पष्ट पृथक होंगे, उनका संघर्ष उतना ही व्यापक और गंभीर होगा, प्रगति उतनी ही सुघर और वेगवती होगी, और इतिहासकार की दृष्टि में यह क्रमिक कारण-कार्य-परिणाम संयोग उसी अपेक्षा में साफ-साफ चमकेगा। परंतु इसका अर्थ यह नहीं कि अर्थ और उत्पादन-योग के अभाव में संघर्ष होता ही नहीं। वास्तव में ऐसे युग की कल्पना कठिन हो जाएगी, जब उत्पादन का किसी न किसी रूप में स्थायी अभाव रहा हो। इससे संघर्ष का सर्वथा स्थायी अभाव कभी सोचा नहीं जा सकता। वह हलका और मंदगामी अवश्य रहा होगा। फिर ऐसी अवस्था में उस संघर्ष के क्षेत्र शुद्ध आर्थिक से फैल कर अन्य दिशाओं में भी घर कर लेते हैं, वे दार्शनिक, सामाजिक, जातीय आदि भी हो सकते या हो जाते हैं। परंतु इसमें संदेह नहीं कि आधार-रूप में प्रत्येक स्तर में संघर्ष के कारण उत्पादन का कोई न कोई रूप होने के कारण आर्थिक होता है—हो वह चाहे जितना भी सूक्ष्म और अस्पष्ट क्यों न। दार्शनिक वितन्वन निस्संदेह समाज के विकसित स्तर का मनोयोग है, जब देह की चिंता नहीं रह जाती और आकाश का शून्य भरना ही होता है। कर्मकांड उसका आरंभिक परिणाम है जब भूख का दैत्य सर पर सवार रहता है और क्षुधा के निवारण के लिए समाज के अर्ध-निमीलित शिथिल वर्गों पर कर्मकांडी अपने विधि-अनुष्ठानों के वितान तानता है, जब पुरोहित-जादूगर अपने जादू से समाज के निद्रित अंगों को और भी निद्रित कर देता है। इसी कारण संसार की प्रत्येक जाति के इतिहास में यदि दर्शन है तो वह कर्मकांड-टोना-टोटका जादू-मंतर के बाद। समाज के भूखे आदिम युगों में कर्मकांड प्रबल है, पिछले अर्थ-संपन्न युगों में दर्शन। और भूखों का कर्मकांड है, संपन्नों का दर्शन। अधीन दोनों ही हैं। भ्रामक दोनों। किसी ने पूछा—मनुष्य का आहार क्या है? उत्तर मिला—मनुष्य का कोई आहार नहीं होता, केवल बुद्धिमान का आहार होता है और वह आहार है मूर्ख। आर्थिक बहुलता न होने के कारण प्राचीन-कालिक भारतीय समाज के वर्गों अथवा वर्ग संघर्ष का हमें स्पष्ट और नग्न दर्शन तो नहीं होता, परंतु हमारे अध्ययन से आँकड़े अवश्य उपस्थित हो जाते हैं, जो इस बात को प्रमाणित करते हैं कि वर्ग थे। वर्ग-संघर्ष हुआ—चाहे उसका रूप स्पष्ट न हो, अव्यक्त आवरणाच्छन्न ही हो। प्रगति हुई है यह तो असन्दिग्ध ही है, और यही लौट कर प्रमाणित करती है कि वर्ग थे और वर्ग संघर्ष हुए, क्योंकि प्रगति अर्थ-द्वंद्व और वर्ग-द्वंद्व की परिफलित प्रतीक है। इन सीमाओं को दृष्टि में रख कर ही हम भारतीय समाज के विकास और उसके आधार अंतर्जातीय तथा अंतरंग संघर्ष की खोज और निरूपण करेंगे। परदा मोटा है और नेपथ्य अंधकारपूरित; पर अंधकार से अभ्यस्त होकर नेत्र सत्य के दर्शन कर सकेंगे।

यह सत्य है कि उत्तर-पाषाण-युग के बाद द्रविड़ सभ्यता का उत्कर्ष हुआ। पाषाण-आयुधों के बाद जब भारतीय मानव ने धातु निर्मित आयुधों का प्रयोग किया तब संभवतः द्रविड़ ही अपनी सभ्यता का विस्तार कर रहे थे। अनुमानतः द्रविड़ भी भारत में बाहर ही से आए, जैसा बिलोचिस्तान के बीच उनकी भाषा 'ब्राहुई' के अवशेष और प्रचलन से जान पड़ता है। यह विजातीय भाषाओं के बीच अद्यावधि जीवित द्राविड़-भाषा-द्वीप संभवतः अपने भाषियों के पूर्व-दक्षिण अभिगमन के समय बन गया था। द्रविड़ कहाँ से और कब आए, इससे हमारा उद्देश्य सिद्ध न होगा। पर वे आए और उनका एतदूदेशीयों से संघर्ष हुआ, जिसमें उनकी अपनी सभ्यता की सीमाएँ विस्तृत हुईं, यह स्वीकार किया जा सकता है। यही सभ्यता संभवतः विकसित होकर सिंधु नद के काँठे में फैली जिसका प्रसार सिंध और रावी के निचले काँठे में सिंध तक और उत्तर में बिलोचिस्तान तक था। सिंध के लरकाना जिले में, दक्षिण पंजाब के मांटगोमरी जिले, और बिलोचिस्तान आदि में उसके भग्नावशेष मिलते हैं। बिलोचिस्तान तक इस सभ्यता का प्रचार इसका सुमेर की सभ्यता से भी सान्निध्य स्थापित कर देता है। जिस सभ्यता का प्रचार उस भारतीय इतिहास के आरंभ काल में द्रविड़ों ने किया, उसका विकास सैन्धव-सभ्यता में हुआ। यदि द्रविड़ बाहर से आये तो निस्संदेह उनका संघर्ष समकालिक भारतीयों से हुआ, उत्तर-पाषाणकालीनों और उनके उत्तराधिकारी धातुयुगीनों से। पाषाणकालीनों के प्रस्तर-आयुध भी सैन्धवों के ताम्र-आयुधों के साथ ही मोहनजोदड़ो आदि में मिले हैं साथ ही प्राणि-पूजा और वृक्ष-पूजा के भी कुछ स्पष्ट आभास वहाँ की मुद्राओं पर मिले हैं जिससे जान पड़ता है कि संघर्ष और तज्जनित परिणाम समन्वय इस सभयता के भी आवश्यक मंजिल थे।

दूसरा, और अपेक्षाकृत स्पष्ट, जो हमें संघर्ष का प्रमाण मिलता है वह है भारतीय सैन्धवों और भारतीय आर्यों का। सैन्धव सभ्यता का काल प्रसार प्रायः 3050 ई. पूर्व से 1550 ई. पूर्व तक माना जाता है। परंतु यह-अनुमान उस प्रसार का है, जब यह सभ्यता अपना स्पष्ट रूप धारण कर चुकी थी। इसका आरंभ निस्संदेह सदियों पूर्व हुआ होगा और कुछ आश्चर्य नहीं जो हमें ऐसे आँकड़े मिल जायें जिनके आधार पर हम इसका आरंभ उत्तर-पाषाणकाल के पिछले छोरों से कर सकें। सैन्धव सभ्यता के पिछले युग काफी हलचल के थे और मध्य एशिया में एक नई जाति के नवागंतुकों ने प्राचीन जमी हुई सभ्यताओं को खतरे में डाल दिया था। कितनी ही सभ्यताएँ उनकी टक्करों से टूट भी गईं। ईसा से लगभग दो हजार वर्ष पूर्व इस संहारक जाति के कबीले भारत की उत्तर-पश्चिमी सीमा पर भी मँडराने लगे। स्थानीय सैन्धव सभ्यता सशंक हो उठी। जिन्होंने कभी सही-सही मिट्टी के घर न देखे थे, सिंधु काँठे के पक्की ईंटों के मकान देख उनके आश्चर्य का ठिकाना न रहा। नवागंतुकों के अनवरत कबीले आते और इस प्राचीन सभ्यता से टकराते रहे। लगभग तीन सदियों तक इनका संघर्ष

चलता रहा। अंत में यह प्राचीन भारतीय नागरिक सभ्यता चूर-चूर हो गई। इसके भग्नावशेष कुछ रावी ने, कुछ सिंधुनद ने अपने जल-प्रसार से ढक लिए। विजयी जाति ने विजित सप्तसिंधु को अपना आवास बनाया। वहाँ उन्होंने अपने गाँव खड़े किए जहाँ उनके राजा अपने 'जनों' पर राज करते, जहाँ उनकी ढोरें चरतीं, जहाँ स्थानीय दासों की सहायता से उन्होंने खेतों में अन्न उपजाना सीखा। घोड़े पर घर और धनुष की संपत्ति लेकर चलने वाले ये विजयी आर्य थे। और अपनी अनायास सद्यः प्राप्त समृद्धि देख उनका प्रकृति-सेवी मुदित मन नाच उठा। अपने देवताओं का आभार उन्होंने अपनी ऋचाओं में स्वीकार किया और वे अपने शत्रुओं को घृणावश 'अनासाः', 'मृध्रवाचा', 'शिश्नदेवाः', 'अयज्वन्', 'अदेवयु', 'दास', 'दस्यु' आदि कहने लगे।

परंतु यह संघर्ष धीरे-धीरे तिरोहित हुआ। अनंत संख्या में सैन्धव आर्यों के खेतों और घरों में कार्य करने लगे। उनके प्रति आर्य ऋषियों ने दया के भाव बरते। अपनी नव विवाहिता वधुओं को 'चतुष्पदों' के साथ ही इन 'द्विपदों' के प्रति भी दयालुता का बर्ताव करने की सलाह दी। इन दासों ने आर्यों को कृषि-कर्म सिखाया, घर बनाना और एक स्थान पर जम कर रहना सिखाया, कपास की रुई से सूत निकाल उससे कपड़ा बनाना और पहनना सिखाया। दास नारियाँ सहस्रों की संख्या में आर्यों की आश्रयिणी हुईं जिन्हें आर्यों ने भोगा और अपनी उदारता के चिह्न स्वरूप रथों में भर-भर कर पुरोहितों को दान किया। कालांतर में इनसे अनेक ऋषि रत्न कक्षीवान, औशिज, कण्व, वत्स आदि प्रसूत हुए। आर्यों की वंश-शुद्धि की भावना पर इतिहास का यह चुटीला व्यंग्य था। कुछ युग और बीते और *अथर्ववेद* के काल-स्तर तक पहुँचते-पहुँचते भाव, पूजा और जीवन के दृष्टिकोण में आर्य अनेकांश में सैन्धवों के विजित हो चुके थे। उनका धर्म नव-धर्म के संयोग से समन्वित हो चुका था। *अथर्ववेद* आर्यों और प्राचीन सैन्धवों का सम्मिलित पैतृकी सिद्ध हुआ। जंतर-मंतर, टोना-टोटका, झाड़-फूंक इस वेद के प्राण थे और आर्यों के एक रूढ़िवादी दल ने एक लंबे और उसके विविध स्तरों से ग्रथित *ऋक्, यजुर्वेद* और *सामवेद* को ही 'त्रयी' के नाम से वे जानते रहे। निस्संदेह *अथर्ववेद* अपने विषय में उन तीनों से सर्वथा भिन्न था। योग की परंपरा भी, जिसका पश्चात्कालीन आर्यों ने विकास किया और जिसे कालांतर में उन्होंने दर्शन तक का पद प्रदान किया, प्राचीन सैन्धवों की ध र्म-व्यवस्था का एक विशिष्ट अंग था।

इस पूर्व-वैदिक काल में जब बाह्य संघर्ष का अंत हुआ, अंतःसंघर्ष का भी आरंभ हुआ। आर्यों में वर्ण-व्यवस्था प्रतिष्ठित हो चुकी थी। कृषि और लूट, विजय और वाणिज्य से समाज में अर्थ और संपत्ति का संचय हो चला था, उनके अर्जन और शोषण के केंद्र बन गये थे और इन केंद्रों पर अधिकार करने के लिए ब्राह्मणों और क्षत्रियों के वर्ग (वर्णों के आधार आर्थिक पेशे थे) परस्पर टकराने लगे थे। कर्मकांड

के तकनीक का असीम विस्तार कर ब्राह्मणों ने उन्हें अपने बीजक-सदृश्य ग्रंथों में रखा और इन्हें अपने वर्ग के नाम पर '*ब्राह्मण*' कहा। क्षत्रियों ने इन '*ब्राह्मणों*' के उत्तर में अपने 'उपनिषद्' प्रस्तुत किए जो ब्राह्मण जप-तप, कर्मकांड, देवता, यज्ञ-अनुष्ठान, पशुबलि आदि के विरोध में थे। इन उपनिषदों की परंपरा को गीता ने समाप्त कर सशरीर क्षत्रिय को इंद्रादि के स्थान पर वैष्णव अवतार के रूप में प्रतिष्ठित किया। उपनिषदों के अमूर्त 'ब्रह्म' के ऊपर इस अन्त्य गीतोपनिषत् की यह घोर विडंबना थी। उधर वशिष्ठ और विश्वामित्र, परशुराम और देवव्रत, जनमेजय और तुर-कावषेय की संघर्ष-परंपरा चलती रही। जनमेजय की क्षत्रिय-परंपरा अश्वपति कैकेय, प्रवाहण जैबलि, अजातशत्रु कौशेय, जनक विदेह, पार्श्व, महावीर बुद्ध, मौर्य-राज्य ले चले। उनका विरोध श्वेतकेतु, जाबालि, राक्षस (महानंद का मंत्री), पतंजलि, पुष्यमित्र शुंग, आंध्र-सातवाहनों ने किया। द्वितीय शती ईसवी पूर्व भारत में तीन साम्राज्य स्थापित हुए—वरदा से सिंधु तक शुंगों के, दक्षिणापथ में आंध्र-सातवाहनों के और आसमुद्र कलिंग में चेदिवंशियों के। तीनों ब्राह्मण थे। मगध में शुंगों के बाद काण्वायन आये, काण्वायनों के बाद आंध्र-सातवाहन। तीनों ब्राह्मण थे। इसके बाद शकों ने मध्य देश आक्रांत कर लिया, न ब्राह्मण रहे न क्षत्रिय।

ब्राह्मण ग्रंथों के शीघ्र ही बाद उपनिषदों के उत्तर में उन्हीं के समय-स्तर में कुछ ब्राह्मण-दर्शनों का भी ग्रंथन होने लगा था। ब्राह्मणों की भी यह देखने-दिखाने की प्रवृत्ति हो चली थी कि वे क्षत्रियों से शस्त्र-शास्त्र किसी क्षेत्र में कम नहीं हैं। षड्-दर्शनों का निरूपण उपनिषदों के ग्रंथन से अधिक पीछे का नहीं है। केवल उनका तर्क-सम्मत संपादित दर्शन रूप पश्चात्कालीन है। वस्तुतः उपनिषद् भाव-तत्त्व के साथ ही साथ उसकी प्रतिक्रिया के रूप में इन दर्शनों का प्रादुर्भाव हुआ। ऋग्वेद और ब्राह्मण ग्रंथों की देव-परंपरा सर्वथा पार्थिव और भौतिक थी, उनमें देवता शरीरी थे मनुष्यवत्। उनकी आवश्यकताएँ-कामनाएँ भी मनुष्यवत् ही थीं। उपनिषदों में अमूर्त 'ब्रह्म'' की प्रतिष्ठा हुई जो कल्पनातीत था, फिर भी जिससे सृष्टि का आरंभ हुआ था, जड़-चेतन दोनों का प्रादुर्भाव। उसका न्याय्य अंत वेदांत हुआ जब ब्रह्म सारे चराचर में व्याप्त उसका रूप माना गया। और, फलतः उसकी पराकाष्ठा हुई मिथ्यावाद में। यह वही कह सकते थे जिन्हें या तो भूख न थी या उसे शांत करने के जिनके पास साधन थे। ब्राह्मण को भूख थी और उसके पास उसे शांत करने के साधन भी न थे। उसके लिए इस झूठे ब्रह्म की आवश्यकता न थी, सत्यता न थी। उसके लिए संसार सत्य था, प्रत्येक वस्तु जो उसे दीखती थी, अस्तित्व रखती थी। उसे भूख-प्यास सताती थी, आहार और जल उन्हें शांत करते थे, सुस्वादु भोजन और मदिरा पेय उसे अभितृप्त करते थे। शरीर जन्मता, बाल-युवा-वृद्ध होता और मर जाता था। जीवित शरीर रोगों से समय-समय पर आक्रांत होता था। उसने शरीर को 'ब्याधि-मंदिर' कहा। ऐसे ब्राह्मण को जब वह दर्शन लिखने बैठेगा, निस्संदेह कष्टकर संसार का मिथ्यावाद भयंकर

झूठ सिद्ध होगा। उसके पार्श्व का कण-कण सच्चा और सत्तावान दीखेगा, उसका वातावरण प्रत्यक्ष और अनुमान प्रमाण खोजेगा, अव्यक्त अननुमित को वह स्वीकार न कर सकेगा। इससे उसके दर्शन भी ब्रह्मरहित अनीश्वरवादी तक होंगे। फिर इस संघर्ष में उसे तर्क का उत्तर तर्क से भी तो देना है। तो, यदि उपनिषदों का ब्रह्म स्रष्टा है तो वह उस ब्रह्म पर प्रश्नात्मक दृष्टि डालेगा, उसकी सत्ता ही मिटा देगा, यद्यपि उसका यह रूप उसकी ऋग्वैदिक अत्यास्तिक पैतृकी पर एक सबल व्यंग्य होगा। दर्शन निरीश्वरवाद की पराकाष्ठा सिद्ध हुआ, वेदांत के मिथ्यावाद पर प्रकृति का अणु-अणु विहंसा और उसने उस सिद्धांत की सत्यता के प्रमाण माँगे। सांख्य, वैशेषिक और न्याय की काया खड़ी हुई। लोकायतवाद की दुंदुभी बजी।

सांख्य दर्शन आरंभ में संभवतः आस्तिक था, यद्यपि शीघ्र ही अर्थात् ईश्वर कृष्ण से बहुत पूर्व वह नास्तिक हो गया—यह भारतीय दार्शनिक परंपरा का विश्वास है। वैदिक ब्राह्मण द्वारा प्रणीत होने के कारण ऐसा होना ही था और उपनिषदों की प्रतिक्रिया के उत्तर में उसका प्रत्यक्षवादी रूप स्थिर होना स्वाभाविक ही था। दार्शनिक प्रगतिवाद का यह औपनिषदिक छायावाद को यथार्थवादी युक्ति-संगत अनुभवजनित उत्तर था। उपनिषदों का आविर्भाव वेदों और ब्राह्मणों के यज्ञानुष्ठानों के विरोध में हुआ था, दर्शनों का प्रादुर्भाव उपनिषदों के रहस्यवाद और अपार्थिव चिंतन के विरोध में हुआ। चिंतन और दर्शन का रूप रखते हुए भी सांख्य और वैशेषिक और न्याय ने भारत में पहले-पहल तर्क और भौतिकवाद की स्पष्ट और दार्शनिक नींव रखी। साथ ही पहले-पहल उन्होंने विश्व का सच्चा रूप देखा और दिखाया। दृश्य-जगत् की व्याख्या करने के लिए सांख्य ने 'प्रकृति' का निरूपण किया, उस पर जोर दिया। बाह्य-जगत की मानव-अनुभूति को अपूर्व तर्क-संगत और प्रामाणिक रूप देकर वैशेषिक ने उसी सिद्धांत की पुष्टि की। प्रकृति के विश्लेषण में जो इसने उसके आधारभूत तत्त्वों को ढूँढ़ा, उससे अविभाज्य अणुओं और उनकी पारस्परिक क्रिया-प्रतिक्रियाओं का ज्ञान हुआ। वैशेषिक का यह अणु संघातवाद अथवा आणविक बहुवाद (Atomistic pluralism) जगत् के रूप की व्याख्या के अर्थ प्रयुक्त हुआ। न्याय का आधारभूत लक्ष्य ज्ञान के तत्त्वों और ज्ञान-प्रक्रिया का अन्वेषण था। न्याय के तार्किक यथार्थवाद ने एक अद्भुत तर्क-प्रणाली प्रस्तुत की—"शुद्ध न्याय भौतिक है और उसकी कोई क्रिया शुद्ध आत्मिक (Intuitive) या ज्ञान जगत् के बाहरी कारणों से परिचालित अथवा सीमित नहीं।" इस प्रकार यद्यपि न्याय और वैशेषिक दोनों की स्थिति पृथक सिद्ध है, दोनों ने अपने-अपने निरूपण (न्याय—मनुष्य और मानव-प्रकृति; वैशेषिक—बाह्य जगत्) से वस्तुतः एक ही विषय की समग्रता सिद्ध की। इसी प्रकार सांख्य और योग का एक परस्पर संबंधित दल था। यद्यपि पतंजलि के योग-दर्शन ने ईश्वरत्व का एक और 'तत्त्व' सांख्य के निरूपण में जोड़ दिया, पर वास्तव में उसकी उत्पत्ति सांख्य के आधार पर ही हुई।

इन दर्शनों में सांख्य का समय बहुत प्राचीन है। इसका समय सम्भवतः सातवीं आठवीं सदी ईसवी पूर्व रखना होगा। अर्थात् उपनिषदों के तत्ववितन्वक राज्य नेताओं के शीघ्र बाद, और कुछ अंश में सम-सामयिक भी, तथा बुद्ध, पार्श्वादि के पूर्व। उपनिषद् विद्या के विरोध और प्रतिक्रिया के रूप में ही इस दर्शन की उत्पत्ति और प्रतिष्ठा हुई। बौद्ध धर्म पर भी, विशेषकर उसके दर्शनों पर, उसका गहरा प्रभाव पड़ा। बौद्धदर्शन के क्षणवाद और परिवर्तनशीलतावाद पर सांख्य का पूर्ण प्रभाव प्रमाणित है। भूलना न चाहिए कि बौद्ध-दर्शन कालांतर में अधिकतर ब्राह्मणों द्वारा ही रचे गये। इन दार्शनिकों में वसुमित्र, अश्वघोष, नागार्जुन, दिङ्नाग, वसुबंधु, असंग और धर्मकीर्ति मुख्य थे। संघर्ष रूप में उन्होंने ब्राह्मण दर्शनों का उत्तर दिया परंतु स्वयं ब्राह्मण होने के नाते वे उनके प्रभाव से सर्वथा वंचित न रह सके। स्वयं बुद्ध ने सांख्य-दर्शन पढ़ा था। अश्वघोष के बुद्ध चरित्र से स्पष्ट है कि बुद्ध ने आलारकालाम के आश्रम में कुछ काल के लिए दीक्षा ली थी, परंतु उस दार्शनिक की सूझ और व्याख्या से संतुष्ट न होकर उन्होंने उसका आश्रम छोड़ दिया। फिर भी वे उस ज्ञान-संस्कार को सर्वथा मिटा न सके। यह आलारकालाम सांख्य-दार्शनिक था। इस प्रकार दर्शन के रूप में सांख्यादि दर्शनों से प्रसूत और प्रभावित होकर जहाँ संघर्ष रूप में बौद्ध दर्शन ने ब्राह्मण दर्शनों का विरोध किया, वहाँ वे अपनी श्रृंखला की पूर्वकालिक कड़ियों—उपनिषदों--को ही छोड़ बैठे। यही उस दार्शनिक डायलेक्टिक्स (द्वंद्वात्मकता की पराकाष्ठा थी, विरोध का विरोध था (Negation of negation) वही, फिर भी सर्वथा वह नहीं, पिता का पुत्र, उसी से उत्पन्न, परंतु पिता नहीं पुत्र, उसी जैसा, पर वह नहीं। वेद से ब्राह्मण (—आरण्यक—) ब्राह्मण से उपनिषद्, उपनिषदों से सांख्यादि ब्राह्मण दर्शन, ब्राह्मण दर्शनों से बौद्ध दर्शन और उनमें पारस्परिक संघर्ष-प्रक्रिया सिद्धान्त-प्रजनन, दार्शनिक प्रगति। और इन सबके अंत में भगवद्गीता, उपनिषदों में अंतिम, क्योंकि कठोपनिषद् की ऊर्ध्वमूलमधः शाखा, 'राजगुह्यं राजविद्या' परंपरा प्राप्त सिद्धांत—फिर भी वह नहीं—क्योंकि सांख्य-योग का समन्वय अदार्शनिक भक्ति का पुट और औपनिषदिक अमूर्त ब्रह्म के स्थान पर, परंतु ब्राह्मणेतर, भौतिक शरीर क्षत्रिय कृष्ण की प्रतिष्ठा हुई।

इस दार्शनिक संघर्ष, विकास और समन्वय का समाज पर क्या प्रभाव पड़ा? जिस भक्ति की भगवद्गीता ने सांख्य, न्याय आदि के समन्वय से सृष्टि की उसका आरंभ उससे कुछ पहले हो चुका था, संभवतः बौद्ध धर्म के उत्थान के साथ ही साथ। गीता का प्रणयन-काल तीसरी सदी ईसवी पूर्व के लगभग है, जिसमें उसका पूरा-पूरा उद्घाटन है। *महाभारत, रामायण* और *पुराण* तीनों में भागवत धर्म का किसी न किसी रूप में विवेचन है। इसके केंद्रीय देवता वासुदेव कृष्ण हैं। पाणिनि के *अष्टाध्यायी* तक में इस भागवत धर्म का हवाला मिलता है। भागवत धर्म और भक्ति संप्रदाय के उदय ने ब्राह्मण-क्षत्रिय संघर्ष को दोतरफा कर दिया। एक तो ब्राह्मणं-क्षत्रियों

का संघर्ष प्राचीन था ही, अब ब्राह्मणों का निम्नवर्णीयों के साथ भी संघर्ष चल पड़ा। इसका कारण भागवत और बौद्ध धर्मों का बीच में आ जाना था। भूलना न चाहिए कि भागवत और बौद्ध दोनों संप्रदाय क्षत्रिय-प्रेरित थे। दोनों के पूजा-केंद्र क्षत्रिय थे। उपनिषदों का आंदोलन अभिजातकुलीय क्षत्रियों का था। अभिजातकुलीय क्षत्रियों ने ही उस विद्रोह परंपरा में जैन और बौद्ध धर्म का आरंभ और प्रचार भी किया। बुद्ध को, विजित ब्राह्मणों को, जो आर्य धर्म छोड़ बुद्ध, धर्म और संघ-शरण आते थे, अंगीकार करने में आपत्ति न थी। और अधिकतर ब्राह्मण-क्षत्रिय ही आरंभ में बुद्ध की दार्शनिक सूक्ष्मता को समझ सकते थे, क्योंकि संस्कार और दार्शनिक दृष्टिकोण से संभवतः वे ही परिचित होते थे, कारण वे इस नए धर्म की दार्शनिक सूक्ष्मताओं को समझ सकते थे। परंतु अपने धर्म और दर्शन को व्यापक और सर्वप्रिय बनाने के जो साधन उन्होंने अख्तियार किए, स्वयं उनमें द्वंद्वात्मक-प्रवृत्ति छिपी थी। सर्वजनीन बोली, पाली का प्रयोग और संघ-निर्माण वस्तुतः ब्राह्मण वर्णाश्रम व्यवस्था और एकवर्गीय संस्कृति के ऊपर अमोघ प्रहार थे जिससे ब्राह्मणों की भाषा और वर्ण-व्यवस्था दोनों क्षत-विक्षत हो गयीं। परंतु इसके कारण समाज में एक नई प्रगति भी आई। जिसने बहुत कुछ उसका रूप बदल दिया। यदि बुद्ध की प्रचार-भाषा संस्कृत रही होती तो उनके शिष्यवर्ग संभवतः ब्राह्मण क्षत्रिय ही होते। परंतु उसके पाली होने के कारण साधारण जनता, विशेषकर निम्नवर्ग की भी, अनुयायिनी हुई। उनके संघ ने जो ऊँच-नीच सबको समान रूप से अपनी प्राचीरों के भीतर स्वीकार किया, उससे ब्राह्मणों के प्रतिद्वंद्वियों में क्षत्रियों के अतिरिक्त अनभिजातवर्गीय निम्नवर्णीय सेना भी जा मिली। संभव है बुद्ध का यह प्रचार न रहा हो, पर परिणाम यही हुआ। यह विरोध की नई धारा यद्यपि अभी केवल ब्राह्मण विरोधिनी थी, परंतु उसका रुख अभिजातकुलीय ब्राह्मण क्षत्रिय दोनों के विरोध में समान रूप से फिर सकता था। सामाजिक डायलेक्टिक्स की धारें पैनी हो चली थीं।

इस समय एक और शक्ति ने इस आंदोलन को बल दिया। वह शक्ति थी भागवत धर्म, भक्ति-संप्रदाय। जिस प्रकार बौद्ध धर्म के संघ-विधान में वर्ण विभाग न था, उसी प्रकार भागवत धर्म ने भी अपने द्वार प्रायः मनुष्य मात्र के लिए खोल दिए। भागवत धर्म को पुष्टि अधिकतर निम्नश्रेणी के लोगों से मिली। इसके पश्चात्काल में तो इसके गुरुओं तक में अधिकतर निम्नवर्गीय अछूत तक हुए। और एक समय तो बौद्ध धर्म और भागवत धर्म की सीमाएँ एक हो गईं जब बुद्ध वैष्णवों के अवतार मान लिए गए और उनकी मूर्ति पुरी के विष्णु मंदिर में जगन्नाथ के रूप में स्थापित की गई। आज भी इस मंदिर की प्राचीरों के भीतर वर्णविधान नहीं है और आर्य जाति के निम्नवर्ण, सवर्ण और अछूत तक एक साथ प्रसाद पाते हैं। इस बौद्धधर्म और भागवत-धर्म के सम्मिलित प्रहार ने, कम से कम परिणाम रूप में, ब्राह्मण वर्ण-व्यवस्था को चूर-चूर कर दिया। भागवत धर्म में काफी संख्या में विदेशी, विजातीय

भी, सम्मिलित हुए थे और उन्होंने उस धर्म को सहायता दी। द्वितीय सदी ईसवी पूर्व के अंत में तक्षशिला के यवन (ग्रीक) राजा अंतलिखिद ने शुगवंशीय काशिपुत्र भागभद्र के पास विदिशा के दरबार में हेलियोदोर नाम का अपना ग्रीक राजदूत भेजा था। वह हेलियोदोर वैष्णव हो गया था और बेसनगर में विष्णु के नाम पर उसने एक स्तंभ खड़ा करवाया। निस्संदेह बौद्ध-संघ और वैष्णव काया का ऊपरी भाग अभिजातकुलीय था, परंतु उसका शरीर (rank and file) निम्नवर्णीय जनता का था। भारतीय वर्ण धर्म शृंखला से स्वतंत्र हो चले थे। उन्होंने समानता की खुली हवा में साँस ली। परंतु शक्तियों को निःशृंखल कर देना एक बात है, सम्हाल पाना दूसरी। सिंह भात पर भी जिंदा रखा जा सकता है। शायद घास पर भी, पर खून का चस्का लगते ही उसका स्वामी पर अपनी दाढ़ें मार देना कुछ आश्चर्य की बात नहीं। आगे था संघर्ष, निम्नवर्णीय-निम्नकुलीयों का अभिजातवर्णीयों-अभिजातकुलीयों के विरुद्ध—अर्थ में भी, धर्म में भी। संघर्ष तो, जैसा पहले कहा जा चुका है, दोरुखा था—ब्राह्मणों का क्षत्रियों से और ब्राह्मणों का निम्नवर्णीयों से। परंतु निम्नकुलीयों और निम्नवर्णीयों का रुख समान रूप से अभिजातकुलीयों की ओर जब मुड़ता, तब यदा-कदा ब्राह्मण-क्षत्रिय मिलकर उनका सामना करते, जब तब ब्राह्मण उस संघर्ष से लाभ उठा अपने प्राचीन स्पर्धी क्षत्रियों के विरुद्ध उस शक्ति का मुख कर देते। इसका उदाहरण एक नंद वंश का इतिहास है, दूसरा कौटिल्य का अर्थशास्त्र।

भारतीय चिंतन की द्वंद्वात्मक प्रगति–2

शिशुनाग वंश के पिछले युगों में नंदों का उत्कर्ष हुआ, ईसा पूर्व चौथी-पाँचवीं सदी में। इतिहास प्रसिद्ध है कि महापद्म शूद्र और निम्नकुलीय था जिसने क्षत्रिय राजन्यों (शिशुनागों) से मगध का साम्राज्य छीन लिया था। महापद्म नंद अमित कोष और अमित सेना वाला राजा था। इसी से उनका नाम भी 'महापद्म' पड़ा था। उसने क्षत्रियों का उसी प्रकार संहार किया जिस प्रकार कभी परशुराम ने किया था। उसका विरुद था 'सर्वक्षत्रांतक'—सब क्षत्रिय राजाओं का संहारक। ऐसा विरुद क्षत्रिय राजा कभी धारण नहीं करता। कम-से-कम इतिहास में इसका कोई प्रमाण नहीं है। महानंद की सेना के सिपाही भी संभवतः क्षत्रिय न थे, निम्नवर्णीय थे, जैसा उनका राजा था, और क्षत्रिय सैनिक भी महापद्म की क्षत्रिय संहर्त्री नीति और उसके अक्षत्रिय कार्य की सहायता के अर्थ इस संख्या में सम्मिलित होकर उसका 'उग्रसेन' विरुद सार्थक नहीं कर सकते थे। महापद्म की अमित सेना, जिसने सारे क्षत्रिय राजाओं को उखाड़ फेंका, निस्संदेह अक्षत्रिय और निम्नवर्णीय थी। परंतु महापद्म के इस क्षत्रिय-संहार में प्रमाणतः ब्राह्मणों ने सक्रिय साथ दिया। कुछ आश्चर्य की बात नहीं यदि पाणिनि ने यूसुफजई के शालीतूर से आकर पाटलिपुत्र के वातावरण में अपनी *अष्टाध्यायी* के सूत्र 'वासुदेवार्जुनायनाभ्याम् वुन्' में भागवत धर्म की उठती हुई लहर की घोषणा की तो उनके वार्तिककार कात्यायन ने शीघ्र उस लहर को अपने पुरातन शत्रुओं की ओर मोड़ दिया। इस बात को भूलना न चाहिए कि नंद के तीन मंत्री थे और तीनों ब्राह्मण थे। उनमें दो के नाम तो विशेष प्रसिद्ध हैं, कात्यायन (वररुचि) और राक्षस। दोनों ने उसकी क्षत्रिय संहारक नीति का पूर्ण रूप से अभिपोषण किया और दोनों ने 'कण्टकेनैव कण्टकम्' का राजनीतिक आचरण किया। राक्षस तो नंदों की सहायता में शहीद तक हो गया। उसने चाणक्य और चंद्रगुप्त दोनों से संघर्ष किया। उसके सामने ब्राह्मण-क्षत्रिय संघर्ष का अतीत मूर्तिमान था और क्षत्रिय सत्ता का पुनःउदय उसकी दृष्टि में ब्राह्मण का अपकर्ष था। चाणक्य के सामने एक नए भविष्य का भीषण दृश्य था, जिसमें निम्नकुलीय शूद्र प्रबल जनसत्ता, अभिजातवर्गीय ब्राह्मण-क्षत्रिय दोनों ही को भूलुण्ठित कर रही थी। नवसमाज का यह भीमकाय रूप चाणक्य ने देखा जिसका अभिपोषण नंद की शक्ति और क्षत्रिय-संहारक नीति ने

किया था। चाणक्य चंद्रगुप्त में एका हुआ। समान भय के सामने ब्राह्मण-क्षत्रिय आत्म-रक्षा के लिए कटिबद्ध हुए। मेधा और क्रिया एकत्र हुई। इस सम्मिलित चोट ने नंद को धूल चटा दी। राक्षस भी, अनुवृत्त है, संभवतः आगे का भय देखकर चाणक्य की मति का हो गया। बाद में गुप्तकालीन क्षत्रिय नाटककार विशाखदत्त ने अपने *मुद्राराक्षस* में ब्राह्मणकर्मा राक्षस को 'राक्षस' कहा और राक्षसकर्मा चाणक्य को 'ब्राह्मण'! वस्तुतः उसके लिए राक्षस दोनों ही थे, परंतु चाणक्य निस्संदेह प्रियतर था, क्योंकि उसने क्षत्रिय की रक्षा का भार अपने ऊपर लिया था; उसकी रक्षा उसने की भी। ब्राह्मण ने क्षत्रिय के साथ साझा किया था जो भावी जनसत्ता के संघर्ष में कुछ अपवादों के साथ सदा बना रहा। *भट्टिकाव्य* में जो 'क्षात्रद्विजत्वं च परस्परार्थम्'—क्षत्रियत्व और ब्राह्मणत्व की सार्थकता एक-दूसरे का स्वार्थ सिद्ध करने में है—का उद्घोष हुआ वह इसी ब्राह्मण-क्षत्रिय साझेदारी का सबूत था। पहला लंबा अपवाद इसी मौर्यकाल में सामने आया। एक परंपरा वैयाकरणों की थी दूसरी शास्त्रियों की। एक शृंखला की कड़ियाँ थे पाणिनि-कात्यायन-पतंजलि, दूसरी के थे मनु-याज्ञवल्क्य-विष्णु, अष्टाध्यायी-वार्तिक-महाभाष्य और मनुस्मृति-याज्ञवल्क्यस्मृति-विष्णुस्मृति। चाणक्य का *अर्थशास्त्र* दोनों के मध्य था। अष्टाध्यायीकार पाणिनि क्षत्रिय नंद की संरक्षा में था, स्वयं ब्राह्मण। उसने जनवर्ग की उठती हुई आँधी भागवत धर्म में देखी, उससे संत्रस्त हुआ। वार्तिककार कात्यायन न केवल *अष्टाध्यायी* का प्राश्निक था वरन् पाणिनि की क्षत्रिय पोषक नीति का शत्रु भी था। राजनीति में उसने शूद्र जनसत्ता से साझा किया। पतंजलि व्याकरण में ही नहीं राजनीति में भी वार्तिककार कात्यायन का विरोधी था। वह एक प्रकार का समन्वय था। ब्राह्मण धर्म का वह पोषक था। इसमें उसका और पाणिनि तथा कात्यायन का साम्य था। वह क्षत्रिय-शत्रु और पुष्यमित्र का स्रष्टा था इससे वह पाणिनि और कात्यायन दोनों का विरोधी था। और शूद्र-शत्रु होने के कारण वह चाणक्य के भी समीप आ गया था। धर्मशास्त्रों का दृष्टिकोण शूद्रविरोधी ब्राह्मणों का था। *मनुस्मृति* के साथ मनु का नाम इसलिए जुड़ा है कि वह अनुवृत्त से मनुष्य का पिता और राजधर्म का प्रारंभक माना जाता है। स्मृति भृगुवंशीय ब्राह्मण की लिखी हुई है और शूद्रों के विरोध में अत्यंत प्रतिक्रियावादी, बर्बर और अन्यायपूर्ण नियमों का उद्घाटन करती है। साथ ही उसमें ब्राह्मण शक्ति का उद्घाटन भी है। ब्राह्मण उसमें पृथ्वी का देवता 'महिसुर' हो जाता है। भार्गव शुंगों के आदि राजा और पतंजलि-शिष्य ब्राह्मण पुष्यमित्र के तत्वावधान में लिखी *मनुस्मृति* का ऐसा होना स्वाभाविक ही था। यह परंपरा याज्ञवल्क्य और विष्णुस्मृतियों में भी अक्षुण्ण बनी रही, जब तक ब्राह्मण क्षत्रियों का उस अनागत भय के प्रति गुप्तकाल तक साझा बना रहा। बौद्ध अशोक के समता-घोष के परिणाम में ऐसा होना स्वाभाविक था।

चाणक्य, जैसा ऊपर कहा जा चुका है, इन दोनों शृंखलाओं के बीच में है।

वह शूद्रध्वंसक है। निम्नवर्णीयों से संत्रस्त उनके नंदीय उत्कर्ष को वह संदेह से देखता है और क्षत्रिय सहायता से उसका विध्वंस करता है। फिर एक विशाल साम्राज्य खड़ा कर वह पंजाब और पश्चिमी भारत के गणराज्यों को नष्ट कर देता है। इन्हीं जन-सत्ताक गणराज्यों में समता-समानता और ब्राह्मण-विरोध के बीज रोपे जाते और अंकुरित होते थे। वे ही निम्नकुलीय और शूद्र-ब्राह्मणों और अभिजात-कुलीयों से समानता का आचरण करते थे। चाणक्य ने अपने अर्थशास्त्र में शूद्रों के विरुद्ध अनुचित अन्यायपूर्ण नियम लिखे, *मनुस्मृति, याज्ञवल्क्यस्मृति* आदि ने जिनको विस्तार दे देकर प्रकाशित किया। चाणक्य ने क्षत्रिय से साझा तो किया परंतु उसका स्वामी बन कर। शूद्र शत्रु नंद की मार से मूर्छित क्षत्रिय ब्राह्मण की छाया में गिर पड़ा, ब्राह्मण ने उसे अस्त्र बनाकर समान शत्रु पर प्रहार के अर्थ धारण किया। यह क्रम कुछ काल चला परंतु जिस साझे में एक पक्ष अत्यंत सबल हो दूसरा अत्यंत दुर्बल, वह चिरकालिक नहीं हो सकता। यह साझा भी टूट गया। संभव है ब्राह्मण के सतत राजस आचरण के अंकुश और निर्मम रक्तपात से क्षुब्ध अथवा उसके नित्य-प्रति के हस्तक्षेप और 'वृषल' संबोधन से विरक्त होकर क्षत्रिय प्रव्रजित हो गया। परंतु यह अर्थ की बात है कि चंद्रगुप्त ब्राह्मण-संन्यास की छाया में न आया और अपने स्वाभाविक बौद्ध-जैन संप्रदायों की ओर अनुरक्त होकर जैन हो गया। संभवतः उसके पुत्र को कुछ काल तक चाणक्य ने चंद्रगुप्त की ही भाँति अपने चंगुल में डाल उसे विजय-संघर्ष में सक्रिय रखा जैसा बिंदुसार के विरुद 'अमित्रघात' से प्रकट है, परंतु बिंदुसार के पुत्र अशोक के शासनकाल में पुराना संघर्ष फिर क्षत्रियों में घर कर बैठा। बौद्ध अशोक ने यज्ञ बंद कर दिए, सारे धर्मों, सारे वर्णों की समानता की घोषणा कर दी। दबा हुआ घाव फूट चला। ब्राह्मण उछलकर फिर एक बार सामने आ गए। धन और शक्ति क्षत्रिय के हाथ में थे, पर क्रांतिकारी षड्यंत्र-मेधा ब्राह्मण के हाथ में थी। पतंजलि के तत्वावधान में उस षड्यंत्र ने रूप धारण किया। उसके शिष्य पुष्यमित्र ने अंतिम मौर्य वृहद्रथ को मार कर ब्राह्मण साम्राज्य की नींव डाली। बौद्ध संघारामों के क्षत्रिय और ब्राह्मणेतर वर्गों में प्रतिक्रिया हुई। वे शाकल के ग्रीक राजा मिनांदर को बौद्ध बना पुष्यमित्र पर चढ़ा लाए। पुष्यमित्र ने उसे हराकर पाटलिपुत्र से जलंधर तक के सारे बौद्ध विहारों को जला डाला और शाकल में ऐलान किया, "जो मुझे एक श्रमण-मस्तक देगा उसे मैं सौ दीनार दूँगा!" श्रमण-मस्तक दोनों का प्रतीक था, क्षत्रिय का भी, ब्राह्मणेतर बौद्ध का भी। पुष्यमित्र की संरक्षा में *मनुस्मृति* में श्रमण और शूद्र दोनों के विरोध में नियम बने और लगातार आने वाली स्मृतियों में भी बनते ही गए। तीन राज्य खड़े हुए, शुगों के, चेदियों के, आंध्र-सातवाहनों के, फिर काण्वायनों और सातवाहनों के। सब ब्राह्मण कुल थे। यज्ञानुष्ठान सर्वत्र होने लगे, अश्वमेधों की परंपरा फिर जगी।

परंतु अब तक वर्ण-धर्म संदेहात्मक हो चला था यद्यपि ब्राह्मण उसे बचाने की प्राण-प्रण से चेष्टा कर रहे थे। बौद्ध-जैनों ने उस पर प्रहार किया, भागवद्धर्म ने

उल्टे तरीके से उसको क्षति पहुँचायी। अशोक, शालिशूक ने उसे अर्थरहित कर दिया। परंतु गीताकार ने देखा कि यदि ब्राह्मण न रहा तो क्षत्रिय भी न रहेगा और उसने सांख्य और वैशेषिक का, न्याय और योग का समन्वय किया। परंतु चूंकि सतर्क भागवत-धर्म की यह पोथी थी, जिसका केंद्र क्षत्रिय अथवा ब्राह्मणेतर देवता कृष्ण था, वह वेद और कर्मकांड का विरोधी बना रहा। परंतु सतर्क होने के कारण जनसत्ताक आँधी से रक्षा के लिए अथवा उसको दूरस्थ करने के लिए एक बार उसने गीता में–उसके अन्त्य-स्कंधों में–वर्ण धर्म की फिर से व्याख्या की–ब्राह्मण का धर्म पठन-पाठन, क्षत्रिय का प्रजापालन, वैश्य का कृषिकर्म और वाणिज्य और शूद्र का त्रिवर्ग की सेवा। परंतु आँधी न रुक सकी, न रुक सकी। ग्रीकों, शकों और कुषाणों के आक्रमणों ने तथा जाटों, हूणों और गुर्जरों के हमलों ने ब्राह्मणों की वर्ण-व्यवस्था तोड़ दी, ब्राह्मण-क्षत्रियों के साझे से खड़े गुप्त-साम्राज्य को टूक-टूक कर दिया और वे स्वयं इसी भारतीय व्यवस्था में खो गये। उस व्यवस्था की शुद्ध संकरता को न तो धर्म-सूत्रों की शृंखला बचा सकी, न अर्थशास्त्रों का नियंत्रण और न धर्मशास्त्रों के विधान। युद्ध-दुर्मद ग्रीकों (यवना दुष्ट विक्रांताः) के हमले से भारतीय प्रांत नष्ट-भ्रष्ट हो गये (आकुला विषयाः सर्वे), राजा विनष्ट हो गये (नश्येरन् च पार्थिवाः)। इस ग्रीक-शक विध्वंस का रूप समसामयिक *युगपुराण* ने इस प्रकार खींचा है। (पाठ प्रायः अशुद्ध है–व्याकरण के रूप से–प्रयासपूर्वक शुद्ध किया हुआ) :

अनार्याश्चार्य धर्माश्च भविष्यन्ति नराधमाः।
ब्राह्मणाः क्षत्रिया वैश्याः शूद्राश्चैव युगक्षये।।
समवेशाः समाचारा भविष्यन्ति न संशयः।
पाषण्डैश्च समायुक्ता नरास्तस्मिन् युगक्षयेः।।
स्त्रीनिमित्तं च मित्राणि करिष्यन्ति न संशयः।
चीरवल्कलसंवीता जटावल्कल धारिणः।।
भिक्षुका वृषला लोके भविष्यन्ति न संशयः।
त्रेताग्नि वृषला लोके होष्यन्ति लघुविक्रियाः।।
शूद्राः कलियुगस्यान्ते भविष्यन्ति न संशयः।
मोवादिनस्तथा शूद्राः ब्राह्मणाश्चार्यवादिनः।।
समवेशाः समाचारा भविष्यन्ति न संशयः।

× × ×

ततस्तस्मिन्गते काले महायुद्ध सुदारुणे।
शून्या वसुमती घोरा स्त्रीप्रधाना भविष्यति।।
कृषिं नार्यः करिष्यन्ति लांगल कर्षपाणयः।
दुर्लभत्वान्मनुष्याणां क्षेत्रेषु धनुयोधनाः।।
विशद् भार्या दशोयावा भविष्यन्ति नरास्तदा।

प्रक्षीणाः पुरुषा लोके दिक्षु सर्वासु पर्वसु।।
ततः संघातशो नार्यो भविष्यन्ति न संशयः।
आश्चर्यमिति पश्यन्तो...पुरुषा स्त्रियः।।
स्त्रियो व्यवहरिष्यन्ति ग्रामेषु नगरेषु च।
नराः स्वस्था भविष्यन्ति गृहस्था रक्तवाससः।।

× × ×

ततः प्रनष्टचरित्रा स्वकर्मोपाहिताः प्रजा।
करिष्यन्ति शका घोरा बहुलाश्च इति श्रुतिः।।
चतुर्भागं तु शस्त्रेण नाशयिष्यन्ति प्राणिनाम्।
हरिष्यन्ति शकः तेषां (कोषं?) चतुर्भागं स्वकेपुरे।।

× × ×

ततः पापक्षते लोके दुर्भिक्षे लोमहर्षणे।
भविष्यति युगस्यान्तं सर्वप्राणि विनाशनम्।।
जनमारस्ततो घोरो भविष्यति न संशयः।

× × ×

इस उद्धरण से यह सिद्ध है कि इन आक्रमणों से वर्ण-धर्म सर्वथा नष्ट हो गया, अधिकतर पुरुष मारे गये, जो बचे उनमें से प्रायः बौद्ध या जैन श्रमण हो गए। परंतु इससे एक बड़ा परिणाम यह हुआ कि हिंदू अथवा ब्राह्मण-धर्म नष्ट होने से बच गया और जीवित रह सका। उसको यह शक्ति वास्तव में बौद्ध धर्म ने ही अप्रत्यक्ष रूप से प्रदान की थी। वर्णाश्रम के विरोध में ब्राह्मण-धर्म बौद्ध-धर्म की चोटें सहने का आदी हो गया था। इसी से जब उस पर औरों ने चोट की तब उसने उन्हें तो बर्दाश्त कर ही लिया, चोट करने वालों को भी वह पचा गया—यवन-शकों को, कुषाण-जाटों को, हूण-गुर्जरों को, पुक्कस-आभीरों को और बौद्धों तथा उनके बुद्ध को भी! फिर भी संघर्ष चलता रहा ब्राह्मण-क्षत्रियों में भी, ब्राह्मण-बौद्धों में भी, अभिजात-कुलीय-निम्नवर्गीयों में भी। गुप्तकाल में फिर एक बार ब्राह्मण-क्षत्रियों का साझा हुआ। ब्राह्मणों ने बुद्ध को अंगीकार कर लिया था और साथ ही गुप्तों के भागवत-शैवानुचरण को भी। उन्होंने भाई के रहते अथवा उसके हत्यारे चंद्रगुप्त द्वितीय विक्रमादित्य का रामगुप्त की विधवा ध्रुवस्वामिनी के साथ परिणय स्वीकार किया और उसी विक्रमादित्य की कन्या प्रभावती गुप्ता का विवाह ब्राह्मण वाकाटककुलीय प्रवरसेन से संपन्न कराया। *मनुस्मृति* आदि के ब्राह्मण-विवाह-विधान का यह ज्वलंत 'अनुलोम' था, ब्राह्मण को मान्य।

परंतु बौद्ध संप्रदाय विलुप्त न हो सका, संघशक्ति न टूटी। समय-समय पर वह जोर पकड़ती गई। हर्षवर्धन के समय वह फिर एक बार सचेत हुई और बौद्ध नृपति तथा उसके अतिथि ह्वेनत्सांग को मारने की ब्राह्मण अभिसंधि का उसने सफल

प्रतिकार किया। फलतः पाँच सौ ब्राह्मणों का देश निकाला हो गया। बौद्ध-प्रयास और निम्नकुलीन जनबल फिर बढ़ चला। पालों के समय में दोनों की शक्ति बढ़ी, क्योंकि पाल कट्टर बौद्ध भी थे, शूद्र भी। उनका साम्राज्य सुविस्तृत था और उन्होंने शूद्रों को उच्च पदाधिकारी बनाया। हर्ष और उसके बौद्ध-धर्म के विरोध में गौड़वंशीय शशांक ने जो बोध गया के बोधिवृक्ष को काट कर उसके मूल में अग्नि रख दी थी, उसे पालों ने फिर से पनपाया। नालंदा के विश्वविद्यालय में बौद्ध दार्शनिक ब्राह्मण और लोकायत दोनों का खंडन करते थे, पालों ने उस विद्यापीठ को अपनी छाया में बढ़ाया, विक्रमशिला आदि को खड़ा किया। ब्राह्मण में फिर एक बार प्रतिक्रिया हुई, जीवन जागा—शंकर और कुमारिल सयत्न हुए। विडंबना अवश्य थी कि बौद्धों का शून्यवाद जो उपनिषदों का अद्वैतवाद था शंकर का भी अद्वैतवाद बना। शंकर ने बौद्ध दर्शन की सूक्तियों का बौद्धों के ही विरुद्ध प्रयोग किया और फलतः स्वयं 'प्रच्छन्न बौद्ध' कहलाये। परंतु कुछ काल के लिए निश्चय शंकर और कुमारिल के सम्मिलित उद्योग ने बौद्धों को अप्रतिभ कर दिया। क्षत्रिय चुपचाप देखते रहे। ब्राह्मण-समाज की शक्ति एक और कारण से बढ़ चली थी। हूण, आभीर, गुर्जर, जाट आदि नवागंतुकों को उन्होंने अपनी छाया में ले लिया। उनको क्षत्रिय स्वीकार कर लिया और इस अर्थ कुछ यज्ञानुष्ठानों के विधान किए। माउंट आबू के अग्निकुलीय क्षत्रियों का आविर्भाव इसी नए विधान का परिणाम था। आज के अनेक राजपूत कुल नए क्षत्रिय बने और उनका आबू में ही, राजपूताना की मूर्धा पर ही, क्षत्रिय बनना उचित भी था। फिर भी यह नवीन शक्ति ब्राह्मणों को अधिक सबल न बना सकी, क्योंकि अब युद्ध का क्षेत्र सर्वथा बदल चुका था। अब उनका युद्ध क्षत्रियों के विरोध में न था वरन् उनका और क्षत्रियों का सम्मिलित प्रयास उन बौद्धों के विरोध में था जो अब न तो क्षत्रिय ही रह गये थे, न अभिजात-कुलीय ही।

अब बौद्ध धर्म से अनुबोधित एक नवीन जनसत्ता उठ रही थी जिसने पालों की युद्ध शक्ति की संरक्षा में समृद्धि पाई थी। दर्शन को उन्होंने अभिजातकुलीय समझ फेंक दिया, ब्राह्मण-दर्शन को भी, क्षत्रिय-बौद्ध दर्शन को भी। भागवत और शैव धर्म, प्राचीन काल से ही निम्नवर्गीय और अंशतः अब्राह्मण-अनार्य रहे थे। इन दोनों का इस युग में प्रबल योग हुआ। बौद्ध-धर्म के महायान ने इस आन्दोलन का आरंभ किया। महायान से मंत्रयान निकला और मंत्रयान से उड़ीसा के महेंद्र (श्री) पर्वत पर वज्रयान का प्रादुर्भाव हुआ। कर्मकांड नए सिरे से निखरा, सिद्ध अब नए पुरोहित थे। क्रिया रहस्य पर निम्नवर्गीय धर्म आगे बढ़ रहा था—यौनाचरण से भी वह बचा न रह सका। बौद्धों की प्रव्रज्या, जैनों के उत्कट तप और ब्राह्मणों के संयम पर यह जीवन का कटु उपहास था। उड़ीसा के मंदिरों पर यौन भास्कर्य उत्कीर्ण हुआ परंतु दूर की पूजा अब भी बुद्ध की थी, इससे बुद्ध की प्रतीक मूर्ति जगन्नाथ के रूप में पुरी के वैष्णव मंदिर में आदृत हुई। बौद्धों की तारा सहसा शाक्तों की

शक्ति और माता बन गई। कुमारी पूजा ने पश्चिम में काशी-विध्यांचल तक अपना स्वत्व जमाया। वज्रयानी सिद्ध शाक्त कापालिक और अघोरपंथी औघड़ उड़ीसा से कामरूप (आसाम) तक और कामरूप से काशी तक यौन प्रक्रियाओं से शांति लाभ करते रहे! घोर तप और क्रूर संयम के विरुद्ध यह नग्न प्रतिक्रिया थी। परंतु यह प्रवाह घृणित स्रोत में बह चला। काश, इसका सचेतक प्रयोग समाज की उठती विषमताओं के विरुद्ध हो सका होता। इससे बस एक फल हुआ। ब्राह्मण वर्ण-विधान, मनु-याज्ञवल्क्य और विष्णु के स्मृति-विधान मिट गये, ब्राह्मण और क्षत्रिय बौद्ध अभिजात-कुलीय दर्शन प्रनष्ट हो गए।

3

संस्कृतियों का अंतरावलंबन

सभ्यता सामाजिक विकास की एक मंजिल है। वह मंजिल, जब मनुष्य अपनी बर्बरता छोड़, एकाकी पाशविक बनैलापन छोड़, सचेत ग्राम-जीवन बिताने लगा था, जब उसने आग का प्रयोग सीखा और अपना आहार राँध कर खाने लगा, जब उसने कृषि का आरंभ किया और जाना कि गोल पहिया ही चिपटी जमीन पर घूम-दौड़ सकता है। संक्षेप में, जब वह दल अथवा सभा में बैठ सकने की तमीज रखने लगा तब वह 'सभ्य' कहलाया।

संस्कृति एक प्रकार का मानसिक विकास है, एक विशिष्ट दृष्टिकोण, जो सभ्य मानव में हो भी सकती है और नहीं भी हो सकती है। यह एक प्रकार का संस्कार है, मानसिक निखार, और यह संस्कार व्यक्तिगत भी हो सकता है, सामूहिक भी। यहाँ हमारा उद्देश्य सामूहिक संस्कृति पर विचार करना है। मनुष्यों का सचेत समुदाय समाज का निर्माण करता है, समुदाय समाज का पंजर है, सामूहिक चेतना उसका प्राण। जब सामाजिक मान्यताएँ किसी समूह-विशेष की अपनी और अन्य समूहों से भिन्न हो जाती हैं, जब इन उचित-अनुचित मान्यताओं के अर्थ वह समूह त्याग और बलिदान करने पर तत्पर और आतुर हो जाता है, जब वह समूह अपने अतीत और इतिहास को अन्यों से भिन्न मान उसमें अपने पूर्वजों द्वारा अर्जित यश पर गर्व करता है और स्वयं अपनी भावी महत्त्वाकांक्षाओं के पाए उस पर रखता है तब उसकी सामाजिक संज्ञा 'राष्ट्र' *अथवा 'नेशन'* होती है। सुदूर के समान पूर्वज की संतति होने का विश्वास, समान धर्म, अंधविश्वास, समान त्रास और समान उल्लास, समान प्रयास और समान पार्थिव आवास की सीमाएँ इस समूह-विशेष अथवा राष्ट्र को आंतरिक घनता प्रदान करती हैं। ऋग्वैदिक मंत्र 'सगच्छध्वं संवो मनांसि जानताम्' (19-191-2) में इसी सम्मिलित प्रयास, सम्मिलित संलाप-विलाप, सम्मिलित नाद, सम्मिलित मानसिक चेष्टाओं-वांछनाओं की ओर संकेत है। इसी प्रकार—'समानो मंत्रः समितिः समानी समानं व्रत सह चित्तमेषाम्। समानीव आकृतिः समाना हृदयानि वः,

समानमवस्तु वो मनू पथा वः सुसहासति' (ऋग्वेद, 10, 191, 3 और आगे) आदि में भी उसी संयुक्त प्रयास, सम्मिलित विश्वास और सामूहिक संधान की प्रेरणा की ओर निर्देश है। संस्कृति इसी समुदाय-विशेष का अधिकृत, आहृत, आदृत, व्यवहृत रूप है। राष्ट्र अथवा यह समुदाय जिन पूर्वकालिक प्रयत्नों, चेष्टाओं, कीर्तियों, भावनाओं, हर्ष-विषादों, विजय-पराजयों, आचार-विचारों, वेश-भूषाओं, साहित्य-कलाओं, नृत्य-गाथाओं, विचित्रताओं आदि को अपनी, केवल अपनी कहकर घोषित करता है वे ही उसे आकृति देते हैं, उसका कायिक निर्माण करते और उसे रूपरेखा प्रदान करते हैं। इन्हीं विशेषताओं से राष्ट्र अथवा नेशन पहचाना जाता और अन्य मानव दलों से पृथक् किया जाता है। इन्हीं अवयवों से उसका व्यक्तित्व बनता है।

इस सिद्धांत और प्रतिज्ञा के अनुसार संस्कृति के अहमत्व और अपनापा ही संस्कृति-विशेष का प्राण है परंतु यही उस पर गहरा व्यंग्य भी है। व्यंग्य अथवा सत्यतः मिथ्या धारणा। वस्तुतः किसी सामाजिक दल अथवा राष्ट्र का अपनापा जैसी कोई वस्तु न कभी रही है न रह सकती है। निस्संदेह समय-समय पर अवस्था विशेष में, सचेत मानव-समूह ने प्रयत्नतः अथवा अज्ञानतः अपनी क्रियाओं-धारणाओं में विशेषताएँ विकसित की हैं, परंतु समाज-चेतना अथवा सामाजिक व्यवहार ने स्वयं उनको चिरकाल तक उस दल-विशेष की नहीं रहने दी हैं। शीघ्र ही उनको अन्य दलों ने स्वायत्त कर लिया और स्वायत्त करके कालांतर में उन्हें न केवल वे अपना बनाने लगे हैं वरन् उन पर मरने-मिटने भी लगे हैं। स्वयं 'सामाजिक'—सामूहिक—व्यवहार की समष्टि में वह व्यष्टि निहित है जिसकी अभिसृष्टि में एक तात्विक विरोध है। जिस सामाजिक चेतना के फलस्वरूप व्यक्ति-व्यक्ति का पारस्परिक व्यवहार दल अथवा समाज की सृष्टि करता है वही दल-दल, समाज-समाज में भी एक अस्पष्ट संबंध स्थापित करता है। सामाजिक व्यवहार संबंध पर निर्भर है, और इस व्यवहार का वाह्य रूप आदान-प्रदान है, व्यक्ति-व्यक्ति में, दल-दल में, समाज-समाज में। जातियों के संक्रमण, पारस्परिक संबंध, निकटावास, अंतःसंघर्ष, व्यापारिक विनिमय इन आदान-प्रदानों के आधार हैं। इनकी अनिवार्य अवर्ज्य स्थिति के कारण यह संभव नहीं कि समाज-विशेष अथवा राष्ट्र विशेष की सामान्य-विचित्रता अपनी बनी रह सके। जाने-अनजाने वह औरों की हो ही जाती है, राष्ट्र का संकोच, उसकी व्यावहारिक रूढ़िवादिता, उसे औरों की होने से नहीं रोक सकती, नहीं रोक सकी है। सांस्कृतिक प्रजनन और प्रसार का यही स्वाभाविक प्राकृतिक नियम है, यही उसका अनिवार्य विधान है, उसका सूक्ष्म रहस्य है।

परिणामतः उस निष्कर्ष का अर्थ यह है कि जिस विचित्रता या विशेषता को समाज-विशेष अथवा राष्ट्र-विशेष अन्यों से भिन्न अपना कहता है वह संभवतः उसका नहीं औरों का है, जिसे वह औरों का और विजातीय कहता है वह संभवतः उसका है, केवल उसी का, औरों का नहीं। संस्कृति तत्त्वतः एक की नहीं अनेक की है,

उसकी अभिसृष्टि बहुमौखिक और मिश्रित है। वह एक अविशेषित (मैं जान-बूझ कर इस शब्द का प्रयोग कर रहा हूँ) परंपरा है जिसका निर्माण मनुष्य अपने सामाजिक विकास के क्रम में अपने व्यावहारिक जीवन में अनायास करता जाता है। जैसे बच्चा अपने पारिवारिक वातावरण में अपने आप सीखता है, वैसे ही समाज-विशेष अपने समाज-परिवारों के व्यावहारिक वातावरण में अपने आप सीखता है। इससे राष्ट्र-विशेष अथवा समाज-विशेष की, संस्कृति-विशेष की कल्पना शायद खरी समीक्षा से अवैज्ञानिक सिद्ध होगी। वस्तुतः संस्कृति एकदेशीय नहीं, अंतर्देशीय, अंतर्जातीय, अंतः सामाजिक है। संस्कृतियों के स्वावलंबन का कोई अर्थ नहीं होता, उनके अंतरावलंबन मात्र की वैज्ञानिकता सिद्ध है, ग्राह्य है।

देश-विशेष की सीमा पर समन्वित समाज-विशेष के सुदूर क्षितिज पर अन्य जाति अपने संक्रमण-काल में मँडराने लगती है, भूमि पर जल थाहने की भाँति सम्हाल-सम्हाल, टोह-टोह कर जब आगे बढ़ती है उसका आकार स्पष्ट होने लगता है। देशी राष्ट्र अथवा जाति में उसके प्रति प्रतिक्रिया होती है। दोनों में, समीप आते ही, संघर्ष छिड़ जाता है, दोनों एक काल तक सतर्क हो घृणा और अविश्वास से एक-दूसरे के आचार-व्यवहार, संगठन-संस्था को देखते हैं, एक-दूसरे की मान्यताओं की उपेक्षा करते, उनका उपहास करते हैं। परंतु संघर्ष के बाद एक प्रकार का समन्वय होता है जिसके फलस्वरूप एक के आचार-व्यवहार, संगठन-संस्थाएँ दूसरे की हो जाती हैं। यह इस सामाजिक समन्वय की व्यंग्यात्मक वास्तविकता है। हमले होते हैं, संघर्ष होते हैं, जातियाँ घुलमिल कर एक हो जाती हैं, संस्कृतियाँ समन्वित हो जाती हैं, फिर हमले होते हैं, फिर वही क्रम चलता है, वही सांस्कृतिक समन्वय होता है। यह चिरकालिक नित्य-सत्य है। कालांतर में, क्रमिक युगांतों में जब-जब समाज-विशेष अपने पिछले आँकड़े सहेजेगा (स्टाक-टेकिंग करेगा) तब-तब वह पाएगा कि उसकी अनेक प्राचीन मान्यताएँ अब मान्यताएँ नहीं रहीं, घृणाओं में बदल गयीं, घृणाएँ मान्यताएँ हो गई हैं, प्राचीन रूढ़ियाँ खो गई हैं, विश्वास की नई कोपलें फूट निकली हैं। फिर आँकड़े सहेजिए फिर वही बात, फिर वही और फिर वही। अतः संस्कृतियों का स्वावलंबन नहीं, परस्पर अंतरावलंबन है।

इस सिद्धांत के निरूपण के अर्थ अनेक उदाहरण दिए जा सकते हैं, वस्तुतः वे एक समूचे ग्रंथ की सामग्री प्रस्तुत करेंगे। यहाँ हम कुछ एक, केवल कुछ एक, के उदाहरण पेश करेंगे। संस्कृति में वेश-भूषा, कला, साहित्यादि का विशिष्ट स्थान है। अतः पहले हम इन्हीं पर विचार करेंगे।

प्राचीन से प्राचीन काल में भी भारतवर्ष में वसन के क्षेत्र में केवल दो वस्त्र—धोती और शाल या चादर—प्रयुक्त होते थे। आर्यों के आने के बाद 'उष्णीष' (पगड़ी), 'द्रापी'(एक प्रकार की बंडी) और नारियों के लिए एक प्रकार के कंचुक का प्रचलन हुआ। इनमें द्रापी आर्यों के मध्य-एशिया से संपर्क का परिणाम था। प्राचीन हिंदू-काल

में भी प्रायः उष्णीष (जब तब), उत्तरीय (चादर) और अधोवस्त्र (धोती) का ही प्रयोग रहा। इनको बिना सिले ही प्रयोग में लाया जाता था, इसी कारण एक-आध सूत्रकारों ने तो सुई से सिले वस्त्रों का व्यवहार वर्जित ही कर दिया, यद्यपि वैदिक साहित्य में 'कभी न टूटने वाली' सुई और उससे सिले वस्त्रों का हवाला मिलता है। कम से कम द्रापी को तो बिना सिले प्रस्तुत नहीं किया जा सकता था। परंतु पश्चात्कालीन वह सारी भारतीय वेश-भूषा जो आज राष्ट्रीय कही जाने लगी है, वास्तव में अभारतीय है और भारतीय इतिहास के विविध आक्रामकों की देन है। अचकन, जिसे मुगलों, विशेषकर लखनऊ में नवाबों ने परिष्कृत कर प्रायः आज का रूप दिया, वास्तव में प्रथम सदी ईसवी में कुषाणों ने भारत में चलाई थी। कुषाण-सैनिकों के वेष से स्पष्ट है। मथुरा संग्रहालय में प्रदर्शित स्वयं कुषाण नरेश कनिष्क की मूर्ति के वसन से यह प्रमाणित है। यही अंगरखा या अचकन मध्य-एशियाई 'चोगा' है जो रोमन 'चोगा' का भाषा तथा आकार में रूपांतर है। भारतीय कुर्ता उस हिंदू-ग्रीक संपर्क का फल है जो ग्रीक विजेताओं ने अपने प्रायः दो सदियों के शासन में भारत को दिया था। ग्रीक-रोमन कुर्ते को 'त्यूनिक' कहते थे। दोनों की आकृति में अंतर नहीं के बराबर था। 'कुरता' शब्द की व्युत्पत्ति संभवतः तुर्की जबान से होगी। इसमें संदेह नहीं कि इसका संबंध किसी विदेशी भाषा से है, और संस्कृत, प्राकृत, अपभ्रंश, किसी से इसकी अभिसृष्टि नहीं स्थापित की जा सकती। पाज़ामा भी, जिसका आधुनिक रूप मुसलमानों ने भारत में सँवारा, उन्हीं कुषाणों की देन है। इसका पुराना रूप कुछ सुथना कुछ सलवार का मिला-जुला है। पगड़ी का कोई न कोई रूप सारे मध्य एशिया में प्रचलित रहा। आर्य उसके एक रूप को भारत में ले आए। ईरानियों के अपनी पगड़ी उतार और उसका फेटा गले में डाल अपनी विजय की अभ्यर्थना करने की बात कालिदास ने भी कही है। वर्तमान गांधी-टोपी कुछ तो मध्यकालीन पुर्तगालियों की टोपियों के अनुरूप बनी है, पर विशेषकर उन प्राचीन मिस्रियों और खत्तियों की टोपियों के नमूने पर जिन्होंने कभी भारत के पश्चिमी तट से व्यापार किया था। निश्चित है कि भारतीय आभूषण-क्षेत्र में नारियों की नथ और कान की ऊपर की बालियों का प्रवेश मुसलमानों ने कराया। न तो संस्कृत भाषा में इनके लिए कोई शब्द है और न मूर्तिशिल्प, मूर्तियों में इनका कहीं व्यवहार हुआ है। वस्तुतः इनका संबंध अरबी के 'नाकिल' शब्द से है जिससे हिंदी या उर्दू 'नकेल' बनता है! नकेल वह रस्सी है जिससे मनुष्य अपने पशु की नाक नथ कर उसे ले चलता है। यह मानव प्रभुता का प्रतीक है। पुरुष ने नारी को भी संभवतः अपनी इसी प्रभुता के प्रमाणस्वरूप इसे पहना रखा है। आज यह विदेशी नथ हिंदू वैवाहिक जीवन में अनेक स्थानों में सुहाग का चिह्न है।*

---

* विस्तृत विवेचन के लिए मेरा ग्रंथ 'भारतीय संस्कृति के स्रोत' देखें।

आश्चर्य की बात है कि रोटी के लिए कोई भारतीय शब्द हमारे पास नहीं है। रोटी शब्द न संस्कृत है, न प्राकृत, न अपभ्रंश, और न इनसे बना कोई तद्‌भव ही है। इसी रूप में यह शब्द भारत की सारी प्रांतीय भाषाओं–हिंदी, उर्दू, पंजाबी, पश्तो, कश्मीरी, पहाड़ी, सिंधी, उड़िया, बंगला, असमी, गुजराती, मराठी, कन्नड़, तमिल, तेलुगू, मलयालम आदि–में व्यवहृत होता है। निस्संदेह मुस्लिम शासन के युग में कभी इस प्रकार की रोटी खाना भारत ने सीखा जैसी तवे पर बनाई जाती है। तवे के लिए भी कोई भारतीय शब्द नहीं है। यह कम आश्चर्य की बात नहीं कि इतने घरेलू शब्द, जिनका नित्यप्रति घर की चहार-दीवारी में व्यवहार होता हो और जिनका करोड़ों भारतीय दिन में एक बार उच्चारण करते हों, भारतीय नहीं हैं, विदेशी हैं। संस्कृतियों के अंतरावलंबन का यह एक अद्‌भुत प्रमाण है। चौके का पावन क्षेत्र भी इन विदेशी शब्दों का वर्जन न कर सका।

भारत के ज्योतिष, ललितकलाओं आदि पर विदेशी प्रभाव अत्यंत गहरा पड़ा है, इसे अनेक ईमानदार विद्वान स्वीकार करते हैं। गणित का वह आश्चर्य–ग्रहण–संभवतः बाबुली है। वैदिक साहित्य में उस रहस्य का पहला जानकार अत्रि कहा गया है। गणित में भारतीय चरम सीमा पर पहुँच गए थे और उन्होंने उसे दूर-दूरस्थ देशों को सिखाया था, यह साधारणतया मान्य है, यद्यपि उसका विकास इस स्तर तक इतने प्राचीन काल में हो गया था यह मानने में अनेक लोगों को आपत्ति हो सकती है, जब हम देखते हैं कि तीसरी सदी ईसवी पूर्व तक अभी दहाई का व्यवहार संभवतः अज्ञात था। अशोक के एक शिलालेख में 256 इस प्रकार लिखा मिलता है–200506। इसके विरुद्ध बाबुल में फलित ज्योतिष का प्रचार और प्रभाव अत्यधिक था। कम-से-कम तात्कालिक सभ्यताओं में कोई ऐसी न थी जहाँ फलित ज्योतिष का इतना व्यवहार था और जो बाबुल के इस विकास का ऋणी न था। ऐसे देश को गणित ज्योतिष का भी कुछ प्रारंभिक श्रेय देना अयुक्तियुक्त नहीं जब ग्रहण की व्यवस्था वहाँ भी पुरानी है, यद्यपि यह कहा जा सकता है कि फलित और गणित ज्योतिष के पाये भिन्न-भिन्न सिद्धांतों पर अवलंबित हैं। फिर भी उनकी समता और पारस्परिक सन्निकटता में संदेह नहीं किया जा सकता।

बाख्त्री-ग्रीक राजाओं ने भी भारत में दूसरी सदी ईसवी पूर्व से पहली सदी ईसवी पूर्व तक प्रायः दो सदियों तक राज किया और उन्होंने ज्योतिष, कला, साहित्य, दर्शन सबको प्रभावित किया। उनका राशि-चक्र आज भारतीय ज्योतिषी सर्वथा अपना कह कर स्वीकार करते हैं। भारतीय ज्योतिष का 'होराचक्र' ग्रीक 'हारस्कोप' (अंग्रेजी Hour 'आवर', ग्रीक सूर्य पर्याय से बना है) का रूपांतर है। करोड़ों भारतीय जन्म-पत्र के अंधविश्वास के शिकार हैं, उसकी रचना और फलगणना नित्य की वस्तु है परंतु उसका आधार अभारतीय है, इसे मानने में विद्वान् तो कम-से-कम संकोच नहीं करता। प्राचीन भारतीय ज्योतिषियों ने 'पौलिश' और 'रोमक' दो ज्योतिष-सिद्धांतों को

स्पष्टतया अभारतीय कहकर अंगीकार किया और प्राचीन आदर्शों के प्रतिनिधि-पोषक तथा संस्कृत साहित्य के सबसे समर्थ कवि कालिदास ने अपनी इष्टदेवी उमा का शिव से विवाह 'जामित्र' लग्न में कराया है (देखिये *कुमारसंभव,* सातवां सर्ग)। यह जामित्र शब्द निस्संदेह ग्रीकों का 'दीयामेत्रोन' (Diametron) है।

इसी प्रकार भारतीय कला का भी शुद्ध निखार ग्रीक प्रभाव का परिणाम है। मोहन-जो-देड़ो की सैन्धव सभ्यता निश्चय उन्नत कला की जननी थी। तत्कालीन किन-किन सभ्यताओं की कला ने उसकी कला को आकृति प्रदान की थी अथवा उसकी कला ने स्वयं किन-किन विदेशी कलाओं में प्राण फूँके थे, यह तो कहना अत्यंत कठिन है, परंतु इतना सही है कि उसके अनंतर भारत में प्रतिष्ठित होने वाली आर्यसभ्यता एक लंबे काल तक कला के क्षेत्र में सर्वथा वंध्या रही। प्रायः हजार वर्षों तक का उनका जीवन तक्षण, चित्रण आदि कलाओं से नितांत अनभिज्ञ रहा। पहला वास्तविक कला संबंधी प्रस्फुटन मौर्यकाल अर्थात तीसरी सदी ईसवी पूर्व में होता है। तक्षण कला, मूर्ति के कोरने, पत्थर की भूमि को चिकनी आदि करने में अशोक का युग स्तुत्य है। भारी अभिन्न, सुचिक्कण स्तंभों का निर्माण अशोक की विशिष्ट देन है। परंतु वास्तव में क्या यह देन उसकी है?

कला में व्यक्ति का स्थान अवश्य है, परंतु उसके पाक्षिक संपादन मात्र में, स्रोतीय विकास में उतना नहीं। विकास की ही पराकाष्ठा होती है और अशोककालीन कला पराकाष्ठा है, प्रारंभ नहीं। परंतु इस विकास का प्रवाह केवल अलक्षित ही नहीं, अघटित भी है। इस अशोकयुगीय कला का संबंध यदि सैन्धव सभ्यता से जोड़ा जा सकता तो उसी आधार से विकसित इसे मानने में कोई असुविधा अथवा आपत्ति न होती, परंतु दोनों के बीच जो यह दो सहस्र वर्षों का अंतर है वह कला की दृष्टि से सर्वथा अनुर्वर है। विकास की एक मंजिल का भी वहाँ अस्तित्व नहीं। इसके विरुद्ध और प्रमाण यह है कि सुमेरी-बाबुली-असूरी कला का स्रोत दूसरी सहस्राब्दि ईसवी पूर्व के लगभग फूटा था और जो उन्नीसवीं सदी ईसवी पूर्व में हम्मूराबी के साम्राज्यवादी शासन में प्रभूत बल पकड़ चुका था, उसकी परिणति वस्तुतः खल्दी नृपति नेबुखद्नेज्जार और ईरानी सम्राट दारयबौष (दारा) के काल में प्रायः छठी सदी ईसवी पूर्व में हुई। चिकने स्तम्भों पर सपक्ष सिंहों का आकार सृजन पाश्चात्कालिक असुरों और साँड़ प्रभृति आकृति मंडित स्तंभों का निर्माण साम्राज्यकालीन ईरानी कला की विशेषताएँ थीं जो अशोक के शीघ्र पूर्ववर्ती थे। कुछ आश्चर्य नहीं यदि अशोक ने स्तंभ-निर्माण की कला ईरानियों से पाई हो। कारण कि उससे पहले का एक भी स्तंभ भारत में नहीं मिला। यह भी विचारणीय है कि शिला तथा स्तंभों पर अभिलेख और उनकी इबारत के शुरू में "देवताओं का राजा ऐसा कहता है" की शैली सर्वथा ईरानी है।

अशोक के शासन के कुछ ही दिनों बाद मौर्य साम्राज्य के प्रांत बिखर गए,

जिनके उत्तर-पश्चिमी भागों पर, सीमाप्रांत से काबुल तक, ग्रीकों की प्रभुता फैली। इनके बड़े-बड़े नगर खड़े हुए जहाँ इनके शिल्पियों ने प्रभूत प्रयत्न से वास्तुकला का विस्तार किया, ग्रीक-शैली की मूर्तियाँ कोरीं। भारतीय मूर्तिकला में प्रसिद्ध गांधार-शैली इसी ग्रीक प्रयास का परिणाम है। हजारों ग्रीक आकृति की मूर्तियाँ जो आज अफगानिस्तान, सीमाप्रांत, पंजाब आदि में पाई गई हैं, और काबुल, पेशावर, लाहौर, मथुरा आदि संग्रहालयों में संरक्षित हैं, इसी ग्रीक छेनी का महत्त्व प्रदर्शित करती हैं। इसी प्रकार सिक्के ढालने की प्रणाली में भी ग्रीकों ने अद्भुत परिवर्तन किए। वास्तव में प्राचीन काल के विभिन्न देशों के सिक्कों का अध्ययन इतिहास के इस निष्कर्ष को और भी प्रमाणित करता है। तीन-तीन चार-चार सदियों में जातियों के संक्रमण और मिश्रण तथा विजेताओं के परिवर्तन से सिक्कों के क्षेत्र में अद्भुत और समान परिवर्तन होता गया है। कई बार तो ऐसा जान पड़ता है कि कुछ-कुछ अंतर पर संसार के सारे देशों के सिक्के समान रूप रखते हैं, आकार में, वजन में, ढलाव में, अभिलेख में, उन पर मुद्रित आकृतियों में। प्रमाणतः यह संस्कृतियों के अंतरावलंबन का परिणाम है।

इसी प्रकार भारतीय नाटक पर भी ग्रीक प्रभाव पड़ा। संभव भी न था कि ऐसा न हो, जब भारत में यूथिदेमिया और दत्तामित्री जैसे ग्रीकनगर थे, शाकल तथा पत्तलीनी में ग्रीक नागरिकों के प्रशस्त मुहल्ले थे। भारतीय रंगमंच पर संभवतः ड्राप अथवा पर्दे का अभाव ही था। इस ग्रीक संपर्क से ही शायद यहाँ इसका व्यवहार हुआ। इसी से पर्दे को 'यवनिका' कहते भी हैं जो उसका ग्रीक मूल उद्घोषित करता है। यवन तब ग्रीकों को कहते थे, आयोनिया की गणना तब ग्रीक देशों में ही थी।

धर्म के क्षेत्र में तो और भी अधिक समानताएँ दिखायी जा सकती हैं। समान देवता समान रूप से संसार में पूजे गए हैं। 'टोटेमिज्म' देश विशेष की पद्धति कभी नहीं रही। प्रायः प्रत्येक देश के प्राचीन निवासियों ने अपने अंगों को विविध प्रकार से चित्रित किया, पशुओं-वृक्षों अथवा पर्वतों-नदियों, निर्झरों की पूजा साधारणतया प्रत्येक धर्म का आधार रही है। सारे मध्य-एशिया में, संभवतः दक्षिणी यूरोप के देशों में भी, पूर्व में सिंधु तक, कभी मातृ-देवी की पूजा किसी न किसी रूप में होती थी। प्रकृति के देवताओं को भी आर्यों की ही भाँति अन्य जातियों ने भी पूजा है। भारत में विष्णु अथवा आकाश के प्रकृत सूर्य की पूजा तो निस्संदेह आर्यों ने प्रचलित की परंतु उसे मूर्ति बना कर शकों और कुषाणों ने ही यहाँ पूजा। कुषाण-कालीन सूर्य की मूर्तियों (उस युग से पूर्व की सूर्य प्रतिमाएँ भारत में नहीं मिलतीं) का पहनावा मध्य-एशियाई है—चोगा, सलवार, घुटनों तक ऊँचे जूते, बगल में कटार। स्पष्ट है कि भारत में सूर्य की मूर्ति-रूप में पूजा शकों ने चलायी और जब यहाँ के ब्राह्मण उसकी पूजा न करा सके तो शक-पुरोहितों को भारत में बुलाना पड़ा। पुराणों के अनुसार कृष्णवंशीय शांब ने सूर्य का पहला मंदिर बनवाया और सिंधु देश में, चंद्रभागा

के तीर। सिंधु देश का सिंध है जिसकी प्राचीनकालिक संज्ञा 'शकद्वीप' थी और जो भारत में प्रविष्ट होने पर शकों का पहला औपनिवेशिक आधार बना। सुमेरी महाकाव्य 'गिल्गेमिश' का जलप्लावन इब्रानी की पुरानी पोथी और *शतपथ ब्राह्मण* में समान रूप से वर्णित है। मनु जीवों के जोड़ों को उसी तत्परता से बचाते हैं जिससे नूह अपनी नाव में। और, भारतीय मनु-संतान उस जल-प्रलय को भारतीय अनुवृत्त समझती है जब कि डाक्टर लियोनार्ड बूली ने प्राचीन सुमेरी और बाबुली भूमि को उलट कर उस जल-प्रलय का वास्तविक स्थल वहाँ था, यह प्रमाणित कर दिया है। सुमेरी *गिल्गेमिश* में असुर सूखे-अकाल के दैत्य नियामत-अप्सू को बज्र मार कर उनको जल-मुक्त करने को बाध्य करता है, *ऋग्वेद* में इसी प्रकार इंद्र सूखे के दैत्य वृत्र को मार कर जल को मुक्त करता है। इंद्र का विरुद वहाँ 'असुर' है और अप्सू की ही भाँति वृत्र भी गुंजलक भरने वाला सर्प है।

अनेक देशों का मातृसत्ताक अवस्था से पितृसत्ताक में परिवर्तन भी उसी सांस्कृतिक एकता को स्थापित करता है। प्रायः सभी ने दास प्रथा से किसी न किसी रूप में लाभ उठाया, और सभी सामंत-युगीन व्यवस्था से गुजरे। प्रायः सभी ने नारी को अधोधः गिराते हुए उसे निस्स्वत्व कर दिया और उसे दासों की श्रेणी में रखा। आर्य जातियों में यह क्रम विशेष प्रकार से विकसित हुआ। आज जो प्रायः एक ही प्रकार से राजनीतिक, आर्थिक, सामाजिक आदि संस्थाओं का विभिन्न देशों में विकास हुआ है और हो रहा है वह भी इसी सांस्कृतिक अंतरावलंबन तथा आदान-प्रदान का परिणाम है।

2

अब नीचे कुछ अत्यंत रोचक और नवीन प्रमाणों तथा उदाहरणों का उल्लेख करेंगे जिनसे एक सांस्कृतिक अंतरावलंबन के सैद्धांतिक सत्य की पुष्टि होगी।

अन्य साधारण कारणों के साथ-साथ जिस मुख्य विशेषता को बताकर जो आर्य और सामी जातियों में अंतर निकाला जाता है वह है वैवाहिक। यदि विद्वान् पुराविद से दोनों में एक पद में अंतर पूछा जाए तो शायद वह कहेगा—सगोत्र और असगोत्र विवाह। सगोत्र विवाह की प्रथा इस देश में अनजानी नहीं। छठी सदी ई. पू. में इस प्रकार के विवाह अनेक बार हुए। शाक्यों में यह साधारण पद्धति थी। गौतम बुद्ध के पिता शुद्धोदन ने जिस कुल की पुत्रियों से अपना विवाह किया उसी में स्वयं गौतम ने अपना किया। आज भी दक्षिणात्यों में 'मातुल-कन्या-विवाह' अनेकार्थ में प्रचलित है।

नीचे की तालिका पुराणों और वैदिक साहित्य की सामग्री से प्रस्तुत की गई

है। इसमें 'पितृकन्या' पद का प्रयोग यह और भी स्पष्टतया सिद्ध करता है कि कन्या पिता की ही थी, चचा आदि की नहीं। इसका प्रयोग शास्त्रीय और व्यावहारिक (कानूनी) पद्धति से हुआ है। इस संबंध में एक बात यह महत्त्व की है कि पौराणिक अनुवृत्त अनेकांश में प्राग्वैदिक हैं। उदाहरणतः त्रसदस्यु-पुरुकुत्स और यताति *ऋग्वेद* में भी प्राचीन माने गये हैं और उनकी उदारता की गाथाएँ उस वेद में गाई गई हैं, परन्तु पौराणिक वंशतालिकाएँ उनसे कई पीढ़ियों पूर्व से आरम्भ होती हैं। स्वयं यम का स्थान उसमें पहला नहीं है, कई पीढ़ियों पश्चात् है। जिन उदाहरणों का उल्लेख नीचे किया जाता है। उनमें कुछ अपवादों को छोड़ कर, जैसा ऊपर कहा जा चुका है, शेष सारे सगे भाई-बहनों के विवाह से संबंध रखते हैं और जो अपवाद हैं स्वयं वे भी कम-से-कम सौतेले भाई-बहनों या सगे चचेरे भ्राता-भगिनियों के हैं।

1. बेण के पिता अंग ने अपनी 'पितृ-कन्या' सुनीता से विवाह किया।
2. विप्रचित्ति ने अपने पिता कश्यप की कन्या सिंहिका को ब्याहा।
3. अंग और सुनीता के पीछे दसवीं पीढ़ी में यम और यमी आते हैं क्योंकि ये विवस्वान् की संतान हैं और विवस्वान् विप्रचित्ति और सिंहिका का सौतेला भाई है।
4. विवस्वान् के दूसरे पुत्र मनु ने श्रद्धा से विवाह किया और श्रद्धा *महाभारत* में विवस्वान् की कन्या कही गई है।
5. नहुष-ऐल ने अपनी 'पितृ-कन्या' विरजा को ब्याहा। यह विरजा *ऋग्वेद* और पुराणों के यशस्वी नृपति ययाति की माता हुई।
6. अमावसु-ऐल की पत्नी उसकी 'पितृ-कन्या' अच्छोदा हुई।
7. ययाति के श्वसुर शुक-उशनस् ने अपनी 'पितृ-कन्या' गा को ब्याहा।
8. देवयानी की अग्रजा ने वरुण को ब्याहा जो शुक-उशनस का दूसरा वंशज होने के नाते देवी का सगा, सौतेला या चचेरा भाई रहा होगा।
9. अंगिरसकुलीय भरत ने अपनी तीनों भगिनियों को ब्याहा।
10. संहताश्व की कन्या हेमवती-दृषद्वती ने अपने पिता के दोनों पुत्रों, कृषाश्व और अक्षयाश्व, से विवाह किया।
11. मान्धातृ-पुत्र पुरुकुत्स ने अपनी 'पितृ-कन्या' नर्मदा को ब्याहा।
12. सगर के पौत्र अंशुमत् ने अपनी 'पितृ-कन्या' नर्मदा को ब्याहा।
13. दशरथ की रानी कौसल्या अपने पति की पितृकुलीया, संभवतः चचेरी बहिन थी।
14. 'दशरथ-जातक' से ज्ञात होता है कि राम और सीता भाई-बहिन थे। क्या 'जनक-दुहिता' का अर्थ 'पितृ-कन्या' हो सकता है?

इसी काल संभवतः यह 'पितृ-कन्या' विवाह की परिपाटी बंद हो गयी। राम ऋग्वैदिक व्यक्ति थे और यम-यमी के संवाद से जान पड़ता है कि तभी से भ्राता-भगिनी-विवाह

बुरा माना जाने लगा। इस युग में भारतीय आर्य आचार के नए विधान बनाने लग गये थे। संभवतः ऋग्वैदिक समाज ने अब इस प्रथा के विरुद्ध विद्रोह कर दिया क्योंकि राम के बाद प्रायः 27 पीढ़ियों तक पौराणिक अनुवृत्तों में एक भी पितृ-कन्या विवाह का उदाहरण नहीं मिलता। परंतु यह परंपरा फिर भी मर न सकी और महाभारत-काल में एक बार फिर जी उठी।

15. कृष्ण-द्वैपायन-व्यास के पुत्र शुक ने अपनी पितृ-कन्या पीवरी को ब्याहा।
16. पांचालों के राजा द्रुपद ने भी अपनी भगिनी को ब्याहा।
17. सत्राजित ने अपनी दस बहिनों के साथ विवाह किया।
18. सात्वत ने सात्वती को ब्याहा जो उसकी भगिनी जान पड़ती है।
19. श्रृंजय के पुत्र ने श्रृंजय की दो कन्याओं के साथ ब्याह किया।
20. सात्वत के प्रपितामह ने एक ऐक्ष्वाकी (अपने ही कुल की) को ब्याहा।
21. इस विवाह से उत्पन्न पुत्र ने एक अन्य ऐक्ष्वाकी (कौसल्या) को ब्याहा।

इस काल के बाद पौराणिक अनुवृत्त में फिर इस प्रकार के वर्णन नहीं आते। संभव है कुछ अंशों और क्षेत्रों में इस परंपरा का सुधार हो गया हो परंतु प्रमाणतः उसका उच्छेद नहीं हो सका। बौद्ध अनुश्रुतियों में अनेक उदाहरण इस निष्कर्ष को पुष्ट करते हैं। इस विचार से कि पिता के धन में भाग पाकर कन्या पैतृक संपत्ति का विभाजन न करा दे, मिस्र और उसकी देखादेखी अरब में सामी जाति के लोग उसे अपने भाइयों से ही ब्याहने लगे। अरबों ने तो अपनी कन्याओं को दीर्घ काल तक जीने भी न दिया। मिस्रियों में यह प्रथा इतनी स्वाभाविक थी कि जब सिकंदर के सेनापति तोलेमी ने मिस्र में अपना राज्य स्थापित किया तब देशी भावुकता को प्रसन्न करने के लिए उसे अपने ग्रीक-कुल में भी वही भ्राता-भगिनी-विवाह की मिस्री प्रथा स्वीकार करनी पड़ी और सारे तोलेमी राजा अपनी भगिनियों से विवाह करते गये। इतिहास विख्यात क्लियोपात्रा को एक के बाद दूसरे अपने सगे भाइयों से विवाह करना पड़ा था। अरब में भी इस प्रथा ने जड़ पकड़ी परंतु मुहम्मद ने उसमें सुधार किया और समान स्तनपायी भाई-बहनों में विवाह-संस्कार वर्जित कर दिया। आर्यों में, विशेषकर भारतीय आर्यों में, कालांतर में असगोत्र-विवाह की प्रथा जन्मी, पर केवल कालांतर में। ऋग्वैदिक काल से पूर्व उनमें भी भ्राता-भगिनी विवाह व्यवस्था-सम्मत माना जाता था। पुराणों के आधार पर इस प्रकार के आर्य-विवाहों के अनेक उदाहरण दिये जा सकते हैं जो कम से कम दो दर्जन हैं। परंतु यह संख्या जिस छोटे आधार से एकत्रित की गई है उस अनुपात से अत्यंत अधिक है जो इस प्रकार के विवाहों की प्रायः स्वाभाविकता स्थापित कर देती है। स्वयं *ऋग्वेद* के यम-यमी संवाद से इस प्रकार के विवाह की स्वाभाविकता प्रमाणित है और विशेषकर जुड़वाँ भाई-बहिन का परस्पर विवाह तो जैसे सिद्ध प्रश्न था। इतना अवश्य है कि तत्कालीन आर्यों में इस प्रकार के विवाह की नैतिकता में संदेह किया जाने लगा था क्योंकि यम इस

प्राचीन पद्धति में अरुचि प्रदर्शित करता है और उसके अनाचार को धिक्कारता है। फिर भी उस परंपरा का सर्वथा अनस्तित्व न हो सका। आर्य-व्यवस्था को अपनाने की प्रवृत्ति रखने वाले कृष्ण ने जिस रुक्मिन् की भगिनी रुक्मिणी से विवाह किया था उसी की कन्या से उसके पुत्र ने विवाह किया, इसका हवाला ऊपर दिया जा चुका है।

22. कृष्ण के जरायुज (जुड़वाँ) भाई ने विपितृ से उत्पन्न अपनी माँ की कन्या को ब्याहा।
23. काशी के उदयभद्र ने अपनी सौतेली बहन उदयभद्रा को ब्याहा।
24. बुद्ध ने अपनी माता की भतीजी गोपा से ब्याह किया, यह ऊपर कहा जा चुका है।
25. कोसलराज प्रसेनजित के पिता महाकोसल ने अपनी पुत्री कोसलदेवी का ब्याह मगधाधिप बिंबिसार से किया, और उसके पुत्र प्रसेनजित की कन्या वजिरा का ब्याह बिंबिसार के पुत्र अजातशत्रु से हुआ।

ऊपर के उदाहरणों से सिद्ध है कि भ्राता-भगिनी-विवाह प्राग्वैदिक काल से बुद्ध-युग तक बराबर आर्य-आचार की व्यवस्थित और मान्य पद्धति रही है। इसी कारण जब यमी यम को चुनौती देती हुई उसे उस प्राचीन परंपरा की याद दिलाती है–गर्भे नु नौ जनिता दंपती कर्दे वस्त्वष्टा सविता विश्वरूपः। नकिरस्य प्रमिनन्ति व्रतानि वेदनावस्य पृथिवी उतद्यौः (ऋ. 10, 10, 5)–तब वह सहम कर झल्ला उठता है। जैसा ऊपर कहा जा चुका है, यह परंपरा अभी सर्वथा लुप्त न हो सकी, किसी न किसी रूप में दक्षिण में यह अभी तक विद्यमान है। अतः यह कहना कि आर्यों और सामी जातियों में विभेदक विशेषता सगोत्र और असगोत्र विवाह है, नितांत असिद्ध है। इससे एक विशिष्ट बात यह जरूर सिद्ध होती है कि सामाजिक पद्धतियों और आचारों पर संस्कृतियों अथवा जातियों का विभाजन नहीं किया जा सकता, क्योंकि वे बराबर एक जाति से दूसरी जाति द्वारा सीखे और बरते जाते रहे हैं। इन उदाहरणों के महत्त्वपूर्ण प्रमाण से भी संस्कृतियों का अंतरावलंबन ही प्रमाणित होता है।*

इससे भी कहीं अधिक टिकाऊ और अकाट्य सांस्कृतिक अंतरावलंबन का प्रमाण नीचे दिया जाता है। इसमें कोई संदेह नहीं कि *ऋग्वेद* और भारतीय सम्मिश्रण के साथ *अथर्ववेद* सर्वथा आर्य ग्रंथ माने जाते हैं, परंतु 1942 ई. में मुझे कुछ ऐसे प्रमाण मिले जिनसे यह सिद्ध हो गया कि अनेकांश में *अथर्ववेद* अंशतः अनार्य प्रमाणित किया जा सकता है। कम-से-कम उसमें (और *ऋग्वेद* में भी) अनेक ऐसे स्थल हैं जो 'अनार्य' हैं और जिनका अर्थ अन्य आर्येतर भाषाओं तथा इतिहासों के अध्ययन से ही लगाया जा सकता है। इनमें से हम केवल कुछ महत्त्वपूर्ण मंत्रों का प्रमाणतः

---

* सुविस्तृत निर्देश के लिए देखिये मेरा ग्रंथ, विमेन इन ऋग्वेद, पृ. 117-128–लेखक।

उदाहरण देंगे। मंत्र इस प्रकार हैं–

अस्तिस्य तैमातस्य बभ्रूरपोदकस्य च।
सात्रासाहस्याहं मन्योखाज्यांमिव धन्वनो विमुंचामि रथीं इव ।।6।।
आलिगी च विलिगी च पिता च माता च।
विद्म वः सर्वतो बन्ध्वरसाः किं करिष्यथ ।। 7।।
उरुगूलाया दुहिता जाता दास्यसिक्नया।
प्रतङ्कं वद्रुषोणां सर्वासामरसं विषम्।।18।।
ताबुवं न ताबुवं च वेत्वमसि ताबुवं।
ताबुवेनारसं विषम् ।।10।। अथर्ववेद, 5, 13.

सर रामकृष्ण गोपाल भांडारकर अभिनंदन-ग्रंथ में श्री बाल गंगाधर तिलक ने अपने लेख Chaldean and Indian Vedas (खल्दी और भारतीय वेद) में पहले-पहल विद्वानों का ध्यान इस ओर आकर्षित किया। फिर मैंने श्री वासुदेव शरण अग्रवाल का, जो अलाय-बलाय की व्युत्पति के लिए कुछ दिनों से जागरूक थे, ध्यान इस और आकर्षित किया और उन्हें वह सब सामग्री दी जिसका उपयोग उन्होंने अपने 'अलाय-बलाय' नामक लेख में किया। यह लेख *नागरी प्रचारिणी पत्रिका* के सं. 1999 के कार्तिक-माघ वाले अंक पृष्ठ 299-300 पर छपा है।*

इन मंत्रों का अर्थ ब्लूमफील्ड के आधार पर श्री तिलक ने इस प्रकार दिया है–

"जिस प्रकार धनुस से ज्या ढीली की जाती है, अश्वों से रथ विलग किया जाता है, मैं तुम्हें काले-भूरे सर्प *तैमात* और सर्वविजयी *अपोदक* विष से मुक्त करता हूँ।। 6।।

"*आलिगी* और *विलिगी*, पिता और माता, तुम्हारे सारे बंधुओं को हम जानते हैं। विषविहीन भला तुम क्या कर सकोगे? ।। 7।।

"करैत (काले) के साथ उत्पन्न है, यह *उरुगूला की दुहिता*–उन सबका विष शक्ति-हीन हो गया है जो अपने आश्रय को भाग गये हैं।। 8।।

"ताबुवं (अथवा) न ताबुवं (हे सर्प) तू ताबुवं नहीं है। ताबुवं द्वारा तेरा विष व्यर्थ कर दिया गया है" ।। 10।।

स्वयं तिलक ने *तैमात, आलिगी, विलिगी, उरुगूला* और *ताबुवं* पर प्रकाश डाला है। इन सबको उन्होंने अवैदिक अक्कादी (खल्दी) शब्द माना है। तैमात, उनके विचार से तैमात नियामत है, और *ताबुवं* 'तोबा' इनमें से *आलिगी, विलिगी* और *उरुगूला* का अर्थ तिलक भी नहीं लगा सके हैं, यद्यपि यह उन्होंने स्पष्ट कर दिया है कि

* कुछ दिन हुए श्री रामचंद्र टंडन ने मेरा ध्यान इस लेख की ओर आकर्षित किया। मुझे उसमें अपना नाम न देख कुछ आश्चर्य हुआ। विद्वान लेखक के स्मृति-भ्रम से ही ऐसा हुआ होगा–लेखक।

इनकी व्युत्पत्ति संस्कृत में नहीं हो सकती, ये अवैदिक हैं और इनका संबंध भी संभवतः खल्दी आदि भाषाओं से है। यहाँ असूरी पुरातत्व का अनुशीलन करते हुए जो सामग्री मुझे मिली है नीचे उसका उपयोग होगा जिससे यह प्रमाणित हो जाएगा कि ये शब्द असूरी हैं और इनका अर्थ *अथर्ववेद* का भारतीय मंत्रकार स्वयं नहीं जानता, यद्यपि वह इनका प्रयोग करता है।

परंतु इनकी व्युत्पत्ति अथवा अर्थ करने से पूर्व इनका नैरुक्तिक इतिहास जान लेना कुछ कम रुचिकर शायद न होगा। *आलिगी, विलिगी, तैमात* आदि का अर्थ करते हुए वैदिक इंडेक्स के ग्रंथकारों–मैक्डोनेल और कीथ–ने *आलिगी* का अर्थ *विलिगी, विलिगी* का *आलिगी* और तैमात का दोनों करके अद्भुत अन्योन्याश्रयन्यास का वितन्वन किया है। ब्लूमफील्ड, ह्विटनी, ग्रिफिथ, आदि ने इन शब्दों का अर्थ तो किया है पर केवल शाब्दिक। उन्हें स्पष्ट करने का उन्होंने निश्चय कोई प्रयत्न नहीं किया। प्रमाणतः रहस्योद्घवाटन इनकी शक्ति और तत्सामयिक पुरातात्विक ज्ञान से परे था। इन शब्दों में से *तैमात* का प्रयोग *अथर्ववेद* के 5, 18, 4 में फिर एक बार हुआ है परंतु आलिगी, विलिगी और उरुगूला फिर कभी प्रयुक्त नहीं हुए। इनका प्रयोग पाश्चात्कालीन साहित्य–*काशिका-सूत्र* में हुआ है। परंतु इनके मूल का विवेचन वहाँ भी नहीं किया गया है। वहाँ का प्रसंग अवश्य सर्पविष-विमोचन है। मैक्डोनेल और कीथ की ही भाँति ग्रिफिथ ने भी *तैमात, अपोदक, आलिगी, विलिगी* और *उरुगूला* को सांपों की अज्ञात जातियाँ कहा है। निरुक्त निघंटु में इनको निरर्थक शब्द कहा गया है। खल्दी खोजों के अनुसार तियामत जल का दैत्य है जो खल्दी सृष्टिपरक अनुश्रुतियों में कभी पुरुष कभी नारी माना गया है। अपोदक, जो एक प्रकार का स्थल-सर्प है, *तियामत* के साथ-साथ ही व्यवहृत हुआ है। तियामत और मारदुक का युद्ध अनेक 'कीली' (क्यूनीफार्म) अभिलेखों का विषय है। तिलक के विचार से उरुगूला का व्युत्पत्तिक अर्थ 'विशाल-नगर' (उरु = नगर, गुल = विशाल) है और भावार्थ पाताल है। वेबर ने इस शब्द को प्राकृत रुख अथवा संस्कृत *वृक्ष* से बना मान *जंगल* का अर्थ निकाला है। परंतु प्रमाणतः तिलक और वेबर दोनों गलत हैं। यथास्थान इनका अर्थ करेंगे।

तिलक लिखते हैं–"*आलिगी* और *विलिगी* का मूल मैं स्थापित न कर सका, परंतु संभवतः ये अक्कादी शब्द हैं, क्योंकि एक असूरी देवता का नाम बिल और *बिल-गी* है। जो कुछ भी हो, इसमें कोई संदेह नहीं कि *तैमात* और *उरुगूला*, कुछ अंतर होते हुए भी, वास्तव में अक्कादी अनुश्रुतियों के *तियामत* और *उरुगल* अथवा *उरुगूला* हैं और वैदिकों ने अपने खल्दी पड़ोसियों अथवा सौदागरों से इनको लिया होगा।"

इसी प्रकार तिलक की राय में *ताबुवं* पोलिनेशियन शब्द ताबू–अपावन–से बना है। स्पष्टतः यह वही शब्द है जिससे अराबी 'तोबा' बनता है। जैसा ऊपर कहा

जा चुका है, श्री तिलक की *तैमात* और *ताबुवं* की व्याख्या सही है परंतु *आलिगी, विलिगी* तथा *उरुगूला* का अर्थ वे नहीं लगा सके, यद्यपि उनके भारतीय मूल का उन्होंने सही पता लगा लिया था। यह विश्वास किया जा सकता है कि यदि वे जीवित होते तो संभवतः इनका अर्थ वे यही करते जो नीचे किया गया है; क्योंकि इनका आधार भी असूरी पुरातात्त्विक खोजें हैं जिनका हवाला उन्होंने अपने लेख में दिया है। ये खोजें वस्तुतः उनकी मृत्यु के पश्चात् की जा सकीं और वे इनका उपयोग न कर सके। डाक्टर लियोनार्ड वूली ने आज से प्रायः चालीस वर्ष पूर्व ही वह पट्टिका निकाल डाली थी जिस पर *आलिगी, विलिगी, एलूलू, बेलूलू* आदि अभिलिखित थे, परंतु असूरी विद्वानों को इन अथर्ववेदीय मंत्रों का ज्ञान न था जिनको ऊपर उद्धृत किया गया है और भारतीय विद्वान् किस प्रकार असूरी खोजों के प्रति उदासीन हैं, यह कहने की आवश्यकता नहीं।

श्री तिलक के उठाये इस प्रसंग पर मैं प्रायः सन् 35 से विचार कर रहा था कि सन् 40 में मुझे डॉ. वूली की असूली खुदाइयों से प्रसूत सामग्री का हवाला पढ़ने का सुअवसर मिला। इन्हें पढ़ कर मेरी पुरानी धारणा बलवती हो उठी। सन् 37 में डाक्टर प्राणनाथ का एक लेख–'वेदी का सुमेरीय मूल'–काशी विश्वविद्यालय की शोध-पत्रिका में मैंने छापा था, उसे फिर पढ़ा और फिर असूरी खोजों की ओर मुड़ा। धारणा सही निकली, डॉ. बारनेट ने ब्रिटिश-म्यूजियम के सुमेरो-असूरी विभागों के गाइड स्वरूप एक पुस्तिका छापी थी। इन्हीं दिनों उसे जो उलट रहा था तो उस पट्टिका पर नजर गयी जो प्रायः 3000 ई. पू. के असूरी राजाओं की वंश-तालिका थी, जो ऊर नामक सुमेरी नगर से खोद कर प्राप्त की गयी थी और जिसमें *आलिगी* और *विलिगी* पिता और पुत्र के रूप में अभिलिखित मिल गये, अपने प्रकृत एलूलू-बेलूलू राजा के रूप में। पीछे देखा तो कुछ अंतर के साथ यही पट्टिका केम्ब्रिज-प्राचीन-इतिहास के भाग-1 में छपी मिली।

अब इन मंत्रों की स्पष्ट व्याख्या इस प्रकार होगी–इनका प्रयोग ऋषि ने सर्प-दंश झाड़ने के प्रसंग में किया है। इस प्रकार के ओझा-मंत्रों का कुछ विशेष अर्थ नहीं हुआ करता और अपने जिन असाधारण शब्दों का प्रयोग ओझा कर जाता है वे प्रायः निरर्थक होते हैं और यदि उनका कोई अर्थ होता भी है तो संभवतः वे उसे नहीं जानते, यद्यपि किसी अत्यंत प्राचीन-काल में उनका प्रयोग हुआ था। उदाहरणतः उत्तर प्रदेश के पूर्वी जिलों और बिहार में भूत भगाते समय ओझा जिन मंत्रों का प्रयोग करते हैं उनमें कुछ हैं–'आकइन-बकाइन पीपल पर की डाइन'। इनमें पीपल पर की डाइन तो बोधगम्य है परंतु अकाइन-बकाइन साधरणतः नहीं। कम से कम ओझा इनका अर्थ नहीं जानता। अथर्ववेद के अनेक मंत्रों के उदाहरण से यह स्पष्टतया दर्शाया जा सकता है कि इनका भी अर्थ है और ये दो जाति के पौधों का निर्देश करते हैं। इसी प्रकार अथर्ववैदिक ओझा भी जिस आलिगी-विलिगी, तैमात-उरुगूला

आदि का प्रयोग करता है उनका स्वयं अर्थ तो नहीं जानता और उनका उपयोग वह केवल अपने सुनने वालों में विस्मय का सृजन कर उनको प्रभावित करने के लिए ही करता है, परंतु उनका अर्थ है। ऊर की पट्टिका पर अभिलिखित आलिगी, विलिगी सुमेरी राजाओं के नाम हैं जिन्होंने 3000 ई. पू. लगभग सुविस्तृत प्रान्तों पर राज किया था और प्राचीनता का उद्‌घोष करने वाले अथर्ववैदिक ओझा ने इन शब्दों का उपयोग झाड़ने वाले मंत्रों में इन्हें डाल कर किया। यद्यपि दो हजार वर्षों के बाद प्रयोग करने वाला अथर्ववैदिक मंत्रकार इनके अर्थ को न समझ सका परंतु अपना अर्थ उसने निस्संदेह साध लिया।

इसी प्रकार उरुगूला का अर्थ भी कुछ कठिन नहीं। मुझसे भी पहले जब इस शब्द का अर्थ न चला तब मैं भी वेबर की ही भाँति इसका व्युत्पत्तिक अर्थ करने लगा था। 'एल-इराक ' और 'नासिर-उल-दीन' के वज़न पर मैंने पहले उरुगूल को उरुक् और उल में तोड़ा, फिर अच् संधि के उसूल पर इनसे उरुगूल बनाया। तत्पश्चात् उसे स्त्रीलिंग-रूप दे उरुगूला बनाया और षष्ठी में विकृत कर उरुगूला = याः दुहिता पाठ सार्थक किया। और मेरे इस द्राविड़ी प्राणायाम में अनेक अरबी लुगदों और अरबी के विद्वानों की मदद थी। फिर भी स्वतन्त्र रूप से मैं एक सही अटकल पर पहुँच गया था कि उरुगूला का संबंध ऊर अथवा उरुक से अवश्य है। ऊर की खुदाई में आलिगी-विलिगी वाली जो पट्टिका मिली थी उससे यह पकड़ मुझे सिद्ध हो गयी थी। परन्तु मैं इस व्युत्पत्ति को केवल एक 'कार्य्योचित-अनुमान' मानता था। डॉ. बज के सुमेरी-बाबुली कोश को देखने से मालूम हुआ कि 'गूल' असूरी भाषा में सर्प-विष-भिषज को कहते हैं। अर्थ प्रस्तुत हो गया। और द्राविड़ी प्राणायाम से मेरा छुटकारा हुआ। *उरुगूलाया!* दुहिता का अर्थ हुआ—रुर नगर के सर्प-विष-विशेषज्ञ की कन्या और इसका प्रयोग उस साँप झाड़ने वाले मंत्र में इसलिए किया गया कि उस विष-शत्रु का नाम सुनकर सर्प अपना विष दंशित व्यक्ति के ब्रण से खींच ले।

इस प्रकार अनेक भिन्न जातियों के सांकेतिक शब्दों और सांस्कृतिक आँकड़ों का प्रयोग अन्यों ने किया है। भला किसे गुमान हो सकता है कि इस प्रकार के वेदपूत मंत्रों में भी अभारतीय म्लेच्छ शब्दों का प्रयोग हुआ होगा! इसी प्रकार ऋग्वेद और अर्थर्ववेद के अनेक अन्य अंशों से भी इस संस्कृतिक अंतरावलंबन का सिद्धांत स्पष्ट किया जा सकता है। कुछ स्थलों के शब्दों को लें।

खत्ती और मितन्नी संघर्ष के बाद उनके संधिपत्र में (1400 ई. पू.) ह्यूगो विंक्लर ने जो इन्द्र-वरुण-मित्र-नासत्यों के नाम पढ़े वे ऋग्वैदिक देवता हैं, इसमें संदेह नहीं। इसका संकेत हम पहले कर आए हैं। *अथर्ववेद* 10, 5 में आने वाले *कनक्नकम्* और *ताउदी* शब्द भी संभवतः पोलिनेशियन ही हैं। *ऋग्वेद* 7/104/23 और *अथर्ववेद* 1/7/1 में *किमीदिन* जाति के प्रेतों का हवाला है। यास्क ने जिस प्रकार *ऋग्वेद* के *तुर्फरी, जुर्फरी* आदि के साथ *आलिगी-विलिगी* को 'निरर्थकाः शब्दाः' कहा है उसी

तर्क से इस *किमीदिन* को भी *किमिदानीम्* (अब क्या–6, 119) कह कर सार्थक किया है। उनका तात्पर्य यह है कि चूँकि उस जाति के प्रेत 'अब क्या? इधर क्या? उधर क्या?' कह-कह कर पता लगाते रहते हैं, इसलिए उन्हें *किमीदिन* कहा गया है। मेधा की यह अद्भुत जादूगरी है। यास्क को यह नहीं ज्ञात था कि *किमीदिन* खल्दी शब्द है और प्राचीन अक्कादी में *एकिम्मु* और *दिम्म* प्रेतों के अर्थ में प्रयुक्त होते थे। उन्हीं का संयुक्त प्रयोग संभवतः *'किम्म-दिम्म'* है जिससे वैदिक *किमीदिन* बना है। इसी प्रकार खुदा का प्राचीन खल्दी नाम *जेहोवा,* जिसका उच्चारण *यह्वे* होता था, वैदिक, यह्व, यह्वे यह्वत, यह्वी, यह्वती आदि शब्दों में ध्वनित है। निघण्टु के अनुसार यह्व का अर्थ महान है। यह्व का 'महान्' अर्थ में प्रयोग *सोम* (ऋग्वेद, 1/75/1), *अग्नि* (वही, 3, 1, 2, और 10, 110, 3) तथा *इन्द्र* के लिए (वही, 8, 13, 24) हुआ है। इसी प्रकार प्रतापी अर्थ में *असुर* शब्द का प्रयोग भी *ऋग्वेद* में वरुण तथा इन्द्र के लिए किया गया है। सुमेरी और खल्दी अनुश्रुतियों में *अप्सु-तियामत* और *मर्दुक* की लड़ाई ऋग्वैदिक वृत्र-इन्द्र का युद्ध है। जिस प्रकार तियामत सर्प है उसी प्रकार वृत्र भी सर्प है, उसके भी अहिपुच्छ है। *अशुर-मर्दुक* और इन्द्र एक ही हैं। अप्सु पुरुष है, तियामत (*अथर्ववेद* वाला तैमात) उसकी नारी है। इन्द्र को *अप्सुजित, अप्सुक्षित* कहा गया है। *अप्सु* को *अप* की सप्तमी बहुवचन में बनाना यास्क और सायण दोनों द्वारा भाष्य की विडम्बना है। अप्सु सीधा प्रथमा एकवचन है, खल्दी-असूरी अनुश्रुतियों का अकाल डालने वाला दैत्य जिस पर अशुर, मुर्दक, इन्द्र सभी अपने-अपने बज्र मार जल का मोक्ष कराते हैं। उसका प्रयोग *ऋग्वेद* (1, 90, 9, 10, 118, 9, 1, 154, 1, आदि) में विस्तृत के अर्थ में हुआ है। श्री तिलक को तो *सिनीवली* भी अभारतीय जान पड़ा था। तुर्फरीतू (*ऋग्वेद,* 10, 106, 6) तो निश्चय अभारतीय है, संभवतः खल्दी, क्योंकि इसका 'इतु' खल्दी में मास का अर्थ रखता है जिसका ऋतु रूपान्तर *ऋग्वेद* में भी मास और ऋतु के अर्थ में प्रयुक्त हुआ है। बाबुली तिथि-क्रम में भी भारतीय मलमास की भांति 'बीजवपन के तममास' (= मलमास)–तेरहवें महीने–का उल्लेख है। गिल्गेमिश, इस्तर की अनुश्रुतियों के अनुसार सूर्य त्वचारोग से पीड़ित होकर वर्ष में कुछ काल तक अव्यक्त रहता है। ऋग्वैदिक जन-विश्वास से इसकी अद्भुत समता है। वहाँ (ऋ., 7, 100, 6) भी विष्णु (= सूर्य) *शिपिविष्ट* अर्थात त्वचा रोग से पीड़ित कहा गया है। सप्तलोकों के संबंध में बाबुली और पौराणिक तथा वैदिक अनुश्रुतियों में अद्भुत समता है। खल्दी अनुश्रुतियों मे *सात स्वर्ग और सात नरक हैं, तियामत के सात मस्तक हैं।* इसी प्रकार इन्द्र (ऋ, 10, 49, 8) भी सप्तबन्ध है, सात तलों वाला, सिन्धु के प्रछन्न तल, जिनके द्वार इन्द्र और अग्नि खोलते हैं (ऋ., 8/40/5)।

इसलिए कि प्रस्तुत निबंध का उद्देश्य अन्यथा न समझा जाय स्वयं तिलक-से प्राचीनतावादी विद्वान का एक उद्धरण दे देना युक्ति-युक्त होगा–''मेरा उद्देश्य केवल

वैदिक विद्वानों का ध्यान भारतीय और खल्दी वेदों के तुलनात्मक अध्ययन के महत्त्व की ओर आकर्षित करना था और यह हमने कुछ ऐसे शब्दों के निरुक्त को प्रस्तुत करके किया है जो दोनों में समानार्थक हैं, जो एक तरफा नहीं, प्रत्युत् प्रायः समकालीन आर्यों और तूरानी जातियों का पारस्परिक सांस्कृतिक ऋण प्रमाणित करते हैं।'' (भंडारकर अभिनन्दन ग्रंथ, पृ. 42)

परंतु इसका अर्थ यह कभी नहीं है कि केवल भारतीयों ने ही अपनी समसायिक विदेशी सभ्यताओं से सीखा है, उनको स्वयं सिखया नहीं। जिस प्रकार उन्होंने औरों से पाया है, औरों से लेकर अपनी संस्कृति की काया का निर्माण किया है, उसी प्रकार उन्होंने भी दूसरों को दिया है और उनकी देन से भी अन्य संस्कृतियां धनी हुई हैं। चाहे बाबुलियों ने अपने सिद्धांत भारतीयों से पाए हों, चाहे भारतीयों ने अपने बाबुलियों से, एक बात सिद्ध है कि आदान-प्रदान हुए हैं और फलस्वरूप दोनों संस्कृतियों की काया बनी है। बिना एक के अस्तित्व के दूसरी नहीं बन सकती थी। बाबुली वस्त्र-तालिका में मलमल का नाम सिन्धु मिलता है जिससे उसका भारतीय ऋण सिद्ध है। यह शब्द अक्कादी (खल्दी) मलमल के अर्थ में केवल इस कारण प्रयुक्त हो सका कि मलमल भारत में सिन्धुनद के तट पर बुनी गयी थी। 'ओल्ड टेस्टामेंट' का *शदीन* शब्द भी इसी अर्थ में इसी भाव से प्रयुक्त हुआ है। *फिनीशी मनह* (आभूषण, सायण) ऋग्वेदीय मना का रूपांतर मात्र है जो *ऋग्वेद* 8, 78, 2 में—*सचा मना हिरण्यया*—मिलता है। इसी प्रकार भारतीय आधारों ने संसार की पिछली सभ्यताओं के धर्म, दर्शन, कथा साहित्यादि को काफी प्रभावित किया है। इसी प्रकार अंकगणित, बीजगणित, चिकित्सा आदि के क्षेत्र में भी अनेक सभ्यताएँ भारत की ऋणी हैं।

संस्कृति केवल कुछ काल तक ही एकदेशीय रह सकती है, अपने विकासक्रम के युगांत-सन्धियों के अल्पकाल मात्र में। शीघ्र फिर वह अपने प्रवाह में चल पड़ती है। समष्टि और समन्वय उसके शारीरिक अवयव हैं। शरीर की ही भाँति उसके भी सन्धियाँ है, अनंत, जहाँ एकैक संस्कृतियों का सम्मिलन हुआ है। परंतु जैसे नदियों के संगम के पूर्व की पृथक धाराएँ संगम के बाद मिल कर एक हो जाती हैं, संस्कृति भी अनेक सामाजिक धाराओं का सम्मिश्रित प्रवाह है, अविच्छिन्न और स्वाभाविक।

4.

संस्कृत के दो बाबुली-असूरी शब्द—बाल और कला

शब्द संक्रमणशील होते हैं और उनके संचरण के अनुसार ही उनका आयाम भी बढ़ता जाता है। उनका संबंध संस्कृति की संक्रमणशीलता से है और उसी के संचरण के साथ वे भी देश-विदेश की भाषाओं में बहक जाया करते हैं। अनेक बार तो दूसरे देशों की भाषा में विदेशी शब्दों का इतना व्यापक प्रचार होने लगता है कि यदि वहाँ के शब्द-शास्त्रियों को भी बता दिया जाए कि वे शब्द उनकी भाषा में प्राचीन काल से ही व्यवहृत होकर यद्यपि उसके अंतरंग हो गए हैं, पर हैं वे विदेशी, तो उनको विश्वास न होगा।

परंतु शब्दों का साम्राज्य वस्तुतः है कुछ इसी प्रकार का। सन् 41 में मैंने *अथर्ववेद* के प्रसिद्ध मंत्र, 'आलिगी च विलिगी च पिता च माता च' के 'आलिगी' और 'विलिगी' शब्दों की व्याख्या करते हुए सुझाया था कि किस प्रकार उनके पूर्वज इराक में बाबुल के पास प्राचीन ऊर से मिली पट्टिका पर खुदी सुमेरी राजाओं की तालिका के नृपतियों के नाम 'एलूलू', 'बेलूलू' हैं, जो न केवल आलिगी-विलिगी के ही बल्कि भारतीय भाषाओं, और फारसी-अरबी में आमतौर से प्रयुक्त होने वाले 'अलाय-बलाय' शब्दों के भी पूर्वज हैं (देखिये 1949 के 'प्रतीक' में प्रकाशित मेरा लेख—संस्कृतियों का अंतरावलंबन, और सन् 49 में प्रकाशित मेरा ग्रन्थ—भारतीय समाज का ऐतिहासिक विश्लेषण)। आज मैं संस्कृत, हिंदी और अन्य भारतीय भाषाओं में सहजरूप से प्रयुक्त होने वाले, पंडित और मूर्ख दोनों द्वारा आम तौर पर व्यवहृत होने वाले दो शब्दों की व्याख्या उनके संक्रमण के साथ करना चाहूँगा। वे दो शब्द हैं—'बाल' और 'कला'। जान पड़ता है इन दोनों के मूल संस्कृत से भिन्न प्राचीन सामी भाषाओं में मिलेंगे। बाबुली-असूरी-इब्रानी-फिनीशी में।

1

बाल। इस शब्द के प्रायः चार रूप संस्कृत और हिंदी में मिलते हैं—बाल, वाल, बार, वार। मानियर-विलियम्स ने अनुमान किया है कि 'वार' और 'वाल' 'बाल' के ही प्राचीनतर रूप हैं (देखें—उनकी संस्कृत-इंगलिश डिक्शनरी, पृ. 943, कालम 3)। इसे स्वीकार करना कठिन है, क्योंकि प्राकृत और संस्कृत का निरंतर समानांतर संयोग रहा है और मूल प्राकृतों के साथ ही साथ मूल संस्कृत—अर्थात् शिष्ट लोगों की प्राकृत—भी गतिशील रही है और दोनों सदा परस्पर शब्दों का आदान-प्रदान करती रही हैं। इस स्थिति के प्रकाश में, मेरी समझ में, 'वाल' उतना ही प्राचीन है जितना 'बार'; इसी प्रकार 'बार' भी उतना ही प्राचीन है जितना 'बाल' और परिणामतः 'बाल' और 'वाल', 'बार' और 'वार' चारों एक साथ ही वैकल्पिक रूप में संस्कृत और प्राकृतों में प्रयुक्त होते रहे हैं और प्राकृतों और संस्कृत से उनकी यह दाय भारत की अन्य भाषाओं के साथ-साथ हिंदी को भी मिली है। यदि यह स्थिति हम स्वीकार नहीं करते तो अति प्राचीनकाल में ही 'वाल' और 'वार' दोनों के एक साथ प्रयोग का समाधान कर सकना संभव न होगा। वालखिल्य और बालखिल्य दोनों प्रयोग अत्यंत प्राचीन हैं, जैसे वारांगना या वारयोषित और 'बालव्यजन' (वालव्यजन) या 'बालहस्त' (वालहस्त) अथवा बालि और वालि भी। इसी प्रकार यदि इस शब्द से बल का भी कोई संयोग हो, जो प्रस्तुत लेखक की राय में है, तो 'बल' और 'वल' भी (संभवतः 'वर' भी) समानांतर रूप से एक ही अर्थ में प्रयुक्त होते आए हैं, तथा 'वलराम' और 'बलराम'। संस्कृत 'दधिबल' की व्युत्पत्ति ठीक उसी प्रकार की है जैसे फिनीशी-कार्थेजी नामों, 'हन्निबल' (-बाल) या 'हस्दरुबल' (-बाल) की।

संस्कृत और हिंदी में 'बाल' का प्रयोग 'केश' या 'लोम' (रोम) के अर्थ में होता है। 'बाल' या केश अन्यत्र की अपेक्षा मानव-मस्तक अथवा पशु-पुच्छ पर केंद्रित है, इससे अधिकतर उनका संबंध सिर के केशों से है। वैसे साधारणतः यह शब्द शरीर के सारे लोमों को व्यक्त करता है, परंतु पशु के संबंध में इसका अधिकतर प्रयोग उसकी पूँछ से ही तात्पर्य रखता रहा है, जैसे बालहस्त (पूँछ), बालधि, बालधी (पूँछ), बाल-व्यजन (चमर या चँवर, चमरी गाय, याक की पूँछ का बना)।

'बाल' के जिस 'वार' रूप का व्यवहार योषित, वनिता, अंगना आदि के साथ होकर नारी के मूल अर्थ में सामाजिक अंतर डाल देता है, उसका संबंध 'बाल' की संख्या-बहुलता से उत्पन्न होने वाले गुण से है। बालों की एकत्र स्थिति अनंतता की द्योतक है, एक से भिन्न अनेकता अथवा एक के विरुद्ध बहुलता की, उसी प्रकार जैसे एक पतिका नारी का अंतर बहुवल्लभा नारी से है। नारी 'वारवनिता' अथवा 'वारांगना' इस कारण कहलाती है कि वह बहुभोग्या है, अनेकभोग्या, समाजभोग्या। और उसकी यह संज्ञा 'बाल' अथवा 'बार' की अनंत-संख्यक एकत्रता से बनती है।

आप्टे ने 'वारस्त्री' का अर्थ इसी से 'समूह की नारी' (ए वुमन आफ द मल्टीच्यूड) किया है *(प्रेक्टिकल संस्कृत-इंगलिश डिक्शनरी, पृ. 844, 1)*। 'बालखिल्य' ऋषियों की परम्परा भी उन्हें बहुसंख्यक ही घोषित करती है, पुराणों के अनुसार 60,000 ब्रह्मा के रोमों से उत्पन्न, मात्र अँगूठे के बराबर ऊँचे। बाल का एकत्र बहुसंख्यक और छोटे होना सार्थक ही है। इसी बालोंभरी पूँछ के बराबर काया होने से ही बच्चा 'बाल', 'वाल' (बाला, वाला) कहलाता है। 'वालक' (बालक, वालिका, बालिका) का अर्थ ही है 'घोड़े की पूँछ' (मानियर-विलियम्स, पृ. 946, 2)। 'वालखिल्य' की व्युत्पत्ति मानियर-विलियम्स ने 'शंकात्मक' मानी है (पृ. 946, 2) जो स्वाभाविक है क्योंकि उसका मूल विदेशी है, यद्यपि *ऋग्वेद* के 11 सूक्त (कुछ के मत से केवल 6 या 8) 8, 48 के बाद के बालखिल्यों के ही माने जाते हैं।

'वाल' का एक तीसरा प्रयोग अनाज की बाली या 'बाल' के अर्थ भी होता है। गेहूँ, जौ, ज्वार, बाजरा, मक्का आदि की 'बाल' जहाँ अनाज के रोमश दानों की एकस्थ बहुलता की परिचायक है, और उस अर्थ में जहाँ वह 'बाल' के केशवर्ती भाव को मुखरित करती है वहाँ उससे एक दूर की विस्मृत मौलिक और आधारभूत व्युत्पत्ति का भी संकेत होता है जो न केवल अन्न की बाल में बल्कि स्वयम् केशार्थक 'बाल' या 'बार' शब्द में भी सन्निहित है। वह है 'बाल' का शीर्षस्थ होना। (क्या बालखिल्य ऋषियों का 'ऊर्ध्वरेता' होना भी उनकी बालवत स्थिति को स्पष्ट करता है?) 'बाल' के इस शीर्षस्थ स्वरूप का संस्कृत, हिंदी, फारसी, उर्दू आदि भाषाओं में प्रयोग बहुधा और अनेकधा हुआ है। 'बालपाश्या' (केश का आभूषण), बालाखाना (ऊपर का कमरा, कोठे की बैठक), बालाई (ऊपरी मलाई) बालाई आमदनी (निश्चित आय से ऊपर की) आदि 'बाल' से निर्मित 'ऊपरी' अर्थ में प्रयुक्त होने वाले कुछ ऐसे ही शब्द हैं। इसी प्रकार अत्यंत सार्थक शब्द 'बालम' (पति, स्वामी, प्रणयी, जार) है जिसकी व्युत्पत्ति 'हिंदी शब्दसागर' भ्रांतिवश संस्कृत 'बल्लभ' से करता है (पृ. 2444, 2) वस्तुतः इसका अर्थ होना चाहिए (बालम) पूर्ण स्वामी, कायिक सर्वस्व, प्रियतम।

'बाल' का संबंध अतिप्राचीन काल से ही जो अपने देश की भाषाओं में, विशेषकर संस्कृत में, और उसके भी प्राचीनतर रूप वेदादि में, केश से होने लगा वह प्रमाणतः केवल केश के अर्थ में मूलतः नहीं हुआ। यदि वह शब्द मूल रूप में संस्कृत का ही होता, वेदों का ही, तो उसका अर्थ कुछ व्युत्पत्तिक भी होता, जैसे केशार्थक शब्द 'शिरोरुह' है, पर ऐसा नहीं है। प्रकट है कि यदि 'बाल' शब्द संस्कृत में, अपने प्राचीनतम रूप में भी (जो 'बालखिल्य' आदि शब्दों में *ऋग्वेद* तक में सुरक्षित है), अव्युत्पत्तिक ही प्रयुक्त हुआ है तो वह निःसंदेह बाहर से आया हुआ है, कलम-लगा शब्द है, 'ग्रैफ्टेड'। कहाँ से आया यह शब्द, 'बाल'?

इसका मूल हमें यहूदी-असूरी-फिनीशी-बाबुली-सुमेरी भाषाओं में खोजना होगा।

वहाँ 'बाल' या 'बेल' शब्द का अर्थ देवराज था। वह देवताओं के राजा का द्योतक था। बाल वस्तुतः बाबुल की सामी जनता का प्रधान देवता था। जब उसकी पूजा जेजेबेल ने इज़रायल और फिलिस्तीन में प्रचलित की तब वह यहूदी पूजा में यहूदियों के एकेश्वर यह्व से स्पर्धा करने लगा। प्राचीनतम सुमेरी में यही बाल देवता एन्लिल कहलाता था, जिसने संसार के साहित्यों में वर्णित जल-प्रलय का संकट मानवजाति के सम्मुख उपस्थित किया था। एन्लिल के लक्षणों और शक्तियों को बाबुली सामियों ने अपने प्रधान देवता में केंद्रित कर उसे 'बेल' कहा। वही 'बेल' या उसका यहूदी रूप 'बाल' असुर, कला और निनवे के असुर सम्राटों और असुर जाति का भी देवता बना और उसे ही, प्रायः मात्र उसे, उन फिनीशियों ने पूजा जिनका संबंध ऋग्वैदिक आर्यों से पर्याप्त था।

बाबुली मूल भाषा में 'बेल' या 'बाल' शब्द का अर्थ, सबसे ऊँचा शीर्षस्थ, स्वामी है। देवता तो उसका व्यावहारिक अर्थ है ही (जैसे बाबुलियों का प्रधान देवता 'बेल', यहूदियों का 'बाल'), उसका उनकी भाषा में व्युत्पत्तिक अर्थ 'चोटी का' है, 'शीर्षस्थ', 'स्वामी' (*बाइबिल,* 1 *क्रानिकल* 12, 5 यह्व बाल अर्थात स्वामी है)। इसी शीर्षस्थ अर्थ में 'बाल' का पहला सन्निवेश संस्कृत में हुआ। यही, बहुसंख्यावाची राशीभूत एकीभूत संकुलता के साथ-साथ, संस्कृत और भारतीय भाषाओं में शीर्षस्थ या सिर पर उगने वाले केश का अर्थ व्यक्त करता है और इसी अर्थ में उसकी संज्ञा अनाज की बाल या बाली भी होती है। अनाज की बाली 'बाल' या 'लोम' की उतनी परिचायक नहीं जितनी वह पौधे पर अपनी शीर्षस्थता की परिचायक है, उसके डंठल की चोटी की। इब्रानी में बाल का एक अर्थ भूमि में उगनेवाले सारे पौधों का स्वामी भी है, बालें जिसे प्रिय हैं और जिसे फसल का पहला अन्न समर्पित होता है (*बाइबिल,* होशिया, 2, 8 एजेकिएल, 16, 19)। 'बाल' का अर्थ इब्रानी में 'बालों भरा मानव' (*बाइबिल,* 2 किंग्स, 1, 8) भी है, ठीक जो हमारे कपिराज 'बालि' (वालि, मानियर-विलियम्स, पृ. 946, 2) का है। बाल शब्द का प्रयोग मिस्री, फिनीशी आदि भाषाओं में हुआ। इसकी यही शीर्ष अथवा शिरोरुह संज्ञा इब्रानी (यहूदी) मूल 'बाल' रूप में संस्कृत में व्यवहृत हुई।

'बाल' शब्द की यह प्राचीनता यदि ऋग्वैदिक परम्परा में जोड़ी जा सके (*ऋग्वेद* का समय 1500 ई. पू. से 2500 ई.पू. तक समझना चाहिए) तो बाबुली 'बाल' का बाबुल आदि नगरों में समुदय प्रायः 3000 ई.पू. में होना चाहिए। स्वयम् देवता बाल की पूजा वहाँ के सामी सम्राट हम्मुराबी (लगभग 2000 ई. पू.) से कम से कम 500 वर्ष पहले प्रभूत प्रचलित हो चुकी थी। और बाबुल, कीश, निप्पुर, ऊर, उरुक आदि नगरों से हम्मुराबी के साम्राज्य और सामी संस्कृति के साथ ही साथ वह मिस्र और सिनाई (तूर) की सीमा से ईरान, अरमनी और भूमध्य सागर की सीमा तक यहूदियों, असुरों और फिनीशियों में फैल गई। फिर उसकी शीर्षस्थ संज्ञा भारतीय भाषाओं

में शिरोरुह के अर्थ में 'बाल' शब्द के माध्यम से प्रचलित हुई, और यह कलम जो वैदिक संस्कृति द्वारा इस देश की जमीन में लगी तो उसके अंकुर वहाँ की सारी भाषाओं और उपभाषाओं में फूट पड़े।

2

कला। बाल की ही भाँति महत्त्व का, सांस्कृतिक रूप में संभवतः उससे भी अधिक महत्त्व का, शब्द कला है, यद्यपि उसका आयाम जनबोली में इतना व्यापक नहीं जितना 'बाल' शब्द का है।

'कला' शब्द का उपयोग भारत में ललित कलाओं और उपादेय कलाओं दोनों के अर्थ में हुआ। कला का 'क्रैफ्ट' या करनिर्मित कौशलकृत वस्तु से संबंधित सार्थक उपयोग संस्कृत में बहुत पीछे हुआ है, संभवतः तीसरी सदी ईसवी में। जहाँ तक लेखक को ज्ञात है इस शब्द का इस अर्थ में सबसे पहला प्रयोग 'कामसूत्रों' के रचयिता वात्स्यायन ने किया (1, 3, 17)। इन सूत्रों में कला के चौसठों अंगों या चौसठों कलाओं का परिगणन हुआ है। यही सूची कुछ अंतर के साथ 'शुक्र-नीति' में भी मिल जाती है, जिसका काल 16वीं सदी ई. तक माना गया है। आरंभ उसका चाहे जब भी हुआ हो, निःसंदेह वह कामसूत्रों से दूर उत्तरवर्ती है, यद्यपि उसके आदि पुरुष उशनस् परंपरा के अनुसार वात्स्यायन से पहले हुए थे। कामसूत्रों और शुक्रनीति के बीच 64 कलाओं के, ललित कलाओं के भी, अर्थ में इस शब्द का निर्बाध प्रयोग हुआ है और शुक्रनीति के पीछे तो उसका वह प्रयोग सदा होता ही रहा है। फिर भी यह स्वीकार करना पड़ेगा कि जब फन और हुनर के रूपों की चौसठ संज्ञा हो चुकी थीं तब इस संख्या के बनने में समय लगा होगा और उनके संबंध में कला शब्द का व्यवहार वात्स्यायन से पर्याप्त पहले शुरू हो गया होगा। विद्वान् साधारणतः कामसूत्रों का समय तीसरी सदी ईसवी मानते हैं, परंतु किसी स्थिति में उनका समय अधिक से अधिक ईसवी सदियों के आरंभ से पहले नहीं रखा जा सकता। यह वह समय है जब अनेक विदेशी लाक्षणिक और सांकेतिक शब्द विदेशी जातियों के साथ-साथ इस देश में आए थे और यहाँ की भाषाओं में, विविध प्राकृतों और संस्कृत में प्रयुक्त होने लगे थे। इस काल के कुछ ही बाद और तीसरी सदी ईसवी से पहले ही प्रायः सभी विदेशी ज्योतिष के सिद्धांत—पौलिश, रोमक आदि—भारतीय विज्ञानों में समाहित होकर उसके ज्योतिषशास्त्र का आधार बन चुके थे। इस प्रकार यदि कला शब्द का इस देश में भाषागत प्रचलन पहली सदी ईसवी या उससे कुछ पहले से भी मानें तो भी उसका यहाँ इस अर्थ में पहले-पहल व्यवहार ईसा पूर्व तीन सदियों के पहले नहीं रखा जा सकता।

अब प्रश्न यह है कि ललित कलाओं अथवा उपादेय व्यावहारिक कलाओं के अर्थ में इस शब्द का प्रयोग बाहर से सीखा हुआ माना ही क्यों जाय? कारण कि इस अर्थ में इस शब्द का प्रयोग कामसूत्रों के पहले साहित्य में अनजाना है। शब्द का प्रयोग निःसंदेह हुआ है परंतु इस अर्थ से सर्वथा भिन्न अर्थ में, 'अंश' के अर्थ में, 'समूचे के अंश' के अर्थ में। *ऋग्वेद*, 8, 47, 17 (छठे अंश के अर्थ में), तैत्तिरीय संहिता, शतपथ ब्राह्मण आदि में इसका इसी अंश के अर्थ में प्रयोग हुआ है। पुराणों आदि में भी 'कला' शब्द का प्रयोग 'अंश' के अर्थ में ही हुआ है। सुश्रुत ने धातुओं के अंश के रूप में इसका प्रयोग किया है, जैसे पाशुपतों ने धातुओं के अणु के अर्थ में। काल के अंश के रूप में भी यह शब्द प्रयुक्त हुआ है और चूँकि काल का संबंध सूर्य और चंद्रमा से है उनके अंशों की (सोलहवें अंश की) भी अभिव्यक्ति इस शब्द के माध्यम से हुई है, परंतु जिस अर्थ में आज हम साधारणतः कला का व्यवहार करते हैं उस अर्थ में इसका सबसे पहला प्रयोग संस्कृत में कामसूत्रों में हुआ। यह भी कुछ अर्थ रखता है कि मानियर-विलियम्स कला शब्द का व्युत्पत्तिक मूल 'अस्पष्ट' मानते हैं।

फिर आज के प्रयुक्त अर्थ में कला का प्रयोग इस देश में कब और कहाँ हुआ? संभवतः अशोक के समय, जब ईरानी दाराओं के अभिलेख और स्तंभ स्वयम् उस मौर्य सम्राट के अभिलेखों और स्तंभों के 'माडल' बने। इन स्तंभों की परंपरा भारत में तीसरी शताब्दी ईसवी पूर्व से प्रारंभ होकर केवल सौ वर्ष पहले के ईरानी आदर्शों के माध्यम से असूरी, बाबुली, मिस्री स्तंभों के आरंभकाल प्रायः 2000 ई. पू. तक अटूट रूप से चली आती है। संस्कृत में अनजाने लिपि और लेखक के ईरानी रूप—लिबि-लिबिर, दिबि-दिबिर—जिस प्रकार अपने माडलों के साथ अशोक ने पर्सिपोलिस, बेहिस्तून और नख्श-ए-रुस्तम से लिए वैसे ही उसने संभवतः कला का भी समावेश अपने देश के कलात्मक सृजन में, और उसकी भाषाओं में भी पहली बार कराया।

और जिस दिशा से, जिस स्थल से 'कला' शब्द का इस देश में प्रादुर्भाव हुआ वह उत्तर-पश्चिम की थी, असुरदेशीय, इराकी कला।

'कला' नाम की असुर देश की प्राचीन नगरी इराक में दजला और उत्तरी-जोब नदियों के संगम पर मोसुल से प्रायः नौ मील दक्षिण बसी थी। आज उसका नाम जगत्प्रसिद्ध निमरूद है। उसका पुराना नाम 'कला' भी आधुनिक 'कलख' या 'कल्खी' में सुरक्षित है। प्रसिद्ध असुर सम्राट् शालमनेसर प्रथम ने कला नगर की राजधानी की नींव ईसवी पूर्व 14वीं सदी में डाली थी, महाभारत-युद्ध से प्रायः 400 साल पहले। धीरे-धीरे असुर सम्राटों की राजधानी भी यही नगर बना और उसकी गणना पश्चिमी एशिया के प्रधान नगरों, बाबुल, असुर, निनेवे, जुरूसलम, मेंम्फिस आदि के साथ हुई। असुर सम्राटों की तीन राजधानियों में से कला नगरी एक थी, जिसका समुदय और विकास पहली राजधानी असुर और तीसरी राजधानी निनेवे के समृद्धि-काल

के बीच हुआ। और जब राजधानी कला से उठकर निनेवे भी चली गई तब भी उस नगरी का दबदबा कम न हुआ, बना रहा, बल्कि बढ़ ही गया क्योंकि चाहे राजधानी साम्राज्य की जहाँ भी रही हो असुरों का सामरिक और सैनिक केंद्र, जैसा उनके सैकड़ों समकालीन अभिलेखों से प्रमाणित है, कला में ही रहा। और जब-जब राजधानी अन्यत्र रही तब-तब विशेष रूप से शक्ति के विरुद्ध विद्रोहों और षड्यंत्रों का सूत्रसंचालन उसी नगरी से हुआ, जो स्थिति राजधानी उठ जाने पर न उससे पहले असुर की रही और न उससे पीछे निनेवे की। पर राजनीतिक और सैनिक महत्त्व से कहीं बढ़ कर कला नगरी का महत्त्व उसके सांस्कृतिक प्रयोगों में है। इतिहास जानता है कि युद्ध में रथों और रिसालों का पहला सामूहिक प्रयोग सेना के स्कंधों के रूप में असुरों ने किया और उन्होंने ही रक्षा के लिए नगरों के परकोटे और उन पर आक्रमण के लिए अनेक सामरिक अस्त्र बनाये। उन सबका अनुसंधान केंद्र पहले यही कला हुआ। इतिहास को कला की सबसे बड़ी देन उसकी वास्तुशैली है। इधर पिछले युगों में जो कला में खुदाइयाँ हुई हैं उन्होंने उस नगरी के विशाल भग्नावशेषों को पुराविदों के सामने अचरज की तरह खड़ा कर दिया है। प्राचीरों की दौड़ और नगर का गढ़वत् निर्माण उसे कोट का रूप प्रदान करता है। समूची नगरी का रूप उसके महलों, दीवालों और परकोटों के कारण दुर्ग या किले-सा दिखाता है। अरमनी पठारों की अरारांती पहाड़ी ऊँचाई से लेकर यमन और अदन की तटवर्ती भूमि और लेबनान से फारस की खाड़ी तक बोली जाने वाली अरबी में जो पहली बार 'किला' शब्द का दुर्ग के अर्थ में उपयोग हुआ, वह इसी कला के नाम से संबंधित है। और उस अरबी के मध्यगत माध्यम से ही 'किला' शब्द का गढ़ के अर्थ में प्रयोग मिस्र, फारस और भारत आदि में भी जो हुआ उसका मूल भी हमें इसी असुरों की प्रधान सामरिक नगरी और सैन्य केंद्र 'कला' में खोजना होगा।

पर मूल तो हम वास्तव में किला का नहीं 'कला' शब्द का खोज रहे थे। 'कला' शब्द का मूल भी उसी नगरी कला के भग्नावशेषों में मिलेगा। असुर सम्राटों ने खड्ग से जो काल के प्रसार पर अपनी कीर्ति लिखी उस कीर्ति से कहीं अधिक अमर शांतिकाल में सिरजे उनके शिल्प ने उनके यश को बनाया। 9वीं सदी ई.पू. से 7वीं सदी ई.पू. तक कला के प्राचीरों के भीतर असुर सम्राटों—विशेषतः असुर नजीरपाल और सारगोन (शर्रुकीन)—ने अनंत कलात्मक शिल्प व्यवस्थित किया। खुदाइयों में जो महलों के खँडहर और मूर्तियाँ मिली हैं, दीवारों पर विशालकाय और आदमकद उभरे हुए चित्र, आकृतियाँ और उत्खचित पशु-मानव मिले हैं, वास्तु के कौशल में, शक्ति की दृष्टि से कला के इतिहास में वे लासानी हैं। शिकागो और ब्रिटिश म्यूजियम के विशालकाय पक्षधारी साँड और पक्षधारी सिंह मानवजाति के मांसल वास्तु के निर्माण में न केवल पहली बल्कि प्रायः आखिरी मंजिलें हैं और रूपायन की मंजुता में यदि उन पक्षधारी वृषभों का कोई जोड़ है तो वह मानव-मस्तक वाले

ईरानी वृषभ ही हैं। इस प्रकार कला का आदि बिंदु असुरों की यह कला नगरी ही थी। असुरों के अभिलेखों में भी यह गर्वीली घोषणा हुई है कि आज संसार के सारे राष्ट्र अपने शिल्प को सँवारने के लिए हमारे असुर शिल्पियों की बाट जोह रहे हैं और उन्हें आनंदित कर रहे हैं। तब के और पिछली सदियों के सभ्य संसार के साहित्यों में जो असुर शिल्पियों का उल्लेख हुआ वह इस कला नगरी के वैभव का ही प्रसार था।

संस्कृति साहित्य पर भी असुर शिल्पियों के विचक्षण वास्तु-कौशल की छाया पड़ी और *महाभारत* ने जिस मय असुर द्वारा बनाये युधिष्ठिर के विस्मयकारक राजभवन की प्रशंसा की उस शिल्पी का नाम परम्परागत वास्तु-शिल्प-ग्रंथों में पीछे बराबर लिखा जाता रहा। कुछ अजब नहीं जो कला नगरी से विदेशी राष्ट्रों को जाने वाले शिल्पियों के मूल स्थान से ही हमारे उस कौशल का नामांकन हुआ हो जिसे हम आज 'कला' कहते हैं। कला के इतिहास में यह स्थिति अत्यंत साधारण और आम थी। वास्तुकला में 'गोथिक', 'रोमनेस्क', 'अरबेस्क', 'ससानी' आदि का उलेख कलालोचना के क्षेत्र में सहज होता है। स्वयं भारत में 'गंधार-शैली' मूर्तन के इतिहास में ग्रीकों के शिल्प की याद दिलाती है। 'कला' शब्द का संबंध असुरों की कलाप्रधान नगरी कला से करना इस व्याख्या के साथ स्वाभाविक लगता है, विशेषकर जब हम जानते हैं कि न केवल मिस्र की राजधानी काहिरा में 'अल्कला' नाम की मस्जिद है, ईराक की कला नगरी से सैकड़ों-सैकड़ों मील दूर, बल्कि पाकिस्तान-पूर्व भारत की उत्तर-पश्चिमी सीमा पर वह नगर आज भी खड़ा है जिसे हम कलात कहते हैं और जो इराकी कला से हजारों-हजारों मील दूर है। इसी प्रकार बर्तनों पर एक प्रकार का रंगो-रोगन चढ़ा कलात्मक ढंग से उन्हें सुंदर करने के लिए जो फारसी-उर्दू में 'कलई' शब्द का व्यवहार होता है वह निश्चय फारस ने संस्कृत या भारत से नहीं लिया, निकट के पड़ोसी असुरों से लिया जिनके गढ़ और किले, कला और निनेवे, उसके हखमनी सम्राटों ने छठी सदी ईसवी पूर्व में तोड़ दिए।

5

भारतीय संस्कृति के निर्माण में विविध जातियों का योग

आज की भारतीय संस्कृति जातियों और युगों की सामूहिक देन है। जिसे हम आज भारतीय संस्कृति कहते हैं, वास्तव में वह विविध जातियों के योग से निर्मित और विकसित हुई है। भारत विविध जनाचारों का संग्रहालय बन गया है और उसकी संस्कृति में अनेक संस्कृतियों तथा अनेक जातियों की सामाजिक विशेषताओं का सम्मिश्रण है। आज ये सारी परस्पर विरोधी विशेषताएँ भारतीय संस्कृति के रसायन कलश में घुलमिलकर एक, और उसकी अपनी हो गई हैं। वास्तव में देश विशेष की सांस्कृतिक पवित्रता उसी प्रकार असत्य और निर्थरक है, जिस प्रकार जाति विशेष की रक्त-शुद्धता। स्थान विशेष की संस्कृति निस्संदेह एक सामूहिक योग है, जिसके निर्माता बहुसंख्यक और परस्पर विरोधी हैं। सदियों के आयात-निर्यात और जातियों के सम्मिश्रण से संस्कृति को रूप मिलता है। भारत इस प्रकार के जातीय सम्मेलन तथा सम्मिश्रण का अपूर्व क्षेत्र रहा है। यहाँ शक्तियों का संघर्ष हुआ और शक्तियाँ सतत घुलमिलकर एक हो गई हैं। भारतीय सीमाओं पर विदेशी जातियों की जब-जब कुमुक दिखायी पड़ी, तात्कालिक भारतीयों में रोषपूर्ण प्रतिक्रिया हुई, फिर द्वंद्व छिड़ गया और अंत में एक जातीय समन्वय का जन्म हुआ। संघर्ष करने वाले दोनों पक्षों की विशेषताएँ मिल गईं। एक नई संस्कृति का रूप निखरा। विकास के प्राणभूत दो विरोधी शक्तियों की यह संघर्षात्मक एकता थी जिसने इस सांस्कृतिक द्वंद्वात्मकता को चरितार्थ किया। जातियाँ आईं, उनका परस्पर संघर्ष हुआ और उनके रक्तमिश्रण से एक तीसरी जाति का प्रादुर्भाव हुआ। एक ने दूसरी पर जाने-अनजाने अपनी गहरी सांस्कृतिक छाप डाली, दूसरी ने जाने-अनजाने उसे स्वीकार किया। इस आदान-प्रदान के फलस्वरूप भारत की अपनी संस्कृति का कलेवर बना। आगमन-संघर्ष-निर्माण हमारी संस्कृति की तीन आधारभूत परिस्थितियाँ हैं। इस एकीभूत विरोधात्मकता का अध्ययन अत्यंत

रुचिकर है।

सैन्धव-सभ्यता के मोहनजोदड़ो (शवों का टीला) हड़प्पा आदि नगरों में 3250 और 1650 ई.पू. के बीच का जीवन प्रायः आल्हादकर और सुखी था। वहाँ की नागरिकता रोमन नागरिकता के समानांतर थी। इस सभ्यता के संयोजित नगर और ईंटों की इमारतें, स्नान-सरोवर और सफाई की मोरियाँ, प्राणि-पूजा और लिंगार्चन, सुकुमार शिल्प और सबल भास्कर्य समसामयिक जगत में प्रतीक माने जाते थे। मिस्र और सुमेर, बाबुल और असुर, अक्काद और एलाम की सभ्यताओं से सैन्धव-सभ्यता का घना संबंध था। ईसा से प्रायः बीस सदियों पूर्व एक वीर जाति उस प्राचीन प्रतिबन्ध हिंदूकुश की शृंखला को लाँघ सप्तसिन्धु के सीमावर्ती पर्वतों की छाया में आ खड़ी हुई। उसने तृषित नेत्रों से नीचे की घाटियों में फैले हरे-भरे खेतों को देखा। अब तक का उसका जीवन अपरिमित पर्यटन का रहा था, अब शस्य-श्यामला उपत्यकाओं को देख उसको आगे भ्रमक जीवन के पाँव टिकने की आशा हुई। यह जाति भारतीय आर्यों की थी, अपनी बृहत्तर हिंदू-योरपीय जाति की पूर्वी शाखा। हिंदू-योरपीय जाति ने आर्थिक कारणों से मजबूर होकर अपनी शाखा-प्रशाखाओं को पृथक् कर दिया और ये शाखा-प्रशाखाएँ आहार की खोज और निवास की सुविधाओं के लिए लड़ती-भिड़ती दुनिया के इस सिरे पर आ पहुँची थीं। अपने हाल के भ्रमण काल में असुरों और मध्य-एशिया वासियों से इस आर्य-शाखा को निरंतर खूनी संघर्ष करना पड़ा था और अब उनका आगे का जीवन भी उसी प्रकार बीहड़ और द्वंद्वात्मक था। सामने कृष्णकाय भारतीयों की असंख्य दुर्जय सेना उनकी राह रोके खड़ी थी। उसने उन्हें चैन न लेने दी, भूमि का चप्पा-चप्पा उनके और अपने लहू से सींच दिया। इस प्रकार जब शांतिपूर्वक बसने की आशा संदिग्ध हो गई तब आर्यों ने कातर सूक्तों में अपने देवताओं से प्रार्थना की। सामने की अनंत वसुधा हाथ से निकली जा रही थी, शत्रु का संघट्ट भयावह था। युद्धों की जो शृंखला बनी उसके अंत में आर्य विजयी हुए, सहस्राब्दियों का वह जन-निवास कुचल गया, सदियों की वह सैन्धव-सभ्यता विनष्ट हो गई। आर्यों की ग्रामीण कठोरता के नीचे सैन्धवों की नागरिक सुकुमारता पिस गई। आर्यों ने शत्रु की शालीन सभ्यता की नींव पर अपनी संस्कृति के आचार रखे।

सैन्धव संस्कृति का अधिकांश आर्य संहर्ताओं ने अपनी संस्कृति में मिला लिया। जैसे-जैसे ऋग्वैदिक काल अथर्ववैदिक काल के निकट आता गया, यह सम्मिश्रण स्पष्ट होता गया। *अथर्ववेद* की सभ्यता *ऋग्वैदिक* सभ्यता से काफी भिन्न थी। इन दोनों स्वतंत्र आर्य-युगों के बीच सैन्धव सभ्यता की कड़ी थी, स्पष्ट और अनिवार्य। जिनका आर्यों ने कभी 'कृष्णाः', 'अनासाः', 'मृध्रवाचाः', 'अदेवयु', 'अयज्वन्', 'शिश्नदेवाः', 'दासाः', 'दस्युः' आदि विशेषणों से सम्बोधन किया था, उन्हें अब उन्होंने अपनी सामाजिक अट्टालिका की नींव बनाया। उनकी वर्ण-व्यवस्था का निम्नतम स्तर—शूद्र—इन्हीं

अनार्यों के सम्मिश्रण से बना। वर्णों के ऊँचे-नीचे स्तर वास्तव में सापेक्ष्य सेवाओं पर ही अवलंबित थे। फलतः इन विजित शत्रुओं को उनका 'उचित' स्थान मिला। ऋग्वैदिक राजाओं और ऋषियों के अंतःपुर की सीमाएँ फैल चलीं। देशीय जातियों की नारियाँ इनमें भर चलीं। राजा और श्रीमान अपने प्रसाद का प्रदर्शन प्रसादकों को नारियों से भरे रथों के दान से करने लगे। इन हरमों की दलित नारियों की नागरिकता आर्यों की सहचरियों ग्राम्यता से कहीं स्तुत्य सिद्ध होती, कहीं आकर्षक, और आर्य प्रायः उनके लावण्य के वशीभूत हो जाते। अनेक बार इस प्रकार के आकर्षण का परिणाम सुखद होता। कक्षीवान्, औशिज और वत्स इस मिश्रण से उत्पन्न आर्य ऋषि थे, जिनकी सामाजिक पावनता सर्वथा शुद्ध किसी आर्य ऋषि से कम न थी। शीघ्र शिश्न (लिंग) पूजा भी आर्यों की अर्चन-व्यवस्था का भाग बन गई। शीघ्र आर्यों के विश्वास-दुर्ग को अनार्य रस्मों ने आक्रांत कर लिया। टोने-टोटके, झाड़-फूँक, मोहन-उच्चाटन, इंद्रजाल-जादू, जिन्हें कभी आर्यों ने निकृष्ट घोषित किया था, स्वयं उनके आचार-विश्वास के अंग बन गए। आर्यों के प्रकृति-देवताओं का समाज भी इस अनार्य प्रभाव से वंचित न रह सका। उसमें अनेक नए देवी-देवताओं का प्रादुर्भाव हुआ, जो निस्संदेह भारतीय और अवैदिक थे। अनार्यों के सम्पर्क से यज्ञादि में क्रियाओं की असाधारण बहुलता हुई। अनुष्ठानों के अंतर्गत विधि-क्रियाओं का एक ओर इस प्रकार अनियंत्रित विकास और दूसरी ओर अंतर्मुखी-दृष्टि का आविर्भाव इस सैन्धव संस्कृति के साथ आर्य संघर्ष का ही परिणाम था। यह अंतर्मुखी दृष्टि सैन्धव-सभ्यता में विशेष प्रकार से विकसित हुई थी। इसकी पराकाष्ठा अंत में 'योग' में हुई, जिसे पश्चात्कालीन आर्य ऋषियों ने बढ़ाया और शक्ति दी। मोहन-जो-देड़ो की विख्यात योगीमूर्ति तथा अनेक अन्य प्रतिमाओं और आकृतियों आदि की स्वप्निल चेष्टाएँ इस भावना को पुष्ट करती हैं कि इस सैन्धव-सभ्यता में ही योग की परम्परा का आरंभ हुआ था। आर्यों ने इस सभ्यता के बाह्य रूपों—नगर-निर्माण प्रणाली, कला के दृष्टिकोण आदि—से परहेज किया पर उसके रहस्यमय, शालीन और सूक्ष्म प्रभाव से वे किसी प्रकार वंचित न रह सके। नई सभ्यता के उपकरणों को अंगीकार कर उन्होंने अपनी संस्कृति के संबल बनाए और अनजाने अहंकारवश उन्हें कालांतर में 'अपने' कहकर घोषित किया। भारत में विजेता पशुबल की देशी संस्कृति द्वारा वह प्रथम पराजय थी।

हिंदू-आर्य सभ्यता काफी अरसे तक ग्राम्य और कृषि प्रधान बनी रही। इन आर्यों का जीवन खुले आकाश के नीचे सशक्त उदात्त पौरुष का जीवन था। कृषि-कर्म, पशुचारण, रथ धावन उनके कुछ पेशे और मनोरंजन थे। उनके जीवन का दूसरा युग—उत्तर वैदिक काल—विस्तार विप्लव और अंतर्द्वंद्व का युग था। उनके कबीले अब बहुत बड़े हो चुके थे, उनके 'पंचजन' अब अनेक शाखाओं में बँट चुके थे। प्राचीन वैदिक काल के राजा निर्वाचित हुआ करते थे। अब वह पद्धति बदल कर वंशानुगत और कुलानुक्रमिक को चुकी थी। राजाओं के ऊपर से 'समिति' और 'सभा'

का जन-नियन्त्रण हट चुका था। उनकी निरंकुशता अब बढ़ चली थी। जन-संगठन (कबीलाबंदी) अब टूट कर 'जनपद' राज्य बन चुका था जहाँ निरंकुश राजा शासन करने लगा था। आर्य नारी अपनी ऋग्वैदिक सत्ता, शक्ति और अधिकार खोकर अधोमुखी हो चली थी। उसकी गति अब वीर काव्यों के सामाजिक स्तरों की ओर तीव्रता से सरक चली थी। वर्णव्यवस्था अब ठोस हो चुकी थी। वर्णों में पारस्परिक आदान-प्रदान अब संभव न था और किसी काल के पेशेवर वर्ण अब आर्थिक कारणों से वर्ग बन चले थे। उनमें आंतरिक संघर्ष आरंभ हो गया था जिसका होना अनिवार्य था। आगे की कुछ सदियों की कहानी वास्तव में इसी वर्ण अथवा वर्ण-संघर्ष की कहानी है। इस अंतर्द्वंद्व ने कालांतर में अर्थ और शक्ति के लिए ब्राह्मणों और क्षत्रियों में चिरकालिक संघर्ष का रूप धारण किया। वर्ण के क्रमिक बौद्धिक ह्रास ने ब्राह्मणों को अपनी उत्तरकालीन पीढ़ियों के संबंध में त्रस्त और सतर्क कर दिया। उनके कल्याण की भावना से और आत्मरक्षा की आवश्यकता से प्रेरित हो उन्होंने कुछ स्थायी साधनों की गवेषणा की, जिनसे सम्भवतः उन साधन-शक्तिहीन पीढ़ियों के हितों और स्वार्थों की रक्षा हो सके। फलतः उन्होंने उन 'ब्राह्मण' ग्रन्थों का निर्माण किया जो यज्ञानुष्ठानों की टेक्नीक की रहस्य-पेटिका बन गए और जिनकी कुंजी केवल ब्राह्मण-वर्ग के पास रह गई थी। उनकी 'ब्राह्मण' संज्ञा भी सार्थक थी। अब केवल साधना से किसी विश्वामित्र के ब्राह्मण बन बैठने की संभावना न थी। इसके उत्तर में क्षत्रियों ने उपनिषदों की रचना की जिन्होंने भारतीय दर्शन की नींव रखी। इस काल के चार क्षत्रिय राजाओं कैकेय (पंजाब की पहाड़ियों) के अश्वपति, पंचाल (गंगा-यमुना का दोआब—फरुखाबाद का जिला) के प्रवहण जैवलि, काशी के अजातशत्रु और विदेह (उत्तर बिहार) के जनक ने आत्मा, उसकी अनश्वरता और उसके आवागमन, तथा निर्गुण निरीह ब्रह्म का विवेचन किया। ये चार जनपद आर्य जगत के चार पूर्वानुक्रमिक भाग थे जिनके केंद्रों से उपनिषत्कालीन इन चार राजन्य राजाओं ने ब्रह्मर्षि श्रेष्ठ गुरुओं—उद्दालक आरुणि, याज्ञवल्क्य, श्वेतकेतु आरुणेय और दृप्त बालाकि—को उपनिषत्तत्व में दीक्षित किया। उपनिषदों का बुद्धिवाद ब्राह्मण और वेदविहित यज्ञानुष्ठानों के हिंसारंजित आचरण के विरुद्ध क्षत्रिय विद्रोह था। यह विद्रोह उन क्षत्रिय राजाओं के आधार से निकल काल के साथ बढ़ चला जिसमें पार्श्व, महावीर और बुद्ध ने प्रबल योग दिया। तीनों क्षत्रिय थे, तीनों अभिजात-कुलीय थे, तीनों ब्राह्मण विरोधी थे। स्वयं कृष्ण (जो कभी अनार्य थे) ने क्षत्रियों से साझा किया और ब्राह्मण क्रियाओं के केंद्र और आहुतियों के भोक्ता इंद्र का विरोध कर उसकी पूजा उठा दी। उनकी 'गीता' ने ब्राह्मणों का प्रबल विरोध किया और उनके वेदों तथा अनुष्ठानों की निंदा की। परंतु स्वयं आक्रमण की योजना भी कुछ साधारण न थी। उसमें उनके प्रमुख आनुक्रमिक कुलों ने भाग लिया था और उनके नेता रह चुके थे—वसिष्ठ, परशुराम, तुरकावषेय पंतजलि, पुष्यमित्र शुंग। वसिष्ठ ने विश्वामित्र के विरुद्ध आचरण किया, परशुराम ने अनेक बार क्षत्रियों

का संहार किया, जनमेजय के पुरोहित तुरकावषेय ने यजमान का अश्वमेध यत्न से अपवित्र किया जिससे राजा के भाइयों ने साठ हजार ब्राह्मणों को तलवार के घाट उतार दिया और शेष ब्राह्मणों को निर्वासित कर दिया। महर्षि पंतजलि के शिष्य और मौर्य राजकुल के पुरोहित तथा सेनापति पुष्यमित्र शुंग ने मौर्य क्षत्रिय राजकुल का पतंजलि की प्रेरणा से नाश कर क्षत्रिय-बौद्धजन एकता का अंत कर दिया। ईसा पूर्व दूसरी सदी में समस्त भारत में क्षत्रिय शक्ति-समाधि के ऊपर तीस संभ्रांत और प्रशस्त ब्राह्मण राजकुलों का शासन जमा। नर्मदा से सिन्धु तक पृथ्वी शुंगों ने भोगी, कलिंग चेदियों ने और दक्षिण पथ के प्रदेश आन्ध्र-सातवाहनों ने भोगा। उत्तर में जब शुंगों का अंत हुआ तब काण्वायन आए और जब उनके हाथों में तलवार ढीली पड़ी तो उसे दक्षिणात्य सातवाहनों ने छीन लिया पर शक्ति एक ब्राह्मण कुल के हाथ से दूसरे ब्राह्मण कुल के हाथ में ही जाती रही, जब तक कि शक अम्लाट ने उत्तर में उसका सर्वथा अंत न कर दिया।

इस काल में जब इस उत्तर वैदिक-काल के निचले युगों में यह अंतर्द्वंद्व छिड़ा था (लगभग पाँचवीं सदी ई.पूर्व. में), सिन्ध और पंजाब के भाग भारत से निकल गए। हखमनी सम्राट दारयवौष के लंबे हाथों ने भारत के अंतर्दाह से लाभ उठाकर उन्हें स्वायत्त कर लिया। इसी प्रकार 326-25 ई.पू. मकदूनिया के विजेता सिकंदर ने भी पंजाब और सिन्ध को अपने रिसालों से रौंद डाला। भारत को इस पारसीक-संबंध से प्रचुर लाभ हुआ। छठी सदी ई.पू. में सारे एशिया में धार्मिक जागरूकता ने नए रूप धारण किए थे। भारत में बुद्ध, ईरान में जरथुश्त्र, चीन में कनफ्यूशस अपने-अपने दर्शन का विस्तार कर रहे थे। इन नवीन सिद्धांतों का परस्पर प्रभावित होना स्वाभाविक था। ईरान के राजनीतिक संपर्क से मौर्य राजसभा की अनेक प्रथाएँ प्रभावित हुईं। चंद्रगुप्त का अपने दरबार में केशाभिसेचन इसी संपर्क का परिणाम था। अशोक के शिला और स्तंभ लेखों की परंपरा तथा उनकी शैली ईरानी राजाओं के अभिलेखों से अनुप्राणित हुई। उस महान सम्राट के स्तम्भादि-संबंधी वास्तु-भास्कर्य पर भी ईरानी तक्षण-प्रणाली की गहरी छाप पड़ी। सिकंदर ने पश्चिमी जगत के साथ भारतीय व्यापार का एक स्थल-मार्ग खोल दिया। साथ ही उसने वहलीक (बाख्त्री, बैक्ट्रिया) में एक ग्रीक उपनिवेश स्थापित किया, जिससे अगली सदियों में भारतीय संस्कृति पर गहरा प्रभाव पड़ा और जो भारत पर किए पश्चात्कालीन ग्रीक हमलों का आधार सिद्ध हुआ। सिकंदर के संपर्क का प्रभाव भारतीय मुद्रा और दर्शन पर भी पड़ा। उसके साथ अनेक ग्रीक दार्शनिक थे, जिन्होंने भारतीय दार्शनिकों के साथ आध्यात्मिक विचार-विनिमय किए थे। इस प्रकार के अनेक प्रसंग प्लूतार्क के जीवनचरितों और ग्रीक-रोमन लेखकों की कृतियों में सुरक्षित हैं। सीरियक सम्राट सेल्यूकस और उसके पौत्र के पाटलिपुत्रस्थ राजदूत मेगैस्थनीज तथा देइमैकस् और अशोक के पाँच ग्रीक राजाओं के साथ स्थापित मित्र-भाव से प्रमाणित है कि यह राजनीतिक सद्भाव कुछ

काल तक कायम रखा गया। अशोक के पिता बिंदुसार ने सीरियक सम्राट से अन्य वस्तुओं के साथ-साथ एक ग्रीक दार्शनिक भी माँगा था, जिससे निष्कर्ष स्वाभाविक है कि भारत में ग्रीक दर्शन का अध्ययन होता था और कुछ लोग उसे पसंद करते थे। प्लूतार्क के 'सिकंदर' में भारतीय और ग्रीक दार्शनिकों की एक मुठभेड़ का चित्र सुरक्षित है।

ई.पू. दूसरी सदी में भारत के साथ यह ग्रीक संपर्क और गहरा हो गया। इस काल में बाख्त्री के आधार से भारत पर ग्रीकों के अनेक आक्रमण हुए। इन आक्रामकों में मुख्य देमित्रियस्, मिनान्दर और युक्रेतीदिज़ू थे। सुप्रसिद्ध प्राचीन इतिहासकार जुस्तिन ने देमित्रियस् को 'भारत का राजा' (Rex Indorum) कहा है। अपने जामाता सेनापति मिनान्दर की सहायता से देमित्रियस् ने मौर्य-शासित भारत पर विकट आक्रमण किया और उसकी राजधानी पाटलिपुत्र पर अधिकार कर लिया। आक्रमण का समय उसने विशेष चातुरी से चुना था। उस काल के भारत का पश्चिमी भाग एक मौर्य शासक के दुर्वृत्त शासन से आक्रांत था। देमित्रियस् को इससे स्वभावतः पश्चिम भारत के निवासियों ने 'धर्ममीत' (धर्ममित्र—देखिए गार्गी-संहिता का युग पुराण) कहकर उसका स्वागत किया। इस बीच स्वदेश में युक्रेतीदिज़ू द्वारा राज छिन जाने के कारण देमित्रियस् बैक्ट्रिया न लौट सका, उसे पश्चिमी पंजाब और सिन्ध पर अधिकार करके ही संतुष्ट होना पड़ा। वहाँ उसने अनेक ग्रीक औपनिवेशिक नगर बसाए, जिनमें दत्तामित्री, युथिदेमिया प्रसिद्ध हुए। उसी की भाँति उसके सेनापति और जामाता मिनान्दर ने भी पूर्वी पंजाब पर अधिकार कर वहाँ ग्रीक शासन की नींव डाली और उसकी राजधानी शाकल (स्यालकोट) ग्रीक संस्कृति का एक प्रबल केंद्र बन गई। काबुल की उपत्यका, उत्तर पश्चिमी सीमा प्रांत, पंजाब और पश्चिमी उत्तर प्रदेश पर प्रायः सौ वर्षों से ऊपर ग्रीक शासन रहा। इस शासन-काल में अनेक आधारों से ग्रीक संस्कृति का अजस्र प्रवाह होता रहा। इन ग्रीक औपनिवेशिक नगरों के अतिरिक्त हिंदू नगरों में भी अनेक ग्रीक मुहल्ले कायम हुए जहाँ ग्रीक भाषा बोली और पढ़ाई जाती थी, ग्रीक ओलिम्पिक (खेल) संगठित होते थे, ग्रीक दर्शन की चर्चा और उस पर कथोपकथन होते थे, ग्रीक नाटक खेले जाते थे।

साहित्य के क्षेत्र में भी भारत ने अनेक ग्रीक रत्नों को अंगीकार कर अपने साहित्य में मिला लिया। संत क्रिसोस्तम (117 ई.), प्लूतार्क और ईलियन का तो यहाँ तक कहना है कि "भारतीय होमर का काव्य गाते थे और उसे उन्होंने अपनी भाषा में अनूदित कर लिया था।" पंजाब के ग्रीक नगरों और हिंदू नगरों के ग्रीक मुहल्लों का विचार कर इस कथन की सत्यता ग्रहण कर लेने में कठिनाई नहीं होती। संभव है देश के कुछ भागों में लोग होमर का अनूदित काव्य गाने लगे हों। आश्चर्य नहीं यदि इस वक्तव्य के गायक ग्रीकों के ही भारतीय वंशधर रहे हों अथवा उससे प्रभावित हिंदू भारतीय। वास्तव में ग्रीक और भारतीय ख्यातों में काफी समानता है,

यहाँ तक कि 'रामायण' और 'ईलियद' के कथा भाग अनेक स्थलों में परस्पर मिलते हैं। यद्यपि यह कहना कठिन है कि किस पर किसका प्रभाव पड़ा है और किसने किससे कितना लिया है, फिर भी यह आसानी से स्थापित किया जा सकता है कि 'ईलियद' का काव्य 'रामायण' का पूर्ववर्ती है। भारत के ग्रीक नगरों और हिंदू नगरों के ग्रीक आवासों में ग्रीक नाटक सर्वसाधारण में खेले जाते ही थे, अतः उनका भारतीय नाटक तथा रंगमंच को प्रभावित करना स्वाभाविक और अनिवार्य था। अनेक प्रसंगों में यह प्रभाव दर्शित है। भारतीय 'ड्राप' परदे के लिए संस्कृत में कोई स्वतंत्र शब्द नहीं है, उसके लिए ग्रीक 'यवनिका' शब्द ही प्रयुक्त होता है। स्पष्ट है कि भारतीयों ने इसे ग्रीक रंगमंच के प्रचलित कोष से लेकर अपने यहाँ चलाया। संभवतः भारतीय रंगमंच की व्यवस्था में परदे थे ही नहीं और उनका प्रयोग ग्रीक रंगमंच के अनुकरण से होने लगा। इस प्रकार की अनेक छोटी-बड़ी समानताएँ केवल संयोगशः कहकर टाली नहीं जा सकतीं। इसी प्रकार भारत और ग्रीक के कथा-साहित्य में भी कुछ आदान-प्रदान हुए हैं। 'ईसोप की कथाओं' और 'पंचतंत्र' तथा 'जातकों' की अनेक कथाओं में प्रचुर साम्य है, जो पारस्परिक प्रभाव का ही परिणाम है। यद्यपि ग्रंथन की दृष्टि से ग्रीक कहानियाँ पंचतंत्र से प्राचीनतर हैं, परंतु भारतीय कहानियों की स्वाभाविक प्राचीनता सिद्ध है। अग्रंथित भारतीय कहानियाँ अत्यंत प्राचीन काल से कही और सुनी जाती रही हैं और यह आसानी से स्वीकार किया जा सकता है कि कुछ अंशों में उन्होंने ग्रीक कथा-साहित्य को प्रभावित किया होगा।

मुद्रा के क्षेत्र में सिकंदर के आक्रमण के परिणामस्वरूप कुछ नवीनताएँ आई थीं। पर, पश्चात्कालीन लंबे ग्रीक-भारतीय संबंध ने तो उसमें सर्वथा क्रांति ही उपस्थित कर दी। हिंदू ग्रीक राजाओं ने दो भाषाओं वाली असंख्य मुद्राएँ प्रचलित कीं। भारतीय साहित्यक संकेतों के अभाव में ये मुद्राएँ भारतीय इतिहास के निर्माण के अर्थ अद्भुत सामग्री प्रमाणित हुईं। इनके अनुकरण में ही भारतीयों ने अपने आहत सिक्के छोड़ कर नए सिक्के ढाले। आहत प्राचीन सिक्कों के स्थान पर अब जो रूपग्राही सुंदर आकृति के ढले-छपे सिक्के भारत में चले थे, वे निस्संदेह इस ग्रीक-भारतीय संपर्क के ही परिणाम थे। सिक्के के लिए चालू ग्रीक सांकेतिक शब्द 'द्रख्म' का भारतीयों ने 'द्रम्म' शब्द में व्यवहार किया, जो हिंदी 'दाम' में मूल्य के अर्थ में आज भी प्रयुक्त होता है। ग्रीक सिक्कों पर भारतीय लेखों के साथ-साथ ग्रीक भाषा और खरोष्टी लिपि भी अंकित होती थी, जिससे सिद्ध होता है कि जनता उसे भी पढ़ती समझती थी।

भारतीय कला और वास्तु के क्षेत्र में ग्रीक प्रभाव गहरा पड़ा है। भारतीय मूर्तिकला की विख्यात 'गांधार शैली' ग्रीक आदर्शों और तकनीक से ही अनुप्राणित और प्रभावित है। अफगानिस्तान, सीमा प्रांत, और पंजाब में पाई गई बुद्धचरित प्रदर्शिका हजारों मूर्तियाँ इस ग्रीक भारतीय संपर्क की ज्वलंत प्रमाण हैं। अनेक बार इन मूर्तियों के

भारतीय 'अभिप्राय' ग्रीक तक्षकों द्वारा तक्षित हुए, कितनी ही बार भारतीय कलावंतों ने ग्रीक 'माडलों' को अपनी मेधा से प्रस्तुत किया। गांधार शैली की तकनीक सर्वथा ग्रीक थी, परंतु भारतीय आचार्यों ने धीरे-धीरे उसे अपनी शैली में बदल डाला। पहली सदी ई.पू. का सीमाप्रांतीय वास्तु स्वयं इस ग्रीक प्रभाव से वंचित न रह सका और ग्रीक शैली से अनुप्राणित वह वास्तु उत्तरकालीन भारतीय वास्तु को अरसे तक प्रभावित करता रहा। भारतीय वास्तु-मण्डन में चिरकाल तक उसके 'माडल' लिए जाते रहे। तक्षशिला और उसके आस-पास अनेक भवन इस वक्तव्य के साक्षी हैं। पहली सदी ई.पू. के प्रथम चरण के 'यवन' (Ionic) स्तंभों से निर्मित वहाँ मिले एक मंदिर के खँडहर प्रमाणित करते हैं कि ग्रीक शैली का प्रयोग धर्म और गृह्य सब प्रकार के वास्तु में भारतीय शिल्पियों ने किया।

ग्रीक प्रभाव वास्तव में सबसे अधिक भारतीय ज्योतिष के क्षेत्र में पड़ा। भारत इस क्षेत्र में ग्रीस का अतीव ऋणी है। भारतीयों ने ग्रीकों को इस विषय में अपना अग्रगण्य और नेता माना है। भारतीय ज्योतिष-ग्रंथ *गार्गीसंहिता* प्रथम शती ई.पू. के अंतिम चरण और तृतीय शती ईसवी के बीच कभी लिखा गया था। उस ग्रंथ में ग्रीकों की मेधा और मौलिकता की बड़ी प्रशंसा की गई है। उसमें लिखा है कि "यद्यपि यवन बर्बर हैं परंतु चूँकि ज्योतिष के विज्ञान का आरंभ उन्होंने ही किया है, वे ऋषियों की भाँति स्तुत्य हैं।"

इस प्रकार ईरानी और ग्रीक संपर्क से भारतीय व्यापार तो पनपा ही, उससे यहाँ की सामाजिक व्यवस्था और रहन-सहन पर भी कुछ कम गहरा प्रभाव नहीं पड़ा। निस्संदेह ग्रीकों ने भारतीय आचार-विचारों, वास्तु-भास्कर्य, मुद्रा-कला आदि को प्रभावित किया। परंतु वे स्वयं भारतीय संस्कृति के प्रभाव से वंचित न रह सके। धीरे-धीरे वे स्वयं भारतीय धर्म के शिकंजे में कस गए। शीघ्र ही उनके विचारों और धर्म में युगांतर हुआ। उनका प्रमुख नेता और शासक मिनान्दर स्वयं बौद्ध हो गया। लगभग तभी 'स्वात-कलश-लेख' के थियोदोर ने भी बौद्ध धर्म ग्रहण किया। हेलियोदोरस्, दीय का पुत्र, विदिशा के शुंग दरबार में तक्षशिला के ग्रीक राजा अंतलिखिद का ग्रीक राजदूत बन कर गया था। उसने भी भारतीय वैष्णव धर्म अंगीकार कर लिया और विष्णु के नाम पर एक स्तंभ खड़ा कराया जो आज भी बेसनगर में खड़ा है। कार्ले दरीगृह के अभिलेख में दो ग्रीकों के क्रमशः सिंहध्वज और धर्म नाम दिए हैं जिन्होंने भारतीय धर्म और नाम स्वीकार कर लिए थे। इससे सिद्ध है कि भारत ने केवल लिया ही नहीं, वरन् दूसरों को दिया भी और उससे भी अनेक बाहर की जातियाँ प्रभावित हुईं। अनेक बार उसने अपने विजेताओं को अपनी संस्कृति का उपहार देकर विजित बना डाला। परंतु ग्रीकों का इस प्रकार भारतीय धर्मों में दीक्षित होना और उनकी बड़ी जनसंख्याओं का भारतीय समाज में खो जाना किसी प्रकार व्यर्थ न हुआ होगा। भारतीय सामाजिक व्यवस्था पर इसका प्रचुर और गहरा प्रभाव पड़ा। ग्रीकों

का यह भारतीयकरण अधिकांश में मिश्रित विवाहों का परिणाम था। ग्रीक योद्धा अपने साथ नारियाँ लेकर नहीं आए थे। इससे युद्धकाल और तत्पश्चात् के अपने शांतिकाल के गार्हस्थ्य जीवन में उन्हें भारतीय नारियों का ही सहारा था। भारत का विदेशों से यह छठी सदी ई.पू. से पहली सदी ई.पू. तक का संबंध भारतीय साहित्य के एक विशिष्ट काल-स्तर के समानांतर है। यह साहित्य-स्तर सूत्रकाल का है। सूत्र सामाजिक आचार के विधान-ग्रंथ थे। कुछ भारतीय चिंतक इस विदेशी सम्मिश्रण को कुछ समय तक संत्रस्त देखते रहे, फिर उन्होंने इसका प्रतिकार आरंभ किया। सम्मिश्रण कुछ तो शांत साधनों से और कुछ ग्रीक विजयों के फलस्वरूप अराजकता के कारण हुआ था। भारतीय चिंतकों में से कुछ ने समझा कि सामाजिक व्यवस्था का सबसे बुरा परिणाम अंतर्विवाहों से होता है, इस कारण उन्होंने अपने सूत्रग्रंथों में विवाह-पद्धति में आधारभूत परिवर्तन किए। वे जानते थे कि विजातियों के विवाह बालिग नारियों के साथ ही होते हैं, फिर उन्होंने यह भी देखा कि संघर्ष के दिनों में पति का अपनी पत्नी की रक्षा कर सकना बहुसंततिक पिता की कन्या की रक्षा की अपेक्षा सरल है, तब उन्होंने बाल-विवाह की व्यवस्था की। उनके विचार से बाल-विवाह से ही कन्याओं और फलतः समाज की रक्षा संभव थी। फिर भी सम्मिश्रण रोका न जा सका और ग्रीक सर्वथा भारतीय समाज में खो गए।

ग्रीकों के बाद भारत में शकों की धारा आई। शकों ने अनेक केंद्रों से चिरकाल तक भारत पर राज किया और उसकी राजनीतिक और सामाजिक व्यवस्था पर उन्होंने अपने गहरे प्रभाव छोड़े। उनके केंद्र थे—सिंध, तक्षशिला, मथुरा, उज्जैन और महाराष्ट्र। ग्रीकों की ही भाँति शकों ने भी भारतीय समाज को एक नया रूप दिया और सदियों के अपने जीवन में जय-पराजय झेलते वे अपने विविध केंद्रों में बने रहे। अंत में वे भी अपनी विशेषताओं के साथ भारतीय जनता में घुल-मिल गए। भारतीय संस्कृति को उनकी देन भी कुछ कम महत्व की नहीं है। अपने आगमन से ही उन्होंने भारतीय भूमि को अपना समझा और भारतीय संस्कृति को शीघ्र अपना लिया। उनका नेता रुद्रदामन तो पुष्यमित्र शुंग के पश्चात् पहला नृपति था जिसने संस्कृत को राज-भाषा का स्थान दिया। यह स्थान उसे ब्राह्मण सातवाहन कुल के उत्कर्ष काल में भी प्राप्त न हो सका था। शकों ने सातवाहन कुल से विवाह-संबंध स्थापित किए और अपने नाम भारतीय रखे। रुद्रदामन, उषवदात (ऋषिभदत्त) आदि कुछ इसी प्रकार के भारतीय नाम हैं। मध्य एशियाई ऊँचे बूट और जाकेट पहने सूर्यमूर्ति की पूजा भारत में शकों ने ही प्रचलित की। पुराणों के अनुसार कृष्ण के पुत्र शाम्ब ने भारत में ही सूर्य का पहला मंदिर चंद्रभागा के तीरे बनवाया। इस पहले मंदिर का शकों के आदि भारतीय आवास सिंध में ही बनना कुछ अर्थ रखता है। उस स्थान में शकों का पहला उपनिवेश शकद्वीप नाम से बसा था। भारत के एक वर्ग के ब्राह्मणों की संज्ञा अब भी 'शाकद्वीपी' है। ये ब्राह्मण देशी ब्राह्मणों में सर्वथा न मिल सके। देशी ब्राह्मण अब भी इनके साथ

खान-पान में परहेज करते हैं। शाम्ब ने मंदिर बनवा चुकने पर जब सूर्य की पूजा आरंभ की, तब उन्हें ऐसे ब्राह्मण न मिल सके जो सूर्य की पूजा-विधि जानते हों और उन्हें बाहर से तदर्थ शक-ब्राह्मण बुलाने पड़े। इस प्रकार सूर्य की पूजा मूर्ति रूप में भारत में शकों ने ही प्रचलित की और इसके लिए उन्होंने अपने पुरोहितों से काम लिया। इसी प्रकार हिंदू-पार्थवों अथवा पह्लवों ने भी भारत के कुछ भागों पर शासन किया और भारतीय रक्त के साथ अपने पारसीक रक्त का सम्मिश्रण किया। भारतीय संस्कृति पर अपने पदांक छोड़ते हुए वे भी अंत में हिंदू समाज की व्यवस्था में खो गए। प्रायः इसी युग में शक्तिशाली आभीरों (आधुनिक अहीर) ने भी भारत में प्रवेश किया और यहाँ विस्तृत साम्राज्यों का निर्माण कर उन पर निरंकुश शासन किया। आधुनिक अहीरों के रूप में वे आज भी शेष हैं और अपनी सशक्त शरीरयष्टि, तुंग नासिका, अपने नर-नारियों के स्वच्छंद जीवन, खुले नृत्य आदि से जाटों और गूजरों की भाँति वे साफ पहचाने जा सकते हैं।

शकों ने भारत में प्रवेश करने पर पहले तो उसकी राजनीतिक व्यवस्था की भाँति ही सामाजिक व्यवस्था में भी विप्लव कर दिया, उसे छिन्न-भिन्न कर दिया। *युगपुराण* में उल्लेख है कि देमित्रियस् के आक्रमण के पश्चात् शक अम्लाट ने भारतीय वर्ण-व्यवस्था को सर्वथा आक्रांत कर दिया। उसके आगमन से पाटलिपुत्र में इतना नरसंहार हुआ कि पुरुषों का सर्वथा अभाव हो गया, स्त्रियाँ ही सारे कार्य करने लगीं और जब-जब वे पुरुष को देखतीं चकित हो चिल्ला उठतीं : आश्चर्य! आश्चर्य! दस-दस बीस-बीस नारियों को एक-एक पुरुष चुनना पड़ा। इस काल (अर्थात् पहली सदी ई.पू. के अंतिम चरण) में उत्तर भारत जातीय संकरता की क्रीड़ा-भूमि बन गया। समाज में व्यवस्था तभी स्थापित हो सकी जब इस सामाजिक संकरता का ताण्डव पूर्ण हो चुका और जब भारतीय जनता ने इस सम्मिश्रण को विवश हो अंगीकार कर लिया। वह बलात् सम्मिश्रण संसार के इतिहास में इस प्रकार का एक ही उदाहरण है।

प्रथम सदी ईसवी में कुषाणों के आगमन से भारतीय सांस्कृतिक व्यवस्था में एक और इकाई का प्रादुर्भाव हुआ। भारत में अब तक सामाजिक विरोध की शक्ति नष्ट हो चुकी थी। इसे नष्ट करने में ग्रीकों और शकों ने शांत अथवा सक्रिय योग दिए थे। इससे कुषाणों के लिए इस क्षेत्र में बनी बनाई भूमि मिल गई। उसका कार्य सरल हो गया। उन्होंने शीघ्र भारतीय धर्म और भारतीय देवताओं की पूजा अंगीकार कर ली तथा भारतीय नाम और उपाधियाँ धारण कर लीं। अपने सिक्कों पर वे भारतीय देवताओं की आकृतियाँ और फारसी विरुद खरोष्ठी लिपि में खुदवाने लगे। भारतीय संस्कृति के प्रति कुषाणों की देन प्रभूत और गहरी है। मुद्राशास्त्र और आकृति उत्खचन, कला और मूर्ति-तक्षण, धर्म और दर्शन, वसन और भूषण—प्रत्येक क्षेत्र में कुषाणों ने अपनी छाप छोड़ी है।

उनके सिक्के ग्रीकों के अनुकरण में बने और उन्होंने पश्चात्कालीन गुप्त-मुद्राओं के लिए अपने नमूने रखे। गुप्त-मुद्राएँ आकार, सौंदर्य और ढलाई में जो इतनी ख्याति प्राप्त कर सकीं उसका कारण उनका कुषाण सिक्कों से लगाव था। कुषाण कला ने भारतीय भास्कर्य (मूर्तिकला) पर भी अपना गहरा प्रभाव डाला। गुप्त-प्रतिमाएँ पूर्ण शालीनता को इस कारण प्राप्त हुईं कि वे कुषाण कला की पृष्ठभूमि से उठीं। वास्तव में यह कहना अत्युक्ति न होगी कि यद्यपि गुप्त काल में तक्षण-कला भारतीयता को केंद्रीभूत कर अपनी शैली में एक नई तकनीक कायम कर गई, फिर भी उसी ने कुषाणकालीन कला को उसके न्याय-बिंदु तक पहुँचाया। गुप्त-युग से पहले यद्यपि कुषाण कला ने गांधार शैली से अपनी कला-पद्धति भिन्न कर ली थी, परंतु उसकी तकनीक के प्राण अब भी बहुत कुछ ग्रीक आदर्शों में ही बसते थे। भारतीयकरण कुषाण-युग ने ही आरंभ कर दिया था, परंतु उसकी पराकाष्ठा गुप्त-काल में हुई। आज भारत के विविध संग्रहालयों में जो हम हजारों बुद्ध प्रतिमाएँ देखते हैं, उनका आरंभ कुषाण-काल में ही हुआ। आज कौन मान सकता है कि इतनी अति-भारतीय, इतनी सुंदर बुद्ध-प्रतिकृति वास्तव में भारतीय नहीं है और कुषाण तक्षकों की सूझ का फल है। बुद्ध का वास्तविक रूप क्या था, उनकी आकृति कैसी थी—यह हम नहीं कह सकते। परंतु उनका रूपायन इसी कारण अत्यंत कठिन भी हो उठता है और कुषाण तक्षक के लिए यह कुछ कम गौरव की बात नहीं कि जिस मानस-मूर्ति की अमूर्त कल्पना कर उसने उसे अंग-प्रत्यंग दिए वह चल पड़ी। सदियों से आज वह संसार की एक बड़ी जनसंख्या की पूज्य प्रतिमा है। भारत में उस समय, संभवतः कुछ पूर्व से ही, भक्तिवाद लहरा रहा था। हीनयान से श्रद्धालु बौद्ध उपासक ऊब चुके थे, उन्हें मूर्त देवता की आवश्यकता थी। कुषाण तक्षक ने उन्हें उनका वह मूर्त देवता प्रदान कर दिया। पहले बुद्ध की नहीं, उनके संकेतों—पदांक, छत्र, उष्णीष, बोधि वृक्ष आदि—की पूजा होती थी। अब कुषाण कलाकार ने बुद्ध को पुरुषाकार देकर उसमें प्राण फूँके। पहले यह मूर्ति हिंदू-ग्रीक छेनी से कोरी जाकर अपोलो के रूप में प्रस्तुत हुई, फिर उसने तथागत की अवैकल्पिक और मानक (Standardized) आकृति धारण की। मथुरा और अमरावती के तक्षण-गृहों को जिस गांधार शैली ने तकनीक की क्षमता प्रदान की, उसका केंद्र कुषाण-राज कनिष्क की राजधानी पुरुषपुर (पेशावर) था।

धर्म और दर्शन के क्षेत्र में भी कुषाण-साधना के फल फले। कुषाणों का दृष्टिकोण बहुदेशीय था। इतिहास में वे मध्य एशियाई, ग्रीक और भारतीय संस्कृतियों के पारस्परिक सम्मिश्रण के साधन बने। कनिष्क अनेक संस्कृतियों के देवताओं में विश्वास करता था और उसके सिक्कों पर ग्रीक, मिस्री, पारसी, भारतीय देवताओं का अपूर्व समारोह है। उन पर निम्नलिखित देवताओं की आकृतियाँ उत्कीर्ण हैं—हिरेक्लिज, सेरापिज, हेलियास (सूर्य), सेलेनी (चंद्र), मिहिर, अथ्रो (अग्नि), ननाइया (अदिति),

शिव, बुद्ध आदि। कनिष्क स्वयं कट्टर बौद्ध था। उसी के प्रभाव और प्रयास से महायान भक्ति पर बौद्ध संप्रदाय का उदय हुआ और बुद्ध की प्रतिमा कोरी गई। वह बौद्ध भिक्षु, कवि और दार्शनिक अश्वघोष को बलपूर्वक पाटलिपुत्र से उठा ले गया। अश्वघोष और पार्श्व की सलाह से वसुमित्र के सभापतित्व में उसने चौथी बौद्ध संगीति बुलाई और कश्मीर की सुंदर घाटी श्रीनगर में उसकी बैठक कराई। संगीति के कथनोपकथन और उसके भाष्य-प्रभाष्य धातु के पत्तरों पर खुदवा कर उसने उन्हें पेशावर में एक नए स्तूप में रखवाया। भारतीय बौद्ध धर्म कनिष्क की सेवाओं से उऋण नहीं हो सकता। उसके महान् समसामयिक —पार्श्व, वसुमित्र, अश्वघोष और नागार्जुन—बौद्ध-दर्शन के उन्नत स्तम्भ थे और इनमें अंतिम भिक्षु का नाम तो महायान संप्रदाय के उदय से संबद्ध है।

कुषाणों की एक विशिष्ट देन वेशभूषा के क्षेत्र में है, जिसे अनजाने हम आज भी बरत रहे हैं। 'कुर्ता', 'अचकन' (शेरवानी, अंगरखा, चपकन, चोगा) और 'पाजामा' जो आज भारत में राष्ट्रीय पोशाक समझे जाते हैं, वास्तव में कुषाणों की ही देन हैं। भ्रमवश कुछ लोग इन्हें मुसलमानों की देन समझ बैठे हैं। कुर्ता के संबंध में कुछ संदेह हो सकता है, क्योंकि उसका प्रयोग संभवतः हिंदू ग्रीकों ने भारत में किया। उनका अपना आच्छादन विशेषतया 'खितोन' था जिसकी बनावट कुर्ते से प्रायः सर्वथा मिलती थी। कुर्ता तुर्कों की देन भी माना जा सकता है। परंतु अचकन और पाजामा के संबंध में किसी प्रकार का संदेह नहीं किया जा सकता और उनके संबंध में हमें कुषाणों का ही उपकार मानना पड़ेगा। रोमन 'तोगा' और मध्य एशियाई 'चोगा' प्रायः समान थे और उनके भारतीय रूप—अचकन आदि—निस्संदेह कुषाणों ने ही प्रचलित किए। कुषाण सैनिक चोगा, पाजामा और मध्य एशियाई बूट पहनते थे और वे भारतीय संग्रहालयों में उनकी प्रस्तर प्रतिकृतियों पर सर्वत्र देखे जा सकते हैं। मथुरा संग्रहालय में सुरक्षित स्वयं कनिष्क का मस्तकहीन शरीर इनको धारण किए हुए है। उसके चोगे के नीचे एक लंबा ढीला अंगरखा-सा है, जो कालांतर में कुर्ता हो गया होगा।

भारत की उत्तर-पश्चिमी जनसंख्या में भी कुषाणों ने अपना एक अनुपात छोड़ा है। गुप्तों से हार कर कुषाण काबुल और सीमाप्रांत की ओर चले गए थे और वहाँ सदियों तक भारत की रक्षा में उन्होंने प्रहरी का कार्य किया था। बाहर से आने वाले हमलों को सदियों तक उन्होंने अपने तन पर लिया। पहले उनका विरुद 'शाहिशाहानुशाहि' था, अब वे केवल शाही कहलाने लगे थे। अलबेरूनी ने उनके साठ राजाओं के नाम गिनाए हैं। भारतीय सीमा के प्रहरी बनने से पूर्व प्रबल गुप्तों ने उन्हें मध्यदेश से निकाल दिया था यद्यपि उन्हें विदेशी कहने का किसी को अधिकार न था। अब वे इस अपनी नई सीमा-भूमि और काबुल में ब्राह्मण-क्षत्रिय बन गए थे और गुप्तों के प्रयास पर व्यंग्य की हँसी हँसते वे हिंदू जाति का हृदय बने रहे। अंत में भारतीयता की रक्षा करते हुए ये कुषाण-शाही इस्लाम की चोट से विनष्ट हो गए। भारतीय

राजनीति से अवश्य उनका लोप हो गया, परंतु उसके सामाजिक स्तरों में निस्संदेह कुषाणों का अपनापा बना रहा। आज उनको खोज निकालना असंभव है।

गुप्त सम्राटों के भारतीय रंगमंच पर आने तक संस्कृति की एक नई पृष्ठभूमि प्रस्तुत हो चुकी थी। यह काल तीसरी-चौथी सदी ईसवी का था। गुप्तकालीन हिंदू संस्कृति तत्कालीन जनता की अस्पष्ट सम्मिलित पैतृक थी। उसका सामंजस्य अभी शेष था, जिसे गुप्तों ने दिया। गुप्तों ने उस तरल सामूहिक परस्पर-विरोधी रीति राशि को संघटित रूप दिया और उनके प्रयास से आदर्शों और सामाजिक विधानों-उपविधानों से प्रस्तुत हिंदू संस्कृति का आधुनिक रूप निखरा। इसी काल में पुराणों का प्रणयन हुआ और आधुनिक हिंदू संस्कृति को पौराणिक पृष्ठभूमि प्राप्त हुई। यह एक अपूर्व समष्टि का युग था जब वेद और ईश्वर-विरोधी बुद्ध तक अवतारों की श्रेणी में आदृत हुए और द्वंद्वात्मक सारे परस्पर विरोधी विचार घुलमिल कर एक रूप में संघटित हुए।

गुप्तों के उत्कर्ष काल में चीन के पश्चिमी प्रांत कानू-सू से एक तूफान चला जिसने साम्राज्यों को छिन्न-भिन्न कर दिया। रोमन साम्राज्य इस तूफान से टकरा कर चूर-चूर हो गया। हूणों ने पाँचवीं सदी के मध्य गुप्त साम्राज्य पर भी आक्रमण आरंभ किए। स्कंदगुप्त के प्रयास ने कुछ काल तक तो उन्हें दूर रखा पर उनके सतत प्रहारों से पाँचवीं सदी के अंत में गुप्त साम्राज्य का वह विशाल सामंतीय संघ भहरा गया। हूणों के साथ ही साथ अथवा उनसे पूर्व ही गुर्जर आदि अनेक जातियाँ भारत में प्रविष्ट हुईं और यहाँ के जन स्रोत में घुल-मिलकर एक हो गईं। इनका सम्मिश्रण काफी व्यापक हुआ और चूँकि वे विजेता थीं और भारतीय सामाजिक व्यवस्था में शूद्रों का स्थान नहीं ग्रहण कर सकती थीं, वे अपने विजित के स्थान पर स्वामी बन बैठीं। वर्तमान राजपूतों के अनेक कुल इन हूणों और गुर्जरों से प्रादुर्भूत हैं। गुर्जरों ने तो भारत में एक विशिष्ट सम्राट्-कुल, गुर्जर-प्रतीहार, की नींव डाली और भारत के एक विस्तृत भाग गुजरात का नाम अपनी संज्ञा से सार्थक किया।

भारतीय संस्कृति को स्पर्श करने वाली दूसरी जातियाँ वे थीं जो इस्लाम के झंडे के नीचे भारत में प्रविष्ट हुईं। ये निस्संदेह एक जाति की न थीं यद्यपि इनका धर्म एक था। मुहम्मद बिन कासिम के 712 ई. के हमले से लेकर सोलहवीं सदी तक लगातार मुस्लिम जातियों का आगमन होता रहा। उनके आने तक भारतीय समाज की धारणा-शक्ति नितांत कुण्ठित हो चुकी थी और उसका सामंजस्य नवागतों के साथ न बैठ सका। उनके आर्थिक, राजनीतिक और धार्मिक हित हिंदू जीवन के सर्वथा विरुद्ध पड़े और दोनों में किसी प्रकार का संपर्क न बढ़ सका। विजेताओं ने हिंदुओं के साथ किसी प्रकार का सामाजिक संबंध न रखा। उसके पूर्व हिंदुओं का मुसलमान हो जाना आवश्यक था। इसके अतिरिक्त जो हिंदू जीवन की प्रिय बातें थीं, उनसे विजेताओं को चिढ़ थी। इन कारणों से हिंदू अपने विजेताओं को अपना विश्वस्त

न बना सके। मुसलमान बहुसंख्यक शत्रुओं के देश में थे और उनकी रक्षा शक्ति और भय पर ही अवलंबित थी, इससे उन्होंनें भी सिवा हिंदुओं को मुसलमान बनाने के, उनको आकर्षित करने के और कोई प्रयास न किए। फिर भी दोनों संस्कृतियों की सन्निकटता और परिस्थितियों की शक्ति ने कुछ टिकाऊ परिणाम उत्पन्न किए। इस्लाम के साथ ही सूफीवाद का भी प्रवेश हुआ और कबीर, नानक तथा अकबर ने दोनों संस्कृतियों में सामंजस्य स्थापित करने की प्रभूत चेष्टा की। एक नवीन संस्कृति—तत्त्वतः मुसलिम—का उदय हुआ, जो धीरे-धीरे भारतीय भूमि पर फैल चली और जिसे जनता के एक अंग ने स्वीकार भी किया। एक नई वेशभूषा, एक नई भाषा (उर्दू), एक नया सामाजिक आचार दिल्ली, आगरा, जौनपुर, लखनऊ, मुर्शिदाबाद, हैदराबाद (दक्कन) आदि केंद्रों में पनप चला। आधुनिक उदारदलीय राजनीतिज्ञों के पूर्ववर्ती मानसिंह, टोडरमल, बीरबल आदि ने पहले सामाजिक और राजनीतिक संबंध हिंदू और मुसलमानों में घना करने के प्रयत्न किए थे, परंतु जनता के विरोध के कारण वे विफल हो गए थे।

भारतीय संस्कृति की अंतिम इकाई का प्रादुर्भाव योरपीय जातियों के संबंध में हुआ। सोलहवीं सदी से ही पुर्तगाली, डच, फ्रांसीसी और अंग्रेज भारत में आने लगे थे। वैसे ईसाई पादरियों ने बहुत पूर्व से ही ईसाई धर्म का प्रचार आरंभ कर दिया था। यदि ईसाई ख्यातों पर विश्वास किया जाए तो उससे स्पष्ट है कि पहली सदी ईसवी में संत थॉमस ने भारत में भ्रमण किया था। भारत के साथ योरप के व्यापार से इस प्रकार के धार्मिक संबंध को पहले ही प्रश्रय मिला था। दो सदियों के ब्रिटिश शासन से भारतीय संस्कृति का योरपीय संस्कृति से संपर्क हुआ। यद्यपि सामाजिक दृष्टिकोण से यह संबंध बहुत फलप्रद न सिद्ध हो सका, तथापि इससे भारत का बौद्धिक और राजनीतिक विकास अमित मात्रा में हुआ। भारतीय साहित्य में एक नई शक्ति आई, नए रूप-गंध का सृजन हुआ, एक नई शैली का जन्म हुआ, एक नई तकनीक निखरी। इस नए क्षितिज से ही ब्रह्म-समाज और थियोसाफिकल सोसाइटी का उदय हुआ। राष्ट्रीयता की भावना, प्रजातंत्रीय संस्थाओं और भौगोलिक सीमाओं के आधार पर भारत की राजनीतिक भावना का उदय—इस ब्रिटिश भारत संपर्क के कुछ स्पष्ट और श्रेयष्कर परिणाम हैं। भारतीय वेशभूषा और सामाजिक दृष्टिकोण पर भी इस संबंध का कुछ न कुछ प्रभाव पड़ा है। हिंदू वर्ण-व्यवस्था की लौह दीवारें भी इस प्रभाव के फलस्वरूप गिरती जा रही हैं। इन दो सौ वर्षों के संपर्क का एक परिणाम एक ऐंग्लो-इंडियन संकर वर्ग की उत्पत्ति भी हुई है। इस वर्ग की वर्तमान स्थिति डाँवाडोल है। न तो भारतीय समाज इनको खपा पाया है, न यह वर्ग ही अपने को उस संस्कृति से संबद्ध मानता है, और न अंग्रेज ही उसे अपना अंग समझते हैं। इस वर्ग के स्वप्न अभारतीय हैं। इधर हाल में इस वर्ग के कुछ अग्रगण्य व्यक्तियों ने अपनी दुर्बलता समझी है और वे अधिक से अधिक

भारतीयता के पक्ष में हो चले हैं। इसके अतिरिक्त पुर्तगाली, डच, फ्रांसीसी आदि भी गोआ, पांडिचेरी आदि अपने शासन-केंद्रों में इसी प्रकार की जनसंख्या का निर्माण कर गए हैं।

अनेक संस्कृतियों के संघर्ष से प्रादुर्भूत वर्तमान भारतीय संस्कृति का रूप अभी धुँधला तथा अस्पष्ट है। यह सही है कि कोई सांस्कृतिक रूप-रेखा सर्वथा स्पष्ट नहीं होती। चूँकि संस्कृति अजस्र स्रोत है, कभी रुकती नहीं, फिर भी विशिष्ट काल-विभागों में उसका आकार बन जाया करता है जब तक उसकी किसी नई संस्कृति से टक्कर नहीं होती। फिर नए संपर्क से उसकी प्रणालिकाएँ खुल जाती हैं और उसके अनेक द्वारों से सांस्कृतिक आदान-प्रदान होने लगते हैं। फिर एक बार उसका रूप बदल चलता है। परिवर्तन संस्कृति का प्राण है और नए वर्णों का परिधान उसके अस्तित्व का प्रमाण। कालांतरों में यह अपने आय-व्यय का ब्यौरा लेती है और कुछ परिमाण के लिए अपनी काया स्पष्ट कर लेती है। भारतीय संस्कृति ने पहली बार आर्यों के आगमन और संघर्ष के बाद अपनी क्षति-लाभ का ब्यौरा लिया था, गुप्त और राजपूत कालों में उसने अपने आँकड़े सम्हाले। अब आजादी के आरंभ और दासता के अंत में उसे एक बार फिर अपनी अस्पष्ट रूपरेखा स्थिर और स्पष्ट कर लेनी है।

6

भारतीय संस्कृति में ग्राह्य और अग्राह्य

पुराणमित्येव न साधु सर्वं, न चापि काव्यं नवमित्यवद्यम्।
संतः परीक्ष्यात्यतरद्भजन्ते, मूढः परप्रत्ययनेय बुद्धिः।।

जो पुराना है वह सभी सुंदर नहीं है और न नया साहित्य नया होने मात्र से ही निंद्य है। समझदार परीक्षा करके ही उनकी साधुता और असाधुता स्वीकार करते हैं। मूढ़ दूसरे के मत पर अवलंबित रहते हैं।

ऊपर का श्लोक कालिदास रचित *मालविकाग्निमित्र* (1,2) का है। साहित्य के निर्माण में निर्माता को यदि इस श्लोक की सुधि बनी रहे और इसके भाव-सिद्धांत उसकी स्मृति से मिट न जाएँ तो समीक्षक का कार्य तो सरल हो ही जाय, पाठकों की भी मानसिक पीड़ा का एकांश शिथिल हो जाए।

प्राचीन काल में साहित्य का सृजन अधिकतर स्थायी भावों को लेकर ही हुआ है। परंतु स्थायित्व स्वयं क्या कोई सत्यता रखता है? टिकाऊपन क्या सचमुच जीवन में है? शायद व्यक्ति के जीवन में नहीं, परंतु मनुष्य के जीवन में है; कड़ी में नहीं है, शृंखला में है? इसी शृंखला के स्थायित्व को सामने रख कर प्राचीन साहित्य का सृजन हुआ है। और यह साहित्य सुंदर बन पड़ा है, प्रचुर सुंदर। वाल्मीकि और कालिदास, भारवि और भवभूति, माघ और श्रीहर्ष स्तुत्य हैं, काम्य और असाधारण।

प्रश्न है, इनका साहित्य कहाँ तक सार्थक है? परंतु इस प्रश्न के उत्तर में भी एक प्रश्न है—साहित्य किसके लिए हो?

यह प्रश्न भोजन-वसन आदि के विषय में क्यों नहीं उठता? क्या कोई कभी पूछता या शंका करता है कि किस मनुष्य को भोजन-वसन चाहिए, किसे नहीं? भोजन-वसन क्या सबका स्वाभाविक अधिकार है? फिर साहित्य-कला जीवन के किस स्कन्ध की पूर्ति के लिए है? भोजन-वसन अथवा आहार-विहार से क्या इनका संबंध नहीं है?

भोजन-वसन से तो निश्चय नहीं है—स्पष्ट है कि साहित्य-कला न खाने की

वस्तु हैं, न पहनने की। पर क्या वे विहार की वस्तु भी नहीं हैं?

साहित्य-कला का उपयोग किस अर्थ में होता है—मनोरंजन और व्यसन के लिए?—उल्लास और विषाद के लिए?—गायन और रुदन के लिए?—काल-क्षेत्र और विलास के लिए?—चरित्र-निर्माण और आत्मोदय के लिए?—संघर्ष और निर्माण के लिए?—वर्तमान और भविष्य के लिए?—इन प्रश्नों के उत्तर में साहित्य के उद्देश्य और रूप का रहस्य निहित है। इन पर विचार करना होगा—साहस और आशा से।

प्राचीन काल में साहित्य का निर्माण अधिकतर स्वान्तः सुखाय हुआ है—मनोरंजन के लिए भी, व्यसन के अर्थ भी। विद्या और साहित्य को 'व्यसन' कहा भी गया है। स्पष्ट है कि 'स्वान्तः सुखाय', से 'बहुजनसुखाय' अथवा 'सर्वजन सुखाय' (यदि यह संभव हो सके) का आदर्श ऊँचा है, उसी भाँति जैसे संकुचित परिवार से 'वसुधैव कुटुम्बकम्' का। बोधिसत्व ने निर्वाण स्वीकार नहीं किया, क्योंकि यह स्वान्तः सुखाय होता, वे इस पर दृढ़ रहे कि प्रत्येक जन उसके लिए प्रयत्न करे और उसे पा जाए।

'रमणीयार्थ प्रतिपादकता' जिसमें होगी, जिस 'रमणीयता की नवीनता क्षण-क्षण' रूप धारण करेगी, उससे मनोरंजन होगा ही। काव्य का व्यसन काव्यकार और काव्यरसिक दोनों को हो सकता है। पर व्यसन का संबंध मात्रा से है। जब काव्यकार काव्यकर्म को अपना पेशा अथवा वृत्ति बना लेता है, तब वह उसका व्यसन हो जाता है। काव्यरसिक का व्यसन काव्य तभी हो सकता है जब उसे और काम न हो, वृत्ति सम्हली हुई हो, आय के साधन सम्हालने न पड़ते हों। तब काव्य उसके श्रम का शैथिल्य दूर न करेगा, संगीत की भाँति उसके चित्त को हल्का न करेगा, वरन् उसका वह व्यसन हो जाएगा और तब उसके प्रिय होंगे ओविद और जयदेव, कासानोवा और बोवकाचो।

उल्लास-विषाद, गायन-रुदन, चरित्र निर्माण और आत्मोदय, वर्तमान-भविष्य, संघर्ष-निर्माण—ये केवल वैयक्तिक नहीं, सामुदायिक हैं, सबके हैं, और इनके अर्थ अथवा इनके परिणामस्वरूप जिस साहित्य का समुदय होगा वह निश्चय जन-जन का होगा, केवल साहित्य-व्यसनी का नहीं। फिर साहित्य-कला के उद्देश्य यदि वही हैं जो ऊपर कहे गए हैं तो सिद्ध है कि वे वर्ग-विशेष के ही नहीं हो सकते, उन तक ही सीमित नहीं रह सकते, सबके होंगे, क्योंकि वे सबकी अनुभूतियाँ, सबकी आवश्यकताएँ हैं।

यदि साहित्य-कला का संबंध जीवन से है—जीवन की विविध अनुभूतियों, आवश्यकताओं से है तो उसका संबंध सारे जीव्य उपकरणों से भी होगा—मनुष्य की अनवरत सक्रियता, उसके संघर्ष और निर्माण से भी होगा। जिस काव्य का संबंध जीवन, उसके संघर्ष और निर्माण से न होगा, वह निश्चय प्रमाद की रिक्त घड़ियों को भरेगा, ऐसे व्यक्तियों की घड़ियों को जिनके सामने कर्तव्य नहीं, संघर्ष नहीं, भविष्य नहीं। ऐसों की संख्या नितांत कम होगी जिनके जीवन के आवश्यक अंग अध्यवसाय,

क्रियमाणता, संघर्ष न होंगे। फिर साहित्य-कला का क्षेत्र वह नहीं रह जाएगा, जिसकी आवश्यकताएँ ऊपर गिनाई गई हैं। वह अत्यंत संकुचित हो जाएगा और इस अंश में न वह अपने आदर्शों से केवल गिर जाएगा, वरन् जीवन के अत्यंत नगण्य स्कंधों का सेवन करेगा। थोड़े से जनों की प्रवृत्तियों मात्र के अनुकूल उसका निर्माण होगा। वह अल्पसेव्य होगा। उसके लाभ से अनंत जनसंख्या वंचित रह जाएगी।

और वह संगीत-साहित्य-कला क्या जो उन्मुक्त वातावरण में सूर्य की गर्मी की भाँति, अनवरत प्रवाहित वायु की भाँति, अनंत आकाश की भाँति सबकी न हो, जन-जन की न हो? साहित्य भी उन्मुक्त वायुमंडल की भाँति अपना क्षेत्र उदारतापूर्वक विस्तृत करेगा, जिसमें जनजन अपना अभीष्ट पाएगा, खुल कर साँस लेगा और अभितृप्ति का घूँट पिएगा। निस्संदेह इस प्रकार के साहित्य की व्याप्ति उसकी सहज धारणा पर निर्भर करेगी। लोकप्रियता काव्य तब धारण करता है जब उसमें प्रसाद पलता है और सहज मानव की अभिलषित आकांक्षाएँ और संघर्ष का वितन्वन होता है, जिसमें वर्तमान प्रतिबिंबित होता है और भविष्य अप्रच्छन्न; अतीत की स्वस्थ मान्यताएँ, उन्नत आनुवृत्तिक परंपराएँ उसमें फिर से अनावृत्त होंगी जिससे वर्तमान शक्ति प्राप्त कर सुनहरे भविष्य के निर्माण में अग्रसर हो।

2

अतीत का प्रश्न भी साहित्य में महत्त्वपूर्ण है। इसे न तो छोड़ा ही जा सकता है, न परोक्ष किया जा सकता है। प्रगति में अतीत का जीवित योग है। प्रगति से ही अतीत बनता है, उसी से उसकी सार्थकता है। यह भूला नहीं जा सकता कि अतीत के दोनों विरोधी हैं—अगति भी, प्रतिगति भी। उसका समानधर्मा, अनिवार्य निर्माता, उसके कलेवर का मुखर रूप, केवल प्रगति है। इससे जो अतीत को भुला कर चलेंगे, वे भविष्य का उचित और सही निर्माण न कर सकेंगे।

प्रत्येक युग की अपनी-अपनी मान्यताएँ, अपनी-अपनी उपलब्धियाँ होती हैं, यह साहित्यकार को न भूलना चाहिए। इन्हीं मान्यताओं-उपलब्धियों का समाहार संस्कृति का कलेवर है। विगत वर्तमान ही अतीत है, इस कारण न तो अतीतवादी ही वर्तमान की उपेक्षा कर सकता है और न वर्तमानवादी ही अतीत की। दोनों की वास्तव में एक ही काया है, कारण-कार्य का क्रम लिए हुए।

इधर कुछ साहित्यिकों के लेख पत्र-पत्रिकाओं में प्रकाशित हुए हैं। उन्हें पढ़ने से उस घने भ्रम का साक्षात्कार होता है जिससे इन कतिपय अतीतवादियों का मानस आच्छन्न है।

अतीत का गान करते समय वे सर्वथा इस बात को भूल जाते हैं कि अतीत

न तो संपूर्ण सुंदर है, न नितांत असुंदर। उसमें सक्रियता भी है प्रमाद भी, स्वार्थ भी है परार्थ भी, संकीर्णता भी है उदारता भी, रावण भी है राम भी। और इससे इस अतीत का सर्वैव ग्राह्य नहीं है। 'पुराणमित्येव न साधु सर्वं'—यह अतीत का ही एक साधु उद्‌गार है, जिसे स्वयं अतीतवादी भूल जाते हैं।

प्रगतिशीलों के विरुद्ध दोषारोपण विशेषकर यह किया जाता है कि वे अतीत के विरुद्ध खड़े हैं। यह धारणा, जिसे एक पक्ष अनावश्यक अध्यवसाय से पुष्ट करता जा रहा है, नितांत निर्मूल है। प्रगतिशील अतीत के विरोधी नहीं हैं, परंतु उनके साथ कठोर वर्तमान का सत्य है जिसका वातावरण इतना निर्मम और इतना संघर्ष-परक है कि वे शुतुर-मुर्ग की भाँति रेत में मुँह छिपाकर उपस्थित परिस्थिति को भूल नहीं सकते। अतीत उनके साथ है, स्वयं वर्तमान उससे छिदा-छिदा है, पर वे वर्तमान में हैं, यह वे भूल नहीं सकते। अतीत का गौरव उनका गौरव भी है, उसकी प्रतारणाएँ उनके भी क्षोभ की वस्तु हैं, पर उससे वे केवल सीख ले सकते हैं, सावधान हो सकते हैं, उसमें रह नहीं सकते।

अतीत उन्हें धारण करता है धरणी की भाँति, परंतु धरणी जो धारण करती है, नेत्रों के सामने नहीं, पैरों के नीचे रहती है; नेत्रों के सामने भविष्य रहता है, अतीत पीछे। यदि अतीत सामने आ जाए तो वर्तमान भी नहीं रह सकता, हम भी नहीं रह सकते। अतीत हमारे पीछे है, हमें शक्ति देता है, हमारे विगत गौरव की याद दिलाता है। केवल गौरव की ही नहीं, हमारी विफलताओं की भी, हमारे असफल प्रयासों की भी, हमारे दुर्घटित संघर्ष की भी, हमारी प्रतिद्वंद्वी शृंखलाओं की भी। परंतु वह केवल हमारी गौरवानुभूति अथवा आक्रोश का कारण न होगा, बल्कि वह हमारे वर्तमान के संघर्ष की मशाल होगा, भविष्य के निर्माण में सहायक होगा। अतीत की हमें आवश्यकता होगी अनिवार्य, क्षण-क्षण परंतु गाने और रोने के लिए नहीं, सक्रिय योग के लिए।

हम यह न भूलें कि अतीत को हम लौट नहीं सकते, न उसे आज लौटा ही सकते हैं और न उसे लौटाने का प्रयत्न स्तुत्य ही है। हमारा विकास 'स्पाइरल' (चक्करदार) हुआ है, अधोधः से उच्चोच्च। एक बीज से एक पौधे में अनंत फल और परिमाणतः अनंत बीज प्रसूत होते हैं, अनंत बीजों से एक बीज नहीं बनता।

संभव है, कभी ऐसा हुआ हो कि युग-विशेष में हमारी प्रगति, हमारा विकास, उतना न हो जितना और-और युगों में होता आया है, परंतु यह संभव नहीं कि हम उस युग में पीछे की ओर चल पड़े हों—धान के पौधे से प्रजनित अनंत चावलों ने मिल कर एक चावल उत्पन्न कर दिया हो।

बस इतना समझ लेने की बात है कि बीज अतीत है और अनंत फलों और परिणामतः बीजों को उत्पन्न कर स्वयं नष्ट हो जाता है। उसकी सार्थकता फलों और नए बीजों को उत्पन्न कर देने में है। किसान अनंत नए फलों-बीजों को छोड़

कभी यह प्रयास नहीं करता कि उस बीज को पकड़े जिसने उन्हें उगाया। वह तो स्वयं नष्ट हो चुका। बीज से अंकुर, अंकुर से पौधा, फिर फूल-फल और अंततः अनंत पौधों के उत्पादक बीज।

सो हम अतीत को लौट नहीं सकते, केवल किस प्रकार के बीज ने किस प्रकार के फल उपजाए हैं, इसका ज्ञान रख सकते हैं। बीज सभी अच्छे नहीं—यह भी न भूलना चाहिए। अतीत का गौरव हमारे साहित्य का अतुल धन है, उसकी आनुवृत्तिक परंपरा, स्वस्थ अनुश्रुतियाँ हमारे साहित्य की शक्ति हैं, हमारे नए वर्तमान और अघटित भविष्य की नींव हैं; परंतु उस नींव पर निर्माण होगा हमारे 'फौरी' वर्तमान का, साध के भविष्य का।

3

साहित्य में यह शक्ति होनी चाहिए कि जब प्राचीन परम्पराएँ, मापें और मान्यताएँ जर्जर हो जाएँ—युगधर्म, देश और काल में न खगें—प्रगति में काँटे अटकाएँ, तो वह उन्हें छोड़ दे, स्वयं उनसे मुक्त होकर प्रगति-पथ पर निर्बाध चल पड़े। उसमें यह साहस होना चाहिए कि वर्तमान के अनुकूल, भविष्य के निर्माण के अनुकूल और सहायक नई परंपराओं, मापों और मान्यताओं की अभिसृष्टि करे।

साहित्य की दृष्टि अंतर्मुखी नहीं है, वह शायद दर्शन की है, दर्शन की भी नहीं, वृत्तीय वागाडंबरी दर्शन की शायद हो। साहित्य प्रगति का विरोधी नहीं है, सामाजिक विकास में वह स्वयं एक अस्त्र है। जीवन की वह परिभाषा है, परंतु उससे कहीं बढ़ कर वह वर्तमान का दर्पण है। यथार्थवादिता की नींव पर खड़ा साहित्यिक-कलाकार आदर्श निर्माण में योग देता है। यदि वह जीवन से संभूत स्वयं जीवन है, तो वह जीवन के संघर्ष से विरत और उदासीन नहीं रह सकता। वह स्वयं अतीत की उचित जीवित परंपराओं, मापों, मान्यताओं को स्वीकार करेगा, उनसे शक्ति लेगा, उनको स्वयं अनुकूल शक्ति प्रदान करेगा।

पर निस्संदेह, स्वस्थ परंपराओं, स्वस्थ मापों, स्वस्थ मान्यताओं को ही ग्रहण करेगा। अतीत का सभी कुछ सुंदर और कल्याणकर नहीं है—वह स्वयं अतीत की धारणा और अभिसिद्धि है—पुराणमित्येव न साधु सर्वम्।

प्रगतिवादी अतीत की इस सशक्त स्वस्थ 'प्रतिज्ञा' को सर्वथा स्वीकार करते हैं। परंतु साहित्य के आधुनिक अतीतवादी भी इसी सिद्धांत के सन्निकट परवर्ती सत्य—नवं इति अवद्यम—को स्वीकार करें। अतीत के उचितानुचित की परीक्षा कर 'संत' बनें, 'परप्रत्यय-बुद्धि' से 'मूढ़ता' को प्राप्त न हों।

हमारा अतीत सुविस्तृत है, क्योंकि हमारी संस्कृति प्राचीन है। हमें इस प्रशस्त

क्षेत्र की समीक्षा करनी है, इसके आलोक बिंदुओं और तमघनों को समझना है। सारा विस्तार जैसा-का-तैसा स्वीकार करने पर, उसके विस्तार में हम स्वयं खो जाएँगे। हमें उचितानुचित का, कर्तव्याकर्तव्य का, बोध न हो सकेगा।

'पुराणमित्येव न साधु सर्वं' को सिद्ध करने के लिए हम अपने सांस्कृतिक अतीत पर एक पैनी नजर डालें और देखें कि उसमें क्या साधु है, क्या असाधु, उससे हम क्या अंगीकार कर सकते हैं, क्या त्याग सकते हैं?

इस निबंध के शीर्षक का सार्थक भाग वास्तव में अब शुरू होता है—संस्कृति में ग्राह्य और अग्राह्य के विचार से। परंतु इसको पूर्णतया हृदयंगम करने के लिए यह पूर्वपीठिका नितांत आवश्यक थी। इस पृष्ठभूमि से अब हम अपनी संस्कृति का सिंहावलोकन कर सकते हैं, जो उपादेय भी होगा, कल्याणकर भी और साहित्यिक प्रजनन में सहायक भी। फिर भी यह नीचे की प्रस्तुत तालिका पूर्ण किसी प्रकार भी नहीं है, सूची मात्र है।

भारत की पहली सभ्यता द्रविड़ों ने सँवारी। उनका कृषिकर्म, उत्पादन प्रयास, ग्राम-निर्माण, सामाजिक जीवन काफी ऊँचा और स्तुत्य था। अपने विकास के सैन्धव-काल में उन्होंने कला की अद्‌भुत उन्नति की, नगरों का अभूतपूर्व निर्माण किया। उनकी सभ्यता में यह नागरी संस्कृति खूब फूली-फली। हमारे सांस्कृतिक विकास में यह सैन्धव-उत्कर्ष एक आलोकबिंदु है। इस संस्कृति को आगंतुक आर्यों ने छिन्न-भिन्न कर डाला, उखाड़ फेंका। आर्यों का यह आचरण हमें अग्राह्य है। द्रविड़ों और अनार्यों का विदेशियों के विरुद्ध एक लंबे काल तक संघर्ष, चप्पे-चप्पे जमीन के लिए त्याग और रक्त-तर्पण हमारी देश-भक्ति में शपथ का कार्य करेगा।

नई भूमि पर आर्यों का वास और उसे अपनी समझ कर उसके लिए जीवन उत्सर्ग करने को तत्पर रहने की बुद्धि, आर्यों का उदात्त-तेजोमय जीवन, प्रकृति से उनका निर्बाध संपर्क, उसकी शक्तियों के प्रति उल्लास आदि हमारे ग्राह्य हैं। उषा के प्रति उनका उन्मद उद्भ्रमित आकर्षण, उसके प्रति उनकी गाई ऋचाएँ हमारे काव्य-साहित्य की शिलाभित्ति हैं—सरल, यथार्थ, सम्मोहक।

आर्यों का सादा, स्वतंत्र जीवन सीमा वर्जित था, परंतु धीरे-धीरे उनके 'जन-जीवन' पर वर्णोदय के कारण जो राजा का राहु उदित हुआ, वह उस संस्कृति को ग्रस बैठा। राजा की कुलागत नित्यवर्धित सत्ता पर सभा, समिति, विदथ आदि सार्वजनिक संस्थाओं ने जो अंकुश का कार्य किया और राजा की निरंकुशता को सीमित रखने के लिए जो संघर्ष किया, वह किसी जाति अथवा राष्ट्र के गर्व का कारण हो सकता है। परंतु जनशक्ति के भग्नस्तूप पर इस राज्य-शक्ति का उदय और उसकी पृष्ठभूमि में वर्णों का कारण रूप में उत्कर्ष कष्ट-चेतना है।

वर्ण धर्म जिसने धीरे-धीरे इस वैदिक पृष्ठभूमि से उठकर सारी आर्य जाति और उसके जीवन के लिए सारे विकास को सीमित और असम कर दिया, जिसके

कारण भारतीय समाज आज तक खुल कर साँस न ले सका और जिसके आधार पर मनुष्य-मनुष्य के व्यवहारों में गाँठ पड़ गई, जिसके कारण प्रायः नौ (दूसरी गणना से चौदह) करोड़ भारतीय जनता अन्त्यज और अछूत हो आज भी हरिजन नाम का व्यंग्य वहन कर रही है, किसी भी जाति के लिए भयंकर कालिमा है। वह किसी भी ईमानदार जीवन में निश्चय अग्राह्य है।

अनंत जीवों की बलि और उनमें सबसे सुंदर अभिसृष्टि मानव की भी बलि इस काल के यज्ञानुष्ठानों की सभ्यता पर प्रबल व्यंग्य है। आज भी बद्ध-पशु से यूपशृंखलित शुनःशेप की कातर ध्वनि हमारे कानों में भर-भर हमारी उस अतीत मानवता को कोस रही है, पुकार-पुकार कर पूछ रही है—"कौन मेरा पिता है, कौन मेरी माता? कौन मुझे इस यूप से विशृंखल करेगा।"

दिग्विजय और अश्वमेध का आरंभ करने वाले इस युग की सार्वदेशिक सराहना हम कैसे करें, जिसमें राजा के सिंहासन पर बैठते ही अन्यों को कुचलकर उनका राज्य, उनका कोष हड़प लेने का प्रोत्साहन और विधान मिलता था? सर्वजित्-सत्र ऐतरेय ब्राह्मण और आरण्यक चूड़ामणि हो सकता है, परंतु मानवता के इतिहास में वह केवल एक करुण कहानी का संकेत बना रहेगा।

इस युग की निचली सीमा का वर्ण संघर्ष—वसिष्ठ विश्वामित्र का, परशुराम-क्षत्रियों का, जनमेजय-तुर कावषेय का, इतिहास और समाज की प्रगति में एक दृढ़ मंजिल है। उसका वर्णन साहित्य के निर्माण में सुस्थिर पृष्ठभूमि सिद्ध होगा। औपनिषदिक समाज की यही वह पूर्वभूमि है जिस पर ब्राह्मण-क्षत्रिय-संघर्ष जन्मा और फैला, जहाँ क्षत्रियों ने ब्राह्मण विधि-क्रियाओं और यज्ञानुष्ठानों के विरुद्ध विद्रोह किया, जब मेधा का नेतृत्व ब्राह्मण के हाथ से निकलकर अभिजातवर्गीय क्षत्रिय के हाथ में चला गया।

इसी काल में ब्राह्मण उद्दालक आरुणि, श्वेतकेतु आरुणेय, याज्ञवल्क्य और दृप्त बालाकि के विरोध में क्षत्रिय अश्वपति कैकेय, प्रवहण जैवलि, अजातशत्रु काशेय और जनक विदेह न केवल खड़े हुए, वरन् उनको अपने नए ज्ञान से विदग्ध किया। इस काल में यद्यपि शास्त्रीय और शास्त्रीय सत्ता अभिजातकुलीय ब्राह्मण-क्षत्रियों के हाथ से जन-साधारण के हाथ में न जा सकी, फिर भी यदि इसने एक की पैतृक सत्ता भी इस अर्थ में मिटाई तो कुछ कम नहीं किया। इसी संघर्ष के फलस्वरूप भारतीय दर्शन का उदय हुआ, *ब्राह्मण* के विद्रोह में *उपनिषद्* जन्मे और उनके प्रति विद्रोह में *सांख्य-वैशेषिक* उठे।

प्राचीन मान्यताएँ इस प्रकार अनेक बार विनष्ट हो गईं, अनेक बार नई मान्यताओं ने उनका स्थान लिया। 'पुराणमित्येव न साधु सर्वं' का सतत् चरितार्थ होता रहा, 'नवमित्यवद्यम्' के पाठ को अतीत का भारतीय बार-बार बदलता रहा। वर्णों का अथक संघर्ष होता रहा, ऐतिहासिक प्रगति की शृंखला में नई कड़ियाँ नित्य जुड़ती रहीं।

युग का क्रम बढ़ चला—पार्श्व-महावीर-बुद्ध आए—तीनों अभिजात-कुलीय, तीनों क्षत्रिय, तीनों ब्राह्मण-वेद-विरोधी। वर्णों की ब्राह्मण-व्यवस्था पर चोटें पड़ीं। इस युग की यह प्रबल देन है जिसे साहित्यकार मुक्तकंठ से स्वीकार करेगा। इस युग में जब बुद्ध ने जनभाषा पाली को अपने दर्शन का अभियान बनाया, जब संघ का निर्माण कर उसके द्वार मनुष्य मात्र के लिए खोल दिए, जब मनुष्य ने पारस्परिक एकता और समता को प्राचीन आर्य जीवन व्यवस्था के बाद फिर पहली बार समझा, जब मनुष्य ने मनुष्य के समीप मनुष्य के अधिकार से बैठने का दावा किया और बैठा, जीवों के प्रति अपनी दया की अनुभूति जब उसने प्रकटित की और जब उसने अपनी मानवता की सीमाएँ बढ़ा कर पशु-पक्षियों के संसार को छू लिया, जब 'बहुजनहिताय, बहुजनसुखाय' का निर्घोष दिगन्तव्यापी हुआ—यह सब हमें ग्राह्य है।

परंतु जीवन के प्रति इस बौद्ध-प्रवज्या से उत्पन्न उदासीनता और पलायन की प्रवृत्ति हमें सर्वथा अग्राह्य है। कालांतर में जो ये संघ व्यभिचार और षड्यन्त्र के केंद्र बन गए, अपने प्राचीन मानव-धर्म के शत्रु, उनकी यह अनिष्ठा भी निस्संदेह हमारे आदर की वस्तु नहीं हो सकती।

इस युग का वह तक्षशिला का विश्वविद्यालय निस्संदेह हमारे अतीत का गौरव है। इसी काल वैष्णव-धर्म का जो अभ्युत्थान हुआ, हम उसके प्रति भी नतशिर होते हैं। भूसुर का स्थान अब ब्राह्मण से क्षत्रिय ने लिया, लेकिन अवतारवाद ने गीता में दर्शन का रूप धारण कर क्षत्रिय मानव को जो व्यवस्था के सिंहासन पर बैठाया, वही समाज का अभिशाप भी बन गया। परंतु इस संप्रदाय के समुदय से एक लाभ भी हुआ—बौद्ध संघ की भाँति इसने भी अपने द्वार मानव मात्र के लिए अनावृत्त कर दिए। ऊँच-नीच का विचार इसने भी सर्वथा त्याग दिया। मनुष्य केवल मनुष्य होने के नाते मनुष्य के बराबर है—इस सत्य का इस धर्म ने भी प्रचार किया। इसने वर्ण-धर्म पर कठोर आघात किया।

सूत्र जन्मे। ब्राह्मण-व्यवस्थापक एक बार फिर सजग हुआ, बौधायन-आपस्तंब ने फिर वर्ण-धर्म को नए सिरे से रखा—उसकी सीमाओं को फैला कर, परंतु मनुष्य के स्वातंत्र्य को सर्वथा कुचलकर। मनुष्य केवल संस्कारों का अनुष्ठाता हो गया। गर्भ में आने के पहले से लेकर मृत्यु के बाद तक की उसकी सारी प्रक्रियाएँ व्यवस्थित कर दी गईं। उपरले तीन वर्ग—ब्राह्मण, क्षत्रिय, वैश्य—द्विजन्मा (संस्कृत) होने से 'द्विज' कहलाए; शूद्र शूद्र बने रहे, अन्त्यज अन्त्यज। अछूतों की शृंखला बढ़ चली, शूद्र-चाण्डालों की संख्या गणनातीत हो चली, उनके अधिकार पशु से भी अधिक सीमित हो गए।

मानवता के विरुद्ध इस जघन्य पाप को अतीतदर्शी साहित्य-कलाकार क्षमा नहीं कर सकता। न केवल यह उसे अग्राह्य होगा, वरन् उसकी लेखनी-छेनी उस पर गहरे-पैने आघात करेगी।

परंतु यह कंस का अंतिम पाप था जिसे नारद ने प्रोत्साहित कर पराकाष्ठा

तक पहुँचाया। बौद्ध और वैष्णव केंद्र निम्नवर्गीयों-अनभिजात कुलीयों-शूद्र-चाण्डालों के लिए क्षेत्र प्रस्तुत कर रहे थे। नंदों के शासन की पिछली अवधि में उनको उठने का अवसर मिला जब शूद्र महापद्मनंद ने सारे क्षत्रिय राजाओं का अंत कर 'सर्वक्षत्रांतक' विरुद धारण किया। परंतु चाणक्य ने इस आसन्न विपद् को समझा जो ब्राह्मण-क्षत्रिय-अभिजातवर्ग के विरोध में उठी। अपने *अर्थशास्त्र* में उसने शूद्रों-श्रमणों के विरुद्ध अनंत व्यावहारिक (कानूनी) विधान किए जो हमें सर्वथा अग्राह्य हैं। स्वयं चाणक्य की मेधा कुशल, अद्भुत और असाधारण होने से स्तुत्य है। काश, वह जन-कल्याण में लगायी गई होती!

इसी काल में सिकंदर ने भारत पर हमला किया। आम्भी का आचरण तात्कालिक नीत्याचरण पर एक काला धब्बा है। राजा पुरु का आचरण और उसके पुत्र के दस्ते का इस विदेशी आक्रमण द्वारा सर्वथा नष्ट हो जाना सर्वथा स्तुत्य है। परंतु विजयी होकर उसी पुरु की अन्य भारतीय राष्ट्रों के विरुद्ध विजेता की सहायता अग्राह्य है। पंजाब के गणराज्यों का विजेता से इंच-इंच पर भिड़ना और उसका मार्ग रोकना उस गौरव की पृष्ठभूमि है जिस पर वे खड़े हुए थे। ये मालव-क्षुद्रकों, यौधेय-अम्बष्ठों के बीसियों गणतंत्र लिच्छवियों की परंपरा में थे। प्राचीन काल में लिच्छिवियों ने अजातशत्रु की मागध शक्ति का एक लंबे काल तक सामान किया था। पंजाबी गणतंत्रों ने भी शक्ति भर सिकंदर का सामना किया। उनकी वीरता, उनका संघर्ष, उनकी सार्वजनिक समता संसार के किसी साहित्यिक की रचनावस्तु हो सकती है, किसी राष्ट्र की ईर्ष्या।

चंद्रगुप्त-चाणक्य ने क्षत्रिय-ब्राह्मण साझे से जिस साम्राज्य का विस्तार किया, वह इन्हीं गणतंत्रों की नींव पर खड़ा हुआ। ऐसे साम्राज्य का सुख गणतंत्र और जनसत्ता के विरोध में ही सम्हाला गया था। जब तक उन गणतंत्रों की याद बनी रहेगी, तब तक यह साम्राज्य हमारे हृदय में काँटे की भाँति चुभेगा। साम्राज्य और साम्राज्यवादी नीति—ये चाहे भारत के हों, चाहे अन्य देशों के—हैं नितांत घृणित, नृशंस, शोषक। फिर भी ये गणतंत्र मर न सके। समय-समय पर अवसर पा-पा कर वे संघर्ष करते रहे, मस्तक उठाते रहे, अपनी स्वतंत्रता में इठलाते रहे। साहित्य-निर्माता उनके संघर्ष और उनकी स्वातंत्र्यप्रियता को अमर करेगा, इतिहासकार उन्हें मस्तक झुकाकर आगे बढ़ेगा।

ब्राह्मण साम्राज्यों के उदय के साथ-साथ *स्मृतियों* का भी उदय हुआ जिनमें सूत्रों की व्यवस्था फिर से बाँधी गई, शुंगों के तत्वावधान में। शुंगों ने संघारामों को पाटलिपुत्र तक जला डाला, श्रमणों को तलवार के घाट उतार दिया—यह घृणित है, परंतु विदेशी ग्रीक हमलों को देखते हुए हम इसे क्षम्य मान सकते हैं, उन विदेशी हमलों को देखते हुए जिनकी शृंखला ग्रीक विजेता दिमित्रियस ने आरंभ की थी।

पुष्यमित्र युग के पूर्व, निकट पूर्व में ही, शालिशूक के पूर्व मौर्यराज ने

गुजरात-काठियावाड़ में जो धर्म-ताण्डव किया था और तलवार के जोर से जनता को जैन बनाया था, वह जैन धर्म की अहिंसक वृत्ति पर निस्संदेह एक व्यंग्य है। उसी का पूर्वज अशोक, जिसने दिग्विजय के स्थान पर धर्म-विजय की प्रतिष्ठा की, संसार के राजाओं में सूर्य की भाँति चमकता है। उस अशोक की प्रसर-विरुद्ध नीति पर—रघु-राम की दिग्विजय पर नहीं—भारतीय संस्कृति के पाए दृढ़ होंगे।

इस काल में नारी का शूद्रवत् अधोधः अवतरण होने लगा था। ऋग्वैदिक नारी फिर भी शक्तिशालिनी थी, उसे देख श्रद्धा होती है। शीघ्र प्रायः उसी काल, महाभारत-युग में, उसकी दुर्गति शुरू हो गई। क्या सीता, क्या द्रौपदी सभी व्यवस्था की धुरी में पिस जाती हैं! उपनिषत्काल में अभिजातकुलीनाएँ कुछ संपन्न और आदृत हैं, परंतु साधारणतया उनके अधिकार धूल में मिल जाते हैं। पति की कामतृप्ति अथवा प्रजनन के साधन मात्र वे रह जाती हैं। साहित्यकार उनकी अधोगति अपनी समझेगा।

मौर्यों की दुर्बलता, वर्ण-धर्म के कारण राष्ट्र के बैरियों और आक्रांताओं के प्रति उदासीनता, बौद्धों के देश के शत्रुओं से मिल जाने की नीति से देश जो विदेशियों की क्रीड़ा-भूमि बन गया, वह अतीत की देशी-नीति पर कलंक है। ग्रीक, पह्लव, शक, कुषाण—एक-एक कर सबने भारत में अपने राज्य स्थापित किए। शकों की शक्ति प्रथम सदी ई.पू. (56-57 ई.पू.) में प्रथम विक्रमादित्य ने तोड़ दी, जब मालवों ने पंजाब से निष्क्रमण कर अवंती को अपना निवास बनाया और उसका नाम कालांतर में मालवा रखा। निस्संदेह, विक्रम संवत् चलाने वाले इस मालव मुखिया विक्रम का प्रयास स्तुत्य है। इसी प्रकार द्वितीय सदी ईसवी में वाकाटकों और नागों के प्रयत्न से जो विदेशी कुषाणों से शक्ति छीन ली गई, वह हमारे अतीत का गौरव है। हमारे साहित्यकारों के लिए वह आलोक-बिंदु है। इसी युग में दार्शनिक पार्श्व, वसुबंधु और संभवतः नागार्जुन, कवि और दार्शनिक अश्वघोष हुए, चरक ने चिकित्सा-शास्त्र की दृढ़ नींव डाली। भारतीय दर्शन एक नए मार्ग की ओर बढ़ा।

नागों के साम्राज्य पर गुप्तों का साम्राज्य खड़ा हुआ। समुद्रगुप्त ने दिग्विजय कर आर्यावर्त के राजाओं को उखाड़ फेंका, दक्षिण के राज्यों को जड़ से हिला दिया, प्रत्यन्त नृपतियों को अपनी सेवा करने पर बाध्य किया। सारे भारत की स्वतंत्रता कुचल गई। अश्वमेध और दिग्विजयों ने उन गणतंत्रों को निष्प्रभ कर दिया, जो भारतीय राजनीति में अद्भुत गौरव की वस्तु रहे थे। पुराणकार ने कहा—राघव का साम्राज्य नष्ट हो गया, राम के ऐतिह्य में अविश्वास हो चला है, क्या समुद्रगुप्त का यश जीवित रह सकेगा—यह भी हमारे स्मृति-पटल से मिट जाएगा। साम्राज्य को धिक्कार! ऐश्वर्य को धिक्कार!

इस गुप्तकालीन इतिहासकार का वक्तव्य आज के अश्वमेधप्रेमियों के लिए भी अंकुश होना चाहिए। साम्राज्यवादिता के विरुद्ध यह पहली देशी आवाज थी।

शकारि विक्रमादित्य चंद्रगुप्त द्वितीय का शकों के विरुद्ध प्रयास स्तुत्य है।

युवावस्था के आरंभ में ही उसने भातृ-जाया की रक्षा के लिए जो शक-नृपति का वध किया था, *देवीचंद्रगुप्त* में वर्णित वह आचरण अनेक युगों में आदर्श रहेगा। विशाखदत्त के लिए वह अद्भुत प्लाट सिद्ध हुआ। परंतु पिता की ही भाँति चंद्रगुप्त की साम्राज्यनीति भी हमारी प्रशंसा की वस्तु नहीं हो सकती।

इसी काल के आस-पास बृहत्तर-भारत की नींव पड़ी, मलाया-इंदोनेशिया (जावा-सुमात्रा, आदि) भारतीय सांस्कृतिक और राजनीतिक गाल में समा गए। वह साम्राज्यवादी प्रसर-नीति का ही एक नमूना है। इसी गुप्तकाल के उत्कर्ष-युग में जब साहित्य, ललित कलाएँ अपने विकास के शिखरों से आकाश चूम रही थीं, वर्ण-धर्म की व्यवस्था मजबूत की गई। फाह्यान लिखता है कि चाण्डाल नगर के बाहर रहते थे और जब कभी वे नगर में प्रवेश करते, उनको लकड़ियाँ बजा कर सवर्ण हिंदुओं को सावधान करना पड़ता था, जिससे वे उनसे छू न जाएँ। जिस काल में मनुष्य ने मनुष्य को इतना घृणित समझा, उसकी सामाजिक नीति को हम कैसे सराह सकते हैं?

आश्चर्य की बात तो यह है कि यही 'नवरत्नों' का युग है—कालिदास और विशाखदत्त का, हरिषेण और वत्सभट्टि का, नागार्जुन और बसुमित्र का, असंग और याज्ञवल्क्य का, धन्वंतरि और अमरसिंह का, वाराहमिहिर और आर्यभट्ट का।

4

इस युग में हमारी साहित्यकला का चरम विकास हुआ। जिस परंपरा का वाल्मीकि ने आरंभ किया था, अश्वघोष ने जिसे शक्ति दी थी, कालिदास ने उस काव्य को सौंदर्य की पराकाष्ठा तक पहुँचाया। किंतु कालिदास की अभिजात समर्थ लेखनी ने विलास और भोग के उद्दीपक राग गाए। नैतिक रूप से वह विलासी कुमारगुप्त की ही सृष्टि कर सकते थे, नैतिक आदर्शों को नए सिरे से ढालना कालिदास की शक्ति की बात न थी।

कालिदास ने उन्हीं वर्णाश्रम-धर्मों की कीर्ति बखानी जो भारतीयता पर कालिमा का टीका सिद्ध हो चुके थे। कहीं-कहीं उन्होंने रोष प्रकट किया है—उनकी शकुंतला पुरुष के अधिकारों पर व्यंग्य करती है, उनकी सीता 'वाच्यं त्वया मद्वचनात्स राजा' कह कर राम को संदेश भेजती है, परंतु वास्तव में यह विद्रोह नहीं, विद्रोह की विडंबना है। शूद्र तपस्वी शम्बूक के राम द्वारा *रघुवंश* में मारे जाने पर महाकवि की लेखनी में बल तक नहीं पड़ता, वह स्वयं उस तपस्वी को उसके अनाचार पर धिक्कारता है।

निश्चय ही कालिदास का साहित्य जन के लिए नहीं, जन-कल्याण के लिए

नहीं, विलास के लिए है, उस वर्णव्यवस्था का पोषक है जिसका संकेत फाह्यान ने किया है। पर सुंदर वह अवश्य है, प्रभूत सुंदर, और काव्य की मनोहरताओं को प्रस्तुत करने में अपना प्रतीक वह स्वयं है।

विक्रमादित्य की संहारक नीति ने गणतंत्रों की स्वतंत्रता तो सर्वथा नष्ट कर ही दी, कुमारगुप्त के विलास के साधन भी प्रस्तुत कर दिए। मालवा और उज्जयिनी, काठियावाड़ और गुजरात अब साम्राज्यवादी मागध गुप्तों के अधिकार में थे। प्रशस्तिकार कवि ने गाया :

चतुस्समुद्रान्तविलोलमेखलां सुमेरुकैलासबृहत्पयोधराम् ।
वनान्तवान्तस्फुटपुष्पहासिनीं कुमारगुप्ते पृथ्वीं प्रशासति ।।

यह संभवतः युग का गर्व था जिससे रोम और मिस्र, चीन और मलय से आया हुआ धन कुमारगुप्त का विलास साधता था, जब भारतीय कला और समृद्धि इस इन्द्र (शक्रादित्य) की ऐयाशी में योग देते थे। इस स्त्रैण सम्राट् को भी अश्वमेध की सूझी और उसने संभवतः अपने दुर्ग के प्रांगण में ही घोड़ा छोड़ दिग्विज्य कर ली।

कुमारगुप्त के पापों का प्रायश्चित्त उसके समर्थ पुत्र स्कंदगुप्त ने किया। स्कंदगुप्त कुछ कम साम्राज्यवादी न था। पुष्यमित्रों के गणतंत्र ने एक बार कुमारगुप्त की अंतर्मुखी नीति से प्रबल होकर स्वतंत्र होना चाहा, उन्होंने साम्राज्य के दक्षिणी प्रांतों पर आक्रमण भी किया, परंतु स्कंदगुप्त ने उन्हें कुचल डाला।

गणतंत्रों का स्वतंत्र होने का संभवतः यह अंतिम प्रयास था। स्कंदगुप्त अपने राजकुल की विचलित लक्ष्मी फिर से प्रतिष्ठित करना चाहता था। इस कारण युद्ध की रातें उसने भूमि पर सो-सो कर बिताईं और मध्य एशिया की उस विध्वंसक आँधी को—हूणों के आक्रमण को—कम-से-कम एक बार तो अपने वक्ष पर रोक ही लिया।

विदेशी आक्रमणों के विरुद्ध उसका यह प्रयत्न भूरि-भूरि प्रशंस्य है। उसका प्रयास चंद्रगुप्त मौर्य, पुष्यमित्र शुंग की लाइन में है, सर्वथा स्तुत्य है, यद्यपि जिस हिलती-डुलती भारतीय सामाजिक व्यवस्था पर उसके साम्राज्य की नींव टिकी थी, वह स्वयं उसे खड़ा न रहने देती, यद्यपि वह श्रेय हूणों की अनवरत चोटों को मिलना था।

इस गिरे हुए साम्राज्य की पृष्ठभूमि पर धीरे-धीरे हर्ष के साम्राज्य ने सिर उठाया। हर्ष की साम्राज्यवादी नीति को दक्षिण में चालुक्य नृपति पुलकेशिन् द्वितीय ने रोका। बौद्ध भावना से प्रेरित हो हर्ष जो प्रयाग में पंचवर्षीय समारोह करता था और प्रदर्शन के निमित्त जो प्रजा के पसीने की कड़ी कमाई को स्वाहा कर डालता था, उसके बराबर अनुत्तरदायी नृपति राजाओं की शृंखला में शायद ही मिले।

अशोक के मठ के प्रतिदान को उसके मंत्री राधगुप्त ने युवराज की सहायता से रोक दिया था और अशोक को रोकर कहना पड़ा था—"मुझे तो खाए हुए आधे

आमलक तक को किसी को दान करने का अधिकर नहीं है।''

परंतु हर्ष का दोनों हाथों से प्रजा की गाढ़ी कमाई को निठल्ले रहने वाले भिखमंगों के लिए उलीचना!—जब कि सड़कों पर पुलिस तक का भी उचित प्रबंध न था जो इस धन से किया जा सकता था। स्वयं हर्ष के मित्र-अतिथि ह्वेनत्सांग को इस अरक्षा के कारण दो-दो बार लुट जाना पड़ा था! हर्ष के इस आचरण के विरुद्ध अतीत के द्रष्टा साहित्यिक की लेखनी घोर प्रतिक्रिया का ही प्रजनन करेगी।

हूणों के बार-बार आक्रमण ने भारतीय राजनीतिक व्यवस्था को तोड़ दिया था। उनके राजनीतिक प्रकर्ष के विरुद्ध यशोधर्मा, बालादित्य आदि ने जो राष्ट्रीय प्रयास किए थे, वे सराहनीय हैं। हूणों-गुर्जरों-आभीरों आदि को अपनी व्यवस्था में दीक्षित कर उन्हें प्रायः खपा डालना इस काल की भारतीय वर्ण-पद्धति की उदारता उद्घोषित करती है। साहित्यकार के लिए वह निस्संदेह आदर का विषय है। पालों का उत्कर्ष इस काल में महापद्मनंद की भाँति शूद्रों और निम्नवर्गीयों के नेतृत्व का है, स्तुत्य है। इस काल में नालंदा विद्यालय का निर्माण और विकास भारतीय गौरव की चूड़ामणि है। नालंदा-विक्रमशिला-बलभी आदि ज्ञानपीठ साहित्य के लिए शक्ति प्रस्तुत करेंगे।

इसी काल के अंत में भोज ने साहित्य और शस्त्र दोनों को अपनाया था। अपने लड़ाके जीवन के बीच वह साहित्यिकों और विद्या प्रसार के निमित्त भी समय निकाल लेता था, यह कम आश्चर्यजनक नहीं है, परंतु जब उसका शत्रु अन्हिलवाड़ का नृपति अपनी राजधानी से निकल मुसलमान हमलावर महमूद से लोहा ले रहा था, तब उसकी राजधानी को लूट लेना उसके गौरव में निश्चय चार काले तारे टाँक देगा।

दक्षिण के सातवाहनों के युग से पांड्यों-चोलों-चालुक्यों के युग तक जो साम्राज्य-लिप्सा की भावना जगी रही और दक्षिण में जो उत्तरी भारत की देखा-देखी दिग्विजय के आडंबर होते रहे, रक्त से पृथ्वी सिंचती रही—वह आह्लाद का विषय नहीं हो सकता। हाँ, तमिलों का साहित्य-निर्माण निस्संदेह स्तुति का विषय होगा, यद्यपि सामंतवादी नीति का ही उसमें भी अधिकाधिक समावेश है।

उत्तरी भारत में पालों के शासन काल में बौद्ध संप्रदायों ने घृणित व्यवस्थाएँ कीं। मंत्रयान से बज्रयान निकला और वैष्णव तथा शाक्त प्रक्रियाओं के योग से उड़ीसा से कामरूप और कामरूप से काशी-विन्ध्याचल तक का क्षेत्र यौन-साधकों की क्रीड़ा-भूमि बन गया और सदियों तक बना रहा। सिद्धों का आडंबर, औघड़ों का सामाजिक आचार, कापालिकों का अश्लील नर्तन—सभी इस भारतीय आकाश के काले मेघ थे। भारतीय सांप्रदायिक नीचता और पतन की यह पराकाष्ठा थी। अतीत के गौरव पर यह अनीति का अट्टहास था। साहित्यिक इस परंपरा पर अपनी लेखनी से आग उग़लेगा।

मुसलमानों के हमले इस बदले हुए युग में भारत को क्षत-विक्षत करते रहे। भारतीयों ने जब-तब संघ बना कर उनसे मोरचे लिए, मगर अव्यवस्थित और दुर्व्यवस्थित सामाजिक नीति के कारण वे सफल न हो सके। जथपाल और आनंदपाल, पृथ्वीराज और जयचंद, सांगा और प्रताप, अपनी ही दुर्बलताओं से विनष्ट हो गए। पाल और प्रतीहार, राष्ट्रकूट और चालुक्य, चौहान और गहडवाल, चंदेल और कछवाहे आपस में जूझते रहे, घरेलू झगड़ों की सम्हाल बाहरी शत्रु के आक्रमण के समय होती रही, पुराने प्रतिशोध देशी मित्र के विदेशी संकट के समय लिए जाने लगे।

पृथ्वीराज का शहाबुद्दीन गोरी के विरुद्ध प्रयास सराहनीय है, परंतु युद्ध की भगदड़ में स्वयं भाग कर जीत को हार में बदल देना कैसे स्तुत्य हो सकता है? भागते हुए पृथ्वीराज का सरस्वती के पावन तट पर पकड़ा जाकर मारा जाना हमारे विषाद का कारण है, इसी प्रकार अस्सी वर्ष के जयचंद का मुट्ठी-भर सेना के साथ चंदावर के मैदान में गोरी के विरुद्ध जूझ जाना हमारे मस्तक पर गौरव का टीका लगाता है। उसका प्रयास हमारे साहित्यिकों को बल प्रदान करेगा। उसी काल में बख़्यार ने जो नितांत छोटी सेना के साथ पूर्वी संयुक्त प्रांत, सारे बिहार और बंगाल को रौंद डाला, यह दुनिया में किसी देश की निष्क्रियता में अपना सानी नहीं रखता।

साँगा का इब्राहिम लोधी और गुजरात के मुसलमानों को हराना और बाबर के विरुद्ध फतहपुर सीकरी में वीरता के झंडे गाड़ना गौरव के विषय हैं, परंतु उसी का बाबर को बुलाकर दिल्ली की गद्दी सौंप देना और स्वयं तटस्थ हो जाना वह जघन्य पाप था जिसका प्रायश्चित्त उसे देश को हार कर और स्वयं अपना नाश करके करना पड़ा। हल्दी-घाटी सीकरी की ही भाँति हमारी जीत से भी उज्ज्वल हार की प्रतीक है, परंतु हमारे साहित्यिक महाराणा की इतनी नहीं, जितनी उन वीरों की वंदना करेंगे—उन राजपूतों और भीलों की—जिन्होंने हल्दीघाटी को 'हल्दीघाटी' बनाया और हमारे माथे पर यश का तिलक लगाया जिनकी वीरगाथा किसी चारण ने नहीं गाई!

महाराणा की मृत्यु के बाद उनके महलों में फिर सुरा के दौर चलने लगे। परंतु जीवन का चरम नाश होने पर भी 'जौहर', स्वातंत्र्य प्रेम और साहस का आदर्श है। सिकंदर के आक्रमण के समय कठों ने इसका आरंभ किया था, राजपूतों ने इसकी परिणति की।

अपने अतीत की सार्वजनिक राजनीतिक निष्क्रियता को भी हम नहीं भूल सकते। लंगड़ा तैमूर जब दिल्ली की ओर बढ़ता है, गाँव के गाँव वीरान हो जाते हैं, जनता की भगदड़ से, उनके पगों की धूल से, आँधी उठ आती है। क्यों वे लड़कर न मर सके? क्यों उनके पहले सोमनाथ पर महमूद के आक्रमण के समय पुजारियों ने उससे लोहा नहीं लिया जिनके नाइयों की संख्या आक्रांता की सेना से कहीं बड़ी थी!

तैमूर ने एक लाख बंदियों को दिल्ली के दरवाजे पर, सम्हाल की असुविधा के कारण, मार डाला। ये यदि उसकी सेना पर गिर पड़ते तो शायद वह कुचल जाती।

बाबर के विरुद्ध जब सांगा जूझता रहा तब सीकरी के खेतों में किसान चुपचाप हल क्यों जोतते रहे?—साहित्यिक पूछेगा और इनका युग से उत्तर माँगेगा।

रीतिकालीन काव्य—और उसकी सामंतवादी परंपरा—जिस व्यवस्था और नीति की उपज है, हम उसकी प्रशंसा नहीं कर सकते। इसने सदियों तक स्त्रैण-यौन साहित्य सामग्री से अभिजातवर्गीयों के विलास का उद्दीपन किया है।

बिहारी-देव-पद्माकर का काव्य चाहे जितना सुंदर क्यों न हो, किसी राष्ट्र की आत्मा में वह प्राण नहीं फूँक सकता, स्तुत्य और गर्व की वस्तु नहीं हो सकता। इसके विरुद्ध भूषण का 'भणन' हमारे कानों में अमृत की वर्षा करेगा, उसके नायक—शिवाजी और छत्रसाल—हमारे गौरव के मूर्तिमान आदर्श होंगे।

शाहजहाँ का ताज शायद भारतीय वास्तुकला की चूड़ामणि है, वैसे ही एलोरा और अजंता की गुफाएँ भी, परंतु क्या उनकी कथा जनता की है? क्या शाहजहाँ-मुमताज का प्रेम जन-जन का है? क्या उस प्रेम की इस मूर्तिमान अट्टालिका के पीछे तात्कालिक किसानों की अपहृत कमाई का व्यंग्य नहीं है? क्या इसके चमकते गुम्बद के ऊपर सिर पर पत्थर लेकर चढ़ने और गिरने वाले सहस्रों श्रमिकों की प्रेत-छाया नहीं डोल रही हैं? क्या सचमुच जमुना के कलकल में उनकी माताओं-विधवाओं-कन्याओं का क्रन्दन नहीं मिला है? शाहजहाँ की सीमा-प्रांतीय लड़ाइयों के लिए बीस करोड़ का खर्च कहाँ से आया था?—यह क्या साहित्यिक न पूछेगा? और भारतीय साम्राज्यवादी प्राचीन नीति से भी वह यही प्रश्न करेगा, इस प्रश्न का वह उत्तर माँगेगा।

नानक और कबीर का सांस्कृतिक समन्वय भारतीय समाजशास्त्री और साहित्यिक दोनों के लिए आदर की वस्तु है और उसी प्रकार थियोसॉफी और ब्रह्मसमाज के प्रयास भी उसके स्तुत्य होंगे, आर्यसमाज के सुधार भी।

संस्कृतियों के संघर्ष से प्रजनित नई सांस्कृतिक देन—भाषा, वेश-भूषा आदि—की वह रक्षा करेगा जैसे प्राचीन काल से—ईरानी, ग्रीक, पल्लव, शक, कुषाण, हूण, गुर्जर, आभीरादि—की वह करता आया है। प्राचीन साहित्य को, वाल्मीकि, अश्वघोष, भास, कालिदास, भवभूति, माघ, भारवि, भर्तृहरि, श्रीहर्ष, तुलसी, सूर, मीरा को वह छोड़ेगा नहीं, परंतु उनके उचितानुचित पर वह हर्ष और आक्रोश अवश्य प्रकट करेगा।

प्राचीन साहित्य-काव्य अतीत का उद्घाटन करते हैं। अपने ज्ञान और शक्ति, जीवन और तकनीक के निखार के लिए आधुनिक साहित्यकार को बार-बार उस ओर देखना होगा। तुलसीदास की अमर रचना, यदि रूढ़ि के प्रतिकार के लिए नहीं तो कम-से-कम उसकी जन-कल्याण की भावना के लिए उसे देखनी ही पड़ेगी और इससे उसकी मंजिलें आसानी से तय होंगी।

परंतु आधुनिक साहित्यकार की पृष्ठभूमि कोरा अतीत ही न होगा। जीवन, जो उसका है और जिसमें स्वयं वह साँस लेता है, उसकी आराधना का पहला केंद्र होगा। वह अपने चारों ओर देखेगा और 'फौरी' आवश्यकताओं की ओर अपने राष्ट्र

की दृष्टि आकर्षित करेगा। उसके इर्द-गिर्द का जनसंभार उसके मनन और अंकन का आधार होगा। सन् सत्तावन का गदर, जलियाँवाला बाग, असहयोग आंदोलन, सन् 42 का विप्लव उसकी लेखनी की मर्यादा होंगे और बंगाल का अकाल, देश के बँटवारे का अभिशाप, सांप्रदायिक रक्त-तांडव उसकी रोषाग्नि की आहुति बनेंगे।

यह है हमारे प्रगतिशील साहित्यिक की योजना की पृष्ठभूमि। अतीत को वह सोचेगा, उसकी शक्ति और गौरव को वह धारण करेगा, उसकी विफलताओं-स्वार्थों पर वह आग उगलेगा, उसकी दुर्बलताओं की याद कर अपने नव-निर्माण में उसकी खामियों को वह न आने देगा। पर वह बार-बार गुप्तयुग के उस महान प्रतिनिधि कवि की लाइन 'पुराणमित्येव न साधु सर्वं' का पारायण करेगा और उसके 'न... नवमित्यवद्यम्' को वह गाँठ बाँधेगा। भवभूति के 'उत्पत्स्यते मम तु कोऽपि समानधर्मा, कालेह्यनिखधिर्विपुला च पृथ्वी'* वाले आशावादी निर्घोष उसके उत्साह के आधार होंगे।

* अपने आलोचकों की टीका-टिप्पणियों और आक्रमणों—जिनकी संख्या बढ़ती ही जा रही थी—का उत्तर देते हुए भवभूति ने दृढ़ता और पूरे विश्वास के साथ कहा था "मेरे समानधर्मी कभी उत्पन्न होंगे और मेरी रचनाओं के रहस्य को समझेंगे, क्योंकि काल सीमाहीन है और पृथ्वी का विस्तार विपुल है।"

7

भारतीय वर्ण–व्यवस्था अथवा अभिशाप?

भारतीय वर्णों का आरंभ कब और किन कारणों से हुआ यह बताना कठिन है, पर इसमें संदेह नहीं कि इनके कारण भी संभवतः प्रायः वे ही रहे होंगे जो अन्य देशों में वर्गों के उदय और विकास के रहे हैं। इन कारणों में मुख्य आर्थिक रहे हैं, इसे स्वीकार करने में शायद किसी को आपत्ति न होगी। आज अस्पष्ट किंतु सुदूर अतीत में स्पष्ट आर्थिक कारण ही सामाजिक व्यवस्था के जनक रहे हैं, इसमें संदेह नहीं। इतना अवश्य है कि शोषक और शोषित वर्गों की स्पष्ट तत्कालीन भिन्नता हमें आज पूरी-पूरी दृष्टिगोचर नहीं हो पाती, परंतु, चूँकि उनका अस्तित्व किसी न किसी रूप में तब विद्यमान था, यह सिद्ध है कि उत्पादन की शक्तियाँ और उनके परिणाम समाज के आधार-स्तरों में सक्रिय थे। प्रगति चूँकि संघर्ष का परिणाम है और हम भारतीय इतिहास में प्रगति के दर्शन करते हैं, यह तर्क सिद्ध है कि संघर्ष हुआ है और चूँकि धनराशि के अभाव और पूँजी के अल्पमात्रिक विकास के कारण आर्थिक वर्गों की अभिसृष्टि प्रत्यक्ष नहीं हो पाती, हमें उस संघर्ष को जीवन के अन्य क्षेत्रों में ढूँढ़ना होगा।

इन अन्य क्षेत्रों में प्रमुख और स्पष्ट क्षेत्र सामाजिक व्यवस्था का रहा है। संसार की सारी प्राचीन सभ्यताओं में आर्थिक कारणों से पहले एक कृत्रिम वर्गीय समाज की व्यवस्था हुई है। इसका रूप पहले धर्म की छाया और उसकी आड़ में खड़ा हुआ और उसी की संरक्षा में धार्मिक गुरुओं के दाँव-पेंच में विकसित हुआ। प्राचीन सभ्यताओं में सर्वत्र पहले पुरोहिताई का बोलबाला हुआ। मिस्र में, सुमेर में, असुरिया और बाबुल में, अक्काद और एलाम में, भारत और चीन में, ब्रिटेन और बर्मा में सर्वत्र पशु-बल के साथ धर्म-बल का उदय हुआ। पशु-बल वास्तव में जनता का क्षत्रिय-बल था जिसकी कभी संरक्षा, कभी विरोध में धर्म-बल का प्रसार हुआ। समाज में कुछ तो प्रमादी चिंतक थे, कुछ सक्रिय समर्थ आक्रमण से अन्य दलों पर अपनी प्रभुता स्थापित करते थे, प्रमादी चिंतक उनकी लूटी संपत्ति पर अपना स्वत्व स्थापित कर लेते थे। किस-किस

रूप में कहाँ-कहाँ इस प्रच्छन्न नीति ने शोषण किया, इसका अध्ययन अत्यंत रुचिकर होता हुआ भी इस लेख के लिए कुछ अप्रासंगिक ही होगा, यद्यपि सर्वथा अप्रासंगिक नहीं। इतना समझ लेना पर्याप्त होगा कि वर्गों का आरंभ सदा किसी न किसी रूप में आर्थिक रहा है और जातियों का संक्रमण और पारस्परिक द्वन्द्व भी अर्थ-जन्य ही रहे हैं। विभिन्न जातियों के पारस्परिक द्वन्द्व से भी सम्मिलित सामाजिक व्यवस्था में वर्गों का सृजन हुआ। आरंभ में जहाँ धार्मिक दाँव-पेचों ने व्यवस्था में अपना प्रभुत्व स्थापित किया है, वहाँ समाज के शेष सारे स्तर निस्संदेह पुजारियों के आक्रोश से स्तम्भित हो गए हैं और उनके आदेश सिर आँखों पर रखे हैं। ब्रिटेन के 'ड्रूइड' और बाबुल के पुजारियों के शिकंजे अपनी जनता को एक लंबे काल तक इस प्रकार जकड़े रहे कि उसे अपनी स्वतंत्र स्थिति का गुमान ही कभी न होता था। बाबुल का व्यभिचार उसका इतना बड़ा प्रमाण है जिसके सामने भारत की देवदासी-प्रथा अपना मुँह छिपा लेती है। बाबुल के मंदिरों का उस बाबुली सभ्यता पर इस मात्रा में आतंक था कि वहाँ नारी, व्यभिचार से परे कोई वस्तु नहीं समझी जाती थी। प्रत्येक नारी प्रथमतः देवता की भोग्या थी—जड़ देवता के स्वयं अशक्त होने के कारण अपना वह कार्यांश चेतन देवता अर्थात् अपने पुजारी को सौंपती थी। इस प्रकार का आचरण भारत के धार्मिक इतिहास में भी अनजाना नहीं है। इस चरण में आपत्ति का परिणाम पुरोहित का आक्रोश था, जो रौरव से कहीं भयंकर था।

वास्तव में स्वयं धर्म का उत्थान ही भय और पाखंड की छाया में हुआ। यहाँ केवल एक काल्पनिक उदाहरण दिया जा सकता है। सभ्यता के प्रारंभ में एक व्यक्ति रात के अँधेरे में दौड़ता चला जाता है। उसे सहसा पत्थर की ठोकर लगती है, वह गिर जाता है। धीरे-धीरे उसे होश आता है और वह तर्क करने लगता है। यह क्या है? इसने मुझे मारा क्यों? रात्रि का अंधकार, जंगल की सघनता, गाँव में 'जनों' के बीच वयोवृद्धों से सुनी पितरों की कथा की स्मृति सब एक साथ उस पर आक्रमण करते हैं। चोट से कहीं अधिक वेदना उसे उस डर के परिणामस्वरूप होती है जो धीरे-धीरे उसके मानस को भर रहा है। उसके चिंतन का आधार छोटा है, पर चिंतन का बोझ भारी। रात्रि की साँय-साँय उसे अपकारी भयंकर स्थिति का बोध कराती है और गरीब उठ कर गाँव को बेसुध भागता है। सिंह पर सम्मुख आक्रमण करने में जिसे आह्लाद होता है, हाथी के मस्तक को जो अपने भाले के फलक पर तोल देता है, अज्ञात भय से वह सपद भाग रहा है। गाँव में पिता की गोद में वह दम तोड़ देता है। पर दम तोड़ने के पहले वह अपनी मृत्यु का कारण भी बताता जाता है—पत्थर का आक्रमण।

प्रातः 'जन' का जन-जन उसके शव को देखता है, अप्रत्यक्ष शक्ति को सिर झुकाता है। 'जन' का प्रमादी चिंतक सक्रिय हो उठता है। "ले चलो इसके शव को शक्ति के पास" वह कहता है। शव पत्थर के पास पहुँचाया जाता है। मृत व्यक्ति

का नाम लेकर वह पूछता है—"कहाँ है वह, कहाँ गया?" कोई उत्तर नहीं देता। आकाश और धरा से, सरित और निर्झर से, जन-जन से वह यही प्रश्न करता है। आकाश-धरा चुप हैं, सरिता-निर्झर चुप हैं, जन-जन चुप हैं। वह बोलता है—"यह कहीं है, पर कहाँ है यह तुम नहीं जानते, 'मैं' जानता हूँ।" सामने की शक्ति का यह भोज्य है; शक्ति कितनी कठोर है, वाण मार कर देखो। पत्थर पर वाण मारे जाते हैं, उनके फलक टूट जाते हैं, भाले फेंके जाते हैं, उनकी नोकें मुड़ जाती हैं। चोट की प्रतिध्वनि पत्थर का अट्टहास सा लगता है। चिंतक कहता है, "शक्ति अन्नाद है, शव अन्न—उसका भोज्य, शव को उस पर रखो। समय-समय पर जीवित मनुष्य की इस शक्ति के प्रति बलि दो वरना इसी भाँति वह स्वयं जन-जन को मार कर खा जाएगी। किसकी कब बलि होगी यह 'मैं' बताऊँगा।" यह अंतिम आदेश उस चिंतक को प्रभूत शक्ति प्रदान करता है—वह अपने 'जन' के व्यक्तियों के धन और शरीर का स्वामी बन बैठता है। वह तर्क करता है—यदि नदी में जीवन नहीं, वह बहती कैसे है? समय-असमय जीवों को उदरस्थ कैसे कर लेती है? वृक्ष में जान नहीं तो वह बढ़ता कैसे है? निर्झर में प्राण नहीं तो वह नीचे गिर कर अनवरत ध्वनि क्योंकर उपजाता है? चिंतक प्रथम पुजारी है, पत्थर प्रथम देव है (उसी प्रकार नदी, वृक्ष, निर्झर आदि भी), शव प्रथम पितर है। धर्म की भाव-परंपरा का इस प्रकार आरंभ होता है। वहीं चिंतक ब्रिटनों का 'ड्रूइड' है, सुमेरियों का पतेसी है, आर्यों का ब्राह्मण है।

प्रारंभिक काल में सतर्क चिंतक एक परंपरा का आरंभ करता है, उसके उत्तराधिकारी लोभी और भयवश उसका पोषण और विकास करते हैं। भारत में इस परंपरा का उद्‌गम और विकास ऐतिहासिक है। उसकी नींव प्रबल आधार पर रखी गई है। आर्यों के भारत प्रवेश से कहीं पूर्व द्रविड़ों के वृक्षों और नाग-पूजा में ही पुरोहिताई के पाये रखे जा चुके थे। बलि-प्रथा ने मानव को सशक्त और निर्बल दोनों बना दिया था—पुरोहित को सशक्त, बलि को निर्बल। मोहनजोदड़ो और हड़प्पा की सैन्धव सभ्यता में कभी का इस पौरोहित्य का विकास हो चुका था, कभी से उसमें पुजारी सतर्क था। यह संभव नहीं कि जहाँ इतने पूजा के आँकड़े मिलें, पशुपति का कुल मिले, रेखांकित मुहरें मिलें, वहाँ पुरोहित की सत्ता का अभाव रहा हो। अनेक आकृतियाँ वहाँ के भग्नावशेषों में ऐसी मिली हैं जिनसे पुरोहितों का होना सर्वथा सिद्ध माना गया है। सर जान मार्शल, मैके, दीक्षित आदि अनेक विद्वानों ने सैन्धव सभ्यता के इन भग्नावशेषों में धर्म के ये आँकड़े अनेक रूप से प्रचुर राशि में प्रस्तुत किए हैं।

ऋग्वेद की आर्य परंपरा ने इस पौरोहित्य को केवल जीवित ही न रखा, उसे सँवारा, प्रश्रय दिया और पराकाष्ठा तक विकसित किया। और ऋग्वैदिक आर्यों का वह आचरण स्थानीय धर्म व्यंजना का किसी प्रकार स्वीकरण भी न था। उनकी प्रथा

अपनी थी, स्वतंत्र और मौलिक, सशक्त और व्यापक। और उसका विकास भी उन्होंने नितांत मौलिक रूप से किया, यद्यपि उसमें आर्यों से प्राचीन भारतीय द्रविड़ व्यवस्था का प्रचुर पुट मिला। आर्य, भारत में उत्तरी ध्रुव, तिब्बत, मध्य एशिया, पश्चिमी एशिया, रूसी मैदानों, कार्पेथियन शृंखला, बोहेमिया, लिथुएनिया, चाहे जहाँ से आए, निस्संदेह उनके पास पौरोहित्य की परंपरा सजग थी और वर्ण की संस्था किसी न किसी रूप में जन्म पा चुकी थी। वास्तव में सक्रिय समर्थ (क्षत्रिय) और प्रमादी चिंतक (ब्राह्मण) की कल्पना कर लेने के बाद अन्य वर्णों का उदय एक 'स्वयंसिद्ध' विषय हो जाता है। आखिर आंगिरसों, काण्वायनों आदि की जो गोत्र कुलों की शृंखला *ऋग्वेद* में मिलती है वह एक दिन में प्रस्तुत न हुई होगी, नहीं हो सकती। जिस पूजन-परंपरा का रूप हमें *ऋग्वेद* में मिलता है यद्यपि उसका अधिकांश भारत में ही सार्थक था तथापि वह सारा का सारा भारतीय नहीं माना जा सकता। भारत की अपनी भूमि और अपनी देशीयता ने निस्संदेह उसमें अपना असाधारण योग दिया और कालांतर में उसे सर्वथा अपना बना डाला। *ऋग्वेद* की ऋचाओं की सामूहिक अथवा एकैकिक आलोचना से भी यह बात आसानी से स्पष्ट हो जाती है कि आर्यों की पौरोहित्य परंपरा सर्वथा भारतीय नहीं है।

स्पष्टतः सारे जनों ने, आगंतुक सारे आर्यों ने भारत पर आक्रमण किया परन्तु यह आक्रमण निश्चय केवल शाक्तिक नहीं था, बौद्धिक भी था और इस बौद्धिक आक्रमण की रूपरेखा परिश्रम से *ऋग्वेद* के अध्ययन से खड़ी की जा सकती है। प्रतिपाद्य विषय के दर्शन में व्यभिचार हो जाने के भय से ही हम उस पर यहाँ विचार नहीं करते। बस इतना कहना यहाँ पर्याप्त होगा कि जहाँ आर्य सेना के इतर व्यक्ति शस्त्रास्त्रीय मार करते थे, वहाँ इनके ऋषि पुरोहित उनकी विजयों के लिए सत्कामना और देवताओं से प्रार्थना करते थे, साथ ही अपने देवताओं की क्रुद्ध आकृतियों का सृजन कर आर्यों में आशा और शक्ति का संचार करते थे, शत्रुओं में त्रास भरते थे। जो विद्वान् *ऋग्वेद* के 'पुरुष-सूक्त' से भारतीय आर्यों के 'चतुर्वर्ण' का आरंभ मानते हैं वे साधारण भ्रांति में नहीं हैं क्योंकि वे इस सत्य को भूलते हैं कि 'पुरुष-सूक्त' चतुर्वर्णों की व्यवस्था नहीं करता, उस संस्था की अवस्था-विशेष का उल्लेख और परिगणन मात्र करता है। जिन चार वर्णों के संबंध में वह सूक्त कहता है कि वे ब्रह्मा के मुखादि से निकले, उनका प्रादुर्भाव वह समकालीन न मान कर केवल अतीतपरक मानता है। चारों की अभिसृष्टि इस सूक्त की रचना के पूर्व हो चुकी थी—कितना पूर्व?—नहीं कहा जा सकता, यद्यपि कितने पूर्व वाले प्रश्न के उत्तर में दो प्रश्नों के उत्तर के अनुमान लगाए जा सकते हैं। प्रश्न केवल एक—चतुर्वर्ण कब बने?—नहीं है। प्रश्न दो हैं—(1) चतुर्वर्ण कब बने? और—(2) चतुर्वर्ण-ब्रह्मा के पद से प्रजनित शूद्र—के प्रजनन से पूर्व प्रारंभिक तीन वर्ण कब बने? और उत्तर में शायद तृतीय वर्ण—वैश्य—के ऐतिहासिक निर्माण पर भी प्रकाश डालना होगा यद्यपि वह

केवल एक तकनीकी उत्तर होगा, क्योंकि वास्तव में प्रथम दोनों वर्णों—ब्राह्मण और क्षत्रिय—के उदय के बाद शेष जनता का वैश्य बन जाना स्वाभाविक ही है। हाँ, शूद्रवर्ण का निर्माण निश्चय एक कालिक प्रश्न है और उसके संबंध का उत्तर उस संघर्ष पर भी विचार करेगा जो आर्यों और इहदेशिक अनार्यों में दीर्घकाल तक होता रहा था और जिसके परिणामस्वरूप विजित अनार्य, आर्य सामाजिक व्यवस्था के निम्नपदीय शूद्र बन गए। फिर यह भी याद रखने की बात है कि इस शूद्र स्तर का निर्माण सर्वथा भारतीय अनार्यों की भरती से ही संपन्न न हुआ होगा। उस संक्रमण काल में जब आर्य देशांतरों को लाँघते हुए भारत पहुँचे तो निस्संदेह उन्होंने अनेक लड़ाइयाँ लड़ी होंगी, जिनमें से अनेक में वे विजयी भी हुए होंगे। उस समय के युद्धों की एक परंपरा थी—विजितों को तलवार के घाट उतार देना अथवा उन्हें बंदी कर दास बना लेना। 'दास' शब्द का प्रयोग *ऋग्वेद* ने किया है और खूब ही किया है। इसलिए कुछ अंश में तो यहाँ तक मानना पड़ेगा कि आर्यों के तीन वर्ण—ब्राह्मण, क्षत्रिय और वैश्य—तो उनके भारत-प्रवेश से पूर्व निर्मित हो ही चुके थे, कुछ आश्चर्य नहीं कि शूद्रों का भी एकांश उनके साथ ही भारत में प्रविष्ट हुआ हो, यद्यपि उनका अधिकांश निस्संदेह भारतीय युद्धों के परिणामस्वरूप ही जन्मा।

जैसा ऊपर लिखा जा चुका है, ब्राह्मण-क्षत्रियों की किसी न किसी रूप में व्यवस्था आर्यों के भारत में प्रवेश करने से पूर्व ही संभवतः हो चुकी थी। इसका कारण यह है कि जिन कारणों से, जैसा ऊपर बताया जा चुका है, वर्णों अथवा वर्गों का उदय होता है, आर्य-समाज में वे सारे कारण, सारी परिस्थितियाँ मौजूद थीं। जब आर्यों के अन्य योरपीय दलों में पौरोहित्य का प्रचार था और उनमें अपने-अपने पुजारी ब्राह्मण मौजूद थे तब यह कैसे संभव है कि भारतीय आर्यों में ब्राह्मणों का अभाव रहा होगा, जब हम निश्चय रूप से यह जानते हैं कि उस प्रारंभिक रूप को विस्तार देकर उन्होंने भारत में आने के बाद अपनी सामाजिक व्यवस्था का उसे विशिष्ट अंग घोषित किया? यदि उनमें उनके पुरोहित मौजूद थे जो उनमें यज्ञों के अनुष्ठान करते थे और भारत में पहुँचकर भी शुनःशेप की सी नरबलि की परंपरा को जिन्होंने बना रखा था, तो यह कहना अत्यंत अग्राह्य होगा कि भारतीय आर्यों की ब्राह्मण परंपरा एतद्देशीय ही है। हाँ, यह कहा जा सकता है कि आर्यों के भारत में आने से पूर्व पौरोहित्य तो था और शायद क्षत्रिय वर्ण का विधान भी, परंतु अभी इन वर्णों में वर्णीयता पूरी-पूरी न आई थी—अर्थात ब्राह्मण अभी क्षत्रिय हो सकता था और क्षत्रिय ब्राह्मण। ये दोनों कब और कैसे एक-दूसरे से सर्वथा पृथक् हो गए, यह भारतीय इतिहास का एक मनोरंजक विषय है और इसका अनुशीलन किया जा सकता है। किस प्रकार ब्राह्मण, क्षत्रिय, वैश्य और शूद्र तथा इनकी भी इनेक शाखाएँ-प्रशाखाएँ कालांतर में बन उठीं और उन्होंने व्यक्तियों का पारस्परिक आवागमन, सहभोज, अंतर्विवाहादि रोक दिया—यह सर्वथा भारतीय रहस्य है जो असाधारण है और जिसकी यह असाधारणता ही इसे

अन्य देशों के वर्गों से पृथक करती है। इसका संबंध भारतीय इतिहास में इसकी क्रमिक प्रगति से है और हम नीचे उसी संघर्ष और प्रगति पर विचार करेंगे।

पहले लिखा जा चुका है कि वर्णों के उदय का कारण आर्थिक है और वर्ण प्रायः वर्गों की ही सामाजिक संज्ञा है। वर्णों का आरंभ पेशों अथवा कर्मों के आधार पर हुआ। ब्राह्मण (आर्यों के भारत प्रवेश से भी पूर्व) पहले पुरोहित था, 'जन' का 'ओझा'। उसका कार्य अधिकतर पौरोहित्य था जिससे वह अपने 'जन' कल्याण के अर्थ ऊपरी प्रयत्न करता था, युद्धों में उसे प्रोत्साहित करता था, नरक का त्रास दिखाता था। 'जन' का वह सबसे प्राचीन वर्ण अथवा वर्ग था और उसने अपने पेशे को धनबहुल और शक्तिबहुल बनाया। उसने कालांतर में अपने को 'ब्राह्मण, जिसका अर्थ (शाब्दिक रूढ़ि रूप में) 'ब्रह्म' देवता, अन्नादि का जानने वाला था। तब धर्म के क्षेत्र में जितनी रहस्यमय शक्ति पुरोहित अपने को देवता का द्रष्टा (देखने व जानने वाला) कह कर अर्जित कर सकता था, आर्थिक क्षेत्र में 'अन्न' का उद्भव स्थान अथवा 'रहस्य जानने वाला' कह कर उससे किसी प्रकार कम नहीं कर सकता था। इस बात को न भूलना चाहिए कि अन्न अथवा आहार के अन्वेषण में ही प्रमुखतया जातियों के संक्रमण हुए हैं। इस रहस्य को जानने वाला पुरोहित जब अपने को ब्राह्मण कहता है तब निस्संदेह वह अपने श्रोताओं का ध्यान अपनी उस रहस्यमयी प्रभूत शक्ति की ओर आकृष्ट करता है, जो उनके भीतर आशा और विरुद्ध परिणामतः त्रास का प्रजनन करती है। इससे सिद्ध है कि ब्राह्मण वर्ग की अब तक, अर्थात आर्यों के भारत प्रवेश, प्रायः 2000 ई.पू. तक, अभिसृष्टि हो चुकी थी, केवल उसकी सीमाएँ अभी अनुल्लंघनीय न थीं। उसमें क्षत्रिय अभी प्रविष्ट हो सकता था और ब्राह्मण को क्षत्रिय बनने की तृष्णा कभी हुई हो, यह भारतीय इतिहास में दृष्टिगोचर नहीं होता। यही स्वाभाविक भी है क्योंकि ब्राह्मण का पद अर्थ और शक्ति दोनों में क्षत्रिय से ऊँचा था। जीवन की सारी व्यवस्थाओं में ब्राह्मण आवश्यक और अकाट्य था। जन्म से मरण पर्यन्त उसका साका चलता था। क्षत्रिय राजा का अभिषेक वही कराता था, उसके यज्ञानुष्ठान वही करता था, उसका मंत्रित्व भी अनेकांश में वही करता था और उसकी निरंकुशता की सीमाएँ निर्धारण करने वाली 'सभा' और 'समिति' में उसकी वाणी गूँजती थी। उसी के पुरोहित-पद के लिए वसिष्ठ और विश्वामित्र के बीच संघर्ष छिड़ा, जिसके परिणाम में वैदिक काल का सबसे विकट दस राजाओं का 'दाशराज्ञ' युद्ध हुआ। ऐसा उदाहरण कहीं नहीं मिलता कि कभी ब्राह्मण ने इस काल में राजत्व के लिए प्रयास किया हो। हाँ, इसके अनेक उदाहरण हैं कि क्षत्रिय ने पुरोहित पद के प्रयत्न किए; विश्वामित्र का उदाहरण इसी प्रकार का एक है। शांतनु के बड़े भाई देवापि ने भी शासन से वंचित होते ही पुरोहित पद के लिए प्रयत्न किया था और उसे हस्तगत कर भाई के यज्ञ में प्रधान ऋत्विज् का कार्य भी किया था।

इसी प्रकार क्षत्रिय का वर्ण भी संभवतः आर्यों के भारत में आने से पूर्व ही

रूप धारण कर चुका था। इसका प्रमाण यह है कि ऋग्वैदिक काल तक पहुँचते-पहुँचते कभी का निर्वाचित राज-पद कुलागत हो गया था। फिर राजा भी राजन्य ही होता था। राजा चुनने वाले पदाधिकारियों (राजकृतों) में से कुछ 'राजन्य' कहलाते थे। इनकी यह संज्ञा न होती यदि वे क्षत्रिय वर्ग के न होते। स्पष्ट है कि राजन्यों का एक पृथक वर्ण अब तक बन चुका था। इसके अतिरिक्त *ऋग्वेद* में जो राजाओं की क्रमिक तालिका मिलती है, उनमें से अनेक पिता पुत्रों की है। सिद्ध है कि इन शृंखलाओं की अंतिम कड़ियाँ *ऋग्वेद* की समकालीन हैं, इससे इनकी प्रारम्भिक कड़ियाँ संभवतः *ऋग्वेद* से भी प्राचीन प्रमाणित हुईं। इस प्रकार क्षत्रिय वर्ण भी *ऋग्वेद* के भारतीय काल से पूर्व ही अपना आकार स्पष्ट कर चुका था।

क्षत्रिय वर्ण की व्यवस्था हो चुकने पर वैश्यों का भी रूप स्थिर हो चला। कारण कि साधारण जनता के लिए *ऋग्वेद* में जिस शब्द का प्रयोग हुआ है वह है 'विश', जिसका प्रयोग राजा के निर्वाचन के अवसर पर "विश तुम्हें वरण करता है", आदि वक्तव्यों में मिलता है। इसी विश की वर्ण विषयक संज्ञा 'वैश्य' हुई और उससे सेवित सामूहिक सम्पत्ति-सी नारी 'वेश्या' कहलायी। इस प्रकार ब्राह्मण और क्षत्रियों के पृथक वर्ण बन जाने के बाद शेष जनता अपने आप वैश्य कहलायी। जहाँ तक रक्त का संबंध है, संभवतः इन वैश्यों, क्षत्रियों और ब्राह्मणों में कोई भेद न था—कम से कम वैश्यों और क्षत्रियों में तो सर्वथा नहीं, यद्यपि इनके कुल-गोत्रादि भिन्न थे। इतना ही कहा जा सकता है कि क्षत्रिय अथवा राजन्य संभवतः अभिजातकुलीय वैश्य या विश थे। धीरे-धीरे भारतीय भूमि पर दीर्घकालिक निवास ने क्षत्रियों को वैश्यों से पृथक करने के आवश्यक कारण उपस्थित कर दिए होंगे। इसमें संदेह नहीं कि ब्राह्मण और क्षत्रिय राजनीति में विशिष्ट हो गए थे। इनमें क्षत्रिय तो 'राजकृत' होने के अतिरिक्त योद्धा भी थे, जिनका मुख्य कर्म युद्धों में भाग लेना ही रह गया था। इन्हीं की प्राचीन परंपरा को संभवतः पश्चात्कालीन गणतंत्रीय यौधेयों ने कायम रखा था। आरंभ में सारा विश—क्षत्रिय, वैश्य और कुछ अंशों में संभवतः ब्राह्मण भी—शत्रुओं से लड़ता रहा होगा, परंतु पश्चात्काल में जब शत्रुओं के विनाश के बाद युद्धों की संख्या कम हो गई, जीवन प्रायः शांति का हो गया, तब साधारण जनता—राजन्येतर विश अथवा वैश्य—कृषि, पशुपालन, व्यापारादि में लगी और तभी से वैश्य वर्ण ने एतदर्थ अपने कर्तव्य सम्हाले।

शूद्रों के संबंध में जैसा ऊपर लिखा जा चुका है, वे संभवतः 'विश' नहीं थे, शायद आर्य भी नहीं थे। अपने भ्रमण के योग में आर्यों ने जो युद्ध किए उनमें उन्होंने अनेक दास बनाए। कुछ शूद्र तो ये दास थे, कुछ भातरीय विजयों की परंपरा ने द्रविड़ों में से प्रस्तुत किए। इन शूद्रों का स्थान दर्प-प्राण आर्यों के समकक्ष किसी प्रकार नहीं हो सकता था। ये वास्तव में दासों के अनुरूप थे और इनका कर्तव्य भी ऊपर बताए तीनों आर्य-वर्णों की सेवा करना ही माना गया। इसमें संदेह नहीं

कि पुरुष-सूक्त के काल स्तर तक पहुँचते-पहुँचते इस चतुर्वर्ण की सृष्टि हो चुकी थी। इसमें संदेह नहीं कि शूद्र इस चतुर्वर्ण के ही अंग—निम्नतम—थे, परंतु वास्तव में 'सवर्ण' वे थे नहीं। निस्संदेह अब तक अर्थात् ऋग्वैदिक निम्नतम काल-स्तर—लगभग 1500 ई. पू.—तक द्रविड़ों के साथ संपर्क बढ़ चुका था और सामाजिक सम्मिश्रण प्रारंभ में केवल श्रम संबंधी ही रहा होगा। परन्तु द्रविड़ों की आर्येतर नागरिक संस्कृति के साथ आर्यों का संबंध होते ही उनके जीवन में अभूतपूर्व परिवर्तन हुआ जिससे उनके पूजा-विधान, रहन-सहन, आचार-विचारादि में प्रभूत अंतर पड़ा। उनकी सांस्कृतिक व्यवस्था द्रविड़ों की संस्कृति से अत्यधिक प्रभावित हुई। आर्यों का ग्राम-जीवन अब द्रविड़ों के नागरिक जीवन की अपेक्षा करने लगा। नगरों के उत्थान के साथ-साथ शायद उस अमानुष घृणित मानव परिवार की अभिसृष्टि हुई जो श्वपच, अंत्यज आदि के नाम से जाने जाते हैं, जो नगर के बाहर बसाए जाने लगे और जिनकी सृष्टि आर्यों की सामाजिक नीति पर कालिमा की एक गहरी छाप है। यह पाँचवाँ वर्ण ही आज के निम्नतम अछूत हैं जिनको मनुष्यता के कोई अधिकार प्राप्त नहीं, जो वर्ण-व्यवस्था के घृणित शिकार हैं और जो भारत के 'वसुवैध कुटुम्बकम्' की दिगन्त घोषित उदार नीति पर मूर्तिमान व्यंग्य हैं।

2

ऋग्वैदिक काल के बाद उत्तर वैदिक काल का प्रादुर्भाव हुआ जिसमें ब्राह्मण, आरण्यक, उपनिषदादि रचे गए। इस काल-विस्तार में आर्येतरों के साथ आर्यों के युद्ध प्रायः बंद हो गए थे। परन्तु स्वयं उनमें अन्तर्द्वन्द्व छिड़ गया था और अक्सर युद्ध हो जाते। इस काल इस युद्ध ने दो रूप धारण किए—एक तो साधारण स्पष्ट युद्ध का, दूसरे वर्ण अथवा वर्ग-संघर्ष का। अब तक जनपद-राज्यों का उदय हो चुका था जिनमें कैकेय, कुरु-पंचाल, काशी-कोसल और विदेह के राज्य मुख्य थे। इनका जब-तब परस्पर टकरा जाना कुछ अस्वाभाविक न था। परन्तु फिर भी इस युद्ध का रूप साधारण ही था। दूसरा असाधारण युद्ध जो वर्ण अथवा वर्ग-संघर्ष के रूप में हुआ वह आर्य-समाज के ही दो अभिजातकुलीय वर्गों—ब्राह्मणों और क्षत्रियों—में हुआ। ब्राह्मणों के यज्ञानुष्ठानादि के विरुद्ध क्रांति कर क्षत्रियों ने उपनिषद् विद्या की प्रतिष्ठा की और ब्राह्मणों ने अपने दर्शनों की नींव डाली। इस संघर्ष का काल प्रसार काफी लंबा रहा, जो अंततः द्वितीय शती ई.पू. में ब्राह्मणों के राजनैतिक उत्कर्ष का कारण हुआ। इसमें एक ओर तो वसिष्ठ, परशुराम, तुरकावषेय, कात्यायन, राक्षस, पतंजलि और पुष्यमित्र शुंग की परंपरा थी, दूसरी ओर विश्वामित्र, देवापि, जनमेजय, अश्वपति कैकेय, प्रवहण जैवलि, अजातशत्रु काशेय, जनक विदेह, पार्श्व, महावीर, बुद्ध, बृहद्रथ की। इस युग में

दोनों—ब्राह्मण और क्षत्रिय—वर्णों ने अपनी सीमाएँ ऊँची कर लीं और एक-दूसरे में पारस्परिक समाजपरक आयात-निर्यात बंद हो गया। परन्तु विवाह अब भी जब-तब एक-दूसरे में होते रहे। गुप्तकाल (पाँचवीं सदी ईसवी) और बाद तक इस प्रकार के अन्तर्वर्ण विवाहों के होते रहने के प्रमाण मिलते हैं। वास्तव में इस प्रकार विवाहों की संख्या पूर्ववैदिक काल में तो प्रचुर थी और उनसे प्रजनित संतान पिता के वर्ण की समझी जाती थी। औशिज, कवष, कक्षीवान इसी प्रकार की संतान थे जो ऋषिसंज्ञा से कभी विभूषित हुए थे। परशुराम भी इसी प्रकार के वर्ण-मिश्रण के एक प्रबल उदाहरण थे। परन्तु क्षत्रिय से ब्राह्मण हो जाना! अब किसी प्रकार संभव न था।

3

उपनिषत्काल के पिछले स्तरों से प्रायः छठी सदी ई.पू. से ही सूत्र-काल का उदय होता है। इस काल में ब्राह्मणों ने फिर से भारतीय समाज की व्यवस्था करनी चाही और की। यह काल धर्म-सूत्रों और कल्प-सूत्रों का था। कल्प-सूत्रों में उन्होंने फिर से यज्ञों और अनुष्ठान-क्रियाओं पर विचार किया, उन्हें विस्तृत किया। पूर्व वैदिक काल के चार पुरोहितों की संख्या ब्राह्मण-काल में ही बढ़ कर उन्नीस हो गई थी। अब उनकी संख्या, मय उनके सहायकों के, सैंकड़ों तक जा पहुँची। गृह-सूत्रों में उन्होंने व्यक्तिगत आचार-नियमों का उल्लेख किया। वर्णों के प्रत्येक व्यक्ति को जीवन-जन्म से मृत्यु तक विधानों से जकड़ दिया गया। पुंसवन-गर्भाधान से लेकर अंत्येष्टि-वार्षिक श्राद्ध तक के सोलह संस्कार व्यक्तिगत जीवन के अभिशाप बन गए। संस्कारों के अतिरिक्त व्यक्ति के जीवनकाल को चार भागों में विभक्त दिया गया—1. ब्रह्मचर्य, 2. गार्हस्थ्य, 3. वाणप्रस्थ, और 4. संन्यास। परन्तु इन आश्रमों का वास्तविक उपयोग उनके अनुसरण में कम, भंजन में अधिक हुआ। धर्म-सूत्रों ने समाज को अनंत नियम दिए—वर्गों को विविध कर्तव्यों की सूची दी। कर्तव्याकर्तव्य का उन्हें ज्ञान कराया, राज-धर्म का प्रणयन किया, शूद्रों और नारियों को स्वत्वहीन कर निर्वर्ण कर दिया, उन्हें दासों की कोटि में ला बैठाया। बौधायन और आपस्तम्ब ने वर्णाश्रम धर्म का विशाल दुर्ग भारतीय समाज के प्रांगण में खड़ा किया। धर्म-सूत्रों के आधार पर धर्मशास्त्रों की रचना हुई जिन्होंने ब्राह्मणों को 'भूसुर' का पद दिया, शूद्रों को कृपापात्र सेवकों का। धर्म-सूत्रों ने पहले ही प्रथम तीन वर्णों को संस्कारों के आधार पर 'द्विज' की संज्ञा प्रदान की थी परन्तु अब धीरे-धीरे इस 'द्विज' की परिभाषा में भी संकोच होने लगा और शीघ्र इसका प्रयोग पहले ब्राह्मण-क्षत्रियों के अर्थ, फिर केवल ब्राह्मणों के संबंध में होने लगा।

म0ानव-धर्मशास्त्र, याज्ञवल्क्य-स्मृति, वसिष्ठ-स्मृति, नारद-स्मृति, बृहस्पति-स्मृति

आदि ने घटा-बढ़ा कर उन्हीं सूत्रों की परंपरा को जीवित रखा। सूत्रों में ही बाल-विवाह का विधान हो चुका था। धर्मशास्त्रों का यह युग कायिक और मानसिक बंधन का युग था। इस समय संत्रस्त ब्राह्मण समाज-शास्त्री केवल अपनी रक्षा के हेतु नहीं वरन् अपने वर्ग के भविष्य के निर्माण के अर्थ भी प्रयत्नशील था। आगे आने वाली जनता यदि अपने प्रजनक पूर्वजों की और सन्तति थी तो उसे इस शृंखलाबद्ध परंपरा को स्वीकार कर उसे वहन करने में कोई आपत्ति न हो सकती थी और अनंत-अनंत विधानों का जो प्रसार उसके सामने आया उसके विरुद्ध आश्चर्य है, उसने विशेष रूप से, सिवा बुद्ध के यदि वे इस काल के अधिक पूर्व न हुए, आवाज नहीं उठाई। स्वयं वर्णों में शाखाएँ फूट पड़ीं और निचले स्तरों, विशेषकर वैश्यों और शूद्रों में तो निस्सीम शाखाएँ फूटीं। वर्णों में परस्पर जो थोड़ा ही थोड़ा सम्मिश्रण हुआ था, उससे भी अनेक नई 'जातियाँ' उठ खड़ी हुई थीं जो धर्मशास्त्रों के विधानों को चेतन-अचेतन रूप से अंगीकार करने को तत्पर थीं। इस विधान-शृंखला की अभिसृष्टि उसके निर्माताओं के लिए कम गर्व की वस्तु न थी। फलतः ब्राह्मण अपनी विजय से संतुष्ट होकर सुख की नींद सोने ही वाले थे कि भारत की इस नवजात प्रणाली पर चोट कर एक नई बाह्य शक्ति ने इसे टूक-टूक कर दिया। यह नई शक्ति थी विदेशियों का आक्रमण।

4

द्वितीय शताब्दी ई.पू. प्रथम शती ईसवी तक भारत पर निरंतर विदेशी आक्रमण होते रहे। हिंदू-ग्रीक, हिंदू-पार्थव, शक, कुषाण एक के बाद एक टूटते और अपनी बर्बर चोट से भारतीय राजनीतिक और सामाजिक व्यवस्था को कुचलते तथा छिन-भिन्न करते रहे। उनके सतत आक्रमणों से सूत्रों और धर्मशास्त्रों की वर्ण-व्यवस्था बिखर गई। सूत्रों ने जो अनेक प्रकार की शृंखलाओं से विभिन्न वर्ण-स्तर प्रस्तुत किए थे, इन चोटों से वे तार-तार हो गए।

इन विदेशियों को, अव्यवस्थित होने के कारण, भारतीय समाजशास्त्रियों ने बर्बर और म्लेच्छ कहा। सही, उनमें वर्ण-त्यवस्था न थी और वे इस भारतीय विचित्रता को समझ भी न सके। उनका आहार-बिहार एक साथ होता था, विवाह आपस में निर्बाध होता था। इनके ऊपर किसी प्रकार का नियंत्रण न तो वे बर्दाश्त कर सकते थे, न समझ सकते थे।

ग्रीकों ने भारत पर हमला कर पाटलिपुत्र तक रौंद डाला और सिंध, पश्चिमी तथा पूर्वी पंजाब में अपने सुदृढ़ राज्य खड़े किए जिन्हें उन्होंने सदियों तक भोगा। शकों के हमले पहले अत्यन्त विध्वंसक हुए और उन्होंने भारतीय वर्ण-पद्धति की

जड़ तक हिला दी। अम्लाट का हमला, जिसका वर्णन गार्गी-संहिता के युग-पुराण ने किया है, अत्यंत दारुण था। इस हमले से भारतीय राज्य नष्ट-भ्रष्ट हो गए, साम्राज्यों के प्रांत बिखर गए, वर्णों की पारस्परिक सीमाएँ विलुप्त हो गईं। पाटलिपुत्र से पुरुषों का सर्वथा लोप हो गया। आचार क्षत-विक्षत हो गया। ब्राह्मण चाण्डाल का आचरण करने लगे, शूद्र ब्राह्मण से बराबरी का दावा। वर्ण-धर्म में ब्राह्मण का उतना ही स्वत्व था जितना राज-धर्म में क्षत्रिय का। इस व्यवस्था से राजशक्ति भी बल पाती थी और स्वयं वह इसकी तत्परता से रक्षा करती थी। वर्ण-व्यवस्था और राजशक्ति प्रायः परस्परावलंबी थे, दोनों अभिजातकुलीय ब्राह्मण और अभिजातकुलीय क्षत्रियों की शक्ति के आधार थे। राज-शक्ति छिन जाने पर क्षत्रिय ब्राह्मण के साथ साझा न कर सका।

यह युग अत्यंत उथल-पुथल का था। इसी से युग-पुराण उसके पूर्वकाल के अंत को 'युग-क्षय' कहता है। सारा उत्तरी भारत लहू-लुहान हो रहा था। मध्यदेश जो सदा वर्ण-धर्म की पृष्ठभूमि रहा था, 'म्लेच्छों' के अनियंत्रित अव्यवस्थित दुराचार का प्रांगण बन गया। विदेशियों ने स्वाभाविकतया भारतीयों को केवल शत्रु समझा और, जैसा युद्धों में प्रायः होता है, उनके साथ अनेक बार पशुवत् आचरण किया। और उनके प्रति उनका देवतुल्य आचरण भी केवल उनके ही अर्थ में हो सकता था, भारतीयों के अर्थ में नहीं, क्योंकि भारतीय वर्ण-व्यवस्था उनकी जानी न थी और वे वर्ण-वर्ण में किसी प्रकार का अंतर डाल कर उनसे पृथक-पृथक व्यवहार नहीं कर सकते थे। यह असमान व्यवहार ही तो वर्ण-धर्म की शिला-भित्ति था!

शकों की ही भाँति आभीरों और कुषाणों ने भी भारतीय वर्ण व्यवस्था पर जाने-अनजाने घाव किए। कुषाणों का शासन किसी न किसी रूप में उत्तर भारत में दूसरी सदी ईसवी के अंत तक जमा रहा। शकों ने अपने शासन के सिंध, पंजाब, मथुरा, मालवा, महाराष्ट्र पाँच केन्द्र बनाए थे, आभीर उनके पश्चिम में स्थानापन्न हुए, कुषाण उत्तर में। परन्तु वर्ण-धर्म के गुण-दोष भारतीयों की नस-नस में बैठ गए थे। वे मनुष्य को स्वतंत्र नैसर्गिक सत्ता देने को तत्पर न थे। उसे वे केवल अपने बनाये ऊँच-नीच के स्तरों में ही स्वीकार कर सकते थे। दिमित्रिय के आक्रमण के बाद जो वर्ण-क्षय हुआ था, उसे तो कुछ काल तक पतंजलि और पुष्यमित्र शुंग ने सम्हाला। इस ब्राह्मण सम्राट ने विचलित वर्ण-प्रणाली को फिर से स्थापित करने की प्रभूत चेष्टा की। संस्कृत को राजपद अर्पित किया, यज्ञानुष्ठान को पुनः संजीवित किया, स्वयं दो-दो अश्वमेध किए, वर्ण-विद्वेषी बौद्धों के विहार और मठ पाटलिपुत्र से स्यालकोट तक जला डाले, उनके सहायक और वर्ण-विध्वंसक म्लेच्छ ग्रीक-यवनों को परास्त कर मध्यदेश से बाहर कर दिया। मानव धर्मशास्त्र की रचना कर फिर उसने ब्राह्मण को भू-देवता के आसन पर ला बैठाया, पर वर्ण-व्यवस्था की दीवारें फिर भी एक बार हिल गईं, प्रायःनींव तक, यद्यपि वे गिरी नहीं। कारण कि, कम-से-कम कुछ काल तक, राजनीतिक सत्ता ब्राह्मणों के हाथ में चली गई। उत्तरी भारत पहले

शुंगों के हाथ में रहा फिर काण्वायनों के, पूर्वी भारत चेदियों के शासन में रहा और दक्षिणी भारत आंध्र-सातवाहनों की रक्षा में। चारों कुल ब्राह्मण थे। विदेशी आक्रमणों ने उत्तर भारत में तो वर्ण-धर्म पर युगप्रवर्तक चोटें कीं परन्तु दक्षिण पर उनका प्रभाव न पड़ सका। सातवाहन अपनी व्यवस्था पर दृढ़ बने रहे।

एक बात यहाँ विशेष प्रकार से समझ लेने की है कि भारतीय सामाजिक विधान और वर्ण-धर्म यकायक की चोटों से तो क्षत-विक्षत किए जा सकते हैं, तोड़ तक दिए जा सकते हैं, परन्तु शांति से उनकी विजय करना कठिन है। संस्कृतियों के संघर्ष में भारतीय अथवा हिंदू पद्धति प्राण पाती है। जीवन के शांत वातावरण में उसकी जड़ें दूर तक फैल कर अक्षयवट का प्रसार करती हैं। विशेषकर जब विदेशी जातियों की अपनी कोई फिलासफी अथवा सामाजिक पद्धति नहीं होती तब युद्ध की हिंसक प्रवृत्तियों के जम जाने पर और शांतिमय वातावरण के स्थापित हो जाने पर भारतीय व्यवस्था उन्हें डकार जाती है। भारतीय ऐतिहासिक प्रगति में दूध की धारा की भाँति यह सत्य चमकता है। ग्रीकों, शकों, कुषाणों, आभीरों और बाद में हूणों, गुर्जरों आदि का यही हाल हुआ। कुछ आश्चर्य की बात नहीं यदि कुषाणों ने बौद्ध और शैव धर्मों का विस्तार किया हो और शक रुद्रदामन ने सातवाहन ब्राह्मणों की प्राकृत और बौद्धों की पालि के विरोध में शुद्ध संस्कृत को आश्रय दिया हो। फिर विदेशियों को भारतीय समाजशास्त्री या तो म्लेच्छ ही समझ सकते थे, या विवश होने पर अपने वर्ण-धर्म के निचले स्तरों की इकाइयाँ। जब तब ही उन्होंने उन्हें अपने उच्च स्तरों में अंगीकार किया और यह अंगीकरण भी प्रायः मौलिक था। हूण-जाट गुर्जरों का प्रादुर्भाव कुछ ऐसा ही हुआ।

हिन्दू-ग्रीक अपनी व्यवस्था, कला-साहित्य, फिलासफी और अपनी संस्कृति लेकर आए थे। यहाँ वे बस गए थे और जब शांति का वातावरण स्थापित हुआ, भारतीय संस्कृति और वर्ण-विधान ने उन पर धीरे-धीरे अपना गरल उलीचना शुरू किया और कालांतर में वे भारतीय समाज-तंतु में सर्वथा बुन गए। उनकी संस्कृति, मुद्रांकन, रंग-मंच, ज्योतिष आदि के अनेक सिद्धांत भारतीय पद्धति ने अपनाए, परन्तु उन्हें अपना रूप देकर सर्वथा एतद्देशीय कर लिया।

सूत्र-साहित्य से कुछ पूर्व ही क्षत्रियों के प्रभाव और ब्राह्मण क्षत्रियों के प्राचीन संघर्ष के फलस्वरूप जो जैन-बौद्ध धर्मों का उदय हुआ था, उससे ब्राह्मण वर्ण-व्यवस्था को काफी चोट पहुँची थी। बौद्धों ने संस्कृत और वर्ण-धर्म दोनों पर चोटें कीं। संघ में वर्ण व्यवस्था न थी और सारे वर्णों तथा अवर्णों के पुरुष वहाँ समान रूप से स्वीकार किए जाते थे। जैन-बौद्धों के अतिरिक्त वैष्णवों ने भी जनता के साथ समानता का व्यवहार करके वर्ण-धर्म की जड़ों पर आघात किए "जाति-पाँति पूछे नहिं कोई, हरि को भजे सो हरि का होई।"—यह पश्चात्कालीन उद्घोष स्वतंत्र 'स्लोगन' नहीं, उसी परंपरा की तर्कसम्मत परिणति है। बौद्ध और वैष्णव धर्मों की निर्वर्ण पद्धतियों को

विदेशी समझ सकते थे। इसी कारण वे इन धर्मों को वर्ण-प्रतिष्ठ हिंदू धर्म की अपेक्षा आसानी से अंगीकार कर सके। इसी कारण बौद्ध-धर्म को मध्य एशिया के निर्वर्ण और दुर्धर्ष निवासियों ने भी आसानी से अपनाया।

विदेशी आक्रमणों की चोट, विदेशी संस्कृतियों के संघर्ष और जैन-बौद्ध-वैष्णव धर्मों की वर्णवर्जित पद्धति के प्रभाव से ब्राह्मण-वर्ण-विधान भी सर्वथा अक्षुण्ण न रह सका और उसमें अनेक जाने-अनजाने परिवर्तन हुए। एक बार फिर वर्ण-धर्म की प्रतिष्ठा के लिए भगीरथ प्रयत्न किए गए। मालवा और मध्यदेश के बीच इस काल (दूसरी सदी ईसवी) जिन दो राजकुलों ने जोर पकड़ा उनमें वाकाटक ब्राह्मण थे और भारशिव नाग क्षत्रिय। विदेशी आक्रमणों और विधर्मी शक्ति की प्रतिष्ठा ने ब्राह्मण-क्षत्रिय दोनों के पारस्परिक स्वत्वों को संकट में डाल दिया था, जिससे दोनों ने एक बार संगठित देशी शक्ति का गुण समझा। वाकाटकों और नागों ने एकैक और सम्मिलित रूप से कुषाणों पर हमले किए और शीघ्र उनके कमजोर हाथों से तलवार छीन ली। नाग शैव थे जो शिवलिंग अपनी पीठ पर वहन करते थे और इसी कारण उनकी संज्ञा 'भारशिव नाग' पड़ी। नागों ने कुषाणों को बार-बार हरा कर बार-बार अश्वमेध किए। उनके दस बार के 'अवभृथ-स्नान' के फलस्वरूप काशी के एक घाट का नाम 'दशाश्वमेध' पड़ा। ब्राह्मण-क्षत्रियों का एक साझा कुषाणों आदि के विरुद्ध वाकाटकों-नागों में हुआ, दूसरा शकों के विरुद्ध वाकाटकों-गुप्तों में। तीनों कुलों में वर्णपद्धति के विरुद्ध परस्पर विवाह तक होने लगे। वर्ण-शास्त्री ने कुछ काल के लिए नेत्र मूँद लिए! चन्द्रगुप्त विक्रमादित्य ने अपनी पुत्री प्रभावती गुप्त का विवाह वाकाटक राजकुमार से किया। वाकाटकराज ने उसे मालव शकों पर आक्रमण करने के लिए अपने राज्य से मार्ग दिया। शक-कुषाण नष्ट-भ्रष्ट हो गए। अश्वमेधों को पुनः संजीवन मिला, अनुष्ठान-क्रियाएँ लौटीं, संस्कृत को फिर राजपद मिला, धर्मशात्रों के नए संस्करण हुए, याज्ञवल्क्य-नारद-बृहस्पति-स्मृतियाँ जन्मीं, विवाहों की पद्धति और रूप में नए परिवर्तन हुए।

5

गुप्त-साम्राज्य ने ब्राह्मण-सिद्धांतों के आधार पर एक आदर्श साम्राज्य स्थापित करना चाहा और किया। उसकी नींव में समुद्रगुप्त की उग्र विजयों की शक्ति और विजितों की आहुति थी। गणतंत्रों के शव पर इस साम्राज्य का आधार टिका था। 'असुरविजयी' समुद्रगुप्त ने 'धर्मविजयी' का रूप धारण किया और विजितों की 'मेदिनी' लौटाकर उनकी 'श्री' स्वायत्त कर ली। इस सामंती-संघ-साम्राज्य की मर्यादा क्षत्रिय-ब्राह्मण के साझे पर कुछ काल के लिए टिकी। परन्तु चूँकि उसका आधार कृत्रिम भूमि पर

टिका था, वह चिरकालीन न हो सकी। एतद्देशीय शक्तियाँ तो कुचल गईं, पर कुमारगुप्त के विलास ने साम्राज्यवाद का वास्तविक रूप स्पष्ट कर दिया। सामंतीय कला की पराकाष्ठा लूटी और संचित समृद्धि के आधार पर चरम विलास में ही होती थी। साम्राज्य की चूलें हिल गईं। पुष्यमित्रों ने दक्षिण से धावे बोले। विचलित कुललक्ष्मी को स्कन्दगुप्त ने अपने तपःपूत जीवन से कुछ टिकाया। हूणों को भी उसने कुछ काल तक रोक रखा, परन्तु जिस अभिजातकुलीय अभिसन्धि पर उसके साम्राज्य के पाये टिके थे उसकी खामियाँ स्वयं इतनी नुकीली थीं कि उसके विनाश के लिए केवल समय की आवश्यकता थी, प्रहार की नहीं। और जब हूणों ने अनवरत चोटें करनी शुरू कीं, तक उस सामंत मिश्रित अभिजातीय साम्राज्य की जड़ें छिन्न-भिन्न हो गईं। वे न तो स्कन्दगुप्त का तपःपूत जीवन ही सम्हाल सके, न याज्ञवल्क्य का वर्णपाश ही। इसी वर्णाश्रम धर्म की रक्षा के निमित्त कालिदास ने नारे लगाए थे—राजा को 'वर्णाश्रमाणांरक्षिता', 'स्थितिरेभेत्ता', 'वर्णाश्रम के रक्षण में जागरूक' कहा था, उसे मनु द्वारा परिचालित रथ की लीक पर चलने को प्रोत्साहित किया था (स एव मनुना प्रणीतः)। परन्तु मानव धर्मशास्त्र के 'अनुलोम'-विधान पर स्वयं कालिदास का सत्य—'वितृतजघनां' को 'विहातुं समर्थः' जो नाच रहा था, उसे कौन सम्हालता? कुमारगुप्त का क्षत्रिय विलास तो उस ब्राह्मण कवि के उद्दीपक राग पर थिरक रहा था, उसे पुत्र का संयत जीवन कहाँ तक सम्हाल सकता था? उस काल की स्थिति में तो समाज में परिवर्तन की आवश्यकता नहीं, क्रांति की आवश्यकता थी। उस घृणित 'हरणी खुरीया' यौन-विधान पर टिके समाज के सर्वनाश पर ही नई जगी स्वस्थ मानवता के पाये रखे जा सकते थे। उस महायज्ञ में स्कंद और गोविन्द की आहुति की आवश्यकता थी। उनके बलिदान पर ही, गुप्त-साम्राज्य और उसकी ब्राह्मण व्यवस्था की उखड़ी जड़ों की गहरी भूमि में ही, नई मानवता की लंबी जड़ें रोपी जा सकती थीं।

और रोपी गईं भी। राजपूतों का उत्कर्ष भारतीय प्राचीनता और वर्ण व्यवस्था पर जहाँ एक ओर व्यंग्य था, वहाँ ब्राह्मण-प्रयास का एक विचित्र परिणाम भी था। परन्तु इस उत्कर्ष के पूर्व दो क्रांतियों का गुजरना अनिवार्य था—उनमें से एक क्रांति थी गुप्त-साम्राज्य का समूलोद्धरण और उसकी भूमि पर नवागत विदेशी शक्तियों का नृशंस ताण्डव और दूसरी पालादि एतद्देशीय शूद्र-शक्तियों का उत्कर्ष।

6

इन आघातों और प्रत्याघातों को समझने के लिए कुछ विस्तार की आवश्यकता होगी। हूणों का आघात केवल भारत पर ही नहीं विश्व की सभ्यताओं पर हुआ। यह जीवन

स्वास्थ्य बर्बरता का नग्न उल्लास था और इसकी चोट सभ्यताओं का अस्वस्थ मर्म न सह सकी। हूण बर्बर और वन्य पशु माने जा सकते हैं, परन्तु उन्होंने इस सत्य का आचरण किया था कि जीवन नित्य-सत्य है और उसका धारण करना न केवल सारे धर्मों का निचोड़ है, वरन् उसके रखने में सक्षम सारे साधन वरुण की व्यवस्था के प्राण हैं। हूणों की अपूर्व चिंतित ध्वंस प्रणाली का एक विशेष परिणाम जो हुआ, वह था छोटे-मोटे अनेक राज्यों के साथ दो विशाल साम्राज्यों—गुप्त और रोमन—का टूट जाना। दोनों साम्राज्यों की शिला जर्जर-व्यवस्था, उच्चावच अनीति और अल्पसंख्यक मानव सुख पर टिकी थी। हूणों ने दोनों को चूर-चूर कर दिया। रोम से 'प्लेबियन' और 'पात्रीशियन' अंतर मिट गए, भारत की वर्ण-व्यवस्था साँप की भाँति कुचल गई।

हूण नई शक्ति, मानवता की नई अतृप्त साधें लेकर आए। इतिहासकारों ने उन्हें 'फ्लैगेलम्-देई' (खुदाई कोड़े) कहा। सही, पर कोड़े वे रोमन और भारतीय विलास पर थे, उन उच्चावच भावनाओं पर जिन पर भारतीय वर्ण-व्यवस्था और ब्राह्मण-धर्म की नींव टिकी थी। विजयी जाति को कौन विधान दे सकता है जब विजयी, धर्म, की मानवी नाकें अपने नित्य-सृजित नित्य-विघटित फौलादी पौरुष पर तोड़ देता हो? हूणों ने व्यवस्था ठुकरा दी, तोड़ दी—कहा, हम राज्य तो लेंगे ही, तुम्हारी विगलित नारी भी लेंगे और हमारी संतान शक्ति का सपुरुषाकार धारण करेगी। यही गुर्जरों ने कहा, यही उन्होंने कहा जिनका रक्त आज के जाटों और अहीरों की नसों में बहता है।

इस बीच उस दूसरी एतद्देशीय शूद्रीय शक्ति-प्रगति को भी समझ लेना अनिवार्य होगा जिसका हवाला हम ऊपर अभी दे आए हैं। अगले विशृंखल समाज का निर्माण इन्हीं दोनों शक्तियों के उत्कर्ष से संबंध रखता है। क्षत्रिय नन्दों के बाद 'नव-नन्दों' का उदय हुआ था। यह काल उपनिषत्कालिक ब्राह्मण-संघर्ष का तीसरा पहर था। बौद्ध संघों और वैष्णव मठों ने ब्राह्मण वर्ण-धर्म को चुनौती दे मनुष्य को समानाधिकार सौंपे थे और दोनों के प्रजनक और संचालक प्रायः क्षत्रिय नेता थे। ब्राह्मण ने समाज, धर्म और राजनीति में यकायक एक 'कू-दे-ता' (क्रांति) की; क्षत्रिय के संहारार्थ उसने शीर्घ उठती निम्नवर्गीय शूद्र-शक्ति से साझा किया। कात्यायन और राक्षस दोनों ब्राह्मण मंत्रियों ने शूद्र महापद्म नन्द को मंत्र दे-देकर क्षत्रियसंहर्ता बनाया। इस शूद्र ब्राह्मण-संबंध का फल क्षत्रिय का विनाश हुआ। महापद्मनन्द ने 'सर्वक्षत्रांतक' विरुद धारण किया। इसका तात्कालिक प्रभाव पड़ा। ब्राह्मण-धर्म फिर सबल हो उठा और उसे पनपने और फिर सफल क्रांति करने का सुयोग मिला। पतंजलि और पुष्यमित्र उसके अस्त्र थे। इतना ही आवश्यक नहीं था कि शूद्र ब्राह्मण एके से क्षत्रिय को नैतिक नीचा दिखाया जाए, वरन् आवश्यकता इस बात की थी कि उसका विनाश कर ब्राह्मण धर्म वर्णाश्रम व्यवस्था और. राजनीति की प्रतिष्ठा की जाए। यह सम्पन्न हुआ। शुंग-काण्वायन-चेदि-सातवाहन उठे और फैले। इसके बाद भारतीय इतिहास में कुछ

इकाइयों ने योग दिया, जिनका वर्णन ऊपर आ चुका है। सातवीं सदी ईसवी में क्षत्रिय-बौद्ध संगठन फिर हुआ, फिर ब्राह्मण ने अपनी खोई शक्ति लौटानी चाही। परन्तु हर्ष प्रबल सिद्ध हुआ। तो भी, इस काल भारतीय भूमि अनेक नई विदेशी जातियों से आक्रांत और भरी थी। हर्ष के बाद शीघ्र बौद्ध और शूद्र शक्तियों ने बंगाल का आश्रय लिया और वे वहाँ जोर पकड़ने लगीं। बंगाल के पाल सम्राट अब्राह्मण बौद्ध तो थे ही, शूद्र भी थे। बंगाल से ब्राह्मण व्यवस्था शीघ्र उठ गयी और तब तक उठी रही जब तक ब्राह्मणों का उत्सर्ग न हुआ। बल्लाल ने कान्यकुब्ज से ब्राह्मणों को बुला 'कुलीन-प्रथा' को जन्म दिया और फिर से वर्ण-धर्म की वहाँ प्रतिष्ठा का प्रयत्न किया गया।

इधर उत्तर-पश्चिम भारत में जहाँ विभिन्न विदेशी जातियों का घटा-टोप जारी था, जहाँ अब भी ब्राह्मण-क्षत्रिय संघर्ष की भावना सक्रिय थी, ब्राह्मण ने अपनी मेधा जगाई। उसने इस काल में वह दाँव किये जिनसे चाणक्य और मेकियावेली, रिचलू और मजारिन चमत्कृत हो उठते—सबक सीखते। उसने तीन-तरफी मार की—क्षत्रियों से भी उसे लोहा लेना था, नई विदेशी शक्तियों से भी उसे निपटना था और उठती हुई शूद्र शक्ति के केंद्र पालों के बंगाल को भी उसे कुचलना था। उसने तोल कर शक्ति मारी और वह अपनी विजय पर हँसा। क्या था उसका यह चमत्कार? क्षत्रिय के विरोध में उसने नई विदेशी शक्तियों को सम्हाला। हूण-गुर्जरों और इस प्रकार की अन्य अनंत जातियों के सामंतवर्गीय कुलों को उसने व्रात्यारीति से अपनी भारतीय-ब्राह्मण व्यवस्था में क्षत्रिय कह कर स्वीकार कर लिया। आबू के पर्वत शिखर पर वसिष्ठ के नाम से उसने एक अग्नि-कुण्ड खोदा जिसके हवन-यज्ञ से शुद्ध हो, ये विदेशी क्षत्रिय हो गए, जिन्होंने ब्राह्मणों के इशारों पर नाचना शुरू किया। 1911 में 'अर्थ-बिल' की रक्षा के लिए लायड जार्ज द्वारा यह नई 'पियरेज' की अभिसृष्टि थी। प्राचीन क्षत्रिय नवीन बहुसंख्यक प्रतिस्पर्धी क्षत्रियों से अतिक्रांत, त्रस्त हो उठे। यह 'कण्टकेनैव कण्टकम' की ब्राह्मण-व्यवस्था थी। इन नए 'राजपूतों' को पुराने क्षत्रियों और शूद्रों के विरुद्ध जो टकराना था, उसका प्रबंध हो गया। और स्वयं इन विदेशियों को भी अपनी शृंखला में बाँध रखना था, इससे उन्हें कहीं तो डालना ही पड़ता। इन विदेशियों ने भी सोचा कि भारत में ब्राह्मणों की प्रणाली से संघर्ष करते जिंदा रहना उनके लिए संभव न होगा, इससे उन्हें क्षत्रिय वर्ग की ऊँचाई स्वीकार कर लेनी उचित ही होगी। परन्तु ब्राह्मण तो उन्हें केवल अपना अस्त्र बनाना चाहता था, आश्रय देना नहीं। इसमें जहाँ उसने उन्हें डाला वहाँ वे न तो क्षत्रिय रह सके, न शूद्र और न विदेशी ही। आज भी भारतीय शुद्ध वर्ण-व्यवस्था से वे अलग हैं। कुछ तो स्वयं अपनी विदेशी विचित्रताओं के कारण, कुछ ब्राह्मणों की उदासीन नीति के फलस्वरूप वे अर्धांगीकृत दशा में पड़े रहे और आज भी पड़े हुए हैं। परन्तु ब्राह्मणों का काम बन गया और वे इन नवोदित क्षत्रियों से अपना कार्य साधते रहे।

इस नई राजपूत जाति में शक्ति और महत्वाकांक्षा खूब थी। उसका देश की क्षत्रिय और शूद्र शक्तियों से टकराना आवश्यक था। पाटलिपुत्र की लक्ष्मी अब कनौज में जा बसी थी और 'महोदयश्री' (महोदय = कान्यकुब्ज = कन्नौज, श्री = लक्ष्मी Sovereignty) की उपलब्धि के अर्थ भारत की देशी-विदेशी, क्षत्रिय, शूद्र और राजपूत शक्तियाँ सदी भर परस्पर टकराती रहीं, कभी अंतर्वेद (गंगा-यमुना के दोआब) में, कभी मुद्‌गगिरि (मुंगेर) में, कभी उज्जैन में, कभी काशी में। कनौज लक्ष्य था, तीन-तरफी चोटें उस पर पड़ रही थीं—क्षत्रिय राष्ट्रकूटों की, गुर्जर-प्रतीहारों की, शूद्र-पालों की। ये शक्तियाँ परस्पर टकराईं और टकराती रहीं। सदियों तक समाज की यह उचटी-उचटी व्यवस्था बनी रही और जब एक नई सत्ता ने भारत भूमि पर पदार्पण कर हिंदुत्व को झकझोर दिया तब कहीं जाकर उसमें आक्रोश आया, असफल आक्रोश।

7

यह नई सत्ता थी मुसलमानों की जिन्होंने सिंध से स्पेन तक की सारी भूमि पर अस्सी वर्ष के कालांतर में कब्जा कर लिया था। मुसलमानों के कई फिरकों, कई दस्तों, कई राजकुलों ने भारत पर आक्रमण किया, उसे जीता। अपने उत्कर्ष काल में उनकी सल्तनतें ब्राह्मण-व्यवस्था और वर्ण-व्यवस्था और वर्ण-धर्म पर चोटें करती रहीं। इसका उस काल तो विशेष फल नहीं हुआ, इतना अवश्य है कि जहाँ उन्होंने आघात किए वहाँ प्रलय मचा दी। सांस्कृतिक-विजय का प्रयत्न उन्होंने एक लंबे काल तक नहीं किया। बलपूर्वक वे केवल भारतीयों को इस्लाम धर्म में दीक्षित करते रहे। इससे एक बड़ी दीवार खड़ी हो गई। हिंदुओं ने ब्राह्मण-पृष्ठभूमि के अहंकार से उनसे कुछ सीखना न चाहा और स्वयं विजेताओं ने जो संसार को जीता और धर्म सिखाया था इससे उन्हें भी भारत से कुछ सीखना न था। उनकी अपनी संस्कृति थी, अपनी फिलासफी थी जिसने शांति का वातावरण स्थापित हो जाने पर कुछ अपना दिया, कुछ लिया—कबीर और नानक जन्मे, भारत में एक नई तहजीब जगी। एक नया साहित्य बना। मगर हिंदू मुसलमानों के बीच की दीवार न भिद सकी। हिंदू हिंदू बने रहे, मुसलमान मुसलमान।

8

उड़ीसा, बंगाल और आसाम में बौद्ध, वैष्णव और शाक्त संप्रदायों ने एक विचित्र संधि-भूमि निर्मित कर दी थी, परन्तु यह वर्णों की संधि-भूमि नहीं, निम्नवर्गीयों की

थी। ऊपर बताया जा चुका है कि छठी सदी के ही निम्नवर्गीयों का यहाँ संघट्ट हो चला था, जिसका चरम विकास शूद्र पालों के उत्कर्ष में हुआ। पालों के बाद सेना ने एक बार फिर ब्राह्मण-व्यवस्था बंगाल में स्थापित करनी चाही, परन्तु उसकी जड़ें वहाँ जम न सकीं। कुछ तो अहोमों के उपद्रव, कुछ नवाबी की प्रतिक्रिया और विशेषकर बौद्ध-वैष्णव-शाक्त-तांत्रिक उत्कर्ष के सम्मिलित विरोध के कारण ब्राह्मण-धर्म वहाँ प्रतिष्ठित नहीं हो सका और वर्ण तथा जातियाँ एक विचित्र स्रोत में घुली-मिली बहती रहीं, जैसी वे आज भी बह रही हैं।

इस बीच ब्राह्मण समाजशास्त्री सर्वथा चुप न बैठे रहे। राजनीतिक दाँवपेंच वे अपने चलाते रहे। नई उठी परिस्थितियों को सम्हालने के लिए वे नई स्मृतियाँ लिख उन्हें आर्षता का गौरव तो प्रदान न कर सके, परन्तु उन्होंने इस काल को टीकाओं और भाष्यों का युग अवश्य बना दिया। स्मृतियों के ऊपर सुविस्तृत भाष्य लिखे गए जिनका मूल से सर्वथा विरोध तो न था, परन्तु जिनका वर्तमान सामाजिक परिस्थितियों से सामंजस्य और समन्वय जरूर था। जीवन रखने के लिए ऐसा करना आवश्यक था। *व्यवहारमयूख, व्यवहारकल्पतरु, मिताक्षरा, दायभाग* आदि इसी परंपरा में अभिलिखित और संपादित हुए। यह परंपरा प्रायः आठवीं सदी से बारहवीं सदी, और बाद तक, जारी रही।

इसी काल के ऊपर छोर पर एक प्रचण्ड ब्राह्मण धर्म और व्यवस्था ने फिर से मस्तक उठाया था। इसके नेता थे शंकर, मंडन, कुमारिल आदि मेधावी ब्राह्मण। जहाँ उन्होंने अपने-अपने संप्रदायों को जगाने की चेष्टा की वहाँ उनका प्रयास फिर से ब्राह्मण प्रस्तुत वर्ण-व्यवस्था को भी प्रतिष्ठित करना था। शंकर और कुमारिल ने तो देश की एक प्रकार से बौद्धिक दिग्विजय की। दोनों ने सारे देश में घूम-घूम कर व्याख्यान दे-दे कर बौद्धों और जैनों को मथ डाला। उनके संघधर्म का उच्छेद कर प्रव्रजितों को इन्होंने फिर से गृहस्थ बनाया, यद्यपि इससे समाज में कुछ कठिनाइयाँ बढ़ भी गईं। कायस्थ आदि अनेक वर्ण संभवतः उसी सामाजिक पुनरावर्तन के परिणाम हैं जो आज तक चतुर्वर्णों में अपना निश्चित स्थान न पा सके, यद्यपि इनमें से कुछ निस्संदेह ब्राह्मण और क्षत्रिय हैं। इन्हीं की भाँति अनेक जातियाँ, जो संक्रमण की अवस्था में देश में फिरती रहीं अथवा अपने गण बना कर तंत्र-शासन करती रहीं, उनके वर्ण का निश्चय करना भी आज कठिन है। इनमें से मालव आदि जातियाँ कुछ क्षत्रिय, कुछ शूद्र हो गईं। यौधेयादि कुछ तो जोहिया राजपूत, कुछ ओसवाल, रोहतगी, रस्तोगी आदि वैश्य और अन्य क्षत्रिय जातियाँ खत्री हो गईं।

भारतीय वर्ण-व्यवस्था पर अंतिम चोट योरपीय संस्कृति की पड़ी। अठारहवीं सदी से विशेषकर योरपीय देशों का संपर्क भारत के साथ बढ़ा। अनेक ईसाई फिरकों ने भारत की जनता को ईसाई बनाने का प्रयत्न किया। परन्तु वे प्रायः उच्चवर्णीयों को न छू सके। अन्त्यजों और शूद्रों पर ही वे कुछ प्रभाव डाल सके। और इन श्रेणियों

के सामने प्रश्न संस्कृति अथवा धर्म का न था, आर्थिक आवश्यकताओं का था। देश में कालांतर में अवश्य कुछ ईसाई जन-संख्या बन गई, पर उससे भारतीय वर्ण-व्यवस्था पर विशेष प्रभाव न पड़ा।

अंग्रेजी सभ्यता ने अपनी राजनीतिक मान्यताओं से अवश्य भारत को प्रभावित किया। इससे ब्राह्मण-वर्ण-व्यवस्था, जो अब तक स्वयं काफी जर्जर हो चुकी थी, भली प्रकार ढीली हो गई। अंग्रेजी शिक्षा आदि ने वर्ण-व्यवहार को अत्यंत दुर्बल बना दिया। राजा राममोहन राय आदि जो भारतीय विलायत गए, उन्होंने भारत को एक नई संस्कृति का संदेश दिया और सब ने भारत की वर्ण-संबंधी रूढ़िता पर गहरे आघात किए। बंगाल में 'ब्रह्मसमाज' और पश्चिमोत्तर भारत में 'आर्य-समाज' ने वर्ण-धर्म को और भी शक्तिहीन कर दिया। स्वामी दयानंद का आंदोलन देश का आंतरिक आंदोलन था—वेद शास्त्रों की सम्मति पर टिका, जिसने इस वर्ण-धर्म की जड़ें हिला दीं। मादाम ब्लावात्स्की और एनी बेसेंट के 'थियासाफिकल' आंदोलन ने भी इस पर विध्वंसक प्रभाव डाला। आज का संसार अन्तर्जातीय हो रहा है और इस युग धर्म में व्यवस्था कितने दिन टिक सकती है? अन्तःप्रांतीय विवाह आज भारत में निरंतर हो रहे हैं। वर्ण-व्यवस्था की जड़ें उखड़ी जा रही हैं, जो बच रही हैं शीघ्र सांस्कृतिक और राजनीतिक प्रगतिशील आंदोलनों से उखड़ जाएँगी।

8

हमले

पश्चिमी एशिया का सारा प्रसार दक्षिणी ईरान से ईराक के ऊपरी भाग तक, दजला-फरात का पूरा काँटा, मेसोपोटामिया, बेबिलोनिया, असूरिया जलमग्न था। ईसा से प्रायः तीन सहस्र वर्ष पूर्व हजारों मील लंबा-चौड़ा यह भूखण्ड जल से आप्लावित हो गया था। यह वह जल-प्रलय था जिसकी स्मृति आज तक इज़राइल की संतान ने हिबरू *बाइबिल* में, अशुर की औलाद ने *गिल्गामिश* में, मनु की संतति ने *शतपथ ब्राह्मण* में सुरिक्षत रखी है।

इस जल-प्रलय से बहुत पूर्व पश्चिमी बाल्कन से नीपर के पार वोल्गा की घाटी तक एक वीर जाति का निवास था, जिसकी ढोरें अमित थीं और जो घोड़े की पीठ पर दिन-दिन रात-रात मीलों सफर के आदी थे। इनके कबीले कभी पड़ोसियों पर हमले करते, कभी आपस में टकरा जाते थे। ये अपने को आर्य कहते थे। धीरे-धीरे ये उत्तर से होकर असूरिया और अजरबैजान की राह ईरान में उतर आए थे। दजला-फरात के निचले दोआब में एक शालीन सभ्यता सदियों से जागरूक थी। यह सभ्यता मेसोपोटामिया में सुमेर की थी। आर्य संभवतः अपने मार्ग में कभी इनसे भी टकराए थे, पर बाद में स्वयं वे बिखर गए थे—कुछ कबीले ईरान में, कुछ हिंदूकुश के इर्द-गिर्द।

हिंदूकुश की दीवार आसमान चूमती थी, पर आर्य उसे लाँघ गए। सामने काबुल की प्रसन्न घाटी थी जहाँ उपवनों की परम्परा को कुभा (काबुल), क्रुमू (कुर्रम) और गोमती (गोमल) सींचती थीं। आगे सप्तसिंधु का हराभरा लहराता देश था। आर्य रीझ गए, पर उसे भोगना आसान न था। उसके पहले जान की बाजी थी। किन्तु जान के खेल आर्यों के लिए नए न थे। उनका व्यक्तिगत जीवन उनके 'जनों'—कबीलों—का सामूहिक जीवन तलवार की धार पर चलने वाला जीवन था और उसकी क्षणभंगुरता उनकी अनजानी न थी।

पर आगे दीवार खड़ी थी उनकी राह रोके-काली कुमक, मर्दों की और शक्तिसीम

नारियों की भी। दक्षिण पंजाब में रावी और सिंधु के किनारे सिंध से प्रायः समुद्र तट तक और सिंध से बलूचिस्तान प्रायः एलामी-सुमेरी शहरों की सीमा तक एक प्राचीन सभ्यता का विस्तार था। यह द्रविणों की सैन्धव सभ्यता थी—प्राचीन सभ्यताओं में अति प्राचीन, सुंदर, उदार, व्यापार-प्रिय। तब उस सिंध में जहाँ आज आग बलती है, रेत उड़ती है, हरे खेत लहराते थे, उपवन विहँसते थे। उन सैन्धवों के मकान पकायी ईंटों के बने थे, जो आर्यों को लोहे के से लगते थे। उनके नगर प्लान से बने थे, उनकी सड़कें साफ-सुथरी थीं, उनके स्नान-सरोवर संसार के आश्चर्य थे। कला में ये सैन्धव प्रभूत उन्नति कर चुके थे। उनके विलास की निधियाँ अमित थीं। अब तक का जीवन उनका शांत, सुंदर, समृद्ध और सुखी रहा था। अस्त्र-संधान उनके बस की बात न थी। परन्तु आगत विपत्ति को जीतने के लिए वे बद्धपरिकर हुए।

टक्करें हुईं, गहरी और खूनी। आर्यों की अनेक लहरें आईं और अनवरत आती रहीं। एक आती, दो आतीं—तो सैन्धव झेल लेते। यहाँ तो लहरों का ताँता न टूटा। सिंधु की टूटती तरंगों की भाँति आर्यों के कबीले आते और सैन्धवों पर टूटते रहे। ईसा से लगभग 1700 वर्ष पूर्व आर्यों ने सैन्धवों के सारे मोर्चे तोड़ दिए। अब भगदड़ थी। चप्पे-चप्पे के लिए रक्त बहा था, परन्तु इतना बलिदान करके भी सैन्धव अपनी भूमि, अपने नगर, अपने पंशु न बचा सके। उनकी समृद्धि लुट गई, विलास के साधन नष्ट हो गए।

उनके विजेता घुमक्कड़ थे, खानाबदोश। घोड़े की पीठ उनका घर था, धनुष-बाण और परशु उनकी संपत्ति थे, वर्म और कवच उनके रक्षक, कुत्ते उनके सहायक। उन्हें हारना क्या था? सुंदर, ऊँचे उनके डील-डौल, लोहे की सी ठोस चौड़ी उनकी छाती, लंबी बलिष्ठ उनकी भुजाएँ, सैन्धवों से सवाई और दैत्य की सी उनकी काया—सैन्धव भला कब तक उनके सामने टिक सकते थे?

कठोर उनका जीवन था, विपत्ति उनकी सहचरी। तूफान से वे लड़ते थे, मृत्यु के सम्मुख अट्टहास करते थे। अनागरिक बर्बर जीवन में वे अनायास शक्ति का संचय करते थे। इस प्रकार के लड़ाकों को जीतना उन सैन्धवों के लिए असंभव था, जो कद में उनसे अत्यंत छोटे थे, शक्ति में अतीव दुर्बल। उनके पास अपनी रक्षा के लिए भी विशेष साधन न थे। वर्म तो उनके पास थे ही नहीं। हाथ की लड़ाई में कद का बड़ा सहारा और लाभ होता है, सो उनके शत्रुओं को था, उनको न था। फिर हल में जुतने वाले बैलों के उनके रथ आर्यों के सपदगामी घोड़ों का मुकाबला क्योंकर कर सकते थे? आर्य व्यूह बाँधकर लड़ने में पटु थे। जब तक सैन्धव एक पार्श्व सम्हालते आर्यों के घुड़सवार मोर्चा बदल झट दूसरे पार्श्व पर आक्रमण करते। शत्रु जब तक उसे सम्हालता आर्य उसकी हरावल रौंदते पीठ तक जा घुसते। सैन्धवों के जीवन में युद्ध संभवतः न था। उनका जीवन सभ्यता की देन विलास का था, उनके लिए उन आर्यों से लोहा लेना जिनका संघर्ष ही जीवन था असंभव था। फिर सैन्धव ऐसे देश में थे जहाँ की जलवायु शरीर को शिथिल तुंदिल कर देती थी। स्फूर्ति

और सतर्कता जिसकी अनजानी थी! आर्य पहाड़ों पर मृगशावकों से चढ़ते-उतरते थे, अपने घोड़ों, अपने कुत्तों के साथ। सैन्धव अपनी भूमि पर आत्मरक्षा में लड़ रहे थे। अपनी भूमि पर आत्मरक्षा में लड़ना शत्रु को विजय का क्षेत्र समर्पित कर देना है। उनकी सेनाओं में नारियाँ भी थीं और नारी-सेनाएँ प्रायः शक्ति का नहीं परेशानी का कारण सिद्ध होती होंगी। भारतीय युद्ध परंपरा में जब लड़ाई देशी थी, शायद इनका कुछ उपयोग था, पर सशक्त काल से आर्य योद्धाओं के सामने उनकी क्या चलती? वे सर्वथा पराजित हो गए। कुछ काल तक तो वे लुक-छिपकर संघर्ष करते रहे, परन्तु पूर्णत परास्त होकर उन्होंने अपने निवास छोड़ दिए। दक्षिण और पूर्व का रास्ता नापा।

आर्यों ने उनके नगर, उनके घर उनसे छीन लिए। परन्तु आर्य नागरिक नहीं ग्रामीण थे। उनको सादा गाँव का खुला जीवन पसंद था। नगर और पक्के मकानों का उपयोग उनका अनजाना था, विलास से वे अनभिज्ञ थे। सैन्धवों के नगर उन्होंने जला कर खाक कर दिए। पंजाब में उन्होंने नदियों के तीर अपने गाँवों के बल्ले गाड़े। बचे हुए सैन्धवों में से अनेक जो सम्हाल के बाहर थे उन्होंने मार डाले, बाकी दास बना लिए, नारियों का दासियों की भाँति उन्होंने प्रयोग किया। रथों में भर-भर कर उन्हें उन्होंने अपने गुरुओं-पुरोहितों को दान दिया, मित्रों को भेंट किया। कालांतर में इनसे कक्षीवान्, कवष, वत्स से ऋषिसत्तम प्रसूत हुए। इन सैंधवों से उन्होंने हल-बैल से खेती करना, कपास उगाकर सूती कपड़ा बुनना सीखा। उन्हें कभी वे 'दास', 'दस्यु', 'कृष्ण', 'मृध्रवाचा', 'अनासा', 'अदेवयु', 'अकर्मन्', 'अयज्वन्', 'शिश्नदेवाः' कहते थे, अब उन्हीं से उन्होंने उनके धर्म की विधिक्रियाएँ सीखीं, जंतर-मंतर सीखे, योग प्रक्रियाएँ सीखी। उनकी धार्मिक पुस्तक *ऋग्वेद* के काल-स्तर से *अथर्ववेद* तक पहुँचते-पहुँचते आर्यों के धर्म-दुर्ग पर सैन्धवों न सर्वथा अधिकार कर लिया। *अथर्ववेद* इसका ज्वलंत प्रतीक है।

सदियाँ सहस्राब्दियाँ बीतीं। आर्यों ने प्रदेश पर प्रदेश जीते और विजित क्षेत्र में अपने जनपद-राज्य खड़े किए। इन पर उनके साम्राज्य आरूढ़ हुए। पर जहाँ-तहाँ छोटे-छोटे राज्यों और गणतंत्रों का ही प्रसार था। पंजाब विशेषकर इन छोटे-छोटे गणतंत्रों और राज्यों से भरा था। ये भी परस्पर लड़ा करते। गणतंत्र भी, राज्य भी। साम्राज्यों की छोट-मोटी परंपरा केवल मगध में ही थी और मगध भारत का मध्यदेश था। गंगा और शोण के संगम पर दोनों के कोण में हाल का बसा पाटलिपुत्र (उससे पहले राजगृह और गिरिब्रज) उसका केंद्र था।

उस केंद्र और उस साम्राज्य की सीमा पंजाब से दूर दक्षिण-पूर्व में ही समाप्त हो जाती थी। सहवेदना जैसी कोई चीज इस साम्राज्य और पंजाब के छोटे राज्यों तथा गणतंत्रों में न थी। प्रत्येक स्वतंत्र था, अपने कार्यों का स्वयं फलभोक्ता और स्वयं अपना सहायक। नैतिक संबंध इनमें अभी स्थापित न हुआ था।

मगध में शाक्यसिंह बुद्ध अभी हाल ही दहाड़ चुके थे और वह साम्राज्य मूर्छित-सा

हो रहा था। राज्यों में प्रव्रजित नर-संख्या बढ़ाने की होड़ थी, सेना की नहीं। विरक्ति का फैशन था, सज्जन या तो गृहत्याग संघ की शरण जाते, या गृह में रह कर गृहस्थ उपासक होते। दोनों अस्त्र की झंकार से नाक-भौं सिकोड़ते। यदि इस समय कोई शक्ति आक्रमण करती तो भारत सर हो जाता।

बाहर की शक्ति ने आक्रमण किया और भारत का एक बड़ा भाग सर हो गया। इस समय ईरान में प्रबल हखमनी सम्राटों का शासन था। उनका विशाल साम्राज्य पूर्व में वक्षुनद (आमूदरिया, आक्सस) से पश्चिम में योरप की पूर्वी सरहद और ईजियन सागर तक फैला हुआ था। ये सम्राट-योरप पर समय-असमय छापा मारते थे, विश्ववन्दित ग्रीकों को संत्रस्त रखते थे। इसी हखमनी कुल में दारयवौष् नाम का प्रतापी राजा हुआ। दारयवौष् (521-485 ई.पू.) और उसके पूर्वज भारतीयों की ही भाँति आर्य थे। दारयवौष् ने अपने शिलालेखों में अपने को 'आर्याणां आर्यः' और 'क्षत्रियाणां क्षत्रियः' लिखवाया था।

उसी दारयवौष् ने पश्चिम में सफल न होकर पूर्व में 'प्रसर' की सोची। पूर्व पर्सिपोलिस और शूषा (हखमनी साम्राज्य की पूर्वी राजधानियाँ) के पास भी था। भारतीय सौदागर जब ईरान की ओर जाते, तब भारतीय समृद्धि का सबूत मिलता। ईरानी व्यापारी इस देश की संपत्ति की कहानी नित्य-प्रति कहते और ईरानी किसान और सम्राट उसे तन्मय हो सुनते। हखमनी सम्राट दारयवौष् ने बाबुली ज्योतिषियों को बुलवाया। उनसे तारों का रुख पूछा। गणकों ने उसे कार्यारम्भ करने की सलाह दी।

ईरानी सम्राट ने अपने नौकाध्यक्ष को बहाने से भारत भेजा। उसने यहाँ आकर बताया कि वह केवल सिंधुनद से चल कर उसके मुहाने से ईरान के लिए नौसाधन से सामुद्रिक मार्ग खोलेगा। वह आया और सोते, विलासी, प्रव्रजित, दुर्बल भारत की तन्द्रा देख गया। ईरान ने अपना लंबा हाथ बढ़ाया और भारत के दो समृद्ध प्रांत खींच कर हड़प लिए। भारत के छोटे राज्य और गणतंत्र परस्पर लड़ते, ताकते और कानाफूसी करते रहे; जब चेते तो लुट चुके थे। पश्चिमी पंजाब और सिंध के उपजाऊ प्रदेश दारयवौष् ने स्वायत्त कर अपने साम्राज्य में मिला लिए, जिसकी पूर्वी सीमा अब सिंधुनद तक पहुँच गई। ईरानी साम्राज्य में सम्मिलित इस भारतीय प्रांत का नाम बीसवाँ प्रांत (क्षत्रपी) पड़ा। यहाँ से कोटिपर्यंत सुवर्णकणों का धन ईरानी सम्राट के कोष भरता था।

इस पराजय के कारण थे इन गणतंत्रों और छोटे राज्यों की दुर्बलता और उससे कहीं बढ़ कर पारस्परिक द्वेष और संगठन का अभाव। पड़ोसी के सामने जब शत्रु है तो उससे पड़ोसी लड़े—यह नीति इन भारतीय राज्यों का मूलमंत्र था और ये पड़ोसी की विपत्ति में भी हाथ पर हाथ धरे बैठे रहे। माना कि ईरानी साम्राज्य का विस्तार बड़ा था, उसके साधन असामान्य थे और उसकी सेनाओं में देश-देश के चुने हुए वीर लड़ाके थे। परन्तु इन साधनों का उपयोग ग्रीस के विरुद्ध क्यों सफल न हो सका? आखिर ग्रीस के नगर-राज्य तो विस्तार में भारतीय गणतंत्रों और राज्यों से

छोटे थे? कारण यह था कि ग्रीक नगर-राज्यों में एकता थी, द्वेष न था, संगठन की शक्ति थी। वे सतर्क थे, सोते न थे।

इससे भारत की कुछ काया पलटी। भारत ने छोटे कमजोर राज्यों का परिणाम देखा, परन्तु कम से कम पंजाब में उससे वे लाभ न उठा सके। इतना अवश्य हुआ कि पश्चिमी जगत् से भारत के व्यापार का एक स्थल-मार्ग खुल गया।

425 ई.पू. तक कम्बोज, गांधार और सिंधु प्रदेश फिर स्वतंत्र हो गए। भारतीयों ने देखा कि छोटे राज्यों से शक्ति क्षीण ही रहेगी। इससे वे साम्राज्य-निर्माण में लगे। शिशुनागों के मागध राज्य पर नन्दों का मागध-साम्राज्य खड़ा हुआ। महापद्म नन्द उग्रसेन ने कालांतर में मध्य देश से क्षत्रिय राज्यों को उखाड़ कर अपना 'सर्वक्षत्रांतक' विरुद चरितार्थ किया। परन्तु उसका साम्राज्य पश्चिम में गंगा-यमुना के काठों तक ही सीमित रहा। पंजाब को वह न छू सका। पंजाब के राज्यों की दशा न सुधरी, पूर्ववत् बनी रही। छोटे-छोटे गणतंत्र और रजुल्ले-राज्य, परस्पर विद्वेषी और असंगठित ही बने रहे।

इसी समय (लगभग 331 ई.पू.) सिकन्दर मकदूनिया से दिग्विजय के लिए निकला। उसके पिता फिलिप ने भी आस-पास के देश जीते थे और ग्रीक नगर-राज्यों को कुचल डाला था। जब तक ग्रीक नगर राज्य संगठित थे, उन्होंने संसार के तत्कालीन सबसे बड़े ईरानी साम्राज्य तक को चुनौती दी। परन्तु परस्पर की फूट हो जाने के बाद छोटे फिलिप के सामने भी वे क्षण भर न टिक सके। सिकन्दर संसार विजय के स्वप्न देखा करता था। ग्रीक हेरीदोतस् ईरानी दरबार में राजदूत की हैसियत से रह चुका था और उसने भारत और पूर्वी देशों का तिलिस्मी हाल लिख छोड़ा था उससे सिकन्दर और भी प्रभावित हुआ था। 330 ई. पू. के लगभग मकदूनिया से निकल उसने मिस्र और आस-पास के देश जीत लिए। फिर वह ईरानी साम्राज्य की ओर बढ़ा और उसे उसने कुछ ही ठोकरों से गिरा दिया।

327 ई. पू. वह हिंदूकुश लाँघ गया। भारत सुविस्तृत ईरानी साम्राज्य का गिरना सुन चुका था, सहमा था परन्तु सचेत न था। छोटे-छोटे राज्य अब भी लड़ते रहे, परस्पर विद्वेष करते रहे, पड़ोसी की विपद से फायदा उठाते रहे। आक्रमण की आड़ में वे अपने झगड़े ले खड़े हुए। कइयों ने अपने देशवासियों के विरुद्ध सिकन्दर की सहायता की। आक्रामक अभी सुग्ध में ही था कि तक्षशिला के राजा आम्भी ने उसके पास अपनी स्वतंत्रता अर्पण करने के लिए दूत भेजे। प्रथम भारतीय राजा शशिगुप्त ने भी हार कर भारतीयों के विरुद्ध उसका साथ दिया। कुनार, पंजकोरा और स्वात नदियों की दूनों में वीर जातियों का निवास था। चप्पे-चप्पे जमीन के लिए वे मर मिटीं। मस्सग-दुर्ग के नर-नारी एक-एक कर मर मिटे, पर विजेता की राह न रुकी। संगठित शक्ति ने कभी उसका मुकाबला न किया।

तक्षशिला के राजा आम्भी की सहायता से उद्भांडपुर के पास सिकन्दर सिंधु के पार उतर गया। परन्तु केकय देश का वीर राजा पुरु वितस्ता के पार घाट रोके

खड़ा था। केकय के उत्तर में अभिसार था। वहाँ के राजा ने भी पुरु से मिल जाना चाहा, पर सिकन्दर की सूझ से ऐसा न हो सका। काबुल आदि विजित देशों के अनेक वीर भाग कर पुरु की सेना से आ मिले थे। पुरु के नेतृत्व में इन दुर्धर्ष लड़ाकों से सिकन्दर का सामना था। झेलम बाढ़ के जल से फूली हुई थी। पार करना अत्यंत कठिन था। पड़ाव के सामने पुरु की सेना खड़ी थी। अब सिकन्दर ने चोरी की सोची। अपने पड़ाव में नाच-रंग होने का हुक्म दिया। वहाँ रसद जुटाने लगा, जिससे शत्रु को भास हो कि वह बरसात वहीं बिताना चाहता है। शत्रु निस्संदेह असावधान हो गया। लगभग सोलह मील ऊपर बढ़ कर सिकन्दर ने अँधेरी रात में झेलम को पार कर लिया। दारा के विरुद्ध जब संध्या समय वह अराबेला में पहुँचा था और उसके सेनापतियों ने सुझाया था कि रात में ही आक्रमण कर दिया जाए वरना असंख्य ईरानी सेना देख कर ग्रीक सेना डर जाएगी, तब उसने कहा था कि सिकंदर जीत चुराएगा नहीं। झेलम के तट पर उसे जीत चुरानी पड़ी। पर उसे जीत पानी थी, चुरा कर या सामने लड़ कर। भारतीय इसे क्यों नहीं सीख सके?

पुरु ने अपने बेटे को उसका सामना करने को भेजा। बेटा सेना सहित जूझ गया। फिर पुरु बढ़ा। उसके हाथियों की दीवार के सामने ग्रीक सेना खड़ी थी, जिसमें योरप, अफ्रीका और एशिया के चुने हुए वीर थे और भारतीय विभीषण भी। पर सिकन्दर सहम गया। उसने कहा—आज असाधारण मनुष्यों, असाधारण जंतुओं से सामना है। घमासान युद्ध छिड़ गया। पानी खूब बरस चुका था। भारी-भारी रथ पंक में धँस गए। धनुर्धर जमीन की रपटन से मार न कर सके। द्रुतगामी ग्रीक अश्वारोहियों ने फुर्ती से दाएँ-बाएँ हमले किए। हाथियों की आँखें ग्रीक धनुर्धारियों ने छेद डालीं, उनके सूँड उन्होंने काट डाले। हाथी वेदना से चिंघाड़ते हुए भागे और भागते हुए उन्होंने पुरु की सेना को रौंद डाला। इसी समय ग्रीक सेनापति क्रातेरस ने, जो अपने 'रिजर्व' के साथ झेलम पार था, नदी पार कर पुरु पर हमला किया। पुरु की सेना कट चुकी थी, पर वह लड़ता जा रहा था। उसके नंगे कंधे पर शत्रु का भाला लगा। वह मूर्छित हो चला। आम्भी ने चिल्लाकर आत्मसमर्पण करने को कहा। पुरु में देश द्रोही पर लौट कर वार किया। आम्भी निकल भागा। परन्तु पुरु पकड़ा गया! होश में आने पर जब वह ऊँचा जवान सिकन्दर के सामने लाया गया तब यह पूछने पर कि उसके साथ कैसा व्यवहार किया जाए उसने दर्प से कहा—"जैसा राजा राजा के साथ करता है!" सिकन्दर ने उसका राज्य लौटा दिया और पुरु भी शशिगुप्त की भाँति भारतीय स्वतंत्रता को कुचलने और अपने देशवासियों के विरुद्ध लड़ने को उद्यत हुआ। भारतीय इतिहास इस प्रकार के अनवरत उदाहरणों से भरा पड़ा है। सिकन्दर का कार्य आसान हो गया।

पर आगे बढ़ना फिर भी आसान न था। सामने छोटे-छोटे अनेक संघ-राज्य थे, जिन्होंने पगपग पर उसको लोहे के चने चबवा दिए। रावी और व्यास के बीच कठ नामक राष्ट्र था। कठ अपनी राजधानी संगल के चतुर्दिक रथों के तीन घेरे बना

कर जी-जान से लड़े। फिर पुरु की कुमुक आने पर वे सर हो सके! संगल नगर मिट्टी में मिला दिया गया। व्यास के तट पर सिकन्दर की सेना ने हथियार डाल दिए और आगे बढ़ने से इनकार कर दिया। उस पार एक विशाल संघ-राज्य था, उसके आगे नन्द का मागध साम्राज्य दूर तक फैला हुआ था। सिकन्दर ने सेना को समझाया-बुझाया, पर वह टस से मस न हुई। उसने सप्ताह भर अपने को अपने शिविर में बंद रखा और अंत में सेना से फिर कहा—"छोड़ दो मुझे विस्तृत नदियों के सामने, जंतुओं के मुख में मुझे फेंक दो, और उन जातियों के हाथ मुझे सौंप दो जिनका त्रास तुम्हारे हृदयों को भर रहा है, पर मैं ढूँढ़ लूँगा उन सूरमा लड़ाकों को जो मेरा अनुसरण करेंगे!" सेना फिर भी न हिली। सिकन्दर का अनुसरण करने के लिए एक ग्रीक सैनिक भी उद्यत न हुआ। अंत में लाचार होकर वह लौट पड़ा। पर लौटना भी आसान न था। अनेक वीर जातियाँ पीछे भी राह रोके खड़ी थीं। रावी के दोनों तटों पर मालव संघ का राज्य था, वितस्ता और रावी संगम के नीचे। उनसे पूर्व क्षुद्रकों का संघ राष्ट्र था। मालव और क्षुद्रक दोनों ही बाँके लड़ाके थे। मालव किसान एक हाथ में हँसिया दूसरे में तलवार धारण करता था, मालव और क्षुद्रकों में परस्पर सदा से शत्रुता थी, परन्तु समान शत्रु को देख उन्होंने प्रबल एका किया। अपने द्वेष को भुलाने के लिए उन्होंने निश्चय किया कि सारी मालव कुमारियाँ अविवाहित क्षुद्रक नवयुवकों को और क्षुद्रक कन्याएँ मालव कुमारों को ब्याह दी जाएँ। यह विधान आश्चर्यजनक था, परन्तु जहाँ शक्ति थी उसका सामना सिकन्दर नीति से करता था, जहाँ नीति थी वहाँ तीव्र सैन्य संचालन से। मालवों और क्षुद्रकों की सेनाएँ अब परस्पर मिलने के लिए बढ़ चली थीं और यदि कहीं मिल गई होतीं, तो सिकन्दर के भाग्य का निपटारा वहीं हो जाता। पर शीघ्रता से बढ़कर सिकन्दर मालवों के आरक्षित गाँवों और नगरों पर टूट पड़ा और मालव तथा क्षुद्रक मिल न सके। मालवों के एक संघ ने मुल्तान के पास उसका मुकाबला किया और एक मालव सैनिक के चोटजनित ज्वर से ही सिकन्दर बाबुल में मरा। क्षुद्रकों ने आत्मसमर्पण कर दिया, अमूल्य भेंटों के साथ सिकन्दर की सेवा में अपने दूत भेजे। एक बार हार कर भारतीय दम तोड़ देते थे। सिकन्दर छोटे-मोटे राज्यों को राह में जीतता आगे बढ़ा। सिंध में ब्राह्मणों ने विजित जातियों को उकसाकर उनसे फिर विद्रोह कराया। हजारों की संख्या में वे मारे गए। उनमें से चुने हुए जब दस दार्शनिक तलवार के घाट उतारे जाने वाले थे, ग्रीक दार्शनिकों ने उनकी मेधा जाँचनी चाही। सिकन्दर के कैदियों से कहा—तुम दस हो। एक तुम में से मध्यस्थ बनेगा बाकी नौ से मैं प्रश्न करूँगा। उत्तरों की उत्तमता के क्रम से ही प्राणावध करूँगा। उत्तमता का निर्णय मध्यस्थ करेगा। प्रश्न इस प्रकार थे :

प्रश्न—जीवितों की संख्या अधिक है या मृतकों की?

उत्तर—जीवितों की, क्योंकि मृतक मर कर नहीं रहते।

प्रश्न—जीव समुद्र में अधिक हैं या स्थल पर?

उत्तर–स्थल पर, क्योंकि समुद्र स्थल का ही भाग है।

प्रश्न–जानवरों में सबसे अधिक बुद्धिमान कौन है?

उत्तर–जिसने मनुष्य को अपना पता नहीं लगने दिया।

प्रश्न–तुमने शम्भु को बगावत करने के लिए क्यों उकसाया?

उत्तर–इसलिए कि मैं चाहता था कि यदि वह जिए तो इज्जत के साथ और मरे तो इज्जत के साथ।

प्रश्न--पहले कौन सिरजा गया–दिन या रात?

उत्तर–दिन, रात से एक दिन पहले!

सिकन्दर चकरा गया, कुछ समझ न सका। पूछा–इसका क्या मतलब?

उत्तर–असंभव प्रश्नों के उत्तर भी असंभव होंगे!

प्रश्न–मनुष्य कैसे संसार का प्यारा होता है?

उत्तर–बहुत ताकतवर, पर साथ ही प्रजा का प्यारा होकर, प्रजा जिससे डरे नहीं।

प्रश्न–मनुष्य देवता कैसे बन सकता है?

उत्तर–देवता-सा कार्य करके, जो मनुष्य न कर सके।

प्रश्न–जीवन और मृत्यु में अधिक बलवान कौन है?

उत्तर–जीवन, क्योंकि वह भयानक से भयानक कष्ट सह लेता है।

प्रश्न–कब तक जीना इज्जत से जीना है?

उत्तर–जब तक मनुष्य यह नहीं सोचने लगता कि अब जीने से मर जाना बेहतर है।

अब सिकन्दर ने मध्यस्थ के निर्णय के लिए उसकी ओर देखा। निर्णायक ने कहा–"उत्तर एक से एक बढ़ कर हैं!" सिकन्दर अत्यंत क्रुद्ध हुआ और कड़क कर बोला–"तब तू ही सबसे पहले मरने को तैयार हो जा।" निर्णायक बोला–"फिर तुम झूठे साबित हो जाओगे!" सिकन्दर उन्हें मुक्त कर उनसे रुखसत हुआ।* वह बलूचिस्तान की राह बाबुल लौट गया।

इस हमले से स्थल का पश्चिमोत्तर व्यापार-मार्ग और प्रशस्त हो गया। भारतीयों ने ग्रीकों से सिक्के ढालने की नई विधि सीखी। ग्रीक दर्शन का भारत को ज्ञान हुआ, पश्चिम ने पूर्व को जाना।

परन्तु इस भारतीय पराजय के कारण क्या थे? पारस्परिक विद्वेष, अकर्मण्यता, शिथिलता, समस्या की जटिलता को समझ लेने की शक्ति का अभाव। भारतीय जीवन सदा खंडशः संगठन पर जोर देता था। उसकी वर्णव्यवस्था, समाजविधान सभी आंशिक दृष्टि से प्रस्तुत हुए थे। राजनीतिक संगठन भी इसी प्रकार सामूहिक रूप न प्राप्त कर सका। गणतंत्र, राजतंत्र सभी इस दृष्टि से दुर्बल प्रमाणित हुए। गणतंत्रों और

---

* देखिए–पाँचवीं सदी ईसवी के ग्रीक इतिहासकार प्लूतार्क की जीवनियाँ।

राज्यों में तो संघर्ष चलता ही था, स्वयं गणराज्यों और राजतंत्रों में भी पारस्परिक स्पर्धा और संघर्ष था। राजनीतिक आचरण भी कुछ उच्च कोटि का न था। एक बार परास्त होकर फिर विजयी के विरुद्ध आचरण गर्हित समझा जाता था, जो किसी देश की राजनीति में विशिष्ट नहीं माना गया। शशिगुप्त, पुरु आदि ने पहले तो जान पर खेल कर सिकन्दर का सामना किया, पर हार जाने के बाद उन्होंने उसकी विजयों में सहायता की। शशिगुप्त पुरु के विरुद्ध लड़ा, पुरु अपने भतीजे और कठों के विरुद्ध। युद्ध नीति का भी भारतीयों को कुछ लाभ न था। वे एक बात तय करके उसकी लकीर पर चलते थे, परिस्थितियों में चाहे जैसे परिवर्तन होते जाएँ। दारा के विरुद्ध अरबेला के युद्ध में रात में जिस सिकन्दर ने अँधेरे का लाभ उठाना चोरी समझा, पुरु के विरुद्ध जब कोई चारा न रहा तब उसी ने झेलम के तट पर अँधेरी रात में "राह चुराई।" भारतीय इस प्रकार की बात नहीं सोच सकते थे। उनके युद्ध के तरीके भी बोझिल, भारी और पुराने थे। रथों और हाथियों का प्रयोग उनका भोंडा होता था। राजा पुरु की पराजय विशेषकर इसी कारण हुई कि उसके हाथी अपनी सेना पर ही पिल पड़े। भारतीय इतिहास में बाद में भी अनेक बार यह घटना दुहराई गई। भारतीयों ने अश्वारोही सेना पर कम जोर दिया। रथों की अपेक्षा घुड़सवार सेना अत्यधिक फुर्तीली थी। युद्ध की बदलती परिस्थितियों के अनुसार आचरण करते घुड़सवारों को देर नहीं लगती। फिर सिकन्दर का सैन्य-संचालन महत्त्वपूर्ण और असाधारण था। उसकी जोड़ या मेधा का एक भी सेनापति भारतीयों के पास न था। जान को खतरे में डाल कर युद्ध के प्रत्येक क्षेत्र में पहुँच जाना तो उसके लिए साधारण बात थी, उसकी प्रत्युत्पन्न मति भी असामान्य थी। युद्ध की बदली परिस्थितियों में अत्यंत शीघ्रता से वह नीति निर्णय करता था और बिजली की भाँति वह असावधान शत्रु पर जा टूटता था। अनेक बार हारा हुआ मैदान उसने अपनी फुर्ती और तीव्रता के बल पर जीता। मालव और क्षुद्रकों ने जब सदियों का वैमनस्य भुला कर समान शत्रु के सम्मुख सम्मिलित शक्ति प्रदर्शित करनी चाही, सिकन्दर ने उस भयानक संकट को झट भाँप लिया। मालव और क्षुद्रक सेनाएँ मिल जाने के लिए एक दूसरे की ओर बढ़ रही थीं। परिस्थिति भाँप कर सिकन्दर ने विद्युत गति से मालव गाँवों और नगरों पर हमला किया और इसके पूर्व कि मालव क्षुद्रकों से मिल गए होते, उसने उनका विध्वंस कर दिया। यदि कहीं दोनों मिल गए होते तो ग्रीकों को कहीं भागने की राह भी न मिलती और वहीं ढेर हो जाते।

सिकन्दर के हमले का विशेष प्रभाव भारतीयों पर नहीं पड़ा। पहले तो भारतीय दूसरों से उचित-अनुचित कुछ भी सीखने में अपनी मान-हानि समझते थे, दूसरे सिकन्दर का भारत-संपर्क भी कुछ लंबा न रहा। कुल उन्नीस महीने वह भारत में रहा था। तूफान की भाँति आया था, तूफान की भाँति लौट गया। पुराण, साहित्य में कहीं भी उसका संकेत नहीं मिलता। 317 ई. पू. तक चन्द्रगुप्त मौर्य ने उसके आक्रमण के सारे चिह्न पंजाब से मिटा दिए। भारतीय शीघ्र इस आक्रमण को भूल गए। एक

बात यह जरूर हुई कि भारतीयों ने अपने 'छोटे असंगठित राज्यों की' दुर्बलता समझी और चाणक्य की सहायता से चन्द्रगुप्त ने, जिसने उस आँधी के सामने पंजाब के गणतंत्रों और राज्यों को दुर्बल पेड़ों की भाँति गिरते देखा था, एक विशाल साम्राज्य का निर्माण किया, जिसकी सीमाएँ पंजाब तक पहुँच गईं। इसी साम्राज्य के अंतरंग में पंजाब की छोटी-बड़ी सारी रियासतें तत्काल समा गईं। निस्संदेह गणतंत्रों की स्वतंत्रता कुचल गई, परन्तु राजनीतिक दृष्टि से भारत काफी शक्तिमान हो गया। उसके पड़ोसी उसकी शालीनता को समझने लगे। उस भारतीय साम्राज्य का विस्तार पूर्व में समुद्र से लेकर पश्चिम में सिंधुनद तक था। उससे अब कोई अन्य साम्राज्य ही लोहा बजा सकता था।

सिकन्दर के उत्तराधिकारी के अभाव में उसका विशाल साम्राज्य उसके सेनापतियों में बँट गया था। मिस्र का राज्य तोलेमी को मिला, सीरिया का सिल्यूकस को। सिल्यूकस का प्रतिस्पर्धी अंतिगोनस था, जिससे उसका निरंतर युद्ध चलता रहा। उसे बुरी तरह हरा कर ही सिल्यूकस को चैन मिला। सिल्यूकस के सुविस्तृत सीरियक साम्राज्य की पूर्वी सीमा चन्द्रगुप्त के मागध साम्राज्य के समानांतर दौड़ती थी। जब उसे शत्रु से कुछ फुरसत मिली, उसने भारत की ओर रुख किया। सिकन्दर की पंजाब-विजय के समय सिल्यूकस विजेता के साथ रहा था और अपने को उसका उत्तराधिकारी समझता था। उस हैसियत से उसका पंजाब को फिर स्वायत्त करने का प्रयत्न करना स्वाभाविक ही था। फिर वह दारयवौष् तृतीय के साम्राज्य का भी उत्तराधिकारी था और दारयवौष् तृतीय के साम्राज्य में भारत के उर्वर प्रांत गांधार, कम्बोज तथा सिंधु कभी करदायी रह चुके थे। साथ ही सिल्यूकस का अपना साम्राज्य भी इस समय संसार का सबसे बड़ा साम्राज्य था। इस कारण भी उसकी महत्वाकांक्षा असीम थी। 305 ई.पू. के लगभग उसके अपने छिने प्रांतों पर फिर से अधिकार करने के लिए भारत पर चढ़ाई की। दो विशाल साम्राज्यों की सेनाएँ सीमाप्रांत पर कहीं जा टकराईं।

पर इस समय भारत सिकन्दर और पुरु का भारत न था। उसकी सीमा पर अब न तो शशिगुप्त थे, न आम्भी, न पुरु। उसका प्रबल पाहरू चन्द्रगुप्त उसकी रक्षा में सतत जागरूक था। संसार का अप्रतिम कूटनीतिज्ञ कौटिल्य-चाणक्य तब उसका सतत चिंतन करता था। टक्करें जो हुईं तो सिल्यूकस मुँह की खा गया। उसने देखा पासा पलट चुका था। भारत अब संगठित था, सशक्त। उसकी सेना का संचालन चन्द्रगुप्त-सा वीर और चतुर सेनापति कर रहा था, जो ग्रीक सामरिक शैली से भी अनभिज्ञ न था। हार इतनी बुरी पड़ी कि सिल्यूकस ने लाचार होकर संधि की, जो सर्वथा उसके विजेता के लाभ की थी। तदनुसार हेरात, अराकोसिया (कंधार), बलूचिस्तान और हिंदूकुश और काबुल के प्रांत हाथ लगे। अब मागध साम्राज्य की सीमा हिंदूकुश तक पहुँच गई, जिसमें अफगानिस्तान, कंबोज (बदख्शां) और पामीर भी शामिल थे। इसके अतिरिक्त चद्रगुप्त को ग्रीकों की ओर से एक राजकन्या भी भेंट मिली जिससे संभवतः भारतीय सम्राट ने विवाह कर लिया। इसके बाद तो अपनी

ओर से चन्द्रगुप्त ने अपने विजित प्रतिद्वन्द्वी को 500 हाथी दिए, जिनका अपने शत्रु अंतिगोनस के विरुद्ध उचित उपयोग कर सिल्यूकस ने दिखा दिया कि उनसे युद्ध जीते भी जा सकते हैं। स्वयं चन्द्रगुप्त ने सिल्यूकस के विरुद्ध उनका उचित उपयोग किया था। इस समय भारत में न नेतृत्व का अभाव था, न संगठन का, न उचित मंत्रणा का और न परामर्श का।

तीसरी सदी ई.पू. के मध्य सीरियक साम्राज्य कुछ कमजोर पड़ गया। उस साम्राज्य में अनेक जातियों का निवास था। उनकी महत्वाकांक्षाएँ विभिन्न थीं, उनको एक डोर में बाँध रखना बड़ी शक्ति और चतुराई का काम था। अंतियोक उस पैतृक विशाल साम्राज्य को न सँभाल सका। दो बड़े सूबे, पार्थिया और बैक्ट्रिया (बाख्शी, बह्लीक), उसके हाथ से निकल गए। पार्थिया की स्वतंत्रता जन-आंदोलन का परिणाम थी, बैक्ट्रिया की यूनानी शासक-विद्रोह की। इसके प्रथम स्वतंत्र शासक द्योदोतस-प्रथम के विषय में हम कुछ नहीं जानते, परन्तु उसका पुत्र द्योदोतस-द्वितीय सेलिउक के चंगुल से सर्वथा बाहर हो गया। परन्तु बैक्ट्रिया में राजनीति का रुख एक बार और बदला और युथिदेमस नामक एक वीर घुमक्कड़ ने द्योदोतस को मार कर इस वक्षनद की उर्वर केसर-प्रसविनी भूमि पर कब्जा कर लिया। इसी समय सीरियक सम्राट अंतियोकस विद्रोही बैक्ट्रिया को फिर से सर करने पूर्व की ओर चला। एक लंबे अरसे तक वह वहाँ के नगरों का घेरा डाले पड़ा रहा, पर कुछ हो न सका। युथिदेमस और उसके पुत्र दोनों उत्कट लड़ाके थे और उन्होंने अंतियोकस के छक्के छुड़ा दिए। अन्त में युथिदेमस के पुत्र देमित्रियस की कुशलता से दोनों में संधि हुई और अंतियोकस ने युथिदेमस का बैक्ट्रिया पर स्वतंत्र अधिकार स्वीकार किया। सेलिउक सम्राट ने देमित्रियस की कुशलता देख उसे अपनी कन्या भी ब्याह दी।

फिर वह भारत की ओर मुड़ा। भारत अशोक की मृत्यु के बाद फिर असावधान हो गया था। वास्तव में राजनीतिक संगठन, सूझ और चालें अधिकतर अर्थशास्त्रों में थीं, उनका प्रयोग में विघटन बहुत कम होता था। शासन से जनता का कोई संबंध न था। वह जानबूझ कर उससे दूर रखी गई। इससे विजयों और पराजयों से उसका कोई संबंध न था। जब कोई प्रतिभावान् सम्राट शक्ति और सूझ से शासन-सूत्र का परिचालन करता, शासन सुस्थिर होता। फिर उसके निधन के बाद ही वह शिथिल हो जाता। चाणक्य और चन्द्रगुप्त ने विस्तृत साम्राज्य की स्थापना कर उसकी अपनी मेधा और बाहुबल से रक्षा की। अशोक के समय तक वह सुरक्षित रहा, परन्तु अशोक ने जो बौद्ध-नीति अपना ली उससे उसके 'प्रत्यंत' निर्भय हो चुके थे और पड़ोसी उसके साम्राज्य के टुकड़ों पर तृष्णा की दृष्टि डालने लगे थे। पार्थिया और बैक्ट्रिया की घरेलू परेशानियों के कारण सेलिउक सम्राट भी पहले तो चुप रहे और बैक्ट्रियन शासक भी। परन्तु आशोक के मरते ही दोनों सजग हुए। अशोक के मरते ही उसके अनेक साम्राज्य विशृंखल हो गए और बाबुल के हिंदूकुश के प्रदेशों में सुभागसेन स्वंतत्र हो गया। पामीर और कम्बोज बैक्ट्रियन ग्रीकों ने हड़प लिए।

अंतियोकस, जब युथिदेमस के विरुद्ध विफल प्रयत्न हुआ तब लौटते-लौटते उसने भी बहती गंगा में हाथ धो लेना निश्चित किया। भारत बेचारा देश था, अरक्षित। हिंदूकुश लाँघ कर उसने सुभागसेन पर आक्रमण किया। सुभागसेन में न तो अंतियोकस से लड़ने की शक्ति थी, न उसे स्वतंत्रता के अपहरण का विशेष दुःख था। उसने आत्मसमर्पण कर दिया। सिद्धांततः काबुल की घाटी सीरियक साम्राज्य का प्रांत बन गई। परन्तु उसे रखने की न तो अंतियोकस की इच्छा थी न शक्ति। वह तो बैक्ट्रिया में अपनी लाज की झेंप मिटाने आया था; उसके लिए इतना बहुत था। वह लौट गया। पर उसके इस आचरण ने भारत की राजनीतिक परिस्थिति में एक विशेषता पैदा कर दी। चन्द्रगुप्त के बाद जो कुछ काल भारत विदेशी हमलों से बचा रहा था, अंतियोकस ने पड़ोसियों को भारत की राह दिखा दी और जिस आसानी से सुभागसेन ने आत्मसमर्पण किया था उससे भारत-विजय का कार्य अत्यंत सरल जान पड़ा। फिर तो बाख्त्री-ग्रीक हमलों का ऐसा ताँता लगा कि भारत की सामाजिक और राजनीतिक व्यवस्था सर्वथा विनष्ट हो गई, जिससे प्रायः सौ वर्षों तक भारत के एक बड़े भाग पर ग्रीकों का राज रहा और उसके बाद दो सदियों बाद तक शक-कुषाण आदि अन्य विदेशी राजकुलों का। निश्चय अंतियोकस के आक्रमण और विजय ने भारतीय नैतिक व्यवस्था का खोखलापन प्रमाणित कर दिया।

युथिदेमस की मृत्यु के बाद उसका पुत्र देमित्रियस बाख्त्री का राजा हुआ। वह अत्यंत महत्वाकांक्षी था और उसने शासन की बागडोर हाथ में लेते ही भारत की ओर नजर डाली। सिकन्दर उसका आदर्श था और उसने विजित प्रांतों के परे उस विशाल देश के हृदय तक चोट करने का निश्चय किया। 190 ई. पू. से पहले ही आक्रमण में उसका सहायक उसका सेनापति और जामाता मिनान्दर था, जिसका नाम प्राचीन भारतीय राजनीति और धार्मिक इतिवृत्त में अमर हो गया है।

इस काल में भारत की अवस्था दयनीय थी। नर्मदा के दक्षिण में आंध्र-सातवाहनों का सुविस्तृत साम्राज्य था। पूर्व में आसमुद्र कलिंग के नृपति जैन धर्मानुयायी चेदिवंशीय ब्राह्मण खारवेल का साम्राज्य था जो कभी सातवाहनों पर पिल पड़ता, कभी दुर्बल मगध पर। मगध पर वह सफलतापूर्वक चढ़ भी दौड़ा था। ये दोनों ब्राह्मण साम्राज्य सबल थे, परन्तु उनकी सरगर्मी पूर्व और दक्षिण तक की सीमित थी। सारा उत्तर और मध्य भारत पिछले मौर्यों के अधिकार में था, जो जैन अथवा बौद्ध थे। मौर्यों के जैन और बौद्ध धर्मावलंबन तथा ब्राह्मणों से संघर्ष ने देश को कायर और अक्षम कर दिया था। अंत्य सम्राट बृहद्रथ का चौथा पूर्वज शालिशूक मौर्य कट्टर जैन था। अपने साम्राज्य को उसने धर्म के नाम पर लहू-लुहान कर दिया। काठियावाड़ और गुजरात में उसने अन्य मतावलम्बियों को इस कदर जबर्दस्ती जैन बनाया कि प्रजा त्राहि-त्राहि कर उठी। इसी समय देमित्रियस ने मौका देखकर भारत पर हमला किया। शालिशूक का शासन इतना कष्टकर और असहाय हो गया था और जनता इतनी निष्क्रिय हो गई थी कि उसने बजाय उस शासन के विरुद्ध विद्रोह करने के विदेशी

को आमंत्रित किया और उसे अपना त्राता समझ 'धम्म-मीत' (धर्ममित्र) कहकर संबोधित किया। *गार्गीसंहिता* के युगपुराण में जहाँ इस हमले का जिक्र है देमित्रियस का नाम वहाँ 'धर्ममीत' लिखा मिलता है, यद्यपि उसका भारतीय रूपांतर 'दिमित' था जैसा समकालीन महामेघवाहन खारवेल के हाथीगुम्फा वाले अभिलेख में खुदा है।

देमित्रियस ने देखा भारतीय व्यवस्था नितांत खोखली हो गई है और आक्रमण करते ही कुचल जाएगी। उसने तत्काल हमला किया। काबुल के दक्षिण में उसने अपनी सेना के दो भाग किए। एक को अपने जामाता मिनान्दर की नायकता में उसे मथुरा और साकेत की राह मगध की ओर बढ़ने की आज्ञा दी, दूसरा स्वयं लेकर वह राजपूताने की राह मध्यमिका (चित्तोड़ के पास की नगरी) होता हुआ चला। उधर से उसका जाना केवल इसीलिए उचित न था कि यह उसकी आक्रमण नीति का एकांश था और दोनों की यह दोरुखी कूच मगध के हृदय पाटलिपुत्र पर एक साथ दो ओर से चोट करने वाली थी, वरन् इसलिए भी कि गुजरात, काठियावाड़ और मरुदेश शालिशूक की दमन-नीति से अत्यधिक जर्जर हो गए थे। वहाँ आक्रामक को सहायता और साधुवाद दोनों ही मिलते। साथ ही वहाँ की जनता के अत्याचार-कातर होने के कारण उस भूभाग का आसानी से पराजित हो जाना अधिक संभावित था।

मिनान्दर अपनी सेना के लिए मथुरा और साकेत पर घेरे डालता, जीतता पाटिलपुत्र जा धमका। स्वयं देमित्रियस् भी वायुवेग से मध्यमिका आदि विजय करता मगध राजधानी में प्रविष्ट हुआ। मौर्य साम्राज्य के सारे प्रांत विच्छिन्न हो गए, लोकधर्म अव्यवस्थित! युगपुराण लिखता है कि 'दुष्ट विक्रांत यवनों' के इस आक्रमण से सारे 'विषय (प्रांत) आकुल' हो गए, 'पार्थिव' (राजा) विनष्ट। सर्वत्र शूद्रों की तूती बोल उठी। ब्राह्मणादि द्विज भी शूद्रवत् आचरण करने लगे। स्वयं पतंजलि ने अपने समसामयिक *महाभाष्य* में इस आक्रमण का उल्लेख किया—"अरुणद् यवनः साकेतं, अरुणद् यवनो मध्यमिकाम्।" परन्तु युगपुराण के प्रमाण से 'युद्ध दुर्मद यवन' बहुत काल तक मध्यदेश में न ठहर सके (मध्यदेशे न स्थास्यन्ति यवना युद्ध दुर्मदाः)। स्वयं उनके घर में घोर युद्ध छिड़ गया था :

आत्मवक्रोत्थितं घोरं युद्धं परम दारुणम्।
ततो युगवशातेषां यवनानां परिक्षये।।

युक्रेतिद (उक्रेतीदिज) नाम के एक यवन वीर ने देमित्रियस् की बैक्ट्रियन गद्दी को उसकी अनुपस्थिति में सूनी पा उसे स्वायत्त कर लिया। देमित्रियस् ने जब यह संदेश सुना तो वह सेना सहित शीघ्र स्वदेश की ओर लौटा। इसी समय बढ़ती यवन-शक्ति के भय अथवा देश की विदेशियों से रक्षा करने की कामना से कलिंग खारवेल मगध की ओर बढ़ा। अब तक देमित्रियस् पाटलिपुत्र और मगध छोड़ चुका था। खारवेल परन्तु बढ़ता गया और उसने कुचले पाटलिपुत्र से मनमाना धन चूसा और तीर्थंकर की वह मूर्ति, जिसे नन्दराज कभी कलिंग से उठा ले गया था, जो कलिंग

पर मगध की विजय की छाप-सी थी, फिर से कलिंग ले आया। देमित्रियस् तो गृह-युद्ध के कारण अपने बाख्त्री-राज्य की पुनः प्राप्ति के अर्थ प्रयत्न करने स्वदेश की ओर लौटा, और खारवेल सुविधा देख अपने हाथीगुम्फा अभिलेख में 'योनराज दिमित' का उसके आक्रमण भय से भागना लिखवाने से न चूका—यद्यपि जब शालिशूक दक्षिण राजपूताने, गुजरात और सौराष्ट्र में उसके स्वधर्मियों—जैनों—पर बलात्कार कर रहा था, तब खारवेल हिला तक न था। भारतीय राजाओं की नीति तब निस्संदेह स्वार्थपरक थी। अपने ही राजाओं के विरुद्ध उनकी दिग्विजय भी थी, अश्वमेध भी था। विदेशी आक्रमणकारी के प्रति वे उदासीन थे, आक्रांत जनता के प्रति उनका कोई उत्तरदायित्व न था। आक्रमणकारी से भिड़ना केवल उस राजा का काम था, जो आक्रांत था। देश में इतनी बड़ी उथल-पुथल हो गई; जिस पंजाब को सर करते सिकन्दर को पग-पग लड़ना पड़ा था, यद्यपि उसने विशाल ईरानी साम्राज्य केवल कुछ ठोकरों से चूर-चूर कर दिया था, उसी पंजाब को रौंदते चन्द्रगुप्त और चाणक्य के मागध साम्राज्य के हृदय पाटलिपुत्र तक यवन घुसते चले आए, परन्तु न खारवेल अपनी जगह से हिला और न सातवाहन हिले! और यह विप्लव साधारण नहीं था। इसे युगपुराण ने युगांतर और युगों का संधिकाल कहा। यह आक्रमण एक मार्ग से सहसा भी न हुआ था, पूर्णतया संयोजित था और इसका दबाव एक साथ पश्चिमी समुद्र तक सारे उत्तर भारत और मध्य देश पर पड़ा था। खारवेल ने उसकी प्रतिक्रिया के रूप में अपनी प्रशस्ति की पंक्तियाँ कुछ झूठे तारों में चमका लेनी ही काफी समझी! वह अपनी यशः काया का निर्माण कर रहा था जब भारत की शोषित जनता विदेशी आतंक से कुचलकर खून उगल रही थी, जब अन्न के स्थान पर उर्वरा सनातन भूमि रक्तवमन कर रही थी। चाणक्य और चन्द्रगुप्त की आत्माएँ, बोधायन और आपस्तम्ब की आँखें स्वर्ग में आँसू डाल रही होंगी! उन्हीं के राजनीतिक केंद्रीकरण और सामाजिक खण्डीकरण का तो यह परिणाम था कि उनके विशाल साम्राज्य और दृप्त समाज के रोम-रोम बिखर के रोम-रोम बिखर गए और विरक्त उदासीन जनता चुपचाप देखती रही, यद्यपि उसकी विरक्ति अथवा उदासीनता आक्रमणजनित दुखों से उसकी रक्षा न कर सकी। देमत्रियस् की ग्रीक संज्ञा 'भारत का राजा' हुई।

देमित्रियस् लौटा परन्तु युक्रेतिद उससे सबल पड़ा। उससे वह अपना राज्य न लौटा सका और शीघ्र वह नव-विजित की ओर लौटा। भारत में उसने अपने राज्य खड़े किए। कपिसी (काफिरिस्तान), पुष्कलावती (पेशावर), तक्षशिला, शाकल (स्यालकोट) में अनेक यवन-राज्य खड़े हुए। देमित्रियस् ने युथिदेमिया आदि नगरों का निर्माण किया। यवन और हिंदू साथ-साथ रहने लगे। यवनों के स्वतंत्र नगर भी थे, हिंदू नगरों में स्वतंत्र यवन मुहल्ले भी, जहाँ ग्रीक महाकाव्य *उलीसिज, ईलियद* पढ़े जाते थे, अफलातून, अरस्तू के दर्शन विचारे जाते थे, इस्कीलस, मिनान्दर के नाटक खेले जाते थे। इन सौ वर्षों में ग्रीक राज्य ने भारतीय जीवन के अनेक क्षेत्रों को प्रभावित किया। उसके दर्शन, ज्योतिष, मुद्राओं, व्यापार, राजनीति, साहित्य, कला सबको।

मूर्तिकला में तो उनकी तकनीक की एक शैली ही चल पड़ी। जो आज भी 'गांधार शैली' के नाम से विख्यात है। इसी काल 'पौलिश' और 'रोमक' सिद्धांतों के नाम से ग्रीक ज्योतिष ने भारतीय ज्योतिष-शास्त्र में अपना स्थान बनाया। इन आक्रमणों से दो लाभ हुए। एक तो वर्ण-व्यवस्था हिल गई। पहले ही इसे बौद्ध सांप्रदायिक आक्रमणों ने झकझोर दिया था, मौर्य राजाओं के बौद्ध-जैन आचरण ने भी इसे विशेष क्षति पहुँचाई थी और इस आक्रमण ने तो उसकी कमर ही तोड़ दी। दूसरे, मौर्य साम्राज्य के पतन से जो शक्ति राजतंत्रों और संघ राज्यों को दबाए हुई थी, वह स्वयं नष्ट हो गई जिससे फिर एक बार जनसत्ता गणों की पूर्वी पंजाब, राजपूताना, काठियावाड़ में प्रतिष्ठा हुई। यौधेय, कुणिन्द तथा मालव फिर उठ खड़े हुए।

इस अराजक परिस्थिति में शक्तिमान् राजनीतिक साहसिक के लिए खुला क्षेत्र था। एक ब्राह्मण साहसिक ने उस क्षेत्र में पदार्पण किया। भारत में ब्राह्मण-क्षत्रिय संघर्ष चिरकाल से चलता आया था। कालांतर में जब शूद्र महापद्म नन्द ने ब्राह्मण मंत्रियों की सहायता से क्षत्रिय शक्ति का सर्वथा नाश कर दिया, तब मूर्छित क्षत्रियता ब्राह्मण चाणक्य के अंक में जा गिरी और उसी की छाया में उसने फिर साँस ली। परन्तु शीघ्र अशोक ब्राह्मण प्रभाव की शृंखला तोड़ स्वतंत्र हो गया और उसके उत्तराधिकारियों ने उत्तरोत्तर ब्राह्मण विरोध किया। वे या तो बौद्ध थे या जैन। यदि राज-कार्यों में वे जागरूक रहते तो उनके अत्याचार, उनकी दुर्बलता, उनकी शोषण-नीति, उनकी विलासिता प्रजा को शायद सह्य हो जाती, परन्तु उसके अभाव में इन दुर्बलताओं ने विशाल और व्यापक रूप धारण किया। प्रजा का असंतोष भड़क उठा। ब्राह्मण-वर्ग ने उससे लाभ भी खूब उठाया। षड्यंत्र के केंद्र थे अंत्य मौर्य सम्राट् बृहद्रथ के पुरोहितकुलीय सेनापति पुष्यमित्र शुंग और कर्णधार थे *महाभाष्य* के रचयिता महर्षि पतंजलि। राजा के प्रथम कर्तव्य—प्रजारक्षण—के नाम पर बृहद्रथ को 'प्रतिज्ञा-दुर्बल' (राजा प्रजारंजन और रक्षण की अपने अभिषेक के समय प्रतिज्ञा किया करता था जिसकी अपूर्ति से वह सिद्धांततः अपनी गद्दी से हटाया जा सकता था) कहकर खुले मैदान में सेना के सामने उसका वध कर दिया।

अब उसने मगध की गद्दी पर स्वयं आरूढ़ हो ब्राह्मण विधि-विधान फिर से प्रचलित किए। यज्ञानुष्ठान फिर लौटे, वर्ण-धर्म की प्रतिष्ठा हुई। मनुस्मृति उसी काल में लिखी गई और उसने प्रव्रजित गृहस्थों, श्रमणों और बीच के अराजक विप्लव में उठे शूद्रों के विरुद्ध सख्त कानून बनाए। स्वयं पुष्यमित्र ने दो-दो अश्वमेध किए और फलतः उसका विरुद 'द्विद्वरश्वमेधयायी' हुआ। बौद्धों का विनाश भी उसने कुछ कम न किया। बौद्ध-जैन प्रतिनिधिस्वरूप मौर्य राज्य की परिसमाप्ति से समाज से समाज में सबसे अधिक दुखी बौद्ध-जैन ही हुए। अशोक के दान और स्थविर-परामर्शों से बौद्ध संघारामों में कुछ राजनीतिक शक्ति भी आ गई थी, और जैसे-जैसे मौर्य राजा शक्ति में क्षीण होते गए उनकी अवस्था अधोधः गिरती गई,

वैसे ही वैसे इन संघारामों का प्रभुत्व उत्तरोत्तर बढ़ता गया था। संघारामों में प्रतिक्रिया हुई और वे पुष्यमित्र और उसके ब्राह्मण-साम्राज्य का विनाश करने पर सन्नद्ध हुए। शाकल (स्यालकोट) में इस काल देमित्रियस् का साझेदार सेनापति और जामाता मिनान्दर राज करता था। बौद्ध दार्शनिक नागसेन के प्रभाव से वह हाल ही में बौद्ध हो गया था। उसने राजनीति में धर्म को अस्त्र बनाया। बौद्धों ने उसे धर्मद्रोही ब्राह्मण पुष्यमित्र पर आक्रमण को उकसाया।

मिनान्दर दूरदर्शी था। वह बौद्ध धर्म में दीक्षित इसीलिए हुआ था कि देमित्रियस् के जीते मगध को फिर से स्वायत्त कर ले और समुदाय इस प्रकार उसके साथ होगा, विशेषकर क्षत्रिय, जो न केवल ब्राह्मण-विद्वेषी थे वरन् युद्ध में जिनकी विशेष क्षति भी हुई थी। मिनान्दर पूर्व की ओर बढ़ा, परन्तु मगध की तलवार अब निष्क्रिय जैन-बौद्ध क्षत्रिय के हाथ में न थी, कर्मठ ब्राह्मण के हाथ में थी, जो यज्ञ में पशु काटता था, युद्ध में मानव, और जिसके कल्याण और आचार की रक्षा वरुण की भाँति स्वयं पतंजलि कर रहे थे। साकेत की ओर कहीं तलवारें खनकीं, कुछ चोटें हुईं, पूर्व और पश्चिम भिड़े, फिर पश्चिम रण छोड़ भागा और जैसा ग्रीक इतिहासकार प्लूतार्व ने पाँचवीं सदी में *'जीवनियाँ'* में लिखा, "गंगा के काँठे में लड़ता हुआ मिनान्दर मारा गया।" मिनान्दर की विधवा ने उसके उत्तराधिकारी शिशु को अंक में ले पश्चिम की शरण ली। पुष्यमित्र का क्रोध सकारण था। पाटलिपुत्र से जलंधर तक के सारे बौद्ध विहार उसने जला डाले। मिनान्दर की राजधानी शाकल पहुँच उसने घोषणा की—जो मुझे एक श्रवण मस्तक देगा, उसे मैं सौ दीनारें दूँगा (यो मे श्रमणशिरो दास्यति तस्याहं दीनारशतं दास्यामि—दिव्यावदान)। अपना दूसरा अश्वमेध करने की भी उसने ठानी। उसी की भाँति उदात्त उसका षोड्शवर्षीय पौत्र वसुमित्र राजकुमारों से परिवृत्त अश्व की रक्षा में चला और यवनों को सिंधु के उस पार भगा दिया। उस नद के दक्षिणतटीय कोण में, जो उनके साथ उसका 'महासम्मर्द्द' *(मालविकाग्निमित्र)* हुआ, उससे उसने उनकी बची-खुची शक्ति भी नष्ट कर दी। इसी का यह परिणाम हुआ कि पश्चिमी पंजाब के यवन राजा पिछले शुंगों से भी मित्र भाव रखने लगे और तक्षशिला के ग्रीक राजा अन्तलिखिद ने काशीपुत्र भागभद्र (जो ओद्रक अथवा भागवत था) के दरबार में हेलियोदोर नाम का अपना भागवत राजदूत भेजा जिसने विष्णु की पूजा में गरुड़ध्वज नामक स्तंभ खड़ा किया, जो आज भी बेसनगर में खड़ा है। पुष्यमित्र के समय फिर एक बार चन्द्रगुप्त के शासनकाल की भाँति शक्ति और समृद्धि लौटी। पतंजलि के तत्वावधन में वर्ण-धर्म एक बार फिर जमा।

शुंग भी कालांतर में दुर्बल हो गए! उनका अंतिम सम्राट देवभूति अतीव विलासी हुआ। 'अतिस्त्रीसंगत', 'अनंगपरवश' देवभूति को उसके अमात्य वसुदेव ने सम्राट की दासी-पुत्री द्वारा वध करा कर स्वयं शुंग-सिंहासन पर अधिकार कर लिया (देवभूति तु शुंगराजानं व्यसनिनं तस्मैवामात्यः कण्वो वसुदेवनामानं निहत्य स्वयमवनीं

भोक्ष्यसि।–विष्णु पुराण। अतिस्त्रीसंगरतमनंगंपरवशं शुगममात्यो वसुदेवों देवभूतिदासी दुहित्रा देवीव्यंजनाया वीतजीवितमकारयत्।–*हर्षचरित*)। वसुदेव काण्वायन गोत्र का ब्राह्मण था। इस वंश में चार राजा हुए। सारे दुर्बल। इसी काल शकों का आक्रमण हुआ। जिस प्रकार कभी बौद्धों ने ब्राह्मणों के विरुद्ध देमित्रियस् मिनान्दर को निमंत्रित किया था, उसी प्रकार अब उन्हीं के विरुद्ध जैनों ने शकों को आमंत्रित किया। उनका अग्रदूत कालकाचार्य था।

लगभग 165-60 ई. पू. उत्तर-पश्चिम चीन के कान-सु प्रांत में बसने वाली हिंग-नू नामक जाति चरागाहों में सूखा पड़ने के कारण अपने पड़ोसी यूह-ची (ऋषीक) से जा टकराई। यूह-ची को पीछे हटना पड़ा। पश्चिम हटते हुए वे सिर-दरिया के उत्तर में बसने वाले शकों से जा टकराए। शक अपना देश छोड़ 140-120 ई. पू. के बीच बाख्त्री और पार्थव राज्यों पर टूट पड़े। वहाँ का ग्रीक राजपरिवार शकों के आप्लावन में डूब गया। शक अब दक्षिण-पश्चिम पार्थिया की ओर मुड़े। पार्थव राजाओं के साथ अनेक हार-जीतों के बाद मज्ददात द्वितीय ने उन्हें हरा कर पूर्व की ओर भगा दिया। उनके सामने काबुल की घाटी में हिन्दवी ग्रीकों का राज्य था। इससे वे सीस्तान या शकस्तान में फैल गए। फिर कन्धार और बलूचिस्तान होते हुए वे सिन्धु-देश में उतरे जिसे हिन्दू शकद्वीप और ग्रीक इण्डो-सीथिया कहते थे। भारत में शकों का आगमन लगभग 190 ई. पू. में हुआ। कालकाचार्य उन्हें यहाँ लाते या न लाते, भारत उनका अनिवार्य लक्ष्य था और परिस्थितियों के संयोग से उनको यहाँ आना ही था।

कालकाचार्य-कथानक के अनुसार कालक 'सगकुल' जाकर शकों को 'हिन्दुगदेस' (उज्जैन) लाए। शक उसके पीछे चलते हुए सिन्धुनद को पार कर 'सुरट्ठ' (सौराष्ट्र) में प्रविष्ट हुए। 'सगकुल' का एक समान अधिपति था 'साहानुसाहि'। स्वयं 'सगकुल' अनेक साहियों में विभक्त था। जब मज्ददात शक्तिमान हो गया, तब उसने अपने पूर्वज आर्तवान का शकों से बदला लेना चाहा। उसने साहियों या 'सगकुल' के पास दूत द्वारा आज्ञा भेजी कि शकों के सारे सरदार यदि अपने कुल और बन्धु-बान्धवों का विनाश न चाहते हों तो आत्महत्या कर लें, वरना उन्हें युद्ध करना पड़ेगा और हारने पर वह उनका सर्वनाश कर देगा। 'सगकुल' इस पर बड़ा व्याकुल हुआ और कालक के अनुरोध से वे उज्जयिनी में आ बसे। सिन्धुनद को पार करते ही वे सुराष्ट्र (काठियावाड़) के स्वामी बन गए। अवंती के शक-शासन का यह प्रथम युग लगभग 100 ई. पू. और 58 ई. पू. के बीच था। प्रायः सभी प्रमाणों से से शकों द्वारा उज्जयिनी की विजय लगभग 100 ई. पू. के हुई। और ये प्रथम युगीन शक ही प्रमाणतः मालवा से मथुरा के शुंगों के उत्तराधिकारी हुए। युगपुराण शकों की उज्जयिनी-विजय के कुछ ही बाद प्रायः प्रथम शती ई. पू. के उत्तरार्ध में लिखा गया था और वह शकों की इस विजय-घटना का समसामयिक प्रमाण है। युगपुराण में यह शक-आक्रमण

100 ई. पू. के लगभग शुंगशासन में ही हुआ, वैसे इसका समय कुछ बाद कण्व वंश के आरम्भ में भी हो सकता है।

जिस मालव-गण ने कभी सिकंदर की राह रोकी थी, वह कुछ काल बाद पंजाब छोड़ दक्षिण की ओर चला। प्रायः 150-100 ई. पू. में हम मालवों को उनके नए आवास पूर्वी राजपूताना में प्रतिष्ठित पाते हैं। इसी समय शकों का भारत पर आक्रमण हुआ जिनके 96 परिवारों ने सिंधुपार कर सुराष्ट्र, गुजरात और अवंती पर अधिकार कर लिया था। मालव और भी दक्षिण की ओर बढ़े। 58 ई. पू. के आसपास वे अजमेर के पीछे से निकलकर अवंती की ओर चले, जहाँ उन्हें विदेशी शकों से लोहा लेना पड़ा। लड़ाई जरा जम कर हुई क्योंकि एक ओर तो स्वतंत्रताप्रिय मालव थे, दूसरी ओर अवंती के शक जो मज्ददात द्वितीय के क्रोध से भागे हुए थे। भारत से बाहर उन्हें मृत्यु का सामना था, इसलिए जान पर खेल कर वे मालवों से लड़े। फिर भी हार उन्हीं की हुई। मालव विजयी हुए और उनके मुखिया के नाम पर इस विजय के स्मारक स्वरूप जो संवत् चलाया गया उसका नाम 'विक्रम' अथवा 'मालव' संवत् पड़ा। कुछ काल बाद मालवों के नाम पर अवंती का नाम भी मालवा पड़ गया। यहाँ से निकाले जाने पर कुछ शक संभवतः मथुरा चले गए, कुछ अपनी पुरानी भूमि सिंधु देश में शकद्वीप की ओर बढ़ गए। इनके अतिरिक्त बाहर से उनकी धाराएँ निरंतर आती रहीं। उन्होंने देश पर गहरा प्रभाव छोड़ा, क्योंकि देश के साथ उनका सदियों तक संबंध बना रहा था और उनके बाद जिस शक्ति ने भारत पर युगों तक शासन किया वह कुषाण जाति भी विदेशी थी। शकों ने भारत पर पाँच केंद्रों—सिंध, तक्षशिला, मथुरा, उज्जयिनी और महाराष्ट्र—से राज किया। अंत में इनके पश्चिमी साम्राज्य को आभीरों के आक्रमण और आभीर ईश्वरदत्त की महत्वकाँक्षा ने तोड़ दिया। ये आभीर भी इसी कारण बाहर से आए थे और अभारतीय थे। शकों के जिस आक्रमण ने भारत पर गहरा प्रभाव डाला और मध्यदेश को आक्रांत कर डाला वह शक अम्लाट के नेतृत्व में हुआ था। उसका वर्णन *गार्गीसंहिता* का युगपुराण इस प्रकार करता है :

"तब लोहिताक्ष अम्लाट (अम्नाट) नाम का महाबली धनुमूल (धनु के बल) से अत्यंत शक्तिमान् हो उठेगा, और पुष्य नाम धारण करेगा। रिक्त नगर (पाटलिपुत्र) को वे सर्वथा अक्रांत कर लेंगे। वे सभी (शक सरदार) अर्थलोलुप और बलवान होंगे। तब वह विदेशी (म्लेच्छ) लोहिताक्ष अम्लाट रक्तवर्ण के वस्त्र धारण कर निरीह प्रजा को क्लेश देगा। पूर्वस्थिति को अधोगामी कर वह चतुर्वर्णों को नष्ट कर देगा।

"रक्ताक्ष अम्लाट भी अपने बांधवों के साथ नाश को प्राप्त होगा।

"फिर विकुयशस नामक अब्राह्मण लोक में प्रसिद्ध होगा। उसका शासन भी दुष्ट और अनुचित होगा।

"उस सुदारुण युद्धकाल के अंत में वसुधा शून्य हो जाएगी और उसमें नारियों

की संख्या अत्यंत बढ़ जाएगी। करों में हल धारण कर स्त्रियाँ कृषिकार्य करेंगी और पुरुषों के अभाव में नारियाँ ही रणक्षेत्र में धनुर्धारण करेंगी। उस समय दस-दस बीस-बीस नारियाँ एक-एक नर को वरेंगी। सभी पर्वों और उत्सवों में चारों ओर पुरुषों की संख्या अत्यंत क्षीण होगी, सर्वत्र स्त्रियों के ही झुण्ड दीखेंगे, यह निश्चित है। नारियाँ पुरुष को जहाँ-तहाँ देख कर 'आश्चर्य! आश्चर्य!' कहेंगी। ग्रामों और नगरों से सारे व्यवहार नारियाँ ही करेंगी। पुरुष (बचे-खुचे, लाचारी से) संतोष धारण करेंगे और गृहस्थ प्रव्रजित होंगे।

"फिर असंख्य विक्रांत शक प्रजा को आचारभ्रष्ट होकर अधर्म करने पर बाध्य करेंगे। ऐसा सुना जाता है--जनसंख्या का चतुर्थ भाग शक तलवार के घाट उतार देंगे और उनका चतुर्थांश (धन) संख्या अपनी राजधानी को ले जाएँगे।

"आर्यधर्मी और अनार्य दोनों नराधम हो जाएँगे। ब्राह्मण, क्षत्रिय, वैश्य, शूद्र इस युगांत में एक आचार और एक वेश के हो जाएँगे, इसमें संशय नहीं। मित्रता नारी के लिए होगी और नर पाखण्डयुक्त हो जायेंगे। नीच भिक्षुक संसार में चीर और वल्कल और जटावल्कल धारण करेंगे।"

इस उद्धरण पर टिप्पणी की आवश्यकता नहीं! यह स्पष्ट है कि इस आक्रमण ने वर्ण-धर्म को जर्जर कर दिया और राजनीतिक तथा सामाजिक विक्रिया कुछ काल तक चलती रही, परंतु निरंतर की चोट ने हिंदु समाज को कुछ कम उदार न किया! धीरे-धीरे उसकी धारणा शक्ति बढ़ती गई और उसने ग्रीकों की ही भाँति शकों को भी आत्मसात कर लिया। अनेक शकों ने रुद्रदामन् और उषवदात (ऋषभदत्त) की भाँति अपने हिंदू नाम रखे और हिंदू देवी-देवताओं के उपासक बने! रुद्रदामन् ने तो 150 ईसवी के लगभग गिरनार पर्वत पर अपना संस्कृत में अभिलेख लिखवाया। उसने उस भाषा में पहली गद्यशैली निर्मित की। चौथी सदी के अंत में शकों का सर्व नाश कर चन्द्रगुप्त द्वितीय विक्रमादित्य ने मालवा, गुजरात और काठियावाड़ पर अधिकार किया और अपना 'शकारि' विरुद धारण किया।

शकों के बाद भारत पर कुषाणों का हमला हुआ। कुषाण उसी यूहची जाति का एक कबीला थे जिसे हूणों ने चीन के पश्चिमी भाग से भगा दिया था और जिससे टकराकर शकों ने मध्य-दक्षिणी एशिया में कुहराम मचा दिया था। यूहची कालांतर में यारकंद की घाटी में बसे। भारतीय इन्हें ऋषीक कहते थे। धीरे-धीरे हिंदूकुश पार कर स्वात और सिंधु की घाटियों में ये गांधार में आ बसे। यहाँ इन ऋषीकों के सरदार ने उनके पाँचों कबीलों को एक कर अपने अथवा कबीले के नाम पर उन्हें कुषाण कहा। तबसे उनकी संज्ञा कुषाण हुई। इनका पहला राजा कुषाण कफ्स (कडफाइसिस) था। उसने अफगानिस्तान, काफिरिस्तान, गांधार जीत कर अपने पूर्वशासित बलख, कम्बोज आदि में मिला लिए।

कफ्स बौद्ध था, परंतु उसका पुत्र विम कफ्स शैव था। उसने भारतीय प्रदेशों

पर पहला हमला किया और शीघ्र पंजाब, सिंध और मथुरा जीत लिए। उसकी राजधानी तो वक्षुनद की घाटी में बदख्शाँ में थी, परंतु उसके राज्य की सीमाएँ पश्चिम में पार्थव साम्राज्य, पूर्व में चीनी साम्राज्य और दक्षिण में (मथुरा के दक्षिण) सातवाहन साम्राज्य को छूने लगीं।

विम कफ्स के बाद कनिष्क इस वंश में नृपति हुआ जिसने अपने पूर्व पुरुषों की विजयों को बढ़ाया। चीन से उसने खुत्तन, यारकंद आदि जीत लिए, पार्थव आक्रमण को असफल किया। पश्चिमी उत्तर प्रदेश तथा बिहार जीता और बौद्ध भिक्षु, दार्शनिक और कवि अश्वघोष को बलपूर्वक कश्मीर ले आया। कश्मीर की सुंदर घाटी उसने पहले ही जीत ली थी। जहाँ तक इतिहास को ज्ञात है, उसकी विजयों के विरुद्ध भी देश में विशेष प्रतिक्रिया नहीं हुई। उसकी मुद्राओं पर अनेक धर्मों के देवता उत्कीर्ण हैं। परंतु विशेष झुकाव उसका बौद्ध धर्म की ओर था और उसके प्रचार और सेवा में उसने काफी परिश्रम भी किया। उसने सुपार्श्व की सलाह से श्रीनगर में चौथी बौद्ध संगीति भी बुलाई, जिसकी कार्रवाई दार्शनिक वसुमित्र की अध्यक्षता में और उसकी अनुपस्थिति में अश्वघोष की अध्यक्षता में हुई। उसी की संरक्षा में महायान सम्प्रदाय की भी उत्पत्ति हुई और बुद्ध की प्रथम प्रतिमा बनी। भारतीय भास्कर्य की एक विशिष्ट शैली का नाम कालांतर में कुषाण-शैली ही पड़ गया। कनिष्क के पश्चात्कालीन उत्तराधिकारी तो पूर्णतः हिंदू हो गए और वासुदेव आदि नाम रखने लगे, शिव की उपासना करने लगे।

कुछ दिनों में कुषाण ब्राह्मण वाकाटकों और *क्षत्रिय* नागों की सम्मिलित चोट से नष्ट हो गए और उनका शासन केवल काबुल की घाटी में रह गया। समुद्रगुप्त ने जिनको अपने प्रयाग स्तम्भ वाले लेख में शाहिशाहानुशाही शकमुरुण्ड कहा है, वास्तव में वे शक-कुषाण दोनों ही थे। अल्बेरूनी ने इनके साठ राजाओं का जिक्र किया है। काल के अंतर से ये लोग शुद्ध भारतीय माने जाने लगे थे और क्षत्रिय तथा ब्राह्मण भी बन बैठे। भारतीय समाज ने उनको इस नए कलेवर में स्वीकार भी किया। ये ब्राह्मण-क्षत्रिय 'साही' एक लंबे काल तक भारत के प्रहरी रहे और बाहर के आक्रमणों को ग्यारहवीं सदी तक रोकते रहे। भारत की ही रक्षा में उनके कुल का क्षय हुआ।

गुप्त साम्राज्य जिस समय अपने उत्कर्ष के पथ पर था, उसी समय एक बर्बर जाति ने भारत पर आक्रमण किया। वह जाति हूण थी। हूण हुइंग-नू नाम से चीन के उत्तर-पश्चिमी प्रांत कान-सू में रहते थे। ऊपर बताया जा चुका है कि अनावृष्टि से अकाल पड़ने के पश्चात् उनको अपना देश छोड़ पश्चिम की ओर बढ़ना पड़ा। उनके संक्रमण से अनेक जातियाँ चल पड़ीं और परस्पर कुछ जमाने तक टकराती और साम्राज्यों की जड़ें हिलाती रहीं। हूणों का संक्रमण आँधी की तरह था। इनके आक्रमण से कितनी ही सभ्यताएँ मिट गईं, कितने ही साम्राज्य उखड़ गए। अपने

सरदार अत्तिल के नेतृत्व में उन्होंने पूर्वी योरप को जलाकर खाक कर दिया। रोमन साम्राज्य की उन्होंने रीढ़ तोड़ दी। वे जहाँ-जहाँ गए गाँव नगर जलाते गए, उनके निवासियों को तलवार के घाट उतारते गए। जली बस्तियाँ उनके मार्ग का पता बताती थीं।

लगभग 455 ई. के उन्होंने भारत पर भी अपनी कुदृष्टि फेरी, परंतु तब गुप्त साम्राज्य के एक वीर राजा स्कंदगुप्त ने उनकी बाढ़ रोक दी। भीतरी के स्तंभ लेख से स्पष्ट है कि उसके हूणों से टकरा जाने से धरा हिल गई, भुजाओं ने आवर्त बना दिया—''हूणैर्यस्य समागतस्य समरे दोर्भ्यां धरा कम्पिता भीमावर्तकरस्य।'' परंतु स्कंदगुप्त उन्हें कुछ ही काल तक रोक सका। संभवतः उनसे लड़ते ही लड़ते उस नर-पुंगव की जान भी गई। हूणों की लहर पर लहर आती रही और कला-विलास से जर्जर न तो समाज ही उनको रोक सका, न साम्राज्य की शक्ति ही। गुप्त साम्राज्य उनकी ठोकरों से शीघ्र टूक-टूक हो गया। उसके प्रांत-प्रांत बिखर गए। हूणों ने देखते-देखते पश्चिमी भारत पर अधिकार कर लिया। एक बार मालवा के यशोधर्मन् विक्रमादित्य और एक बार मगध के बालादित्य ने उन्हें हराया। उसके पहले तोरमाण ने मालवा पर अधिकार कर लिया था। उसके पुत्र मिहिरगुल को ऊपर लिखे दोनों राजाओं ने मार भगाया, तो वह कश्मीर भागा और वहाँ शरणागत हुआ। फिर प्रवंचना से वहाँ के राजा को मार कर वह कश्मीर की गद्दी पर जा बैठा। वह अपने क्रूर कृत्यों के लिए विख्यात था। उसके बाद हूणों का विशेष दबदबा तो न रहा, परंतु निस्संदेह उनके छोटे-मोटे राजा मालवा आदि में दीर्घ काल तक राज़ करते रहे। हूणों की साधारण जनता भारतीय आबादी में खो गई और उससे राजपूतों के अनेक कुल प्रसूत हुए। इसी प्रकार गुप्त-साम्राज्य के पतन के बाद अनेक जा़तियाँ आईं और यहाँ की आबादी और समाज में खो गईं। गूजरों ने गुजरात को अपना नाम दिया। गुर्जर-प्रतिहारों का प्रसिद्ध सम्राट कुल उन्हीं का था। अनेक अग्नि-कुलीय राजपूत कुल वास्तव में विदेशी थे, परंतु भारतीयकरण के कारण क्षत्रिय मान लिए गए। उस काल की आई जातियों में अनेक ऐसी थीं, जो आज भी पूर्णतया हिंदू समाज में घुल न सकीं। उनके शरीर की बनावट आदि साधारण जनता से उन्हें पृथक् कर देती है। जाट, गूजर, अहीर आदि उन्हीं में से कुछ हैं। इनमें से अहीर तो शकों के साथ-साथ ही आये थे और उन्होंने एक बड़ा साम्राज्य भी खड़ा कर लिया था। ईश्वरदत्त इनके सम्राटों में विशेष प्रसिद्ध हुआ। इनके बाद छोटे-मोटे हमले होते ही रहे।

हर्ष के शासन-काल में ही मुहम्मद ने अरब में इस्लाम धर्म की नींव डाली। 632 ई. में उनकी मृत्यु हुई और उस मृत्यु से लगभग 80 वर्षों के भीतर-भीतर मुसलमानों ने पूर्व में सिंधु नद से पश्चिम में अतलांतक सागर तक के विस्तृत देश जीत लिए। मुहम्मद की मृत्यु के पाँचवें ही वर्ष अरबों ने यज्दगुर्द को परास्त कर ईरानी साम्राज्य पर कब्जा कर लिया। अगले 15 वर्षों में उन्होंने रोमनों से स्याम, फिलिस्तीन और

मिस्र ले लिए।

खलीफा उमर के समय भारत के पश्चिमी तट पर अरबों के पहले हमले हुए। कोंकण से थाना जिले पर जो अरब हमला हुआ उसमें अरबों ने पुलकेशिन् के हाथों मुँह की खाई। 644 ई. में अरबों ने श्रीहर्ष राय से मकरान जीत कर उसे मार डाला। उसके पुत्र के भी मारे जाने पर, सिंध का राज्य उस कुल के ब्राह्मण मंत्री के हाथ में आया। राजा दाहिर को दण्ड देने के लिए मुहम्मद-इब्न-कासिम ने सिंध पर चढ़ाई की। देवल पर उसका कब्जा होते ही दाहिर पूरब की ओर हट गया। दाहिर के भाई ने उस प्रदेश में मुहम्मद का खूब मुकाबला किया, परंतु मुसलमान अंत में विजयी हुए। प्रजा की एक बड़ी संख्या बौद्ध थी और उसने इस विपत्ति से लड़ने की कोई चेष्टा न की, उल्टे बौद्धों ने मुसलमानों का साथ दिया।

लगभग दसवीं सदी के मध्य अलप्तगीन नामक तुर्क ने, जो कभी बुखारा के अमीर के यहाँ प्रतिहार रह चुका था, गजनी में एक छोटी-सी जागीर की नींव डाली। उसके दामाद सुबुक्तगीन ने 986 ई. के लगभग भारत की ओर निगाह फेरी और उसने भारतीय साही राजा जयपाल के कई किले छीन लिए। उसने जयपाल के ऊपर कई हमले किए। उनसे तंग आकर जयपाल ने भी उसके राज्य पर हमला करने की ठानी। परंतु पहले ही हमले में वह हार कर पकड़ा गया और उसे दयनीय संधि करनी पड़ी। घर लौट कर जयपाल ने शर्तें भुला दीं। इस पर सुबुक्तगीन ने फिर उसके राज्य पर चढ़ाई की। जयपाल ने कन्नौज के राज्यपाल और जेजाकभुक्ति के धंग की सहायता से उसका सामना किया, पर वह फिर हारा और लमगान पर सुबुक्तगीन ने अधिकार कर लिया।

सुबुक्तगीन के बेटे महमूद ने 1001 और 1030 ई. के बीच प्रायः प्रत्येक वर्ष भारत के नगरों पर आक्रमण कर नगरों को लूटा और हिंदू मन्दिरों को तोड़ उनका धन-धान्य उठा ले गया। 1001 ई. में उसका पहला हमला हुआ। जयपाल, उसका बेटा आनन्दपाल और उसके सारे सरदार कैद हो गए और पेशावर तथा ओहिंद पर महमूद का कब्जा हो गया। जयपाल अग्नि में जल मरा। आनन्दपाल ने नमक की पहाड़ियों में भेरा को राजधानी बना कर लड़ाई जारी रखी। 1009 ई. की चढ़ाई को रोकने के लिए आनन्दपाल ने अनेक भारतीय राजाओं की सहायता से एक बड़ी सेना तैयार की, परंतु वह फिर हारा। इस हार का कारण उसका हाथी था। चोट लगने से वह भागा और सेना ने राजा को भागते समझ मैदान छोड़ दिया। 1018 में महमूद ने मथुरा और कन्नौज को लूटा। उसकी अन्तिम प्रसिद्ध चढ़ाई 1023-24 में सोमनाथ के प्रसिद्ध शिव-मन्दिर पर हुई। उसके पहुँचते ही अन्हिलवाड़ का राजा भीम सोलंकी भाग कच्छ चला गया। मन्दिर में पुजारियों तक की संख्या सम्भवतः महमूद की सेना से अधिक थी, परंतु देश की कायरता ने उसे अनायास जिता दिया और वह अनंत धनराशि गजनी ले गया।

1191 में भारत के सीमांत की ओर शिहाबुद्दीन गोरी नामक उस मुस्लिम विजेता ने रुख किया, जिसने गजनी का राज्य महमूद के उत्तराधिकारियों से छीन लिया था। एक बड़ी सेना लेकर वह हिंदुस्तान में घुसा जब दिल्ली और अजमेर का चौहान राजा पृथ्वीराज तृतीय मुसलमान इतिहासकारों का राय पिथौरा जुझौती में अपना समय और शक्ति नष्ट कर रहा था। शहाबुद्दीन गोरी ने जब सरहिंद ले लिया तब पृथ्वीराज उससे लोहा लेने आगे बढ़ा। पानीपत के पास तरावड़ी के मैदान में लोहे से लोहा बजा और चौहान रिसालों ने पठानों के पैर उखाड़ दिए। शिहाबुद्दीन भी घायल होकर भागा। मैदान पृथ्वीराज के हाथ रहा।

शिहाबुद्दीन अपनी पराजय भूल न सका। वैसे भी वह घर बैठा नहीं रह सकता था। क्योंकि उसे हिंदुस्तान जीतना था। अगले साल एक विशाल सेना लेकर वह लौटा। उसी तरावड़ी के मैदान में फिर घमासान लड़ाई हुई। शिहाबुद्दीन की सेना सधे तरीके से पीछे हटी। राजपूतों ने समझा मुसलमान भाग रहे हैं। अपनी कतारें छोड़ बेतरतीब उन्होंने उनका पीछा किया। मुसलमान लौटे और जम कर लड़ने लगे। हिंदुओं की सेना बिखर गई थी, भाग चली, स्वयं पृथ्वीराज हाथी से घोड़े पर चढ़ कर भागा। मुसलमानों ने उसका पीछा किया और सरस्वती के किनारे उसे पकड़कर मार डाला। शिहाबुद्दीन ने दिल्ली पर कब्जा कर लिया।

1194 ई. में शिहाबुद्दीन फिर लौटा और अब कन्नौज के विरुद्ध चला। कन्नौज तब भारत की राजधानी समझा जाता था। पाटलिपुत्र की लक्ष्मी वहाँ अधिष्ठित थी जिससे कन्नौज की शान 'महोदय श्री' कहलाती थी। जिसे जीतने के लिए विजेता सदा तत्पर रहते थे। उसे बचाने के लिए वृद्ध जयचन्द अपनी सेना लेकर चन्दावर के मैदान में उतरा और वीरतापूर्वक लड़ता हुआ मारा गया। इतिहास के व्यंग्य ने भगोड़े पृथ्वीराज को वीर और देशभक्त कहा और सम्मुख समर में प्राण देने वाले जयचन्द को कायर और देशद्रोही!

1197 ई. में शिहाबुद्दीन गोरी के एक सेनापति मुहम्मद बिन बख्त्यार ने थोड़े से सैनिक लेकर बिहार और बंगाल पर चढ़ाई की। किसी गाँव में उसका अंत किया जा सकता था, परंतु वह बेदाग निकल गया और छोटी सी सेना से ना केवल उसने बिहार और बंगाल को जीता वरन् उद्‌दण्डपुर के हजारों भिक्षुओं को तलवार के घाट उतार दिया। इतिहास में भारतीय कायरता और मुस्लिम साहस का यह अपना उदाहरण आप है। इस हमले और कुतुबुद्दीन ऐबक के प्रयत्न से सारे हिंदुस्तान पर मुसलमानों का कब्जा हो गया।

1221 में अब उत्तर भारत पर दासकुलीय इल्तमश का राज था। मंगोल मध्य एशिया में खून की होली खेल रहे थे। उनके सरदार चिंगेज खाँ ने वहाँ से पुराने साम्राज्य उखाड़कर अपना विशाल साम्राज्य खड़ा किया था। मंगोलों के हमलों से हिंदुस्तान सहमा रहता था। उस साल भारत पर एक नई विपत्ति आई। अपने प्रतिद्वंद्वी

जलालुद्दीन का पीछा करता हुआ चिंगेज भारत पहुँचा परंतु शीघ्र वह उसकी खोज कर लौट गया। हिंदुस्तान की बला टली। गनीमत थी कि वह हिंदुस्तान जीतने नहीं आया था। फिर भी उसके आने और लौटने के रास्ते खून के नाले और जले हुए गाँव बताते थे।

चौदहवीं सदी के अंत में मध्य एशिया में एक और आँधी उठी, जिसकी मार से सल्तनतें चूर-चूर हो गई थीं। समरकंद के चगताई वंश के तैमूरलंग ने वोल्गा से यारकंद तक फैला हुआ एक साम्राज्य स्थापित किया था। उसने तुगलक काल के अंत्य दिनों में 1398 ई. में भारत की ओर नजर फेरी। जब वह भारत की ओर बढ़ा, तब यहाँ सर्वत्र आतंक छा गया। गाँव के गाँव, शहर के शहर उसकी सेना के आगे केवल भय से भागते चले। यदि यह जन-समूह केवल रुक कर उसकी सेना पर गिर गया होता तो वह पिस गई होती, पर कायरता ने भारतीयों के दिलों में इस कदर घर कर लिया था कि तैमूर लूटता हुआ बढ़ा और भारतीय दिल्ली की ओर भागे। सुल्तान दिल्ली के किले से तैमूर के मुकाबले के लिए निकला। तैमूर ने लड़ाई शुरू होने के पहले जो अपनी सेना की स्थिति देखी, तो मालूम हुआ कि उसका एक बड़ा भाग केवल भारतीय कैदियों की निगरानी में व्यस्त है। झट उसने कैदियों का वध करने की आज्ञा दी। एक लाख कैदी वध कर दिए गए। संसार के इतिहास में यह भी एक अद्वितीय घटना थी। एक लाख सैनिक तैमूर के साथ न थे। ये एक लाख कैदी उस काल संसार विजय कर सकते थे, पर उन्होंने चुपके से बिना जबान हिलाए अपना मस्तक बढ़ा दिया और वध हो जाने दिया। तैमूर मुल्तान को जीत दिल्ली लूटता मेरठ और हरिद्वार पहुँचा। रास्ते में गाँव जलाता, जनता को तलवार के घाट उतारता, काँगड़ा के रास्ते जम्मू होता वह शिवालिक के पहाड़ों में खो गया।

मुसलमान हमलों में मुगलों का हमला बड़े महत्त्व का था, क्योंकि उसने उस सल्तनत की नींव डाली जिसने भारत में जम कर राज किया, जिसमें बाबर, अकबर, शाहजहाँ और औरंगजेब हुए। बाबर माँ की ओर से चिंगेज खाँ और बाप की ओर से तैमूर का वंशज था। ग्यारह साल की उम्र में वह फरगना की गद्दी पर बैठा। पर उसे शीघ्र गद्दी छोड़ भागना पड़ा। अनेक बार उसने वह देश जीता अनेक बार उसे छोड़ वह भागा। विपत्ति उसकी सहचरी बनी और उसने उसमें साहस और अध्यवसाय भरा। बाबर अंत में हार कर मध्य एशिया के स्वप्न भुला दक्षिण की ओर मुड़ा। काबुल जीत कर उसने अपनी सल्तनत के पाए वहाँ खड़े किए और वहाँ से उसने हिंदुस्तान जीतने के मंसूबे बाँधे।

हिंदुस्तान तब लोदी वंशीय अफगान के हाथ में था जिससे उसके प्रायः सारे सरदार नाराज थे। मेवाड़ के राणा सांगा पर उसने दो-दो चढ़ाइयाँ कीं। दोनों बार उसे धूल चाटनी पड़ी और एक बड़ा भाग खोकर वह दिल्ली लौटा था। साँगा प्रायः

बाबर की आयु का ही था। उत्कट लड़ाका। गुजरात और मालवा तक उसका आतंक छाया था। अब इब्राहिम लोदी को हरा कर उसने और भी प्रांत हथिया लिए। पर उसने बढ़ कर दिल्ली पर कब्जा क्यों न कर लिया, आश्चर्य है। इसके बजाय उसने बाबर के पास आक्रमण के निमंत्रण देने के लिए अपने दूत भेजे! पंजाब का दौलत खाँ लोदी लाहौर में विद्रोही हो गया था, इब्राहिम का चाचा अलाउद्दीन बाबर से जा मिला था। इससे बढ़ कर बाबर जैसे व्यक्ति को संयोग क्या मिल सकता था, जब भारत के पेशवा और समर्थ लड़ाके उसे अपना देश जीतने को आमंत्रित कर रहे थे? उधर पूरब में लोहानी अफगान दिल्ली से किनारा कस अपने स्वतंत्र साम्राज्य के स्वप्न देख रहे थे।

लाहौर और दीपलपुर लेता बाबर आगे बढ़ा। दिल्ली के पास पानीपत के मैदान में 1526 ई. में इब्राहिम ने एक बड़ी सेना के साथ उसका मुकाबला किया। बाबर के पास कुल बारह हजार सेना थी। साँगा अपने घर से तमाशा देख रहा था, लोहानी चुप थे, दौलत खाँ आक्रामक से मिल गया। बाबर के पास 700 तोपें थीं। भारतीय सैनिकों ने न कभी तोपें देखी थीं न बंदूकें, और उनकी मार के सामने वे दम भर न टिक सके। हाथी तोपों की मार के सामने अपनी सेना को कुचलते हुए भाग निकले। बाबर ने दिल्ली पर कब्जा कर लिया।

उसका जमुना पार बढ़ना रणबाँकुरे राजपूतों और साँगा से लोहा लेना था। आगरे के पीछे बयाना और धौलपुर तक साँगा का राज्य था। साँगा बाबर का भीषण प्रतिद्वंद्वी था। उसकी एक आँख और एक बाँह तो पहले ही जाती रही थी। वास्तव में हिंदुस्तान की लड़ाई इब्राहिम और बाबर के बीच नहीं, साँगा और बाबर के बीच थी। बाबर ने बढ़ कर बयाना पर कब्जा कर लिया। साँगा ने तिरछे हमले से उसे वहाँ से निकाल बाहर किया। सांगा की शक्ति और राजपूतों की विकट मार की खबर पहले ही बाबर के सैनिकों को मिल गई थी और उन पर उनका आतंक छा गया था। एक मुगल सरदार, बयाने की ओर बढ़ते हुए जो साँगा की राह रोकने गया, तो राजपूतों ने उसे इस तरह पीछे फेंका कि वह मुगलों के पड़ाव से आ टकराया। सर्वत्र राजपूतों का त्रास जम गया। बाबर ने स्वयं भयभीत हो सीकरी में पड़ाव डाला, वहाँ खाइयाँ खुदवाईं और अपनी 700 फिरंगी तोपों को चमड़े के फीतों से बँधवा दिया, जिसमें राजपूतों के हमलों से वे तितर-बितर न हो जाएँ। उसमानी तुर्कों ने इस विधि का सफल प्रयोग ईरानियों के विरुद्ध किया था। और पहले-पहल इस तरीके को बोहेमिया के लोग जर्मन रिसालों का वेग रोकने के लिए अमल में लाए थे। योरपीय फिरंगी तरीके राजपूतों की राह में रोड़े अटकाने आए। पर उनके रिसालों की ठोकरों से तितर-बितर हो गए।

बाबर ने बड़ी सूझ, धैर्य और हिम्मत से काम लिया। राजपूतों ने भयंकर हमला किया। पठानों और मुगलों की कुमक विचल गई। तोपों से भयंकर आग बरस रही

थी, परंतु राजपूतों का वेग उनसे अधिक था। सीधे उनके मुँह में राजपूत घुड़सवार खो जाते, उनकी दगती बाढ़ों में उनकी कतारें चमकतीं और क्षण भर बाद सवार और घोड़े आसमान में उड़ते हुए नजर आते। जान पड़ा जैसे वे दगती तोपों पर भी कब्जा कर लेंगे। पर सहसा साँगा के मस्तक में एक तीर लगा और उसने गहरा घाव कर दिया। अस्सी घावों वाला साँगा मूर्छित हो गया। उसके अनुचर उसे युद्ध क्षेत्र से बाहर ले गए। झाला अज्जा ने उसका स्थान लिया। भयंकर मार होती रही, लोहे से लोहा बजता रहा। यकायक पीछे से चक्कर मार बाबर की रक्षित सेना ने राजपूतों की चन्दावल पर हमला किया। जब तक राजपूत चंदावल सम्हालें, सामने की मुगल फौज ने उनकी हरावल तोड़ दी। इस युद्ध नीति को पश्चिमी एशिया में तुलुगमा कहते थे। गैबानी की इसी चाल से जरफशाँ की लड़ाई में बाबर ने समरकंद का मुकुट खोया था, इसी चाल से खानवा की लड़ाई में उसने हिंदुस्तान का ताज जीता।

अठारहवीं सदी के मध्य और तीसरे चरण में दो और हमले हुए, जिनसे भारत की काफी क्षति हुई। जब मुगलों का वैभव निम्नगामी हो चला था, उनकी शक्ति दुर्बल हो चली, तभी नादिरशाह ने ईरान से भारत की ओर प्रस्थान किया। अफगानिस्तान जीत उसने भारत पर हमला किया और करनाल के पास शाही सेना को बुरी तरह परास्त किया। ईरानी तोपंदाजी का कार्य बड़ी सुगमता से करते थे। भारतीय उनके सामने ठहर न सके। नादिरशाह ने शर्त के साथ दिल्ली में प्रवेश किया। पहले तो वह चुप रहा, परंतु गल्ले की दर के संबंध में उसके सिपाहियों और दिल्ली वालों में जो झगड़ा हुआ उससे चिढ़ कर उसने कत्लेआम का हुक्म दे दिया। 1739 ई. के इस कत्लेआम का मुकाबला न तो 1221 ई. का चिंगेज खाँ का हमला कर सकता था और न 1398 ई. का तैमूर का। नौ बजे सुबह से दो बजे तीसरे पहर तक कत्लेआम चलता रहा, दिल्ली में खून के नाले बहते रहे। मुहम्मदशाह की प्रार्थना पर फिर यह हत्याकाण्ड रुका। नादिरशाह लगभग पचास करोड़ रुपए, तख्त-ताऊस और कोहनूर लेकर स्वदेश लौटा। देश लहू-लुहान हो गया। मरहठे और राजपूत देखते और आपस में लड़ते रहे।

1761 ई. में पानीपत की तीसरी लड़ाई हुई। मरहठों ने धीरे-धीरे दिल्ली के दरबार पर अपना प्रभाव जमा लिया था। अजीजुद्दौला को गद्दी पर बैठाना उन्हीं का काम था। नादिरशाह को मार कर अफगानिस्तान की जनता ने उसके सेनापति अहमदशाह अब्दाली को गद्दी पर बैठा दिया था। उसने आरम्भ में भारत पर छोटे-मोटे अनेक हमले किए और पंजाब में अपना सूबेदार नियुक्त कर वह स्वदेश लौट गया। उसके जाते ही मरहठों ने लाहौर पर हमला कर उस पर अधिकार कर लिया। इससे नाराज होकर उनको दण्ड देने की गरज से अब्दाली लौटा। मरहठों ने भी एक सेना तैयार की। गायकवाड़, सिंधिया और होल्कर शामिल थे। भरतपुर का जाट राजा

सूरजमल भी उनसे आ मिला। राजपूतों ने भी कुछ मदद भेजी। सदाशिवराव सेना का संचालक बना और पेशवा का पुत्र विश्वासराव उसका सहायक। परंतु इस सेना के विविध अंगों में मेल न था। पानीपत के मैदान में अब्दाली आ डटा था, परंतु उस पर शीघ्र हमला न हो सका। ऐन मौके पर इस संबंध में कथोपकथन होने लगा कि युद्ध प्राचीन अथवा अर्वाचीन किस विधि से हो। सूरजमल ने पुरानी पद्धति का समर्थन किया, जिसे होल्कर ने सराहा। सदाशिवराव, जिसने इब्राहिम गर्दी की तोपों की मार उदयगिरि के मैदान में देखी थी, खुल्लमखुल्ला युद्ध के पक्ष में था। इब्राहिम ने उसे डरा भी दिया था कि यदि उसकी राय न मानी गई तो वह अब्दाली से जा मिलेगा। खैर, हमला हुआ और पहली मार में मरहठों की विजय भी हुई, पर सदाशिवराव काम आया और इब्राहिम घायल हुआ। सिंधिया घायल होकर भागा। होल्कर ने भी सूरजमल के साथ भरतपुर की राह ली। यह खबर पाकर स्वयं पेशवा उत्तर की ओर बढ़ा, पर नर्मदा के पास उसे एक पत्र मिला जिसका भाव इस प्रकार था—दो मोती नष्ट हो गए, सत्ताइस सोने की मोहरें खो गईं, चाँदी-ताँबे की कोई गिनती नहीं। पेशवा को इससे इतनी चोट पहुँची कि उसका निधन ही हो गया। उसकी मृत्यु और मरहठों की हार ने महाराष्ट्र को भयंकर विपद में डाल दिया। इस युद्ध का यह परिणाम तो होना ही था। ऐन मौके पर जहाँ सक्रियता और एकता की आवश्यकता थी, निष्क्रियता और वाग्मिता ने उनका स्थान ले लिया। आपसी वैमनस्य, मंत्रणा की अनेकता और व्यक्तिगत महत्वाकांक्षा ने विजय पराजय में बदल दी, वरना भारत फिर एक बार शक्ति और स्वतंत्रता के समीप पहुँच गया था। चारों ओर मरहठों का उत्कर्ष हो रहा था। अपने-अपने केन्द्रों में राजपूत आदि भी प्रबल थे और मुसलमानों का सूर्य डूब रहा था, परंतु परस्पर की फूट ने पासे पलट दिए।

भारत पर अंतिम अधिकार अंग्रेजों का हुआ। योरपीय जातियों का भारत पर अधिकार वस्तुतः आक्रमण से नहीं कूटनीति से हुआ। यथार्थतः उनकी दो ही लड़ाइयाँ—प्लासी और बक्सर की—अपेक्षाकृत महत्त्व की थीं। उनके खेल राजनीतिक दाँव-पेंच और अवसरवादिता के थे। प्रायः सोलहवीं सदी में ही योरपीय भारत में आने लगे थे, विशेषकर ब्यापारी के रूप में। पुर्तगाली, डच, फ्रांसीसी, अंग्रेज आते रहे और व्यापार के निमित्त वे अपने केंद्र और कोठियाँ स्थापित करते रहे। भारतीय दरबारों में बहुत समय तक उनकी परस्पर स्पर्धा चलती रही, जो मुगल साम्राज्य के पतन के बाद, बेहद बढ़ गई। उनका काम, मौका देख कर, देशी रियासतों को एक-दूसरे के विरुद्ध भड़काना और लड़ाना हो गया। जब उनमें वैमनस्य बढ़ जाता, तो ये उनके यहाँ सैन्य-शिक्षण, तोपंदाजी, आदि का काम करने लगते। जब उनकी शक्ति क्षीण हो गई तो ये प्रबल हो गए और इनकी आपसी कशमकश जोर पकड़ती गई और अंत में उसने खुले युद्ध का रूप धारण किया। और देश तो भारतीय क्षेत्र से अलग हो गए, परंतु फ्रांसीसी और अंग्रेज कुछ काल तक संघर्ष करते रहे। अंत में अंग्रेज

सफल हुए और उन्होंने फ्रांसीसियों को निकालकर अपना असली रूप धारण किया। पहले तो वे देशी रियासतों के संरक्षक बने, फिर उन्हें हड़प गए। इसके उत्तर में 1857 ई. में सिपाही-विद्रोह हुआ, परंतु योग्य सेनापति के अभाव, संगठन की कमी, गुरखों और सिक्खों के देशद्रोह और विद्रोह के देशव्यापी न होने के कारण यह विप्लव असफल रहा। फलस्वरूप ब्रिटिश पार्लियामेंण्ट ने लार्ड कैनिंग के शासन-काल में भारत का इंतजाम अपने हाथ में ले लिया। अंग्रेज पहले सौदागर होकर आए, फिर ईस्ट इण्डिया कंपनी की हैसियत से देश के शासक हुए, फिर शोषक स्वामी। प्रायः पौने दो सौ वर्षों तक भारत वसुंधरा को भोग कर, उसकी जनता को कंगाल बना और उसमें फूट के बीज बोकर उन्होंने उससे हाथ खींचा, यद्यपि उनके उपकार भी निस्संदेह स्वीकार करने पड़ेंगे। आधुनिक शिक्षा, वैज्ञानिक दृष्टिकोण, राष्ट्रीयता की भावना आदि उनकी देन हैं, जिनसे हम कतई इनकार नहीं कर सकते।

हमले क्यों होते हैं? भारत पर हमले क्यों हुए? हमलों में भारत हारा क्यों? ये प्रश्न स्वाभाविक हैं, यद्यपि इनके उत्तर इतने आसान नहीं।

दर बदर ठोकरें खाते हुए फिरते हैं सवाल
और मुजरिम की तरह उनसे गुरेजाँ हैं जवाब!

हमले क्यों होते हैं? प्रश्न यह केवल अतीत का नहीं है। इसका उत्तर कम से कम अतीत और वर्तमान दोनों से संबंध रखता है। हमले होते हैं आवश्यकताओं की पूर्ति के लिए, यशोविस्तार के लिए, शोषण के लिए। अतीत के हमले आर्थिक कारणों से, यशोविस्तार के लिए, धर्म प्रचार आदि के लिए हुए। जातियों के संक्रमण प्राचीन काल में अधिकतर जीवन के साधनों के अभाव के कारण हुए। पशुचारण के लिए चरागाहों की कमी, आहार के अभाव, कृषि की असुविधाओं के कारण जन-समूह या उनके कबीले एक स्थान से दूसरे स्थान घूमते फिरे। आर्य इसी कारण रूस के दक्खिनी भाग के अपने आवास को छोड़ ईरान, भारत, इटली और ग्रीस आदि देशों को चले गए। कान-सू प्रांत में अकाल पड़ने से हुइंग-नू (हूण) चीन से पश्चिम को इसी कारण चल पड़े थे। कई बार किसी शक्तिशाली जाति के स्थान-परिवर्तन से भी अन्य जातियों के आवास और निष्क्रमण पर प्रभाव पड़ता है। हूणों के अपने स्थान-परिवर्तन का परिणाम यह हुआ कि युह-ची अपने स्थान से हिल गए। युह-चियों के हिलने से शकों में संक्रमण हुआ और इस कारण बाख्त्री का राज्य नष्ट-भ्रष्ट हो गया। आर्थिक कारण आधार और बीज रूप में प्रायः सारे संक्रमणों के मूल में हैं।

भारत के ऊपर भी हमले इन्हीं कारणों से हुए। यहाँ से बाहर जाने वालों की संख्या नहीं के बराबर है। युद्ध से जर्जर केवल एक कबीले का भारत से बाहर जाने का स्पष्ट प्रमाण है, वरना इस बात का एक भी उदाहरण नहीं जब भारत से कोई जाति बाहर गई हो। इसका एक मात्र कारण यह है कि भारत सदा उर्वर भूमि रहा है और कृषि के साधन जितने यहाँ सरलता से उपलब्ध रहे हैं, उतने संभवतः किसी

अन्य देश में नहीं। यहाँ की समृद्धि ने भी अन्य जातियों को इस पर आक्रमण करने को उत्साहित किया है।

भारत हारा क्यों और अनवरत हारता ही क्यों रहा? यह प्रश्न भी बड़ा स्वाभाविक है। परंतु इसका उत्तर भी अपेक्षाकृत कठिन इसलिए हो जाता है कि यहाँ वीरों का अभाव नहीं रहा, कर्मठों का अभाव नहीं रहा, चिंतकों का अभाव नहीं रहा, साहस की कमी नहीं रही।

भारत की पराजय का सबसे महत्त्वपूर्ण कारण यहाँ का सामाजिक संगठन रहा है। भारत विधानों का देश रहा है। यहाँ के व्यक्तियों, व्यक्ति-समूहों अथवा विविध आबादियों ने अपने हित का आप चिंतन नहीं किया है। यहाँ के व्यक्तियों के लिए अन्य व्यक्ति सोचते रहे हैं। विधानपरक जीवन बिताना इतना स्वाभाविक हो गया था कि जिस विषय पर शास्त्र का विधान था, उस पर अपना मत और आचरण निश्चित करना व्यक्ति के लिए प्रायः असंभव हो गया था। और, वह विधान चाहे औचित्य, उपादेयता, काल और देश का अतिक्रमण कर गया हो, परंतु उसकी फिर से नई परिस्थितियों के आलोक में समीक्षा करने की आवश्यकता नहीं समझी गई। इसका ज्वलंत उदाहरण भारत की वर्ण-व्यवस्था है। उसने उसके नैतिक जीवन में प्रायः सारी दुर्बलताएँ भर दी हैं। वर्ण किसी समय में श्रम-विभाजन और पेशे की आर्थिक व्यवस्था के अर्थ बने—यह साधारणतया इतिहासकारों का मत है, यद्यपि वर्ग विशेष की स्वार्थलोलुपता और परशोषण नीति इसका प्रधान कारण रहा है, इस वक्तव्य में कम यथार्थता नहीं है। वर्ण व्यवस्था ने समाज को जाति-पाँति के बंधनों में जकड़कर उसे टूक-टूक कर दिया। समूह-समूह, व्यक्ति-व्यक्ति में ऊँच-नीच की भावना जगाई, जन-जन में घृणा और विद्रोह को उत्पन्न किया। नीति-पुस्तकों में लिखा तो अवश्य गया कि व्यक्ति की पूजा उसके गुणों से होती है, परंतु जीवन में वस्तुतः ऐसा कभी हुआ नहीं। व्यक्ति सदा अपने वर्ण और आर्थिक 'स्टेटस' से आदरित अथवा अनादरित हुआ। इसे जन्म का कारण समझ कर व्यक्ति ने अध्यवसाय से ऊपर उठने की बात छोड़ दी। विधायकों ने भी उसे बार-बार समझाया कि उसकी व्यक्तिगत हीन परिस्थिति उसके पूर्व जन्म के कर्मों के परिपाकस्वरूप है और उसमें उसे संतोष करना होगा। इससे अपनी स्थिति को बदलने का व्यक्ति अथवा समूह ने प्रयत्न न किया। आत्मविश्वास भी उससे जाता रहा और अपनी हीनता से असंतुष्ट नहीं, अकिंचन हो उठा। जिस समाज में व्यक्ति-व्यक्ति, जाति-जाति में ऊँच-नीच का भाव हो, जहाँ एक वर्ग अथवा वर्ण को नगर के भीतर तक रहने न दिया जाता हो उसकी छाया से द्विजाति अपने को भ्रष्ट समझने लगी हो, नगर में प्रवेश करते हुए उसे लकड़ी बजा कर सवर्णों को सावधान करने की अनिवार्यता सिद्ध हो, उसके सामूहिक अथवा सामाजिक उत्कर्ष अथवा प्रगति की क्या आशा की जा सकती है? इस प्रकार एक बड़े जन-समुदाय को अन्त्यज बना कर छोड़ देने के कारण समाज की शक्ति अत्यंत

सीमित हो जाती है। फिर वर्णों में पारस्परिक प्रेम न रहने के कारण उनसे सामूहिक आचरण संभव नहीं। हिंदुओं के मुसलमानों से हारने के कारणों में एक प्रधान कारण यह भी रहा है कि उनमें सबके समान अधिकार होने के कारण मुसलमानों में ऊँच-नीच के भेदभाव अथवा पारस्परिक घृणा का अभाव रहा है और मुसलमान जाति के प्रत्येक वर्ग, प्रायः प्रत्येक व्यक्ति का उपयोग हो सका है, और होता रहा है, इसके विपरीत हिंदुओं में साधारण जनता, अनुपेक्षणीय जनबल, की उपेक्षा हुई है और यह शोषित वर्ग समय-समय पर सदा देश के शत्रुओं का साथ देने अथवा उसकी हिमायत करने को प्रस्तुत होता गया है। एक बार एक वर्ण की परिधि में आ जाने के बाद उससे बाहर निकलने की संभावना न रही और दूसरों के कार्य जो सब प्रकार से परिस्थिति विशेष में स्वाभाविक होते, 'परधर्म' समझ कर त्याज्य हो गए। युद्ध करना केवल क्षत्रियों का कर्म है, जब यह सिद्धांत समाज में बल पकड़ गया तब बाकी तीन वर्ण और चौथा अछूत वर्ग युद्ध के अर्थ बेकार हो गए। इससे समाज के प्रायः तीन चौथाई भाग विदेशी आक्रामकों की राह से हट गए। राजनीति क्षत्रिय कर्म है, इसने भारतीय क्षत्रियेतर मानव को उससे उदासीन कर दिया। "कोउ नृप होइ हमै का हानी, चेरि छोड़ि का होउब रानी"—यह उक्ति उदासीनता की पराकाष्ठा उपस्थित करती है। क्या कारण है कि सोमनाथ मंदिर पर महमूद गजनी की चढ़ाई के अवसर पर जब अन्हिलवाड़ का राजा भीम भाग गया, तब किसी और ने आक्रामक की राह रोकने का प्रयत्न नहीं किया, यद्यपि उस विशाल मन्दिर के पुजारियों और अन्य कर्मचारियों की ही इतनी संख्या थी कि यदि वे महमूद की सेना पर केवल गिर पड़ते तो वह पिस जाती! इसके अतिरिक्त प्रातः स्मरणीय (!) राजभोज ने बढ़ कर उसकी राजधानी लूट ली! क्या आश्चर्य कि तैमूर के एक लाख बंदियों की रक्षक सेना उस संख्या का दशांश भी न थी और केवल लड़ाई की असुविधा के कारण उसने उन्हें तलवार के घाट उतार दिया? इतने आदमी क्या नहीं कर सकते थे? क्या आश्चर्य जो बख्तियार ने 18 घुड़सवारों (कुछ लोगों ने यह संख्या 200 बतायी है जो निस्संदेह विशेष अन्तर नहीं डालती) के साथ बिहार और बंगाल पर अधिकार कर लिया हो! क्या आश्चर्य जब खानवा-सीकरी के युद्ध में साँगा-सा देश का मुकुटमणि छिन गया हो और हजारों राजपूतों ने बाबर की तोपों के मुँह में अपने को बलि कर दिया हो और आगरे और सीकरी के किसान बिना अपनी भवों पर बल डाले शान्तिपूर्वक खेतों में हल चलाते रहे हों! यदि सारा समाज एक इकाई में संगठित होता तो व्यक्ति-व्यक्ति का समाहार होता हुआ भी वह बूँदों के समाहार की भाँति जल का प्रवाह होता जिसकी शक्ति सर्वथा अजेय हो जाती। वरन पुरु, चन्द्रगुप्त मौर्य, खारवेल, पुष्यमित्र, शातकर्णी, नाग वीरसेन, समुद्रगुप्त, चन्द्रगुप्त विक्रमादित्य, स्कंदगुप्त, यशोधर्मन्, पुलकेशिन् द्वितीय, सांगा, प्रताप, शिवाजी आदि के होते हुए भी भारतीय सदा हारते क्यों रहते? क्योंकि इन नामों के अर्थ यही थे, अन्य नहीं, अन्य हो भी नहीं सकते थे। वर्ण-व्यवस्था

राह की रुकावट थी। फ्रांसीसी राज्य की क्रांति की तरह यहाँ भी नाई, मोची, दर्जी, खोंचे वालों आदि में से अपूर्व सेनापति क्यों नहीं हो गए? वर्ण-व्यवस्था उनके बीच में बाधक थी।

इस व्यवस्था की जकड़ के कारण विवाहों की परिधि जो संकुचित हो गई थी, उससे निरंतर ह्रास होता रहा। जाति-विशेष की शक्ति को अन्यजाति की धारा अपने असमान प्राणाणुओं से पुष्ट कर पुनर्जीवित न कर सकी।

भारतवर्ष ने दूसरों से सीखने अथवा अपनी भूलों को दुरुस्त करने का कभी प्रयत्न न किया। अपनी प्राचीनता और गौरव में भारतीय इस कदर भूले हुए थे, इस दिशा में उन्हें इतना गर्व था कि उन्होंने यह नहीं समझा कि उन्हें भी दूसरे कुछ सिखा सकते हैं और उन्हें उनसे सीखना चाहिए। "इसी देश की प्रसूति ने पृथ्वी भर की जातियों को अपने-अपने धर्म और कर्तव्य की शिक्षा दी", इस असत्य और युक्तिहीन गर्वोक्ति ने भारतीयों को प्रयत्नहीन बना दिया। इसके साथ-साथ भारतीय वसुंधरा की उर्वरा शक्ति ने आसानी से शस्यप्रसव कर अपने-अपने निवासियों को प्रमादी बना दिया। संघर्ष, जो प्रगति की आद्यशक्ति है, उनके जीवन में न रहा।

भारत में जाति और कभी-कभी धर्म के नाम पर तो वीरता समय-समय पर दिखाई भी गई परंतु देश-प्रेम की वह भावना, जो अन्य देशों में पाई जाती है, यहाँ कभी नहीं रही। जिन वीरों ने हल्दीघाटी को अमर कर दिया वे भारत के लिए नहीं, संभवतः मेवाड़ के लिए, राणा प्रताप के लिए लड़े थे। भारतीय साहित्य में इसलिए स्काट की पंक्ति :

Breathes there the man with soul so dead
who ne'er to himself hath said;
This is my own my nafive land.

की टक्कर या उस तरह की एक पंक्ति न लिखी जा सकी।

यहाँ प्रायः छोटे-छोटे राज्य परस्पर लड़ते रहे। जब कभी साम्राज्य खड़े हुए तब उनके आधार सामंतवादी थे, जिसमें राजनीतिक अधिकार तथा नागरिक सतर्कता कुछ हद तक थी। परंतु उन्हें साम्राज्यों ने हड़प लिया और पारस्परिक फूट के कारण वे आपस में संघ निर्माण कर सबल न हो सके। केवल एक ही अपवाद इस संबंध में उपस्थित किया जा सकता है और वह है लिच्छवियों आदि आठ गणों का बज्जी संघ जिसने वर्षों मगध साम्राज्य को चुनौती दी और तब तक वह नष्ट न किया जा सका जब तक कि लिच्छवियों में फूट के बीज बो कर उनकी एकता नष्ट न कर दी गई। जब कभी समान शत्रु के सामने विविध राजा संगठित भी हुए, तब उनकी इकाइयाँ प्रायः स्वतंत्र रहीं। सारी सेना एक सेनापति के संचालन अथवा अधिकार में न रह कर अपने-अपने सामंत के अधीन थी। मुहम्मद गजनी, मुहम्मद गोरी, अहमदशाह अब्दाली सबके विरुद्ध संगठित सेनाओं की यह कमजोरी थी। अब्दाली

के विरुद्ध तो पहले मरहठों, राजपूतों और जाटों में ही वाग्युद्ध छिड़ गया था।

अपने सुअवसरों से भारतीयों ने कभी फायदा न उठाया। अपने देश से वे कभी बाहर न निकले। पृथ्वीराज ने यदि गोरी को परास्त किया तो उसका सर्वथा नाश न कर सका। पुष्यमित्र की भाँति उसे गोर तक पहुँच जाना था। राणा सांगा ने इब्राहिम लोदी को दो-दो बार हराया, परंतु एक आध प्रांत स्वीकार कर वह चुप हो गया। उसे चाहिए था कि वह लगे हाथ दिल्ली के सिंहासन पर अधिकार कर ले। इसके बजाय उसने दौलत खाँ लोदी और इब्राहिम के चाचा अलाउद्दीन के साथ बाबर को सुल्तान के विरुद्ध चढ़ आने और उसके साथ साझा करने के लिए अपने दूत भेजे। मुगल साम्राजय के पतन के बाद बीस मरहठे भारत के वास्तविक भाग्य-विधाता और साम्राज्य-निर्माता बने रहे। वस्तुतः अंग्रेजों ने राज्य उनके हाथ से ले लिया। परंतु चिर-काल तक मराठे लूट-पाट में समय खोते और आपसी युद्ध में अपनी शक्ति व्यय करते रहे और शीघ्र सब कुछ गँवा बैठे। क्यों नहीं अब्दाली के पहले या पीछे ही उन्होंने हिम्मत करके भारत की राजनीतिक बागडोर हाथ में ले ली?

भारतीय सैन्य संगठन अत्यन्त प्रश्नात्मक था। आनुवृत्तिक चतुरंगिणी सेना कालांतर में बोझिल सिद्ध हुई, परंतु उसके विधान में भारतीयों ने कुछ अंतर नहीं डाला। घुड़सवारों की सेना थोड़ी और पैदलों की अधिक होती थी। हाथी अधिकतर अपने ही पक्ष को हानि पहुँचाते थे, यद्यपि उनका उचित उपयोग लाभकर हो सकता था जैसा चन्द्रगुप्त मौर्य और सिल्यूकस निकेतर के पक्ष में हुआ। यह सेना देशी शत्रुओं के सामने तो लड़ती थी, परंतु विदेशियों के सामने पीठ दिखा जाती थी। योरप, पश्चिमी और मध्य एशिया में तोपों और बंदूकों का प्रयोग सदियों से हो रहा था, परंतु भारत में उनका प्रयोग ही कोई नहीं जानता था। उनका प्रयोग पहले-पहल यहाँ बाबर ने किया। मराठों ने सैन्य-संगठन पर कुछ ध्यान दिया भी और उन्होंने कवायद का भी लाभ उठाया, परंतु वे भी सामंती प्रथा से ऊपर न उठ सके। भारत के शायद केवल मौर्य और गुप्त सम्राटों के पास वैतनिक (Standing) सेना थी। विदेशियों से यहाँ वालों ने सुंदर सैन्य नीति भी नहीं सीखी। कुशल सेनापति यहाँ कदाचित ही कोई हुआ। सैन्य-संचालन और युद्ध नेतृत्व का स्तर बहुत ऊँचा न उठ सका। हम सिकंदर, बाबर या नेपोलियन की भाँति किसी भारतीय सेनापति का नाम नहीं ले सकते।

यहाँ के धर्म में दूसरों का नाश करने, जीतने आदि का विधान कम था। बौद्ध और जैन धर्मों ने तो अहिंसा का बाना पहनाया। शुद्ध हिंदू धर्म में ही युद्ध का कुछ समावेश था। दिग्विजय और अश्वमेध इसी की कुछ संस्थाएँ थीं। काषाय धारण कर प्रव्रजित हो जाना यहाँ बड़े त्याग और साहस की बात समझी जाती थी। इसी से युगपुराण ने भारत के शककालीन सर्वनाश के समय इस काषाय पर विकट व्यंग्य

किया था। बौद्ध और जैन धर्मों ने जो राष्ट्र के भोजन में शाकाहार की मात्रा का विधान किया, उससे भी युद्ध-प्रकृति का कुछ ह्रास हुआ।

इन आँकड़ों के विरुद्ध विदेशी आक्रमणों में प्रायः इन सब त्रुटियों का समाधान था। वे अपने समाज के सारे वर्गों का उपयोग कर सकते थे, क्योंकि उनमें जात-पाँत के भेदभाव न थे। उनकी शारीरिक शक्ति प्रचुर थी और विलास और अवकाशजनित प्रमाद न था। उनमें भुक्खड़ों की संख्या अधिक थी, जो लूट के नाम पर दौड़ पड़ते थे और भारत की समृद्धि का उनको पता था। धर्म के नाम पर मुसलमान सेनाएँ मध्य एशिया के दूर देशों तक के सैनिकों को आकर्षित करती थीं। भारतीय धर्म ठंडे हो गए थे, उनके नाम पर लड़ाकों को जोश नहीं दिलाया जा सकता था। मुसलमान सेनाएँ काफिरों के विरुद्ध 'जेहाद' लड़ती थीं। विदेश की बहुसंख्यक जनता के बीच नाश की आशंका से मुसलमान संगठित रहते थे। उनकी सेना संगठित और कुशल सेनापतियों द्वारा संचालित थी और उनके पास युद्ध के नवीनतम साधन उपलब्ध थे। अवसर वे कभी न खोते थे और बार-बार हार कर भी वे प्रयत्न न छोड़ते। सर्वत्र विदेशियों में विवाह करने से उनकी नस्ल शक्तिमान् होती रहती थी। अवसर से उन्होंने सदा लाभ उठाया।

भारतीयों के हारने और विदेशियों के जीतने के संक्षेप में निम्नलिखित कारण थे :

1. भारतीयों में वर्ण-व्यवस्था की जकड़।
2. अपनी भूलों से और दूसरों से न सीखने की प्रवृत्ति।
3. जीवन-साधनों की सुविधा से उत्पन्न प्रमाद।
4. राष्ट्रीयता और देश-प्रेम का अभाव।
5. छोटे राज्यों की बहुलता, उनकी फूट और गणराज्यों का दमन।
6. सैन्य-संगठन और सैन्य-संचालन की दुर्बलताएँ।
7. सुअवसर से लाभ उठाने का अभाव।
8. धार्मिक उत्तेजना की कमी और बौद्ध-जैनादि धर्मों की अहिंसक नीति।
9. युद्ध-संबंधी नई खोजों का अज्ञान।
10. विजेताओं में ऊपर लिखे दुर्गुणों का अभाव।

9

विक्रमादित्यों की परंपरा

विक्रमादित्यों की एक परंपरा रही है—ऐसे जन-नायकों की जिन्होंने भारत से विदेशी सत्ता के निष्कासन में प्रयास किया। भारतीय इतिहास की परंपरा में प्रमाणतः यह सिद्ध है कि जिस भारतीय राजा ने इस—'विक्रमादित्य'—विरुद को धारण किया है, उसका संबंध स्वदेश में विदेशी सत्ता के विरुद्ध आंदोलन से अवश्य रहा है। यह संभव है कि किसी जन-नायक ने इस प्रकार के आंदोलन में योग देकर भी यह विरुद धारण न किया हो, परंतु इसमें संदेह नहीं कि विरुद धारण करने वालों में से संभवतः कोई ऐसा नहीं जिसने इस राष्ट्रीय यज्ञ में सहयोग न दिया हो। ये आदित्य (सूर्य) का पराक्रम धारण करते थे और जिस प्रकार सूर्य तिमिर का नाश करता है, उन्होंने भारत के शत्रुओं का नाश किया।

इस प्रकार के विक्रमादित्यों की संख्या कम से कम पाँच रही है—(1) विक्रमादित्य (आदि) 57-56 ई. पू. में विक्रम संवत् के प्रतिष्ठाता, (2) चन्द्रगुप्त (द्वितीय) विक्रमादित्य (गुप्तकुलीय)—ल. 375-414 ई., (3) स्कंदगुप्त विक्रमादित्य—ल. 455-467 ई., (4) मालवा का यशोधर्मन् (ल. 532-33 ई.), और रेवाड़ी का हेमचन्द्र विक्रमादित्य (ल. 1556 ई.)। इनके अतिरिक्त कुछ लोग विक्रमादित्यों में चालुक्य विक्रमादित्यों की भी गणना करते हैं, परंतु प्रमाणतः वे भ्रम में हैं क्योंकि जहाँ पारंपरिक 'विक्रमादित्य' विरुद मात्र हैं, चालुक्यों के विक्रमादित्य व्यक्तिसंज्ञक अर्थात् नाम हैं और इसी कारण इतिहास में उन्हें विक्रमादित्य प्रथम से षष्ठम् तक गिनना पड़ा है। अस्तु।

इनमें से अन्य तो काल-गणना और कीर्त्यादि से स्पष्ट और निश्चित हैं, केवल आदि विक्रमादित्य का इतिहास अत्यन्त संदिग्ध और धूमाच्छादित है। इसमें तो कोई संदेह नहीं कि चन्द्रगुप्त (द्वितीय) विक्रमादित्य से पूर्व यदि सचमुच कोई विक्रमादित्य हुआ, तो वह प्रथम शती ई. पू. में ही हुआ और उसने विख्यात विक्रम संवत् चलाया। इस आदि विक्रमादित्य का इतिहास निस्संदेह रहस्यमय है, प्रायः अनुद्घाटित।

अनेक बार संदेह किया गया है कि इस नाम का कोई राजा वस्तुतः प्रथम शती ई. पू. में हुआ भी। यह संदेह विशेषकर और जोर पकड़ जाता है जब हम

यह देखते हैं कि स्वयं उस विक्रम संवत् का पहला प्रयोग नवीं सदी ईसवी में चाहमान (चौहान) राजा चण्डमहासेन ने किया है। यह लेख–"वसु नव (अ) ष्टौ वर्षा गतस्य कालस्य विक्रमादित्यस्य"–(वसु=8, नव=9, अष्ट=8) 898 विक्रम-संवत् तदनुकूल 841 ई. का है, जो धौलपुर से मिला है (Indian Antiquary, खण्ड 19, पृ. 35)। "यह संदेह सर्वथा अग्राह्य नहीं है विशेषकर जब हमें इतने प्रतापी राजा के कोई पुरातात्विक चिह्न–शिलालेख, स्तंभलेखादि–प्राप्त नहीं। यद्यपि इस समस्या का समाधान भी है।" प्रथम शती ईसवी पूर्व का काल अत्यन्त डाँवाडोल था। उत्तर भारत में नितांत उथल-पुथल मची थी। कुछ आश्चर्य नहीं जो तत्कालीन ऐतिहासिक सामग्री, जिस पर हम इस विक्रमादित्य के अस्तित्व का आधार रख सकते, बिखर अथवा नष्ट हो गई हो। हम इस बात को नहीं भूल सकते कि जनश्रुति के साथ-साथ ही ऐतिहासिक अनुश्रुति भी किसी विक्रमादित्य के प्रथम शती ई. पू. में होने के पक्ष में है। डॉ. स्तेन कोनों और डॉ. काशीप्रसाद जायसवाल दोनों ने इस विक्रमादित्य का ऐतिह्य स्वीकार किया है (Problems of Saka and satavahana History—J. B. O. R. S.)। भारतीय साहित्य की परंपरा भी इस दृष्टिकोण का सर्वथा समर्थन करती है। जैन-संस्कृत-प्राकृत–तीनों साहित्यों में उसका उल्लेख हुआ है। सातवाहन (शालिवाहन) हाल की प्राकृत सतसई *गाथा-सप्तशती* में विक्रमादित्य का उल्लेख हुआ है–"संवाहरणसुहरसतोसिएण देन्तेण तुह करे लक्खं। चलणेण विक्कमाइच चरिअमणुसिक्खिअं तिस्सा।" हाल को द्वितीय सदी ईसवी से पीछे नहीं रखा जा सकता, संभवतः वह प्रथम सदी ईस्वी का ही है। स्पष्ट है कि वह विक्रमादित्य के समय से प्रायः तीन सदियों के भीतर ही हुआ और उसके विक्रमादित्य संबंधी निर्देश की अवहेलना नहीं की जा सकती। हाल के अतिरिक्त कश्मीरी कवि गुणाढ्य ने भी अपने पैशाची-प्राकृत ग्रंथ *बृहत्कथा* में उस विक्रमादित्य का उल्लेख किया है। गुणाढ्य और हाल समकालीन थे। *वृहत्कथा* तो अब उपलब्ध नहीं, परन्तु सोमदेव भट्ट द्वारा उसका संस्कृत रूपान्तर *कथा-सरित्सागर* के नाम से आज भी उपलब्ध है इसमें राजा विक्रमसिंह की कथा लंबक 6, तरंग 1 में वर्णित है। अतः, चूँकि प्रथम सदी ई. पू. विक्रमादित्य के जीवन-काल से दो सदियों के भीतर लिखे जाने वाले दो ग्रंथों में उसका उल्लेख मिलता है, उसके ऐतिहासिक व्यक्तित्व में संदेह करना अवैज्ञानिक होगा, विशेषकर जब हमारी जैनादि अन्य अनुश्रुतियों का इस संबंध में सर्वथा ऐक्य है। इस बात को न भूलना चाहिए कि जिन महापुरुषों के प्रमाण इस विक्रमादित्य के संबंध में ऊपर दिए गए हैं, वे दोनों–हाल और गुणाढ्य–अन्य विक्रमादित्यों के पूर्ववर्ती हैं। इससे यह भी नहीं कहा जा सकता है कि उन्होंने भ्रम-वश पिछले विक्रमादित्यों की अनुश्रुतियों को ही आदि विक्रमादित्यों के साथ जोड़ दिया है।

अब तो इसमें संदेह नहीं कि विक्रमादित्य नाम का कोई प्रतापी व्यक्ति प्रथम सदी ई. पू. में विद्यमान था, यद्यपि इसमें संदेह हो सकता है कि विक्रमादित्य

विरुद था या संज्ञा थी। साधारणतया यह विरुद-सा लगता है और बाद के राजाओं ने इसे धारण भी विरुद के ही रूप में किया। डॉ. यायसवाल ने आंध्र-सातवाहन कुल के गौतमीपुत्र श्री शातकर्णि को ही विक्रमादित्य माना है। उन्होंने शकों के विरुद्ध दो विजयों का उल्लेख किया है—(1) गौतमी पुत्र द्वारा नहपाण की, और (2) मालवों द्वारा शकों की। इसमें नं. 2 मान लेने में तो शायद किसी को आपत्ति न होगी, परंतु नं. 1 को स्वीकार करना कठिन है। पहले तो यही संदिग्ध है कि गौतमीपुत्र श्री शातकर्णि और क्षहरात क्षत्रप नहपाण समकालीन थे। यदि हम ऐसा मान भी लें, जो कई अन्योन्याश्रयन्यासों से संभव भी है, तो यह स्वीकार करना कठिन होगा कि वे प्रथम सदी ई. पू. में थे। फिर यदि विक्रम सातवाहन होता तो निस्संदेह हाल उसे अपना पूर्वज घोषित करने में न चूकता। दूसरी महत्त्व की बात यह है कि शातकर्णि का विरुद 'विक्रमादित्य' नहीं था। फिर यह भी है कि विक्रम संवत् का प्रयोग शातकर्णि के वंशज नहीं करते। भला यह कैसे संभव था कि जिसने इतनी बड़ी विजय के स्मारक में 'विक्रम संवत्' चलाया, उसका प्रयोग स्वयं उसके वंशज अपने अभिलेखों में न करें? उस संवत् का उपयोग क्या था और उसका प्रयोग किसके लिए उपयुक्त था? कुषाण-राज कनिष्क द्वारा चलाये शक संवत् का प्रयोग स्वयं वह और उसके वंशधर निरंतर करते हैं। इसी प्रकार गुप्त सम्राट् भी मालव संवत् के साथ ही साथ अपने राज्यकाल और अपने पूर्वज चन्द्रगुप्त प्रथम के चलाए गुप्त संवत् (319-20 ई.) का प्रयोग (गुप्त-काले गणनां विधाय) बराबर अपने लेखों में करते हैं। इस कारण गौतमीपुत्र श्री शातकर्णि को विक्रमादित्य मानना युक्तिसंगत नहीं।

फिर यह विक्रमादित्य कौन था?

इस प्रश्न का उत्तर प्रमाणतः इस उत्तर से भी संबंध रखता है जो निम्नलिखित प्रश्न का होगा—वह विजय कौन-सी थी जिसके स्मारक में विक्रम संवत् प्रचलित किया गया? गौतमीपुत्र श्री शातकर्णि की नहपाण वाली विजय अनेक प्रमाणों से अयुक्तियुक्त और अप्रासंगिक होने के कारण इस प्रश्न पर प्रकाश नहीं डाल सकती। फिर ई. पू. प्रथम सदी की एक ही विजय है जो शकों के विरुद्ध हुई और जिसके स्मारकस्वरूप यह संवत् प्रचलित किया जा सका होगा—वह थी शकों के विरुद्ध मालवों की विजय। मालवों ने शकों को निकालकर वहाँ अपने मालव-गण की स्थापना की और उसी के नाम पर प्राचीन अवंति देश का मालव नाम रखा। यह घटना प्रथम सदी ई. पू. की है और इसी के स्मारक में उन्होंने संभवतः विक्रम संवत् चलाया जिसकी प्रारंभिक तिथि अवंति में मालवगण की स्थापना की तिथि होने के कारण (मालवगणस्थित्या) वह मालव-संवत् भी कहलाया। विक्रम संवत् उसका नाम दो कारणों से हो सकता है : (1) या तो 'विक्रम' का संबंध व्यक्ति विशेष से न होकर 'शक्ति', 'विक्रम', 'पराक्रम' से हो, जिसकी प्रतिष्ठा शकों के अवन्ति से निष्कासन और वहाँ मालवों की प्रतिस्थिति से हुई (जैसा डॉ. जायसवाल ने माना है—आखिर स्कंदगुप्त का एक

विरुदांतर 'क्रमादित्य' भी है); या (2) उसका यह नाम मालव जाति के किसी प्रमुख नेता के नाम से संबंध रखता हो। इनमें प्रथम को स्वीकार करना कठिन इस कारण हो जाता है कि उस दशा में प्रथम सदी ईसवी के हाल-गुणाढ्य के विक्रमादित्य-संबंधी निर्देश निरर्थक हो जाते हैं। इससे दूसरा कारण ही यथार्थ जान पड़ता है।

अब प्रश्न यह है कि मालवों और शकों का संघर्ष कब और कैसे हुआ? पंजाब के अराजक गणतंत्रों में मालव और क्षुद्रक मुख्य थे। 326 ई. पू. में मालवों ने सिकंदर को भारी खतरे में डाल दिया था और संभवतः उन्हीं से वाणबिद्ध होकर वह बाबुल में मरा भी। उनका अराजक गणतंत्र संभवतः हजार वर्ष जीवित रहा। उनके नगर चिनाव और झेलम के तट पर फैले हुए थे और उनकी राजधानी रावी के तट पर थी। सिकंदर के साथ मुठभेड़ के बाद कुछ राजनीतिक कारणों से उन्होंने अपना मूल निवास छोड़ दिया और निरापद भूमि की खोज में वे दक्षिण की ओर बढ़ चले। प्रायः 150-100 ई. पू. में हम मालवों को उनके नए आवास पूर्वी-राजपूताना में प्रतिष्ठित पाते हैं, जैसा करकोट नगर (जयपुर राज्य) के उनके सिक्कों से प्रमाणित है (कनिंघम, A. S. R., खण्ड 14, पृ. 150)। इसी समय शकों ने भारत पर आक्रमण कर सौराष्ट्र, गुजरात और अवंति देश पर अधिकार कर लिया। कुछ असंभव नहीं, मालवों से भी इनकी छोटी-मोटी लड़ाइयाँ हुई हों। आखिर पतंजलि ने अपने *महाभाष्य* में मालव-श्रुद्रकों की एक सम्मिलित विजय का हवाला दिया ही है, फिर धीरे-धीरे पश्चिमी भारत पर शकों का प्रभुत्व जम गया।

परंतु मालवों ने भी शकों का पीछा न छोड़ा। उनके आधार की ओर वे निरंतर बढ़ते ही गए। 58 ई. पू. के लगभग अजमेर के पीछे से निकलकर मालव अवंति की ओर बढ़ चले थे और वहाँ उन्हें विदेशी शक-शक्ति से लोहा लेना पड़ा। लड़ाई जरा जम कर हुई क्योंकि एक ओर स्वतंत्रता-प्रिय मालव थे तो दूसरी ओर अवंति के शक, जो पार्थवराज मज्ददात द्वितीय के क्रोध से भागे हुए थे। भारत से बाहर उन्हें मृत्यु से सामना करना था, इससे वे जम कर लड़े। परंतु मालव विजयी हुए और उन्होंने शकों को भारत से निकाल बाहर किया और स्वयं वे उस अवंति प्रदेश में प्रतिष्ठित हुए। यह प्रदेश मालवों के संबंध से मालवा कहलाया और इसी विजय के स्मारक में उन्होंने सिक्के ढाले, संवत् चलाया, जिसका नाम मालव अथवा विक्रम—संवत् हुआ। आज हम दो हजार वर्षों से इस संवत् का उपयोग करते आए हैं गुप्तों ने मालवों की स्वतंत्रता नष्ट कर दी, परंतु स्वयं वे मालव संवत् का प्रयोग करते रहे। इसी मालव-गण के मुखिया के नाम पर संभवतः विक्रम संवत् का नाम पड़ा। इसमें संदेह नहीं कि मालव-गण अराजक था, फिर भी समय-समय पर वे अपना सेनापति चुना करते थे। अनेक बार मालव क्षुद्रक दोनों गणों ने अपना सम्मिलित सेनापति चुना था। कुछ आश्चर्य नहीं कि विक्रम इसी प्रकार का मालव सेनापति रहा हो, जिसने शकों के निष्कासन में विशेष तत्परता दिखाई हो। निस्संदेह यह कहना

कठिन है कि 'विक्रम' व्यक्ति नाम था—या विरुद। कुछ भी हो, इसे मानने में आपत्ति न होनी चाहिए कि विक्रम मालव था और शकों की शक्ति क्षीण करने में उसने साहस दिखाया था यह भारतीय साहित्य की अनुश्रुतियों से प्रमाणित है। चूँकि व्यक्ति विशेष का प्रभुत्व गणतंत्र में नहीं था, इससे शायद आरंभ में यह संवत् विक्रम संवत् न कहलाकर गण के नाम पर मालव संवत् कहलाया। परंतु जब गण की स्वतंत्रता नष्ट हो गई, उसका नाम लोगों को विस्मृत हो गया, तब उसके सेनापति-मुखिया भर की याद उन्हें बनी रही जिसका नाम उन्होंने उस संवत् के साथ कालांतर में जोड़ दिया। यह सहज ग्राह्य है कि पहले विक्रम संवत् प्रायः नौ सौ वर्षों तक केवल मालव (अथवा कृत) संवत् के नाम से क्यों चला और विक्रम का संपर्क इस संवत् से इतने बाद क्यों हुआ?

इस प्रकार आदि विक्रमादित्य मालवों का प्रतिनिधि सामरिक प्रमाणित होता है, जिसने शकों को हरा कर देश से बाहर निकाल दिया। सारा पश्चिमी भारत—सौराष्ट्र (कठियावाड़), गुजरात, अवंती (मालवा)—तब शकों की शक्ति से आक्रांत था। शक हाल ही के विजयी थे और उनकी प्रभुता देश को खलती थी। इस विक्रमादित्य ने भारत में उनको हरा कर एक परंपरा की नींव डाली, जिसे आगे आने वाले विक्रमादित्यों ने पाला और निबाहा। आदि विक्रमादित्य नाम पिछले भारतीय विजेताओं का विरुद बन गया, विदेशी संघर्ष में उज्ज्वल प्रतीक, जिसे चन्द्रगुप्त द्वितीय से लेकर मुगलकालीन हेमचन्द्र तक ने गौरव के साथ धारण किया और विदेशी प्रभुता का नाश करने में अपनी शक्ति और निष्ठा का योग दिया।

चन्द्रगुप्त द्वितीय चौथी सदी ईसवी में दूसरा विक्रमादित्य हुआ। इसके पहले शक भारत में अपने पाँच केंद्र बना चुके थे—सिंध, तक्षशिला, मथुरा, मालवा और महाराष्ट्र में। इनके बाद कुषाणों के आक्रमण हुए, परंतु उनके अपकर्ष काल में भारशिव नागों ने उनसे शक्ति छीन कर काशी में दस अश्वमेध किए थे। बचे-खुचे पश्चिमी शकों और कुषाणों को चन्द्रगुप्त के पिता समुद्रगुप्त ने ही सीमाप्रांत और काबुल में खदेड़ दिया था (दैवपुत्रशाहानुशाहिशकमुरुण्ड—प्रयागस्तंभ का लेख), फिर भी चन्द्रगुप्त को ही उनसे विशेष रूप से लोहा लेना पड़ा। चन्द्रगुप्त यशस्वी पिता का उदात्त पुत्र था और पिता ने उसे अपना उत्तराधिकारी नियत भी किया था, जैसा एक अभिलेख के 'तत्परिगृहीतः' पद से स्पष्ट है, परंतु परंपरा के अनुसार राज्य बड़े भाई रामगुप्त को मिला।

जान पड़ता है कि चन्द्रगुप्त को युवावस्था में ही शकों से शत्रुता ठाननी पड़ी थी। इस शत्रुता का वर्णन *मुद्राराक्षस* के रचयिता विशाखदत्त के नाटक *देवीचन्द्रगुप्तम्* में मिलता है। यह नाटक तो आज हमें उपलब्ध नहीं, परंतु इसके अनेक लंबे अवतरण रामचन्द्र और गुणचन्द्र के *नाट्यदर्पण* में सुरक्षित हैं। इससे जान पड़ता है कि समुद्रगुप्त का ज्येष्ठ पुत्र और चन्द्रगुप्त द्वितीय का बड़ा भाई रामगुप्त कायर था। जब वह

अपने असाधारण विजेता पिता समुद्रगुप्त के सिंहासन पर बैठा, तब कुचले राजाओं—विशेष कर शकों—ने फिर सिर उठाया। उनके सम्मिलित संघ ने रामगुप्त को इतना संत्रस्त कर दिया कि उसने उनके घृणित प्रस्ताव तक को स्वीकार कर लिया। उनका प्रस्ताव यह था कि रामगुप्त संधि की अन्य शर्तों के साथ एक शर्त यह भी मान ले कि वह अपनी सुंदरी रानी ध्रुवस्वामिनी को शकपति को अर्पण कर दे। चन्द्रगुप्त अत्यंत तरुण था। उससे यह सह्य न हो सका। इसके अतिरिक्त उससे ध्रुवस्वामिनी ने अपनी मानरक्षा की प्रार्थना भी की। चन्द्रगुप्त ने उसकी रक्षा का भार अपने ऊपर ले शकपति को कहला भेजा कि ध्रुवस्वामिनी उसके शिविर में आ रही है और जब शकपति रानी के स्वागत में आपान, नृत्यादि से खुशियाँ मना रहा था, ध्रुवस्वामिनी के छद्मवेश में स्वयं चन्द्रगुप्त ने वहाँ पहुँचकर उसे मार डाला। पश्चात् रामगुप्त के सिंहासन पर बैठ उसने उसकी पत्नी ध्रुवस्वामिनी से भी विवाह कर लिया। इस कहानी की पुष्टि अनेक अन्य प्रमाणों से भी होती है। *हर्षचरित,* उस पर शंकरार्य की *टीका,* भोज के *शृंगार-प्रकाश,* अमोघवर्ष के *संजन-पत्राभिलेख* और *मजमालूत तवारीख,* सभी ने इस प्रसंग का सीधा-तिरछा उल्लेख किया। *हर्षचरित* में तो स्पष्ट वर्णन है—"आरिपुरे च परकलत्र कामुके कामिनी वेषगुप्तश्चन्द्रगुप्तः शकपतिमशातयत्।" इसी रहस्य का उद्घाटन नाटककार ने *देवीचन्द्रगुप्तम्* (ऐसा नाटक जिसमें चन्द्रगुप्त ने देवी, अर्थात् रानी, का वेष धारण किया) में किया है।

गद्दी पर बैठने के बाद चन्द्रगुप्त को गुप्त साम्राज्य के सारे साधनों के साथ विदेशी शकों का सामना करने की सुविधा मिली। शकों ने ध्रुवस्वामिनी को माँग कर शालीन गुप्तकुल की जो अवमानना की थी, उसका काँटा तो चन्द्रगुप्त के मर्म में चुभा ही था, उनका मातृभूमि पर शासन भी उसके लिए कुछ कम पीड़ा की बात न थी। उसने उनके विरुद्ध अभियान करने की ठानी। परंतु शकों पर चढ़ाई करना कुछ हँसी-खेल न था। उनकी शक्ति दुर्जेय थी और इस शक्ति का केन्द्र थी उज्जयिनी, यथार्थतः पश्चिम में उज्जयिनी और उत्तर-पश्चिम में सीमाप्रांत। सीमाप्रांत फिर भी सुदूर सीमा पर था, परंतु उज्जयिनी पार्श्व में थी। सारा मालवा, गुजरात, सौराष्ट्र (काठियावाड़) और संभवतः महाराष्ट्र भी शकों की भुक्ति बन गए थे। विस्तृत उर्वर भूमि की अन्न-निधि के अतिरिक्त योरप, पश्चिमी एशिया और मिस्र का सारा भारतीय व्यापार इसी भूखण्ड में उतरता था। उज्जयिनी उस वाणिक्पथ का विशिष्ट बिंदु थी। युद्ध-यात्रा के लिए भी उस तक पहुँचना अपेक्षाकृत आसान था। उस शकभूमि पर आक्रमण करने में बस एक कठिनाई थी कि उसके और गुप्त साम्राज्य के बीच वाकाटकों का साम्राज्य फैला हुआ था। शकों को जीतने से पहले वाकाटकों को जीतना आवश्यक था, पर उनको जीतना कुछ आसान भी न था। फिर दो शत्रुओं के साथ एक साथ युद्ध ठानना भी कुछ चातुर्य न होता। इससे वाकाटकों के संबंध में चन्द्रगुप्त ने शक्ति से नहीं, नीति और दूरदर्शिता से काम लिया। उसने उनसे विवाह-संबंध स्थापित करने

का निश्चय किया। उसके कुबेरनागा से प्रभावती गुप्ता नाम की एक कन्या थी। उसने तत्काल रुद्रसेन द्वितीय वाकाटक के साथ उसका विवाह कर दिया। वाकाटक ब्राह्मण थे, परंतु जिस स्मृति ने भाई की विधवा अथवा जीवित भाई की सधवा ध्रुवस्वामिनी को चन्द्रगुप्त की धर्मपत्नी बनने की व्यवस्था दी थी उसी ने इस क्षत्रिय-ब्राह्मण संबंध को भी शास्त्रसम्मत करार दिया। चन्द्रगुप्त का मनोरथ सिद्ध हो गया।

वाकाटकों के राज्य से होकर शकों पर आक्रमण करने का उसे रास्ता मिल गया। शीघ्र उसने एक विशाल सेना लेकर शकों पर आक्रमण किया और उनको सर्वथा नष्ट कर दिया। उनको देश से बहिर्गत कर चन्द्रगुप्त ने उनका राज्य स्वायत्त कर लिया और उन्हीं के अनुकरण में उसने उस भूखण्ड में अपने चाँदी के सिक्के चलाए। यह युद्ध संभवतः 395 और 400 ई. के बीच कभी हुआ। इस आक्रमण का मार्ग भी एक तात्कालीन अभिलेख में प्रतिध्वनित है। भिलसा के पास उदयगिरि की एक गुफा चन्द्रगुप्त के 'संधि-विग्रहिक' मंत्री शाब वीरसेन ने शंभु (शिव) को अर्पित की है। इस गुफा के अभिलेख से प्रमाणित है कि वीरसेन के साथ "सारी पृथ्वी को जीतने की इच्छा वाला (वह राजा भी) गया था" (कृत्स्नपृथ्वीजयार्थेन राज्ञैवेह सहागतः)। इसी उदयगिरि के गुफाद्वार पर एक वराह-विष्णु की मूर्ति उत्कीर्ण है, जिसमें वराह अपने थूथन पर पृथ्वी को उठाए असुर हिरण्याक्ष से उसकी रक्षा करते दिखाए गए हैं। वास्तव में यह चन्द्रगुप्त द्वारा भारतीय भूमि की शकों से रक्षा थी, ठीक उसी प्रकार जैसे उसने ध्रुवस्वामिनी की शकपति से रक्षा की थी। इस वराह सी दाढ़ पर जो पृथ्वी का रूप नारी का है, वह तद्रहस्यानुकूल ही है। समसामयिक विशाखदत्त ने अपने नाटक *मुद्राराक्षस* में भी यदि वराह द्वारा पृथ्वी के उद्धार के बहाने अपने संरक्षक की शक्ति की सराहना की और अपने नान्दि-श्लोक में चन्द्रगुप्त के भारत और ध्रुवस्वामिनी की शकों से रक्षा को अप्रत्यक्ष रूप से ध्वनित कर दिया, तो क्या आश्चर्य? साहित्य और कला की एकरूपता समकालीनता से स्थापित हो जाती है। इस प्रकार पश्चिमी शकों का नाश कर चन्द्रगुप्त द्वितीय ने अपना विक्रमादित्य विरुद धारण किया। परंतु केवल इस विजय से उसकी 'शकारि' संज्ञा सार्थक न हो सकी। सुदूर उत्तर-पश्चिम में भी शकों की कुमक उससे लोहा लेने को उद्यत हो रही थी।

उत्तर-पश्चिम का शक घटाटोप कुछ कम भयानक न था। संभवतः पश्चिम से भाग कर शक सरदारों ने सीमाप्रांत के कुषाण आदि अन्य विदेशियों से चन्द्रगुप्त के विरुद्ध साझा कर लिया था। चन्द्रगुप्त अब उनकी ओर मुड़ा। परंतु इसके पहले उसे एक और कठिनाई का सामना करना पड़ा। उसके शत्रुओं ने इसी काल बंग-देश में संगठित होकर विद्रोह का झंडा खड़ा किया। यह सम्मिलित (समेत्य) विद्रोह किन शत्रुओं का था, यह कहना कठिन है। संभव है उसे विदेशियों से युद्ध में फँसा देखकर गृह-शत्रुओं ने सिर उठाया हो और यह भी संभव है कि हारे हुए शक सरदारों में

से कुछ इस गृहदाह से लाभ उठाने के लिए देश की उस सीमा पर चन्द्रगुप्त के शत्रुओं के साथ संगठित हो गए हों। परंतु उसने शत्रुओं की इस घटा को तितर-बितर कर दिया। वहाँ से वह उत्तर-पश्चिम की ओर बढ़ा। "दैवपुत्र शाहिशाहानुशाह, शक और मुरुण्ड" उस प्रांत में जमे बैठे थे, पास ही कश्मीर के पश्चिम-उत्तर में बाह्लीक देश था जहाँ कभी ग्रीकों ने राज किया था, जहाँ के स्वामी अब हूण थे। सिंधु नद के सातों मुखों को पार कर हिंदूकुश लाँघ कोजक अमरान पहाड़ों की छाया से निकल वक्षु की उपत्यका में वह बाह्लीकों (बलख–बाख्त्री–के हूणों) से जा टकराया, उन्हें चूर-चूर कर दिया। अखरोटों के तनों से "उसके हाथी बँधे, केसर की क्यारियों में उसके घोड़े लोटे," उसके बदन पर केसर का मकरंद बरस पड़ा। शत्रुओं का संहार कर उसने "खड्ग से अपनी भुजकीर्ति" लिखी और अपने विक्रम के "अनिल से उसने दक्षिण सिंधु को सुवासित किया।" मेहरौली गाँव के पास दिल्ली की कुतुब मीनार के आँगन में एक लौहस्तम्भ खड़ा है। उसके ऊपर जो गुप्तलिपि से राजा 'चन्द्र' का अभिलेख है, वह इसी चन्द्रगुप्त द्वितीय विक्रमादित्य का माना जाता है। सिंधु के सात मुखों (धाराओं–सहायक नदियों?) को पार कर बाह्लीकों को जीतने आदि की कथा उसी में ध्वनित है। मूल इस प्रकार है :

यस्योद्वर्तयतः प्रतीपमुरसा शत्रून्समेत्यागता
न्वंगेष्वाहववर्तिनो भिलिखिता खड्गेन कीर्तिर्भुजे।
तीर्त्वा सप्तमुखानि येन समरे सिन्धोर्जिता वाह्लिका
यस्याद्याप्यधिवास्यते जलनिधिर्वीर्यानिलैर्दक्षिणः।।

तत्कालीन अभिलेखों ने तो चन्द्रगुप्त की यह कीर्तिगाथा गाई ही, संभव नहीं कि समसामयिक साहित्यिक इस राष्ट्रीय विजय को भूल जाते। जहाँ विशाखदत्त ने अपने *मुद्राराक्षस* में चन्द्रगुप्त का अप्रत्यक्ष और *देवीचन्द्रगुप्तम्* में प्रत्यक्ष यश विस्तार किया, महाकवि कालिदास ने भी वहाँ अपने *रघुवंश* में उसकी विमल कीर्ति पताका फहराई। रघुदिग्विजय पर केवल समुद्रगुप्त की ही नहीं चन्द्रगुप्त की विजयों की भी–पिता पुत्र दोनों की–छाया है। यदि केवल समुद्रगुप्त की विजयों की ही छाया रहती तो कालिदास का वर्णन त्रिकूट के पास ही समाप्त हो जाता, फिर वहाँ से "पारसीकांस्तथाजेतुं प्रतस्थे स्थलवर्त्मना" की क्या आवश्यकता थी? परंतु यह कवि अपने समकालीन मेहरौली स्तम्भ के इस श्लोक के ऐतिह्य को कैसे भुला सकता था? इस कारण यद्यपि उसके नायक के लिए फारस जाने का जल-मार्ग खुला था, परंतु "तीर्त्वा सप्तमुखानि येन समरे सिन्धोर्जिता वाह्लिका" के तथ्य को सार्थक करने के लिए कवि का "प्रतस्थे स्थलवर्त्मना" करना आवश्यक था और इसी कारण "द्राक्षावलयभूमिषू", "ततः प्रतस्थे कौवेरी" तथा "वंक्षुतीर विचिष्टनैः" की सार्थकता है। इस चन्द्रगुप्त के नवरत्नों में महाकवि कालिदास तो थे ही, इनके साथ ही कोशकार अमरसिंह भी थे। इसीलिए तो *अमरकोश* की अपनी टीका में क्षीरस्वामी ने वाह्लीक

की व्याख्या में रघुवंश के "दुधुवु...वंक्षुतीरविचेष्टनैः" पाठ को ही स्वीकार कर सत्य की ओर संकेत कर दिया। चन्द्रगुप्त ने भारत में शकों का सर्वत्र नाश कर, अपनी 'शकारि' संज्ञा और विक्रमादित्य विरुद सर्वथा सार्थक किए।

तीसरा विक्रमादित्य चन्द्रगुप्त द्वितीय विक्रमादित्य का पौत्र और कुमारगुप्त महेन्द्रादित्य का पुत्र स्कंदगुप्त था। विलासी पिता कुमारगुप्त का स्थान अकर्मण्यता में पिता चन्द्रगुप्त और पुत्र स्कंदगुप्त के बीच कुछ, वैसा ही था जैसा राणा सांगा और प्रताप के बीच उदय सिंह का था अथवा बाबर अकबर के बीच हुमायूँ का। कुमारगुप्त के शासन-काल में गुप्तकालीन कला और साहित्य अपने चरम विकास तक पहुँच चुके थे और अब स्वभावतः पतन ही संभव था। कला और समृद्धि की बहुतायत से सहज ही विलास की वृद्धि होती है और विलास की वृद्धि राष्ट्रों के पतन का संकेत है। रोम और तुर्की की यही कहानी है, भारत और फ्रांस की भी।

कुमारगुप्त के जीवन के अंतिम क्षणों में साम्राज्य की गति अधोमुखी हो चली थी, जैसा स्कंदगुप्त के अभिलेख के पद्यांश—विचलितकुललक्ष्मी—से प्रमाणित है। इस काल, भीतरी बाहरी दोनों शत्रुओं का भय था और दोनों खतरे प्रायः साथ ही, एक के बाद एक, झेलने भी पड़े। पिता के जीवन-काल में ही पुष्यमित्रों के गणतंत्र ने, जिसने पर्याप्त शक्ति और संपत्ति संचित कर ली थी, नर्मदा की ओर से साम्राज्य की दक्षिणी सीमाओं पर छापे मारे। कुमारगुप्त जीवन-संध्या में प्रयाण के दिन गिन रह थे, साम्राज्य के स्तंभों की दृष्टि युवराज स्कंदगुप्त पर लगी थी और स्कंदगुप्त ने उन्हें निराश न होने दिया। त्याग और श्रम, तप और शील का जीवन बिताने वाले स्कंदगुप्त ने चलायमान कुललक्ष्मी को पुष्यमित्रों की ओर से लौटा लिया यद्यपि इस लब्धि के लिए उसे सदा सैनिक जीवन बिताना पड़ा, रूखी पृथ्वी पर सो-सो कर रातें काटनी पड़ीं—"क्षितितलशयनीये येन नीता त्रियामा।" गृह-शत्रु का प्रयास स्कंदगुप्त के अध्यवसाय और जागरूकता से विफल हो गया।

परंतु शीघ्र उत्तर-पश्चिमी सीमाकाश पर काले मेघ मँडराने लगे। साम्राज्य फिर खतरे में पड़ गया। चीन के कान्सू प्रांत से हूण कब के चल पड़े थे। उनका उदय साम्राज्यों के विनाश के हित हुआ था। उनसे टकराकर कितने ही राज्य चूर-चूर हो गए, कितने ही साम्राज्यों की चूलें ढीली हो गईं, जड़ें हिल गईं। हूणों को आँधी यम का आक्रोश थी। जिस राह हूण निकल जाते, राष्ट्रों के टखने टूट जाते, नदियों के रक्तिम स्रोत, शवों के अंबार और जले गाँवों की राख उनकी कहानी कहती। उनके सरदार अत्तिल ने जब योरप की ओर रुख किया, वहाँ के देशों में कुहराम मच गया, उसकी मार से प्राचीन रोमन साम्राज्य की रीढ़ टूट गई।

इन्हीं हूणों की एक भयानक शाखा ने भारत की ओर अपना रुख किया। टिड्डी दल की भाँति नाटे-चौड़े विकराल हूण गुप्त साम्राज्य की सीमा की ओर बढ़े। पर सजग स्कंदगुप्त ने देवसेना के सेनानी की भाँति बढ़ कर असुरों की इस कुमक

की बाग रोक दी। उनके साथ स्कंदगुप्त के समर में जा टकराने से पृथ्वी हिल गई, आवर्त बन गया (हुणौर्यस्य समागतस्य समरे दोर्भ्यां धरा कम्पिता भीमावर्तकरस्य.....")। गाजीपुर जिले में सैदपुर भीतरी का स्तम्भलेख स्कंदगुप्त की इस विजय का साक्षी है। इस महायुद्ध के फलस्वरूप एक बार तो साम्राज्य की सुरक्षा हुई और गुप्त-साम्राज्य की प्राचीरें गिरते-गिरते रह गईं। स्कंदगुप्त की मार से इस विदेशी खूँखार जाति ने मुँह की खाई और उस वीरकर्मा का विरुद सार्थक हुआ।

परंतु हूणों की धारा रोकना एक व्यक्ति का काम न था और न गुप्त साम्राज्य की जर्जर दीवारें इस चोट पर खड़ी ही रह सकती थीं। स्कंदगुप्त ने आमृत्यु इस शक्ति से लोहा लिया और देश के लिए उसने अपने को बलि कर दिया। संभवतः हूणों के साथ ही युद्ध में उस महाव्रती ने अपने प्राण खोए। साम्राज्य के तार-तार बिखर गए।

चौथा विक्रमादित्य मालवा का 'जनेन्द्र' यशोधर्मन् था। 455-56 ई. के लगभग स्कंदगुप्त विक्रमादित्य ने हूणों को परास्त किया था। परंतु उनका खतरा वास्तव में बना ही रहा। फारस की दुर्जेय शक्ति हूणों की गति में काफी बाधक रही थी और भारत की ओर बढ़ने में उन्हें पहला लोहा उससे ही लेना पड़ता था। 484 ई. में उन्होंने फिरोज को मार कर अपनी राह निष्कण्टक बना ली और पूरी शक्ति के साथ भारत पर आक्रमण किया। इन हूण आक्रमणों का नेता संभवतः तोरमाण था। मध्य प्रदेश तक की सारी भूमि पर उसने शीघ्र अधिकार कर लिया। मालवा पर हूणों का शासन जमा। मालवा का हाथ से निकल जाना गुप्त-साम्राज्य के लिए अत्यंत विपज्जनक सिद्ध हुआ।

तोरमाण के पुत्र मिहिरकुल ने भी भारत के मध्यदेश मगध पर आक्रमण किया, पर उसे अपने मुँह की खानी पड़ी। मगधराज बालादित्य ने उसे हरा कर बंदी कर लिया। यह बालादित्य कौन था यह कहना कठिन है, परंतु तिथियों के असामंजस्य में जान पड़ता है कि यह बालादित्य कम से कम नरसिंह बालादित्य नहीं था। फिर भी उसे हरा कर बालादित्य ने अपना विरुद कुछ हद तक तो सार्थक कर ही लिया। हूण-आक्रमण की संभावना बनी रहने के कारण शायद बालादित्य 'विक्रमादित्य' के विरुद से वंचित रह गया।

जान पड़ता है कि मिहिरकुल को भारतीयों से फिर लड़ना पड़ा। बालादित्य से भाग कर उसने कश्मीर में शरण ली थी और अपनी कृतज्ञता का परिचय उसने अपने आश्रयदाता को मार और सिंहासन को हड़प कर दिया था। यह मिहिरकुल अत्यंत नृशंस था। ह्वेनसांग के लेखानुसार वह बौद्धों का शत्रु था और उन्हें भाँति-भाँति की यंत्रणाएँ देकर मार डालता था। *राजतरंगिणी* का तो उल्लेख है कि वह नित्य विशाल हाथियों को ऊँचे पर्वत शिखरों से गिरवा कर उनके मरण-चिंग्घाड़ों को सुन-सुन प्रसन्न होता था। उसी मिहिरकुल ने मालवा के जनेन्द्र यशोधर्मन् से इस बीच लोहा लेना चाहा परंतु वह आक्रमण उसे महँगा पड़ा।

जनेन्द्र यशोधर्मन् ने मिहिरकुल को लगभग 532-33 ई. के शीघ्र ही बाद बुरी

तरह हराया। उसकी शक्ति इस हार से इतनी क्षीण हो गई कि उसने फिर भारत की ओर बढ़ने की हिम्मत न की। इसमें संदेह नहीं कि बहुत काल पीछे तक हूण सरदार जहाँ-तहाँ भारत में शासन करते रहे और धीरे-धीरे वे भारतीय जनता में घुलमिल गए, परंतु इसके बाद कभी उन्होंने भारत में छत्रधारी राजा की प्रभुता नहीं प्रतिष्ठित की। मिहिरकुल और उसके सरदारों को पूर्णतया पराजित कर और उनकी शक्ति तोड़ कर जनेन्द्र यशोधर्मन् ने भी विक्रमादित्य का विरुद धारण किया। उसके मंदसौर के स्तम्भलेख से प्रमाणित है कि स्वयं मिहिरकुल ने अपने मस्तक के पुष्पों के उपहार से उसके चरणों की पूजा की–"चूड़ापुष्पोपहारमिहिरकुल नृपेर्णार्चतं पादयुग्मम्।"

यह यशोधर्मन् विक्रमादित्य भी छठी सदी का महान् विजेता जान पड़ता है। मंदसौर (पश्चिमी मालवा) के स्तंभ पर जो उसकी प्रशस्ति खुदी है, उसमें लिखा है कि जो वसुधा गुप्तों तक को मयस्सर न हो सकी थी उसे जनेन्द्र यशोधर्मन् ने भोगा और उसने उन प्रांतों तक पर शासन किया जिनमें हूण भी प्रवेश न पा सके थे। वह लिखता है कि लौहित्य (ब्रह्मपुत्र) से महेन्द्र पर्वत (उड़ीसा) तक और हिमालय से पश्चिम सागर तक के सारे राजा उसका प्रभुत्व मानते थे। यशोधर्मन् विक्रमादित्य विदेशियों से सफल संघर्ष करने वाले विक्रमादित्य की प्राचीन परंपरा में अंतिम था। उसके बाद जो बाढ़ें आईं वे न रुक सकीं।

यशोधर्मन् के प्रायः हजार वर्ष पश्चात् विदेशियों को बहिर्गत करने का एक प्रयास और हुआ। वह था रेवाड़ी (हरियाणा के गुड़गाँव जिले) के भृगुवंशीय हेमचन्द्र का प्रयास। सोलहवीं सदी ईसवी के मध्य में हेमचन्द्र को मुसलमान लेखकों ने हेमू नाम से लिखा है, शायद इसी कारण कि वे उसकी राजनीतिक और सामरिक योग्यता से चिढ़े हुए थे। वे राजपूतों को छोड़ हिंदुओं में किसी और वर्ण को सामरिक श्रेय देने को तत्पर न थे। आधुनिक भार्गव लोग हेमचन्द्र को अपना पूर्वज मानते और अपने को ब्राह्मण कहते हैं। इनका गोत्र निस्संदेह भृगु का है और ये ब्राह्मण हो सकते हैं, यद्यपि पाणिनि के सूत्र 'विद्यायोनिसंबंधौ' के अनुसार गुरु और पिता दोनों के नाम पर गोत्र बन सकते थे। मुसलमानों ने हेमचन्द्र को, जो 'बक्काल' (बनिया) लिखा है, उसका कारण संभवतः उनका वैमनस्य था। यह संभव है कि आज ही की भाँति चूँकि भार्गव तभी से व्यापार करने लगे थे, मुसलमानों को उनके बनिया होने का भ्रम हो गया हो।

कुछ हो, हेमचन्द्र अथवा हेमू महान् था। सेनापति और राजनीतिज्ञ दोनों रूप से। सैन्य-संचालन में वह अपने काल में अद्वितीय था। सच्चरित्र भी वह बड़ा था। शेरशाह के बाद उसका बेटा सलीम, फिर उसका पौत्र फीरोज गद्दी पर बैठे। फीरोज बालक था और उसके मामा आदिलशाह ने उसे मार कर गद्दी अपना ली। हेमचन्द्र इसी आदिलशाह का मंत्री था। आदिलशाह विलासप्रिय था। उसने हेमचन्द्र पर राज्य का सारा भार डाल चुनार की राह पकड़ी। मौका देखकर हेभचन्द्र ने हिन्दू राज्य का

सपना देखा। अफगानों के गृहयुद्ध से पूर्व में उनका स्वत्व टूट रहा था और हर जगह वे दुर्बल होते जा रहे थे। सन् 1555 में सिकंदर सूर को पंजाब में हरा कर हुमायूँ ने दिल्ली में प्रवेश किया, परंतु अपने लौटाए शासन को छः महीने से अधिक वह न भोग सका।

सन् 1556 के आरंभ में हुमायूँ के मरने पर उसका तेरह वर्ष का पुत्र अकबर गद्दी पर बैठा। बैरमखाँ उसका अभिभावक बना। सिकंदर पंजाब में लूट-मार कर रहा था, हेमचन्द्र दिल्ली का मुगल साम्राज्य छीन लेने की अभिलाषा से उधर बढ़ा। अफगान साम्राज्य की पुनःस्थापना का लोभ दिखा कर उसने अफगान सरदारों को मुगलों से मिलने न दिया, उनसे उन्हें भड़का रखा। एक बड़ी सेना लेकर जब वह कुशल सेनापति विक्रमादित्य का विरुद धारण कर मुगलों के केंद्र की ओर चला, तब उसकी राह न रुकी। मुगल सेनाएँ काई-सी फटती गईं; जो सामने आईं, कुचल गई। आगरा देखते-देखते उसके हाथ आ गया, दिल्ली उसके प्रवेश से सेनाओं से रिक्त हो गई। कुछ आश्चर्य न था कि शीघ्र दिल्ली के सिंहासन पर हिंदू सम्राट प्रतिष्ठित हो जाता कि इतने में राजनीतिक दाँवपेंच में पासा पलट गया। बैरमखाँ ने पानीपत मैदान में अकबर की ओर से लड़ने के लिए सेना प्रस्तुत की। यद्यपि उसके जीतने की आशा नहीं के बराबर थी और अकबर को काबुल भाग जाने की सलाह दी जाने लगी थी, फिर सामना हेमू का था जिसके नाम से मुगलों के देवता कूच कर जाते थे और जिसकी हराबल में बलिया, आरा के उन भोजपुरी वीरों की बहुतायत थी, जिन्होंने कुछ ही सालों पहले शेरशाह के संचालन में बाबर के लड़ाकों के पैर उखाड़ दिए थे, उनके बादशाह हुमायूँ को दर-ब-दर फिरने पर मजबूर किया था और राजपूताना की वीर-प्रसविनी भूमि को रौंद डाला था।

हेमचन्द्र की हिंदू हरावल ने बैरमखाँ की हरावल से टकराकर उसे तोड़ दिया। इसी बीच दोनों पार्श्व के अफगानी रिसालों ने बैरमखाँ के पार्श्वों को कुचल डाला, परंतु ठीक तभी ऐसी घटना घटी जिसने अनेक भारतीय जीतें हार में बदल दी थीं। हेमू अपने हाथी पर खड़ा जो तीरों की मार कर रहा था, स्वयं दुश्मन के अनेक तीरों का निशाना था। अब तक उसे अनेक घाव लग चुके थे। सहसा एक तीर उसकी आँख में आ लगा, दूसरा उसके हाथी की आँख में। उसका हाथी भागा और उसकी सेना में भगदड़ मच गई। मैदान मुगलों के हाथ में रहा। घायल हेमू मरणासन्न अकबर के सामने लाया गया। बैरमखाँ ने तत्काल उसे मरवा डाला।

विक्रमादित्यों की परंपरा में हेमचन्द्र का यह उद्योग भारतीय इतिहास में अंतिम था, यद्यपि उस परंपरा से पृथक प्रयासों की कमी देश में न रही। इस प्रकार के प्रयत्न मराठों ने किए, सन् सत्तावन के गदर में हुआ और सन् 1885 ई. से इधर निरंतर भारतीय राष्ट्रीय कांग्रेस करती रही। विक्रमादित्यों का व्रत पूरा हो गया, जब अंग्रेजों ने भारत छोड़ा।

10

नारी की अधोधः प्रगति

भारतीय नारी अनेक सामाजिक स्तरों, ऐतिहासिक युगों और राजनीतिक परिस्थितियों से होकर गुजरी है। आग और पानी उसने समान रूप से लाँघा है। सेवा उसका भाव रहा है, त्याग उसका संबल। उसके इतिहास के युग-स्तर मोटे रूप से निम्नलिखित हो सकते हैं : वैदिक, वीरकाव्यकालीन, उपनिषत्कालीन, सूत्रकालीन, राजपूतकालीन। नीचे हम भारतीय नारी के अनुयुगीन क्रमिक विकास अथवा पतन की कथा कहेंगे, जो उन्नत है, करुण है, कठोर है।

मोहनजोदड़ो और हड़प्पा की सैन्धव सभ्यता में उसका क्या स्थान था, क्या अनुभूति थी, क्या अधिकार थे, हम नहीं जानते। परंतु उसकी दशा दयनीय न थी, इसका हमें कुछ आभास मिलता है। इसमें संदेह नहीं कि उससे बहुत पूर्व मातृसत्ताक व्यवस्था का अंत हो चुका था और उसके स्थान में पितृसत्ताक समाज स्थापित था। उस सभ्यता की एक नर्तकी मूर्ति से ज्ञात होता है कि गणिका का जीवन वहाँ आरंभ हो गया था। तत्सामयिक बाबुली सभ्यता में तो निस्संदेह गणिका का एक भयावह वर्ग ही बन गया था। नर्तकी का जीवन व्यवहार रूप में सदा वारवनिता के जीवन से संबद्ध होता आया है; कुछ आश्चर्य नहीं कि आर्थिक लाभ के लिए सैन्धव सभ्यता की नारी के एक अंग ने भी रूपजीवी वृत्ति को अपना लिया हो। उसका विकास किस हद तक हो चुका था, किस प्रतिशत तक तात्कालिक समाज में इस वृत्ति की संख्या पहुँच चुकी थी, यह बताना तो असंभव है, परंतु इसका रूप खड़ा हो चुका था, यह संभवतः सही है।

ऋग्वेद की नारी, शक्ति और औदार्य की सीमा है। पुत्री की हैसियत से पिता की संपत्ति में उसका अधिकार है। युवती की हैसियत से वह अपना पति आप चुनती है, यद्यपि यही स्वतंत्रता कभी-कभी उसके लिए अभिशाप बन जाती है। घोषा उस अभिशाप का उदाहरण है। विवाह के अवसर पर पुरोहित उसे आशीर्वाद देता है : "श्वसुर की साम्राज्ञी बनो, सास की साम्राज्ञी बनो, नंदों और देवरों की साम्राज्ञी बनो,

गृह-समुदाय के प्रति गृह पत्नी (रानी) के अधिकार से बोलो, द्विपदों और चतुष्पदों के अथ कल्याणी सिद्ध हो।" पत्नी की हैसियत काफी ऊँची है और इस ऋग्वैदिक ऊँचाई तक इस रूप में भारतीय नारी कभी नहीं उठी, न पहले, न पीछे। अपनी शक्ति और ऊँचाई की वह स्वयं प्रतीक है।

ऋग्वेद में नारी, नर के अधिकारों के काफी निकट पहुँच जाती है। गृह-विधान सारा उसके हाथ में है। वह गृहस्वामिनी है। सारे दास-दासी, धन-चौपाए उसके अधीन हैं। यज्ञाग्नि वह आजीवन प्रज्वलित रखती है, पति के साथ साधिकार यज्ञानुष्ठानों में भाग लेती है। भाई की भाँति वह विद्याध्ययन करती है, अस्त्र चलाना सीखती है, पति की भाँति रण में जाती है, शत्रु का पीछा करती है। कन्या अवस्था के उसके गाय दुहने, आसन बिनने, सीने-पिरोने, पानी भरने आदि के कार्य पत्नी के शालीन कार्यों के सामने विस्मृत हो जाते हैं। अब वह पारिवारिक-सामाजिक कार्यों में भाग लेती है। धर्म-कृत्यों में अनवगुण्ठित सम्मिलित होती है, समर में शक्ति का प्रदर्शन करती है। पुरुष ऋषियों की भाँति अनेक नारियाँ भी आचरण करती हैं। वे ऋषि हैं, कवयित्री हैं। *ऋग्वेद* के अनेक मंत्रों की वे स्रष्टा हैं और आर्य उनके मंत्र भी उसी निष्ठा और उल्लास से गाते हैं, जिससे नर-ऋषियों के मंत्र। घोषा, अपाला, विश्ववारा, लोपामुद्रा, शची-पौलोमी, वागम्भृणी आदि अनेक नारी स्रष्टाओं के मंत्र *ऋग्वेद* में सुरक्षित हैं। वागम्भृणी तो जैसे चराचर की भाग्य-विधायिका है, ओज और ध्वनि की मूर्ति। उसका निर्घोष दिशाओं में गूँज उठता है—"मैं ब्रह्मवेषियों को मारने के लिए रुद्र का धनुष तानती हूँ, मैं ही जन-कल्याण के लिए सूर्य को क्षितिज की मेधा पर ला चढ़ाती हूँ।"

शची-पौलोमी दृप्त वाक्यावली में कहती है—"जैसे सूर्य आकाश की मूर्धा पर चढ़ता है, मेरा सौभाग्य भी ऊर्ध्वोन्मुख हो चला है, मेरी सपत्नियाँ धूलि धूसरित हैं, मेरे पुत्र दिशाओं के स्वामी हैं, मेरा पति इंद्र मेरे प्रस्तुत किए हवि से शक्ति धारण करता है।"

परंतु इस घोषणा में ही पतन का वह बीज निहित है, जो उत्तर काल में भारतीय नारी के लिए विषवृक्ष बन गया। सपत्नी की कल्पना एक ओर तो नारी के अधिकारों की सीमा है, दूसरी ओर पुरुष की उस पर प्रभुता प्रमाणित करती है। जब एक पक्ष का अनुराग केवल एक पर अव्यभिचार रूपेण होगा और दूसरे का उस पर केवल आंशिक होगा, तो पारस्परिक अधिकारों में निश्चित अंतर पड़ जाएगा। जब ऋग्वैदिक काल के बहुत पूर्व नर ने मातृसत्ता की व्यवस्था के स्थान पर पितृसत्ता की व्यवस्था की सीमाएँ बाँधीं और अन्य जनों की नारियों को जीत कर अपने समाज में उनकी संख्या बहुत कम कर दी, तो उनकी अवमानता के आधार बन गए। ऋग्वैदिक काल में सपत्नी के अनेक उल्लेख हैं। यद्यपि यह नहीं कहा जा सकता कि स्वतंत्र आर्य-नारी सपत्नियों में अपना स्थान अंगीकार करती थी। कम से कम उनके उदाहरण अत्यंत

स्वल्प हैं। हाँ, दास और दस्यु-शत्रुओं की जीती हुई नारियों की संख्या समाज में प्रचुर हो गई थी। पहले तो ये दासियों की हैसियत से आईं, पर इनके नागरिक आचरण ने शीघ्र ग्राम्य आर्यों के मन को छीन लिया। चारों ओर से उनकी माँग आने लगी। राजाओं के अंतःपुर उनकी संख्या से भर चले। वे औदार्य का परिमाण बन गईं। राजा उनसे भर-भर कर रथ अपने पुरोहितों को दान करने लगा। कक्षीवान् औशिज, वत्स आदि अनेक आचारवान ऋषि-मुनि उस संधि से प्रसूत हुए।

ऋग्वैदिक नारी, जैसे-जैसे यह युगस्तर नीचे की ओर चला, अधोधः गिरने लगी। जुआरी उसे दाँव पर रखने लगा और उसके हार जाने पर वह दूसरों से प्रसाधित और विचुम्बित होने लगी। *ऋग्वेद* में 'जारों' के बीसों संकेत होने से जान पड़ता है कि समाज में जारिणियों की भी एक संख्या थी, जो स्वच्छंद समाज का केंद्रीय स्वाभाविक परिणाम है। इस समाज में भी नर्तकी का स्थान था। अप्सराओं के हवाले भी प्रायः गणिका के ही भाव में दिए गए हैं। गणिका का वर्ग उठ खड़ा हुआ था इसमें कोई आश्चर्य नहीं। उषा के प्रति कहे मंत्रों में वक्ष को खोले नृत्य करती नारी का अनेक बार उल्लेख हुआ है।

फिर भी उस काल की भारतीय नारी उत्तर काल और समसामयिक सभ्यताओं की अपेक्षा कहीं उन्नत थी। बाबुल में नारियों का स्थान प्रायः वेश्या का था। होमर की नारी प्रभूत स्वतंत्रता की प्रतीक होकर भी ऋग्वैदिक नारी के अधिकारों के सामने तुच्छ थी और ग्रीस के उत्कर्षकाल की नारी तो निस्संदेह दयनीय थी। पर्दा, अनधिकार, बहु-स्त्री-विवाह आदि अनेक कुरीतियों की वह वहाँ शिकार थी। उलिसेस का पुत्र तेलिमैकस अपनी माँ पेनिलोपी को राजनीति से अलग हो चर्खा सम्हालने की राय देता है। मीदिया कहती है—"क्या अभाग है हमारा कि अपने ऊपर हुकूमत करने के लिए हम पति खरीदते हैं।" अन्यत्र एक ग्रीक पात्र कहता है कि "अच्छी नारी द्वार से बाहर नहीं झाँकती और उस अच्छे सिक्के की भाँति है जिसे उसका स्वामी घर में गाड़ कर रखता है। बुरे सिक्के बाजार में चलते हैं।" आश्चर्य है कि उस काल ग्रीस ने अद्भुत उत्कर्ष का आदर्श सामने रखा। पेरिक्लिज, दिमास्थेनिज, सुकरात, अफलातून, अरस्तू आदि की समकालीन नारी इस अवस्था को पहुँच गई थी कि विश्वास नहीं होता, परंतु इतिहास का अकाट्य प्रमाण सामने है। इसकी अपेक्षा ऋग्वैदिक नारी का स्तर बहुत ऊँचा था, उसके अधिकार स्पृहणीय थे।

ऋग्वैदिक काल में सती प्रथा का प्रयोग नहीं किया गया, चाहे जिन कारणों से भी ऐसा हुआ हो। इसमें संदेह नहीं कि उस काल के पूर्व और पश्चात् दोनों युगों में इस प्रथा ने जोर पकड़ा—इसका प्रमाण *अथर्ववेद* में सुरक्षित है। आर्यों को तब नर-बल की आवश्यकता थी—उनका आदर्श था दस पुत्रों का पिता—और इस कारण नारी के संख्याह्रास की कोई प्रथा बरती न जा सकती थी। पति के मरने पर पत्नी उसकी अप्रज्वलित चिता का आरोहण करती, उसके शव के बराबर लेट

जाती और उसके प्रज्वलित होने के पूर्व वहाँ से उतर उसके पति के हाथ से धनुष स्वीकार करने वाले देवर का तत्काल वरण करती। अपने पहले विवाह के अवसर पर ही उसकी 'देवृकामा' ('देवर की कामना करने वाली'') संज्ञा इस आचरण के अनुरूप उसे प्रदान की जा चुकी थी।

ऋग्वेद का निचला स्तर वीरकाव्य *(रामायण-महाभारत)* काल के उपरले स्तर से मिला हुआ है। उसके अंतिम मंत्रों के देवापि, शांतनु आदि *महाभारत* के आदि-पुरुष हैं। *ऋग्वेद* के अंतिम युगों में नारी का जो अवतार शुरू हुआ था, वह निरंतर बढ़ता गया। उसे जुए में दाँव पर रखना एक साधारण बात हो गई। नल की परंपरा पाण्डवों ने कायम रखी और मनस्विनी द्रौपदी को उसका परिणाम सहना पड़ा। *रामायण-महाभारत* काल की नारी यदि बड़ी है, तो इसलिए कि वह अपने एकाकी नर की छाया है, उसकी सतत अनुगामिनी है। सीता बड़ी इसलिए है कि वह राम की सतत छाया हैं। गांधारी आदरणीया इस कारण है कि आँखें होते हुए भी उसने संसार का वह ऐश्वर्य न देखना चाहा जो उसके पति धृतराष्ट्र के लिए अदृष्ट था। शकुंतला और द्रौपदी के विद्रोह-नाद तो अत्यंत दुर्बल सिद्ध हुए, विशेषकर उन पतियों के प्रति जिनकी अनेक प्रेयसियाँ थीं। भारतीय नारी का आचरण वास्तव में त्याग और सहिष्णुता की पराकाष्ठा है। उसके बाद ही उपनिषत्काल की नारी एक बार फिर चमक उठती है। ब्रह्मवादिनी गार्गी जनक की परिषत् में याज्ञवल्क्य को अपने शब्दवाणों से क्रुद्ध और उत्तेजित कर देती है। मैत्रेयी अपने पति याज्ञवल्क्य से अमरत्व माँगती है और संसार की सुख-शृंखला को क्षणिक और असत्य मान कर त्याग देती है, यद्यपि उसका गृहजीवन सपत्नी की उपस्थिति से सर्वथा निष्कण्टक नहीं। इसी काल के अन्त्यस्तर से उस युग का आरंभ होता है, जिसे सूत्रकाल कहते हैं। इसका प्रसार प्रायः ई. पू. छठी सदी से ई. पू. प्रथम सदी तक है—बुद्ध के समय से आरंभ होकर शकों के आक्रमण-काल तक। यही युग था जब बुद्ध ने अत्यंत अनिच्छा से आनंद के बहुत अनुनय पर नारी को संघ में दीक्षित होने पर प्रव्रज्या धारण करने की अनुमति दी—साथ ही कहा भी, "आनंद! संघ निस्संदेह सहस्र वर्षों तक जीवित रहता, परंतु नारी-प्रवेश से उसकी आयु क्षीण हो जाएगी और वह केवल पाँच सौ वर्षों तक ही चल सकेगा!" यही वह युग था, जब भारतीयों की निष्क्रियता के फलस्वरूप ईरानी नृपति दारा ने ई. पू. पाँचवीं सदी में सिंध और पंजाब के भागों को अपने शासन में सम्मिलित कर लिया। इन्हीं दिनों सिकंदर ने (326 ई. पू.) भारत पर आक्रमण कर पंजाब को रौंद डाला। इन्हीं दिनों (ई. पू. 180 के लगभग) देमित्रियस् ने अपने सेनापति और जामाता मिनान्दर के साथ भारत पर आक्रमण कर पाटलिपुत्र को स्वायत्त कर लिया और ग्रीकों ने पंजाब में अपने राज्यों और नगरों की नींव डाली। इन्हीं दिनों शकों ने भारत पर आक्रमण कर वर्णाश्रम धर्म को कुचल डाला और पाटलिपुत्र को पुरुषों से निःशेष कर दिया। यह बौधायन-आपस्तम्ब का युग था—वशिष्ठ-पाणिनि का, मनु-पतंजलि

का, चाणक्य-पुष्यमित्र का, गुह्यसूत्रों और धर्म-शास्त्रों का। यह सामाजिक संघर्ष का युग था, काल ने करवट ली थी।

गार्गी-संहिता का युगपुराण कहता है कि इन आक्रमणों से, विशेषकर अम्लाट शक के बाद, भारतीय वर्ण-व्यवस्था सर्वथा विनष्ट हो गई। "शकराज के विनष्ट होने पर पृथ्वी सूनी हो जाएगी। पुष्य नाम की नगरी सूनी हो जाएगी, अत्यंत बीभत्स। वहाँ कभी कोई राजा होगा, कभी न होगा। तब लोहिताक्ष अम्लाट नाम का महाबली धनु के बल से अत्यंत शक्तिमान हो उठेगा और पुष्य नाम धारण करेगा। रिक्तनगर (पाटलिपुत्र) को वे सर्वथा आक्रांत कर लेंगे। वे सभी अर्थलोलुप और बलवान् होंगे। तब वह विदेशी म्लेच्छ अम्लाट रक्तवर्ण के वस्त्र धारण कर निरीह प्रजा को क्लेश देगा। पूर्व स्थिति को अधोगामी कर चतुर्वर्णों को नष्ट कर देगा। उस दारुण युद्धकाल के अंत में वसुधा शून्य हो जाएगी और उसमें नारियों की संख्या अत्यंत बढ़ जाएगी। करों में हल धारण कर नारियाँ कृषिकार्य करेंगी और पुरुषों के अभाव में वे ही धनुर्धारण करेंगी। उस समय दस-दस बीस-बीस नारियाँ एक-एक नर को वरेंगी। पर्वों और उत्सवों में पुरुषों की संख्या अत्यंत क्षीण होगी, सर्वत्र नारियों के ही झुण्ड के झुण्ड दीखेंगे, यह निश्चित है। पुरुष को जहाँ तहाँ देख कर वे 'आश्चर्य, आश्चर्य' कहेंगी। ग्रामों और नगरों में सारे व्यवहार नारियाँ ही करेंगी। पुरुष बचे-खुचे संतोष धारण करेंगे। गृहस्थ प्रव्रजित होंगे। फिर असंख्य विक्रांत शक-प्रजा को आचार-भ्रष्ट कर अकर्म करने पर बाध्य करेंगे। ऐसा सुना जाता है—जनसंख्या का चतुर्थ भाग शक तलवार के घाट उतार देंगे और उनकी चतुर्थांश संख्या अपनी राजधानी को ले जाएँगे।" इस वस्तुस्थिति में जब प्रांत 'आकुल' हो गया, समाज विपन्न हो गया, तब इस राजनीतिक और सामाजिक विप्लव के परिणाम को सँभालने के लिए भारतीय समाजशास्त्री विकल हो उठे। गुह्य-सूत्रों में समाज को फिर से नियम देने की व्यवस्था की गई। इस वैदेशिक प्रवाह और विप्लव में प्राण तो संकट में पड़ ही गए थे, नारियों की भी बड़ी दुर्दशा हुई। उनकी विपत्ति को देश और समाज की विपत्ति समझ सूत्रकारों ने उनकी पुनर्व्यवस्था की। परंतु उनकी व्यवस्था नारियों के प्रति प्रभूतया नियंत्रण सिद्ध हुई। मनु ने कहा तो सही कि 'यत्र नार्यस्तु पूज्यन्ते रमन्ते तत्र देवता', 'स्त्रीरत्नं सुदुष्कलादपि' तक की व्यवस्था की, परंतु नारियों के अधिकारों की चर्चा करते समय वे भी भूल गए। उनके अपने अधिकार सर्वथा विनष्ट हो गए। उनके अधिकारों के छिन जाने से उनकी आर्थिक दशा अत्यंत दारुण हो गई। परंतु इससे कहीं बुरी उनकी सामाजिक अवस्था हुई। सूत्रकारों ने देखा कि विपत्काल में पति जितना अपनी पत्नी की रक्षा कर सकता है, उतना अनेक पुत्र-पुत्रियों के भार से दबा पिता अपनी कन्या की नहीं कर सकता; इससे उचित यह है कि कन्या शीघ्र से शीघ्र पत्नी बना दी जाए। तर्क सही था, परंतु परिणाम अत्यंत कठोर। फलतः बाल-विवाह की नींव पड़ी, "अष्ठवर्षा भवेद्गौरी" की परम्परा जमी। वैदिककाल में ऋतुपूर्वा नारी का विवाह

अनजाना-अनसुना था। व्यवस्था अधिकतर थी, रजस्वला हो जाने के 36 ऋतुस्राव के पश्चात् (अर्थात् षोडषवर्षीया के) विवाह करने की, परंतु जब आठ-आठ वर्ष की बालिकाएँ विवाहानल में झोंकी जाने लगीं। जो पिता रजस्वला होने तक अपनी कन्या को अविवाहित रखे उसे नरक का भय दिखा दिया गया। बाल-विवाह के नितांत जघन्य उदाहरण सामने आने लगे, यहाँ तक कि कुछ जातियों में तो दुधमुँही बालिकाओं के कर में भी कौतुक-सूत्र का पाश बँध गया। सती की भी व्यवस्था हुई, परंतु वह काफी उत्तरकाल तक पनप न सकी। विवाह साधारणतया इन व्यवस्थाओं और पाशों के बावजूद विदेशियों तक के साथ होते रहे। भारत का उत्तरी भाग बाख्त्री-ग्रीक, हिन्दू-पह्लव, शक, कुषाण आदि विदेशी राजकुलों के शासन में लगभग 200 ई. पू. से 200 ई. तक प्रायः चार सौ वर्ष रहा। बाख्त्री, ग्रीक, हिंदू, पह्लव, शक, कुषाण हिंदू होते गए और यहाँ की नारियों से विवाह करते गए। समाज की व्यवस्था व्यवहार में बदलती गई अथवा कोरे ताड़पत्रों पर लिखी निष्प्रयोज्य हो गई।

कुषाणों के बाद नाग वाकाटकों ने हिंदू धर्म का पुनरुद्धार किया और इस यज्ञ की पूर्णाहुति गुप्त सम्राटों ने की। परंतु विदेशियों से भारतीय नारियों का विवाह होता रहा। इस काल, अर्थात् पाँचवीं सदी ईसवी तक, विधवा-विवाह तक होता था—असवर्ण-विवाह की तो कुछ बात ही नहीं। जिस चन्द्रगुप्त विक्रमादित्य ने शकों का ध्वंस कर 'शकारि' का विरुद धारण किया, उसी ने अपनी पुत्री प्रभावती गुप्ता का विवाह वाकाटककुलीय ब्राह्मण रुद्रसेन द्वितीय से किया और अपने बड़े भाई रामगुप्त को मार उसकी विधवा ध्रुवस्वामिनी से स्वयं अपना विवाह किया। ध्रुवस्वामिनी से जिससे उसके पुत्र कुमारगुप्त और गोविंदगुप्त हुए, उसका विवाह तो इतिहाससम्मत है, यद्यपि यह सर्वथा असन्दिग्ध नहीं कि उसने अपने भाई को मारकर उसकी विधवा का पाणिग्रहण किया अथवा उसे क्लीव घोषित कर उसके जीवित रहते ही। यदि यह दूसरी बात सही है, तो उसका साहस स्तुत्य है। जो भी हो, याज्ञवल्क्यादि उसकी सम-सामयिक स्मृतियों ने इस प्रकार के विवाह की व्यवस्था दी। फिर भी नारी की आर्थिक अवस्था नहीं सुधरी, दिन पर दिन बिगड़ती ही गई। उसका आर्थिक उत्तरदायित्व निरंतर छिनता गया और अंततः वह पंगु हो गई। इस भारतीय इतिहास के स्वर्ण-युग में भी नारी अपनी ऋग्वैदिककालीन स्थिति के निचले छोर के अधिकारों तक भी नहीं उठ सकी, निस्संदेह यह उस युग पर प्रभूत व्यंग्य है।

कालांतर में हूणों ने गुप्तों के विशाल साम्राज्य से टकरा-टकरा कर उसे तितर-बितर कर डाला। उनके साथ गुर्जर आदि अनेक विदेशी जातियों ने भारत में प्रवेश किया और अपने साम्राज्य खड़े किए। उनसे भारत में राजपूतों की अनेक जातियाँ जाट, गूजर आदि जन्मीं और समाज की कल्पित-पावनता दिन-दिन बिगड़ती गई। इनमें से अनेक जातियाँ अपने आदिम स्थान में अपनी कन्याओं की हत्या कर डालती थीं। उन्होंने कई अंशों में भारत में आकर भी वह प्रथा जारी रखी। भारतीय नारी

व्यवस्था में सती-प्रथा का प्रवेश तो किसी न किसी रूप में सदा से था, परंतु उसने अब जोर पकड़ा और जौहर का रूप धारण किया। विधर्मी शासकों और आक्रमणों से बचने के लिए यह सुदारुण प्रथा भी भारतीय नारी के त्याग,. साहस और क्षमता के सामने तुच्छ हो रही। जौहर को उसने अपनाया ही नहीं, उसे उत्सव का रूप देकर अपने रक्त दान से हरा रखा। नारियों की इस शक्ति ने राजपूतों को उस ओर से निश्चिंत कर दिया। नारी-हरण से जिस अपमान की संभावना थी, भारतीय नारी ने स्वयं अपनी आत्महत्या से उसका निराकरण किया। 712 ई. के मुहम्मद बिनकासिम के अरब आक्रमण से लेकर 1707 ई. में मुगल साम्राज्य के पतन तक, भारतीय शालीनता का इतिहास नारी अपने रक्त से लिखती रही। यह इतिहास हजार वर्षों के जौहर का इतिहास था—संसार की जातियों का अनजाना, भारत की बार-बार की पराजय का मूल्य, भारतीय नारी के गौरव का वितन्वक। भारतीय पुरुष ने अपने स्वार्थ में नारी को आग में फेंक दिया, भारतीय नारी ने अपने उत्सर्ग से अग्नि को हृदय से लगाकर उसका प्रतिशोध लिया। कुछ आवाजें इस अन्याय के विरुद्ध उठीं।

कंपनी के शासन-काल में अन्य प्रांतों में तो किसी कदर सती-प्रथा का नियंत्रण हुआ, क्योंकि वहाँ के समाज ने उससे भी दारुण विधवा-वर्ग को पाला, परंतु बंगाल में न केवल वह प्रथा बनी रही वरन् नित्य-प्रति जोर पकड़ती गई। बीस और चालीस के बीच की अवस्था में मृत्यु कम होती है, परंतु जहाँ बाल-विवाह होंगे निस्संदेह वहाँ विधवाओं की बाढ़ आ जाएगी। बंगाल में विधवाएँ पति की चिता में हाथ-पाँव बाँध कर डाल दी जाती थीं और उनका करुण-क्रंदन ढोल की आवाज में डुबो दिया जाता था। बहुविवाह के कारण इस प्रथा की दारुणता और भी बढ़ गई। राजा राममोहन राय और ईश्वरचंद्र ने इसके विरुद्ध आवाज उठाई और स्वामी दयानंद ने बाद में विधवा-विवाह की व्यवस्था दी। विलियम बेंटिंक के विधान ने बंगाल से इस अमानवी प्रथा का अंत किया।

भारतीय नारी का इतिहास जितना ही उज्ज्वल है, भारतीय पुरुष का उस संबंध में उतना ही कलुष और स्वार्थपरक है। सारे सामाजिक राजनीतिक ऐश्वर्य समेट कर उसने अपने लिए रखे और नारी को उसने चूल्हे की राख सौंपी। फिर वह उस बेजबान गाय का वधिक भी बन गया। परंतु जैसे एक बार आततायी की तलवार भी काँप कर गिर पड़ती है, भारतीय पुरुष ने भी अपना अन्याय समझा और अपनी शक्ति के आधार नारी को चेता। परंतु इससे कहीं पहले नारी ने कार्य-क्षेत्र में स्वयं पदार्पण किया था, यद्यपि उसका यह प्रयास सामूहिक नहीं, व्यक्तिगत मात्र था। दिद्दा ने जिस कार्य-क्षमता का परिचय अपनी असाधुता और कठोरता से कश्मीर के प्राचीन इतिहास में दिया था, उसका परिचय अहिल्याबाई ने पश्चात्काल में अपनी दूरदर्शिता और साधुता से दिया। 1857 ई. में नारी की तलवार चमकी और लक्ष्मीबाई ने पुरुषों तक का नेतृत्व किया। इस दृष्टांत ने स्पष्ट कर दिया कि पुरुष द्वारा अप्रदेय भी

कोई उसकी अपनी शक्ति है जिससे नारी उसका मुँह नहीं ताकती रहेगी और तब पुरुष स्वयं उसके उत्थान में योग देने लगेगा। आज भारतीय नारी का भविष्य अत्यंत उज्ज्वल है—सरोजनी नायडू, अमृतकौर, बेगम ऐजाज रसूल, हाजरा बेगम, विजय लक्ष्मी पंडित, इंदिरा गांधी अनेक ऐसी नारियों ने ईरानी तुरसूम बाया का पथ पकड़ा है। भारतीय नारी की बेड़ियाँ अब बेदम हो चटख रही हैं—''कुछ तमाशा ये नहीं कौम ने करवट ली है!''

परंतु एक शब्द और—जिस शक्ति और साधना से उसने अपने अतीत का इतिहास लिखा है, उसे वह विस्मृत न कर दे। वह अतीत उसका अद्‌भुत और शालीन वैभव है, उसका अनुपम अनुवृत्त। आज के उसके चरित्र में जहाँ तहाँ तितलीपने का आभास होता है—वह सुंदर नहीं, यदि आकर्षक भी है तो कम से कम स्वस्थ नहीं। उसे छोड़ वह स्वस्थ-नारीत्व की प्रतिष्ठा करे और अपने उदात्त अतीत की पृष्ठभूमि से भविष्य के निर्माण में शक्ति दे, क्योंकि भविष्य जीवन की साधना है।

11

उड़ीसा के मंदिरों में यौन रूपायन

भारतीय इतिहास के मध्यकालीन हिंदू युग में उड़ीसा वास्तु संबंधी शिल्प-कार्य का प्रधान केंद्र बन गया। अद्‌भुत ढाँचे तैयार कर शिल्पियों ने अनेक विशाल गगनचुंबी मंदिर खड़े किए। उनके भग्नावशेष आज भी पुरी जिले के लिए विशेष गौरव की वस्तु हैं। केवल भुवनेश्वर में शैव और वैष्णव संप्रदायों के लगभग डेढ़ सौ मंदिर आज भी खड़े हैं और उनका भग्नावशिष्ट परिवार काल पर व्यंग्य करता है। भुवनेश्वर के इन अनेक भग्न देवालयों में कुछ ऐसे भी हैं जो भारतीय वास्तु कला के आश्चर्य और उड़िया भास्कर्य के चूड़ामणि हैं। परशुरामेश्वर और मुक्तेश्वर के शिखरों ने पहले मस्तक उठाए। परंतु उनके तुरंत ही बाद खड़े होने वाले लिंगराज के मंदिर ने उन्हें अपने प्रताप से सर्वथा ढक लिया। भुवनेश्वर की वास्तु शैली में लिंगराज का यह विशाल मंदिर उड़ीसा का उन्नत कीर्तिस्तम्भ है। इसका ढाँचा तो अद्‌भुत है ही, इसका विशिष्ट सौंदर्य भी इसके विस्तार के मण्डन में प्रस्तुत है। इसके वाह्य शरीर के कण-कण को शिल्पियों ने संख्यातीत सजीव प्रतिमाओं से सजाया है। इसका एक-एक अलिंद जीवित है। आश्चर्यजनक पटुता से आकृतियों का अनंत प्रसार दृष्टिपथ में उठता जाता है। इस शृंखला की प्रत्येक कड़ी, प्रत्येक आकृति आकर्षक है। परंतु कहीं भी उनकी समानता से दर्शन लालसा तृप्त होकर नहीं अलसाती, क्योंकि विविधता उनका प्राण है–प्रत्येक आकृति आकर्षक है। प्रत्येक आकृति परस्पर भिन्न है। भिन्नपरक इस अनंत शृंखला की कड़ियाँ दृष्टिपथ को बाँध-सा लेती हैं और मानव हृदय आनंद विभोर हो उठता है। फर्गुसन ने सच कहा था, “यह कहना कुछ अत्युक्ति न होगा कि यदि ऐसी इमारत को बनाने में एक लाख रुपए (अथवा पाउण्ड) लगें तो इसमें संदेह नहीं कि इसके वाह्य सौंदर्य को उत्कीर्ण करने में तीन लाख लगेंगे।” भारतीय वास्तु के प्राथमिक समीक्षक फर्गुसन के इस वक्तव्य में अतिरंजन का आभास तक नहीं। लिंगराज के मंदिर का वाह्य अलंकरण कुछ ऐसा ही मूल्यवान् है, ऐसा ही श्लाघ्य।

भुवनेश्वर से थोड़ी ही दूर पर उसी पुरी जिले के कनारक में सूर्य का अप्रतिम मंदिर (कोणार्क) खड़ा है। क्या वास्तु कौशल की विस्मयजनक क्षमता, क्या उत्कीर्ण आकृति की ओजस्विता, क्या प्रधान प्रतिमा की अपार्थिव शक्यता और किंकर-देवताओं का कर्तन सब एक साथ एक अंतर्भूत पिरोई शक्ति सूत्र के सहारे मानो दर्शक जगत को विस्मित, चकित कर देते हैं। निर्जीव पाषाण किस प्रकार सतत जागरूक वाक्प्रगल्भ मानव को मूक और स्तब्ध कर देता है, यह कोई वहाँ जाकर देखे। परंतु क्या उड़ीसा की कला का यह अद्वितीय रत्न यथार्थ में मूक है? जब मानव ऊपर दृष्टि फेंक ऊर्ध्वमुख हो स्थिर हो जाता है तब प्रत्येक उत्कीर्ण आकृति एक अजीब गति धारण करती है, प्रत्येक में एक अद्भुत तेजी भरने लगती है। अश्वों का अप्रतिम ओज, सिंहों का दुर्दांत विक्रम, नवग्रहों की निःशब्द परंतु सवेग गति, मास और ऋतु-चक्रों के मूक, निरंतर ऊर्ध्व और अधोगत चक्कर, मानवी आधारबंध से उठते वासनामय द्वंद्वों के आकर्षक अनुनय—सब एक प्राण हो उस विशाल प्रस्तर समूह में चेतन का सृजन करते हैं और चकित मानव अन्र्मुख हो खो जाता है। कनारक का वह गगनभेदी मंदिर एक अनंत सिकता प्रस्तर पर खड़ा है। नीले आकाश की गोद में सिर डाले वेग से टूटती बंगाल की खाड़ी की अनवरत वेलाओं के मस्तक पर चरण रोपे सागर की इन खारी लहरियों का इस मंदिर को भग्न करने में काफी हाथ रहा है। नीरव काल और उच्चरव सागर के षड्यंत्र से कोणार्क का वह गौरव आज अवश्य विशीर्ण हो गया है, जो कभी उसका था, फिर भी शिखर दण्ड के सम्मुख तोड़ विषम-अविषम गति वाले वे प्रस्तर खण्ड कोणों के गोल कर्त्तन, और मोड़ अब भी सौन्दर्य के वे स्कंध हैं जो इस भव्य मंदिर को विश्व के विख्यात वास्तु-विस्मयों में एक उन्नत स्थान दिलाते हैं।

वास्तु क्षेत्र में ह्रास के बाद उत्थान का युग आया, तभी पुरी के बाद कनारक चमका। आश्चर्य की बात है जिस शताब्दी में पुरी के जगन्नाथ मंदिर-सी ओछी कलाकृति का जन्म हुआ। उसी में कनारक के उस अद्भुत सूर्य-मंदिर का प्रादुर्भाव भी हुआ। पुरी का जगन्नाथ मंदिर उड़िया कला का कलंक है और कोई उसकी तुलना कनारक और भुवनेश्वर के प्रसिद्ध मंदिरों से नहीं कर सकता, फिर भी यह आश्चर्य का विषय है कि ख्याति और पावनता में किस प्रकार इसने उन सौंदर्य के प्रतीकों को अपने बहुत पीछे छोड़ दिया। पावनता में यह जगन्नाथ का मंदिर केवल काशी के विश्वनाथ के मंदिर से घट कर है। इसकी इस प्रसिद्धि का कारण क्या है? स्वर्गीय राखालदास बंदोपाध्याय ने इसका कारण उत्कट प्रचार (प्रोपेगेण्डा) बताया है, जो संभव है।*

परंतु इस समय हमारा विचारणीय विषय दूसरा ही है। जगन्नाथ, बनारस और

---

* History of Orissa, खण्ड 2, पृ. 371.

भुवनेश्वर के कतिपय मंदिरों की वास्तु शैली के अतिरिक्त एक और अजीब विशेषता है। उनमें एक विशेष प्रकार के अलंकार का उपयोग किया गया है, जिसने भारतवर्ष के असंख्य श्रद्धालु उपासकों के हृदयों में सदियों तक आतंक और विस्मय का सृजन किया है। चकित दर्शक और धर्मान्ध उपासक दोनों उन संख्यातीत शृंगारपरक दृश्यों को देखकर स्तब्ध रह जाते हैं, जो मंदिर के विमान और जगमोहन दोनों की दीवारों पर बाहरी और ताकों की एक अनंत शृंखला में उत्कीर्ण हैं। मानव वासना के ये मुक्त चित्र जगन्नाथ के मंदिर पर कुछ निस्तेज और अनाकर्षक लगते हैं, परन्तु भुवनेश्वर के कुछ मंदिरों पर वे अधिक आकर्षक प्रतीत होते हैं। कनारक के मंदिर पर तो इनकी क्षमता सजीव हो उठती है। वहाँ इनकी भंगियों की ओजस्विता और कामोन्मादक शक्ति की मनुष्य केवल सराहना ही नहीं करता वरन् उनके मोहक, विक्षेपक प्रभाव से वह त्राण भी माँगता है। इन उत्कीर्ण चित्रों में से कुछ मनुष्याकार हैं, परंतु अधिकतर छोटे और ताकों में हैं। इनकी विदग्धता में एक अजीब मौलिकता का आभास मिलता है। इसमें संदेह नहीं कि इस संपूर्ण शृंखला में कामुकता नग्न तांडव करती है और अप्रयास हृदय में यह प्रश्न उठता है कि इन पावन देवालयों की भित्ति पर, विशेषकर पूतातिपूत इस विष्णु के अवतार श्री जगन्नाथ के मंदिर पर, हृदयग्राही परंतु अश्लील प्रस्तर चित्रों के बनाने का क्या तात्पर्य था? इस शंका के समाधान के लिए वह भारतीय कला के समीक्षक पण्डित फर्गुसन, स्मिथ, कुमारस्वामी, बंदोपाध्याय, चंदा और बसु के ग्रंथों को देखते हैं, परंतु उसका उत्तर वहाँ नहीं मिलता है। इनमें से अनेक विद्वानों ने तो इन शृंगार चित्रों की ओर संकेत तक नहीं किया है, यद्यपि इनकी संख्या हजारों में है। इस लेख में एक सिद्धांत प्रस्तुत किया जाता है, जो संभवतः इस कठिन प्रश्न पर प्रकाश डाल सके। वर्तमान लेखक के सामने दो युक्तियाँ आती हैं, जो साधारणतः परस्पर विरोधी-सी प्रतीत होती हैं, तथापि दोनों के समन्वय से कदापि कुछ अर्थ सिद्ध हो सके।

पहली युक्ति को रखते समय बौद्ध और शैव संप्रदायों की प्रगति पर दृष्टिपात आवश्यक होगा।

तथागत बुद्ध के निर्वाण के शीघ्र बाद बौद्ध धर्म की जिस शाखा का विशेष रूप से प्रचार था, उसे संकेततः हीनयान कहते हैं। इस शाखा के उदय और मध्याह्न के समय तक अभी बुद्ध देवों की परंपरा में अभिषिक्त न हुए थे। देव प्रतिमाओं की अनंत श्रेणी में उनका जन्म अनिवार्य अवश्य था, परंतु वह अभी भविष्य की एक घटना थी। उनके अपने ऐतिहासिक आर्थिक महत्त्व से कहीं बढ़कर उनके उपदेश थे। परंतु जब अकायिक सूक्ष्मता से भौतिक स्थूलता की ओर धार्मिक भावों और विश्वासों का मुँह फिरा, तब बुद्ध की आंशिक आकृति जहाँ-तहाँ झलकने लगी। परन्तु अभी तक पद्मासन मारे ध्यान अथवा अनेक मुद्राओं में बैठी या खड़ी बुद्ध प्रतिमा न कोरी गई। इस समय रेलिंग स्तम्भों के बीच के सूची-प्रस्तरों पर केवल

उनके उष्णीष, चरण, धर्म-चक्र-प्रवर्तन में स्थित कर, भिक्षा पात्र, बोधि-वृक्ष, चैत्य आदि चिह्न ही उत्कीर्ण और पूजित होते थे। परंतु इस मानव बुद्ध का आगमन भी दूर न था। उस भक्तवत्सल भगवान् की, जिसकी रक्षा में भवसागर के कष्टों से भाग कर निःशंक श्रद्धालु उपासक शरण ले, नितान्त आवश्यकता प्रतीत हुई। और फलस्वरूप महायान का उदय हुआ। इस नये भक्ति सम्प्रदाय का प्रसार ईसा की प्रथम शताब्दी में बड़े वेग से प्रारंभ हुआ। पार्श्व और अश्वघोष की ओर उपासकों की आँखें लगी थीं, नागार्जुन ने उन्हें आलोक दिया। पहले से ही *श्रीमद्भगवतगीता* के सिद्धांत ने भक्ति संप्रदाय के लिए क्षेत्र निर्मित कर दिया था, जिसमें बहुत पूर्व का बोया हुआ बीज अंकुरित हुआ और महायान का पौधा धीरे-धीरे जड़ पकड़ने और बढ़ने लगा। मानव बुद्ध का अभिजनन हुआ और हिंदू आर्यों की देवशाला, जो बहुत कुछ पहले से ही प्रतिमाओं से स्नेह रखती थी, अब अनंत संख्या में काटी जानेवाली बुद्ध की मूर्तियों से भर चली। यह तथागत बुद्धदेव अकेले नहीं आए, उनके साथ ही अनेक किंकर देवों, बोधिसत्वों और अर्हतों का भी प्रादुर्भाव हुआ। परंतु यह नवीन संप्रदाय वहीं न रुक कर आगे बढ़ा क्योंकि वह वहीं किसी प्रकार ठहर न सकता था। श्रद्धा और उससे प्रादुर्भूत पूजा कुछ और भी उत्पन्न करती है—गौरांग किंकर देवताओं और धार्मिक अस्पष्ट आकृतियों का एक परिवार, और उससे भी अधिक महत्त्वपूर्ण विधि-क्रियाओं की एक अनंत शृंखला।

जैसे-जैसे यक्ष, किन्नर आदि अर्ध-देवों की संख्या बढ़ी, वैसे ही वैसे संख्यातीत मात्रा में धार्मिक विधि-क्रियाओं का प्रजनन हुआ और इन उलझी-सुलझी क्रियाओं के साथ ही उनमें मनोयोग से प्रयोग करने वाले रहस्यमय मंत्रयानी आए। ऐतिहासिक बुद्ध सर्वशक्तिमान् देवता बने और बौद्ध धर्म एक अजीब अलौकिक युग में प्रविष्ट हुआ, जिसके सूत्रधार बने कुछ भेद भरे अभ्यस्त प्रयोगी। लम्बे 'सूत्रों' को और छोटा कर लिया गया, फिर उन्हें भी और घोट कर 'मन्त्रों' का निर्माण हुआ। लगभग इसी समय के 'योग' का प्रयोग स्थूल और अधिकाधिक लाभकर कायिक प्रक्रियाओं में होने लगा। हठयोग अपनी घोर यातना भरी प्रक्रियाओं से दर्शकों में आतंक भरने लगा। मंत्रयान के सिद्ध और प्रक्रियाओं के वे भेद भरे साधक विहारों में बैठे-बैठे हठयोग की क्रियाओं द्वारा कुछ अलौकिक शक्तियों का संचय करने लगे। मोहन और उच्चाटन की क्षमता उनमें आने लगी। इन प्रक्रियाओं की शक्ति कुछ वैसी ही थी, जैसी आज भी हम मेस्मेरिज्म और हेप्नाटिज्म के अभ्यासियों में पाते हैं। हठयोग का जादू चल पड़ा। मठों और विहारों के प्रांगण सिद्धों के प्रयोगों से चकित, विक्षिप्त, मुग्ध नर-नारियों से भर चले। सीधे अक्रिय उपासक मोहन के प्रभाव से इन सिद्धों के दास बन गए। विहारों में धन बरसने लगा और मठों के उन निम्न कक्षा-गह्वरों में सुंदर तरुणियों के समुदाय संकेत मात्र से नीयमान अन्धे की नाईं चुपचाप बढ़ते गए, जिनके तमपूरित कोनों में पाप भक्ति का बाना पहने बैठा रहता। इन श्रद्धालुओं

के पहुँचते ही वह उन्हें आत्मसात कर लेता। हठयोग, मंत्र और मैथुन—मंत्रयान के त्रिपाद बन गए।

परन्तु इनसे भी कहीं घृणित प्रयोगों का युग अभी निकट भविष्य में आने वाला था। अधिक निकायों और वैपुल्यवाद ने पहले ही स्त्री-प्रसंग को सराहा था, अब लगभग ईसा की सातवीं शताब्दी में उड़ीसा के श्रीपर्वत पर कामुकता का विपुल घंटा गंभीर ध्वनि से बज उठा। उड़ीसा की रहस्यमय प्रयोग-वीथी पर अपना वह भेद भरा 'भैरवी-चक्र' समाज के प्राचीन स्तरों को चुनौती देता हुआ वज्रयान आरूढ़ हुआ। इसके सिद्धों ने खुले आम स्त्री-प्रसंग की प्रशंसा की और उनके अपने घृणित प्रयोगों ने स्वयं कामुकों में साहस भर दिया। चौरासी सिद्धों की संख्या ने रति-शैली की संख्या पर अपनी छाप डाली। इन सिद्धों के जीवन पर मंत्र, हठयोग, मद्य और माननियों का विशेष रंग चढ़ा। *मालती-माधव** में भवभूति द्वारा निर्दिष्ट वह श्रीपर्वत वज्रयानियों का निवास बन गया और वहाँ उनके निवास के कारण ही उसे वज्रपर्वत** की संज्ञा मिली। इसी पर्वत पर तंत्र रहस्य के अनेक पंथों की रचना हुई। उनमें से कुछ ये हैं—*मायाजाल तंत्र, गुह्यसमाज तंत्र, महासमय तत्व, भूतचामर, बज्रामृत, चक्रसंवर, द्वादशचक्र, मेरुकाभ्युदय, महायामा, पदनिःक्षेप, चतुष्पिष्ट, परामद, मरीच्युद्भव, सर्वबुद्ध, सर्वगुह्यसमुच्चय, माना मारीचिकल्प, हेरम्बकल्प, विसमयकल्प, राजकल्प, बज्रगांधारकल्प* आदि।***

वज्रयानी तर्क के अंतिम छोर तक जा पहुँचे। उन्होंने पत्नी, माता, भगिनी और पुत्री में अंतर न डाला। नारी जाति मात्र उनकी इन्द्रिय लालसा की अभितृप्ति का साधन बनी। 'गायकवाड़ ओरियंटल सीरीज में प्रकाशित *'गुह्यसमाज तंत्र'***** में इन सिद्धों की प्रक्रियाएँ और उनका रहस्यमय इन्द्रियलोलुप विलासी-जीवन समुचित रूप से वर्णित है। परंतु यह अत्यंत महत्त्व की बात है कि एक ओर जहाँ ये वज्रयानी सिद्ध वासना के खुले उपासक थे, वहीं दूसरी ओर वे अध्यात्म के प्रकांड पंडित भी थे। अन्वीक्षिकी पर उनकी वाग्धारा कभी न रुकती थी। अन्वीक्षिकी, हठयोग और मोहनादि प्रयोगों के बल पर देश में उन्होंने वह धाक बैठा दी थी, जिसका लोहा राष्ट्र का सर्वोन्नत प्राणी राजा स्वयं मानता था। उसमें भी उन सिद्धों का विरोध करने की क्षमता न थी और यदि वे उससे उसकी पुत्री अथवा पत्नी माँगते तो उसे इन्कार करने का साहस न हो सकता था। ग्यारहवीं सदी तक इन सिद्धों की संख्या चौरासी तक पहुँच गई। और ठीक यही समय था जब उड़ीसा के अधिकतर कामचिह्नित

* अंक 1, 7, 10, महायान और वज्रयान पर श्री राहुल सांकृत्यायन का लेख 'गंगा' (पुरातत्वांक) 5–218.

** वही।

*** वही।

**** देखिए, पृ. 94, 120, 136

मंदिर, विशेषकर पुरी और कनारक के मंदिर, बने।

अब तनिक भारतवर्ष के पूर्वी छोर पर दृष्टि डालें। पूर्वी बंगाल में शाक्य संप्रदाय उन्नति के उच्चतम शिखर पर पहुँच चुका था। वहाँ तंत्रयोग का साम्राज्य था। तंत्र साहित्य काफी पुराना है और कुछ आगम और तंत्र तो शायद ईसा से पूर्व की शताब्दियों तक के हैं। स्वयं शक्ति की उपासना भी अति प्राचीन है। *ऋग्वेद* में ही वागम्भृणी विश्व की शासन-डोर अपने हाथ में धारण कर लेती है। वह कहती है—"अहं रुद्राय धनुरातनोमि ब्रह्मद्विषे शरवे हन्तवाऊ।" परंतु कामरूप का शाक्त-संप्रदाय लगभग तभी विशेष रूप से वहाँ फैला, जब उड़ीसा में वज्रयान का समुद्र लहराने लगा। शाक्त धर्म का प्रचार भी बहुत कुछ वज्रयान के ही अनुरूप हुआ। और जब बोधिसत्व की पत्नी तारा, जो बौद्धों की प्रज्ञापारमिताओं में से एक थी, स्वयं एक 'शक्ति' मान ली गई और जब उसकी आराधना शाक्तों ने आरंभ कर दी, तब तो दोनों संपद्राय बहुत निकट आ गए। शाक्त संप्रदाय में भी वज्रयान की ही भाँति अनेक परिवर्तन होते गए। तांत्रिकों से कापालिक निकले और फिर वे अघोरपंथी आए, जिनके काम और वासनायुक्त आचरण सर्वथा वज्रयानियों के-से थे। धीरे-धीरे मनुष्य-संभूत देवी ने प्रतिमा (विग्रह) का स्थान लिया और यह विजयी तंत्र संप्रदाय कामाख्या पर्वत से पश्चिमाभिमुख हो विन्ध्याचल और काशी की ओर बढ़ा। आज भी काशी का नैपाली मंदिर कामपरक अपने काष्ठचित्रों द्वारा उस सम्प्रदाय की महत्ता घोषित करता है। तांत्रिक संप्रदाय ने अनेक रूप धारण किए जिनमें से दो 'सहजिया' और 'मरमिया' थे, जिनका वर्णन महामहोपाध्याय पंडित हरप्रसाद शास्त्री ने अपने *बनेरे मेये* नामक उपन्यास में किया है।

इस प्रकार जब उड़ीसा के उठते हुए, मंदिर अपनी भित्तियों पर इन कामचित्रों का वसन धारण कर रहे थे, ठीक उसी समय आंध्र, उड़ीसा, बंग, आसाम (कामरूप) धर्म का एक स्तर बन चुका था। जिसके रंगमंच पर भेदभरे सिद्ध मदिरा-नारी के साधनों से अनेक रूप धारण कर रहे थे। इस भूखंड के अनन्य सांस्कृतिक शासक वज्रयान भिक्षु थे। क्या इन सर्वशक्तिमान् भूखंडों के स्वामी का हाथ, जो तत्कालीन धर्म के प्राण-बिंदु थे, तब के बनते हुए मंदिरों के ढाँचों के निर्माण में न रहा होगा? इस बात को कभी न भूलना चाहिए कि मंदिर सांप्रदायिक शक्ति के स्मारक स्तंभ होते हैं और तब के उड़ीसा के धर्म-संप्रदायों के प्रचालक-पीठ और प्रमुख सूत्रधार ये वज्रयान सिद्ध थे। इस कारण यह मानना असंभव है कि उनके विश्वास और आचरणों की छाप इन मंदिरों की दीवारों पर न उतर गयी हो।

एक विचारणीय बात और है। विष्णु के प्रत्येक अवतार के लिए एक स्थान-विशेष पुनीत माना गया है। राम की अयोध्या और कृष्ण के मथुरा-वृन्दावन ऐसे ही विशिष्ट पावन-स्थल हैं। उसी प्रकार पुरी वह पुनीत स्थान है, जहाँ विष्णु के जगन्नाथ रूप का अवतरण हुआ था और विष्णु-जगन्नाथ की यह कला बुद्ध में उतरी थी। इस

प्रकार यहाँ विष्णु के बुद्धावतार की महत्ता है और पुरी का जगन्नाथ-मन्दिर बुद्ध-निवास है। विष्णु के जिस रूप की जहाँ विशेषता है, उसे दर्शाने के लिए वहाँ उस रूप का कोई सांकेतिक निदर्शन अवशिष्ट है। बुद्ध ने वर्णधर्म को चुनौती देकर पतितोन्मुख मनुष्य को परस्पर समान किया था, उसके व्यक्तित्व की रक्षा की थी। हिन्दू अवतार की बुद्ध वाली शृंखला की कड़ी इसी हेतु जोड़ी गई है। बुद्ध के इसी रूप की जयदेव आदि वैष्णव स्तुति करते हैं। इसी कारण इस मानव मात्र की महानता घोषित करने वाले सिद्धांत को एक विशेष रूप से पुरी में महत्त्व दिया गया है। पुरी के जगन्नाथ मंदिर की दीवारों के भीतर किसी प्रकार का वर्ण भाव नहीं बरता जाता। बुद्ध के उपदेश के अनुसार वहाँ अन्त्यज और ब्राह्मण बराबर समझे जाते हैं। बुद्ध ने वर्ण-धर्म को धिक्कारा था और मानव-धर्म में एक अद्भुत समता का आदर्श रखा था। यही बुद्धावतार की विशिष्ट भावना पुरी के विष्णु मंदिर में सुरक्षित रह सकी है। समाज की स्थिति के संबंध में बुद्ध का यही उपदेश विशिष्ट रूप से मान्य हो भी सकता है। संभव है और उपदेशों पर सांप्रदायिक सिद्धांतों के अनुसार आक्षेप किए जाएँ, परंतु यह समानता का सिद्धांत सर्वथा स्तुत्य और सर्वमान्य है। फिर एक ऐसे मंदिर के निर्माण में जिसका देवता बुद्ध हो, वज्रयानियों का हाथ क्या न रहा होगा? युक्तियुक्त बात तो यह है कि इस बुद्ध मंदिर के संबंध में बौद्ध पुजारियों का प्राधान्य रहा होगा, और तब के बौद्ध धर्म का प्रधान संप्रदाय—वज्रयान—उड़ीसा के धार्मिक जीवन का प्रमुख ही नहीं एक मात्र शासक था। तब वज्रयान का सूर्य उड़ीसा की मूर्धा पर मध्याह्न के तेज से तप रहा था, यह वह मौका था जब मोदमयी वासना भी पुण्यात्मक धर्म का एक अंग बनाई जा सकती थी। वज्रयानी इस बात को जानते थे कि उनकी तूती सदा न बोलती रहेगी। ज्ञानसूर्य का जब उदय होगा, अंधकार तब छँट जाएगा और उनकी सत्ता नष्ट हो जाएगी। जनता की सांस्कृतिक क्रांति कभी न कभी होगी ही। और इस विप्लव को और दूर हटा देने के निमित्त वज्रयानियों ने मंदिर के निर्माताओं को अपनी ओर खींच लिया। फिर उन्होंने उस समय के बनने वाले उड़ीसा के मंदिरों पर कामुकता की छाप डाल दी, जिससे बाद की जनता भी उनके आचरण को पूजा का अंग समझे और क्रांति न करें। दूसरी युक्तिपूर्ण कल्पना जो इसके विश्लेषण में की जा सकती है, वह नीचे दी जाती है।

कुछ लोगों* का विचार है कि इन शृंगारिक दृश्यों का कारण और है। वह यह कि उड़िया जनता का यह विश्वास है कि जिन मंदिरों पर इस प्रकार के कामचित्र नहीं, उनसे-जनकल्याण नहीं हो सकता। परंतु यह तर्क सर्वथा अनुचित है, क्योंकि इस प्रकार के दृश्य केवल उड़ीसा के मंदिरों पर ही उत्कीर्ण नहीं हैं। यदि यह बात होती तो ये केवल उड़ीसा के मंदिरों पर होते। खजुराहो के चंदेल-मंदिर, एल्लोरा का

---

* राय, *कोणार्क* (बंगला में लिखी एक पुस्तिका)।

कैलाश और काशी का नैपाली मंदिर सभी इस प्रकार के कामचित्रों से भरे हैं। सच तो यह है कि कला में नग्न सौन्दर्योपासना बहुत पुरानी है। प्रमाण इस बात का उपलब्ध है कि इस प्रकार के उल्लेख कला में वज्रयानियों से बहुत पूर्व के हैं और उड़िया प्रभाव से सर्वथा स्वतंत्र हैं। परंतु इस बात को कभी न भूलना चाहिए कि तक्षित-भास्कर्य में इसका विशिष्ट अगोप्य रूप वज्रयान के तांडव के बाद ही प्रतिष्ठित हुआ। ऊपर के गिनाये उड़ीसा के मंदिरों के सारे कामुक दृश्यों का तक्षणकाल वज्रयान के बाद ही है। इनमें से एक भी छठी शताब्दी अथवा उससे पूर्व का नहीं है।

कला में नग्नता का प्रादुर्भाव किसी न किसी रूप में द्वितीय शताब्दी ई. पू. में ही हो गया था। भारतीय विचारों में बहुत पूर्व यक्ष और यक्षिणियों की कामुक मूतियाँ घर कर चुकी थीं। शंगकाल से ही साँची और भरहुत स्तूपों के रेलिंग-स्तंभों पर वासनामयी अर्धनग्न यक्षिणियों की मूर्तियाँ तक्षित होने लगीं। कुषाण और गुप्त-काल में यह यक्ष-यक्षिणियों का कामप्रमत्त परिवार खूब फला-फूला। मथुरा और लखनऊ के संग्रहालय कुषाणकालीन नगन यक्षी मूर्तियों से ढके रेलिंग से भरे पड़े हैं। चंद्रगुप्त द्वितीय विक्रमादित्य के समकालीन संस्कृत के अमर कवि कालिदास ने अपने *मेघदूत* के लिए एक यक्ष को नायक बनाया। स्वयं वह शृंगारिक कवि इन नग्न यक्ष प्रतिमाओं की भावभंगियों से न बच सका और *रघुवंश* के एक विशिष्ट सर्ग में उसने अयोध्या के राजप्रासाद के खँडहरों का वर्णन करते हुए रेलिंग-स्तंभों के ऊपर बनी 'योषित्प्रतियातनाओं'* की ओर संकेत कर ही दिया। इस प्रकार कुषाण और गुप्त काल तक यक्ष और यक्षिणियाँ प्रेम और काम दोनों का प्रतीत बन चुकी थीं। कुषाणकालीन रेलिंग-स्तंभों पर जो यक्षी-मूर्तियाँ उत्कीर्ण हैं, वे सर्वथा नग्न हैं। केवल पैरों पर एक वस्त्र की लकीर डाल दी गई है, जिससे जान पड़े कि वे वस्त्रों से आच्छादित हैं। परंतु वह लकीर केवल चरणों तक ही सीमित हैं और उससे निर्दिष्ट वस्त्र का तन के ऊपरी अंगों पर कहीं भी नामोनिशान नहीं, वरंच उनमें नारीत्व के खुले अंगों का पूर्णतया निर्देश भी कर दिया गया है। ये नग्न प्रतिमाएँ अधिकतर बसंत के साधनों से सजी होती हैं—आम्रमंजरी और मदिरापात्र तथा चषक धारण किए हुए। अधिकतर ये अशोक के नीचे दोहद तथा अन्य मुद्राओं में खड़ी होती हैं जिनमें से एक विशिष्ट मुद्रा 'शालभंजिका' की है। इनके चरणों के नीचे प्रायः एक नग्न पुरुष-वामन कुचला पड़ा रहता है। उसकी जिह्वा और आँखें कष्ट के कारण बाहर निकलती रहती हैं। यक्षिणियाँ जैसा ऊपर कहा जा चुका है वासना की प्रतीक हैं, पुरुष की इन्द्रियलोलुप तृष्णा का रोप्य निदर्शन। पुरुष वह वामन है, जो अपनी ही वासनाजन्य कामुकता के भार से कुचला जा चुका है और उसकी वासना नारी का रूप धरे (क्योंकि नारी

* स्तम्भेषु योषित्प्रतियातनानामुत्क्रान्तवर्णक्रमधूसराणाम्। स्तनोत्तरीयाणि भवन्ति संगाग्निर्मोकपट्टाः फणिभिर्विमुक्ताः।।16, 17।।

पुरुष की वासनाओं में सर्वोच्च स्थान रखती है) उस पर खड़ी नग्न तांडव कर रही है।

परंतु इस प्रदर्शन का भाव अथवा लाभ क्या है? ये यक्षी-मूर्तियाँ उस रेलिंग के स्तम्भों पर खुदी हैं जो स्तूप के चतुर्दिक दौड़ती थी। ये स्तूप निर्वाण अथवा बुद्ध या उनके अन्य रूपों या शिष्यों के जीवन अथवा उसमें घटी किसी विशेष घटना के स्मारक हैं। स्तूप व्यावहारिक जगत् के बाहर के आनंद (निर्विकल्प) के प्रतीक हैं। यह विशेष महत्त्व की बात है कि ये नग्न यक्षी-मूर्तियाँ तो सामने खुदी हैं, परंतु इनके पीछे वाले स्तम्भ भाग पर प्रायः बुद्ध की एक जातक कथा उत्कीर्ण है। ये कथाएँ बुद्ध के उन पूर्व जन्मों से संबंध रखती हैं जिनमें परोपकार में सतत प्रयत्न करते हुए तथागत ने अपनी बोधि प्राप्ति की थी। स्तूप और रेलिंग के भीतर चारों ओर कुछ भूमि छूटी होती है, जिसमें श्रद्धालु उपासक चल कर स्तूप की परिक्रमा करते हैं। इसे प्रदक्षिणा-भूमि कहते हैं। प्रदक्षिणा-भूमि में भीतर की ओर स्तूप की तरफ संकेत करती-सी जातक कथा है जिसमें व्यक्त जीवन का अनुकरण कर दुखीजन बुद्धत्व अथवा बोधिसत्व और अर्हत अवस्था का लाभ करेगा। जिससे स्तूप की सार्थकता होगी। बाहर उन्हीं स्तंभों पर, जहाँ से उपासक भीतर की प्रदक्षिणा-भूमि में प्रवेश करता है, यक्षी-मूर्तियाँ हैं। यही बाहर का पददलित लांछित संसार है, जहाँ पुरुष अपनी ही वासनाओं का दास हो उनके ही बोझ से दबा जाता है। जहाँ वह उन गगनचुम्बी बलवती नारी-तक्षी भावमयी वासनाओं के सम्मुख वामन मात्र है, उनका भार वहन करने में सर्वथा असमर्थ है। इसी कारण तथागत बुद्ध, संघ में नारी प्रवेश के विरुद्ध थे।

इस प्रकार मंदिरों पर मूर्तियों का नग्न चित्रण भारत में नवीन नहीं और न उसका उपयोग केवल उड़ीसा की वास्तुकला में ही हुआ।

संभव है उसका अर्थ यह रहा हो कि नग्न वासना दलित संसार बाहर का है और उपासकों पर इसका पूर्णतया आतंक जमाने के लिए बाह्यचित्र उत्कीर्ण किए गए हों। यह बात बराबर ध्यान में रखने की है कि इनमें से सारे चित्र बाहर की ओर हैं, एक भी भीतर मंदिरों के गर्भागार में नहीं। यह तो हुई सिद्धांत की बात, परंतु एक बार जब यह सिद्धांत नग्न मूर्तियों की भावभंगियों में प्रयुक्त हुआ फिर तो वह तक्षकों के चित्त को अटका-अटका कर चकित-दूषित करने लगा, जैसा वह आज भी इन मूर्तियों में प्राण फूँक-फूँक दर्शकों को करता है। और जब वज्रयानियों ने इस प्राचीन सिद्धांत को स्वार्थवश रूप दे दिया, तब इसका प्रसार उड़ीसा के बाहर भी हुआ। इन वज्रयानियों का तांडव सातवीं सदी से ही आरंभ हो गया था। जहाँ जहाँ इन कामोन्मादक मूर्तियों का प्रयोग हुआ, वे सभी मंदिर सातवीं सदी के बाद के हैं।

12

दास-प्रथा का विकास

दासता का उदय इतिहास के बर्बर युग में हुआ और तब से सबल पगों से वह निरंतर चली आ रही है। सभ्यता के इस लौह-युग में उसकी शक्ति और भी दृढ़ होती गई। अब्राहम लिंकन ने जिसे उखाड़ फेंकने की इतनी कोशिशें कीं, अमेरिका के संयुक्त राष्ट्र जिसके लिए क्षत-विक्षत हो गए उसकी जड़ें उसी देश में और मजबूत हो गईं। इस दिशा में अमेरिका के प्रयत्न यथार्थतः व्यंग्य बन गए। जिसका उसने विरोध किया था, वास्तव में दासता का वह केवल स्थूल रूप था। उसका सूक्ष्म मारक रूप आज के शोषक राष्ट्रों की आर्थिक नीति में वर्तमान है, जो अपने प्राचीन रूप से कहीं अधिक भयावह सिद्ध हो रहा है और जिसका केन्द्र स्वयं अमेरिका के संयुक्त राष्ट्र हैं।

प्राचीन स्टेट दास-पतियों का था जो उसका विनयन दासों के शोषण के अर्थ करते थे। मध्यकालीन सामंत स्टेट अभिजातकुलीनों का था जिसका उपयोग उन्होंने बेगार-किसानों और भू-दासों के शोषण में किया। आज का 'प्रजासत्ताक' स्टेट पूँजीपतियों का है, जो श्रमिकों के शोषण में संलग्न हैं। प्राचीन काल से उस प्राचीन स्टेट का कार्य प्राचीन श्रमजीवी मानव का दुरुपयोग और उसके श्रम का अनुचित लाभ-संचय रहा है। यों तो बर्बर काल से ही शोषक और शोषित अथवा श्रमिक दो वर्ग रहे हैं पर दासता का परम विकास इस सभ्यता के युग में ही हुआ। शोषण प्राचीन जगत् में दास-प्रथा के रूप में जन्मा, मध्यकाल में वह सामंतों के भू-दासों के रूप में पोषित हुआ, वही वर्तमान युग में श्रमजीवियों के रूप में जीवित है। सभ्यता के तीन युगों में दासता ने तीन कलेवर बदले। रूप बदलते गए, परंतु नग्न अथवा ढकी दासता इस अनविच्छिन्न त्रैकालिक शोषण का आधार बनी रही।

दासता का इतिहास अत्यंत प्राचीन, नितांत लोमहर्षक है, चाहे उसका संघटन एशिया-अफ्रीका में हुआ हो, चाहे योरप-अमेरिका में। दासता के इतिहास और उसके भारतीय रूप का अध्ययन बर्बर और सभ्य काल के दो स्पष्ट स्कंधों में उपादेय होगा।

फिर इन युगों में भी दासता की परिस्थितियों का अध्ययन पारिवारिक और सामाजिक दो दृष्टियों से होगा। दासता का उदय जैसा ऊपर कहा जा चुका है, बर्बर काल में हुआ। मानवजाति के इतिहासकार जिसे पूर्व पाषाण काल कहते हैं उसमें मनुष्य प्रायः कन्द-मूल अथवा आखेट के मांस ही खाता था। इसी काल के अन्त में और संभवतः इसके पूर्व भी, उसने नर-माँस को भी अपना आहार बनाया। उसकी अन्य नरों से बहुधा लड़ाई रहती थी परंतु उन्हें जीत-मार कर खा जाने के अतिरिक्त वह उनका अन्य उपयोग न करता था, न जानता था। उत्तर-पाषाण काल में तीन विशिष्ट परिवर्तन हुए जो सभ्यता के युग के पूर्ववर्ती थे–(1) पशुपालन, (2) कृषि, और (3) उद्योग-धंधों का उदय। इस काल में लोग कबीले बना कर रहते थे। उनकी परस्पर टक्करें आवश्यक थीं। झगड़े, विशेषकर पशुओं, चर-भूमि अथवा नारी के लिए, हुआ करते थे। पशुपालन और पशुचारण से कबीलाबन्दी भी हुई और कबीलाबन्दी से पशुपालन और पशुचारण को भी शक्ति मिली। पारस्परिक युद्ध ने कबीलों को उनके चरागाहों में पशुचारण के लिए अवैतनिक नौकर अथवा दास भी प्रस्तुत किए। जंगल में स्वाभाविक उगने वाले धानादि को देख बर्बर मानव ने कृषि-कर्म का भी आरंभ कर दिया था, जिसके लिए अब गुलामों की आवश्यकता होने लगी थी। मनुष्य ने इस युग में पहला मानव आविष्कार किया था–गाड़ी का चक्कर। उस प्राचीन युग में इस आविष्कार का बड़ा महत्त्व था। इसमें युद्ध को बल मिला, कृषि की सहायता हुई और उद्योग-धंधों का विकास हुआ। कुम्हार बर्तन-भांड़े इसी की सहायता से बनाने लगे। इसी काल सूत कात कर हाथ से ही कपड़ा भी बुना जाने लगा। 'लूम' से कपड़ा बुनने के प्रयास और धातुओं के ज्ञान तथा उनके प्रयोग ने उन दासों की अतीव आवश्यकता घोषित की, जो युद्धों में बंदी किए जाते थे। कुछ आश्चर्य नहीं यदि उस समय के अनेक युद्ध दासों की अभिप्राप्ति के लिए ही लड़े गए हों। अब युद्धों से प्रस्तुत एक नगण्य वर्ग की स्थापना हुई जिसको विजेता स्वाभाविक ही अपने गुलाम समझने लगे। श्रम की उत्पादक शक्ति ने शीघ्र अब समाज को दो वर्गों में बाँट दिया। उनमें से एक स्वामी था, दूसरा दास।

इसी काल के आसपास समाज में एक अद्भुत परिवर्तन हुआ। पहले उसकी व्यवस्था मातृसत्ताक थी, अब पितृसत्ताक हो गई। पहले नारी बलवती थी–गृह की स्वामिनी और संपत्ति की प्रभु। प्रारंभिक मानव अपनी जननी के प्रति अत्यंत श्रद्धालु था, इससे समाज की स्थापना मातृसत्ताक हुई। उसी का एक रूप भारत के मलाबार में आज भी शेष है। अब अवस्था पलट गयी और माता के स्थान पर पिता शक्तिमान हुआ। माता के सारे अधिकार पिता के हो गए, स्वयं नारी भी नर की दासी बन गई। गृह दास के उदय के साथ इस पितृसत्ताक सामाजिक परिवर्तन का घना संबंध है। पितृसत्ताक अवस्था में पिता नारी-बच्चों-दासों का पूर्ण स्वामी था और उनके जीवन पर भी उसका सर्वथा स्वत्व स्थापित हो गया। नारी उसकी विशिष्ट दास, दास परिवार

में प्रमुख सिद्ध हुई। कुछ कबीलों ने इस समय यह भी घोषित कर दिया कि अब वे अपने रक्त की नारियों से मैथुन व्यवहार न रखेंगे, और इस कार्य के लिए वे अन्य कबीलों से नारियाँ उपलब्ध करेंगे। फिर तो अब नारियों के लिए भी युद्ध शुरू हो गए और वे भी जीत कर लाई जाने लगीं। जीती हुई वस्तु यथेच्छ भोग की होती है और दासों का स्थान पहले भी गृह में निश्चित हो चुका था। उन्हीं की भाँति अन्यत्र से जीत कर लाई गई नारियों का स्थान उनसे भिन्न कैसे हो सकता था? इससे गृह में दो प्रकार के दासों की सृष्टि हुई, साधारण दास और नारी। अंतर केवल इतना था कि एक कर्म का सेवक था, दूसरी नर के शरीर की दास, उसके पुत्र-पुत्रियों की जननी। पुत्रियों को मार डालने की जो प्रथा चली, उससे कुछ कबीलों में नारी की माँग बढ़ गई और उसके साथ ही परिणाम-स्वरूप, नारी के लिए युद्धों की संख्या भी। पितृसत्ताक स्थिति में नारी नर के भोग का साधन, उसका उत्पादक यंत्र बन गई। कबीलों में पारस्परिक युद्ध जो बढ़ा तो उसके लिए लड़ाकों की भी आवश्यकता बढ़ी और नारी इस अर्थ विशेष उपादेय सिद्ध हुई। ऋग्वैदिक ऋषि ने गाया-दशास्यां पुत्रानाधेहि पतिमेकादशं कृधि (10, 85, 45), (दस पुत्र प्रसव करो, ग्यारहवाँ नर तुम्हारा पति होगा)। वीर और काव्यकालीन ग्रीक समाज में यह स्थिति और भी स्पष्ट हो गई। युद्ध—विजय, दास और नारी, प्रजनन—फिर युद्ध-विजयादि की वृत्तपरक परंपरा।

पितृसत्ताक काल वह था जिसमें बद्ध और स्वतंत्र नर-नारी एक साथ भूमि और मवेशियों के अर्थ प्रयुक्त होते थे। गृह में दास-दासियों दोनों का उपयोग होता था। इनमें से दासियों का पत्नी के रूप में अक्सर प्रयोग होता है। भारत में भी इस रूप को प्रश्रय मिला। *ऋग्वेद* में सैकड़ों-सहस्रों की संख्या में गृहों में 'वधू' रूप में प्रयुक्त होने वाली इन दासियों के अनेक हवाले मिलते हैं। प्रख्यात ऋषि कक्षीवान्, औशिज और कवष इन्हीं की संतान थे। रोम का परिवार, जिसे 'फैमिली' कहते हैं, आरंभ में आधुनिक स्नेह-संचित कुल न था, वह *केवल दास-दासियों का* समुदाय था (फामिलिया—Familia)। रोमन भाषा में 'फामुलस्' (Famulas) का अर्थ ही गृह-दास है। उसी शब्द का बहुवचन 'फामिलिया' है, जिसका अर्थ है एक नर के 'दास-दासियों' का समुदाय। गेयुस के समय तक यह 'फामिलिया' (दास-दासियों का परिवार) वसीयत का विषय था और अन्य सामाजिक वस्तुओं की भाँति इच्छित जन को लिख कर भेंट किया जा सकता था। रोम की व्यवस्था के अनुसार रोमन नर की अपनी स्त्री, बच्चों और दास-दासियों पर सर्वतोमुखी प्रभुता थी। उनके ऊपर उसका जीवन-मृत्यु का अधिकार था। उनको वह बेच बदल सकता था। कृषि ने इस प्रथा को विशेष आश्रय दिया और बढ़ाया। आज का परिवार अधिकतर (कम से कम पूर्वात्य कृषि-प्रधान उद्योगहीन देशों में) कृषि-प्रधान होने के कारण दासत्व और भू-श्रम मिश्रित आधार पर खड़ा हुआ।

यह तो हुआ रोमन कुल का हाल। ग्रीक कुल का जीवन इससे कुछ कम भयावह न था। वीर-काल से वहाँ भी नारी का अवसान हुआ। वीर-काल सारे भूमंडल पर नारी के पतन का घंटानाद है। क्या भारत, क्या ग्रीस, क्या रोम–सर्वत्र इस युग में नारी का अपकर्ष और नर का उत्कर्ष हुआ, प्राचीन जगत् में नर का उत्कर्ष नारी के अपकर्ष की नींव पर हुआ। मातृसत्ताक से पितृसत्ताक का जो परिवर्तन हुआ था, उसकी परकाष्ठा वीर-काल में हुई। भारत के वीर-काल में (*महाभारत* और *रामायण*) पुरुष देवतुल्य अमानव रूप धारण करता है, उसकी नारी उसकी छाया बनती है, स्वार्थरहित, पतिपरायण, तपस्विनी, निरीह। वह पति की राह नहीं रोकती, नितांत अरुंधती है। सीता और अरुंधती, गांधारी और रुक्मिणी अपने पतियों की दासियाँ हैं, उनकी इच्छा-सेविकाएँ, उनकी दीप्ति से प्रतिबिंबित।

नारी का अपकर्ष वीर-काल में एक और कारणवश हुआ। दासियों की स्पर्धा के कारण दासियाँ जो रण में गृहीत अथवा गृह-दासों से उत्पन्न होती थीं, नर की कृपादृष्टि से विरहित न थीं। सारा कुटुम्ब ही चूँकि उसकी इच्छा का दास था, सुंदरी दासियों ने भी उसके स्नेह का भाग पाया। निश्चय खंडित प्रेम के राज्य में एक पत्नी संपूर्ण स्नेह का पात्र नहीं होती। खंडिता होना नारी की विडंबना है। काव्य-काल में कालिदास के *कुमारसंभव* की नायिका पार्वती भारतीय ललनाओं का चिर अभिलषित-आशीर्वाद–अखंडितं प्रेम लभस्व पत्युः–प्राप्त करती है, जिसकी अभिप्राप्ति के अर्थ तप करती हुई भारतीय नारी तपस्वियों के तप को तुच्छ कर देती है। (तपस्विनां दूरमधश्चकार सा)। उस 'पतिदेवता' वाली नारी के लिए पिता का आशीर्वाद है "भर्तुर्विप्रकृतापि रोषणतया मास्म प्रदीपं गमः" (पति के रुष्ट होने पर भी तुम रोष न करना) और "पतिगृहे तव दास्यमपि क्षमम्" (पति के कुल में तुम्हारा दासत्व भी उचित है)। निश्चय पत्नी वास्तविक दास की समीपवर्तिनी हो चुकी थी। मनु ने भी उस निरीह नारी का नियमन किया–"प्रदानं स्वाम्यं कारणं"–जिस पर कालिदास ने अपना पेबन्द लगाया–"उपपन्ना हि दारेषु प्रभुता सर्वतोमुखी।" होमर के काव्यों में कुछ इसी प्रकार की व्यवस्था उद्घाटित है। पेनिलोपे का पुत्र तेलिमैकस अपनी माँ को पुरुषोचित कार्यों से अलग रहने और कातते-बुनने में चित्त देने का आदेश करता है। (*ओदिस्सी,* 21, 2, 350)। उस प्राचीन कवि की कृतियों में तरुणियाँ लूट कर लूट के माल की ही भाँति व्यवहृत होती हैं। कमाण्डर उन्हें अपनी काम-ज्वाला की अभितृप्ति का साधन बनाते हैं। पदों के क्रमिक विधान से वे प्रमुख और गौण सुंदरियों का वरण करते हैं। सारे ईलियद की कथावस्तु एक दासी की अभितृप्ति में ही वितन्वित है। सारी वस्तुस्थिति का कारण एकिलिस और एगामेम्नन के बीच उस कमनीय दासी के लिए वैमनस्य है। अपने काव्य प्रसार में स्थान-स्थान पर होमर यह बताने से नहीं चूकता कि यदि कोई वीर महान् है, तो उसकी प्रसादलब्ध दासी कौन है। दासियाँ, विशेषकर प्रसादलब्ध, ग्रीस में पत्नी के ही साथ गृह में रखी जाती

थीं और वह भी सेविका के बहाने नहीं, घोषित उप-पत्नी के नाम से। विख्यात कासांद्रा इसी प्रकार एगामेम्नन द्वारा लायी गई थी। दासी-पत्नी का पद साधारण दासियों से ऊँचा था और पुत्र उत्पन्न करने पर उनका आदर और भी बढ़ जाता था। उनका पुत्र अब दास नहीं रह जाता, स्वतंत्र नर था, वह पिता की संपत्ति में कुछ भाग पाता था। पत्नी को सती का जीवन बिताना पड़ता था। सती न होकर सती का जीवन बिताना असाधारण क्षमता और सहन का कार्य है, और सती होना भी कुछ सुखद, वश्य बात नहीं। कारण कि यह निश्चित है कि सती का जीवन अनिवार्य रूप में बिताये जाने के प्रथा-निर्माण में यदि नारी का हाथ होता, तो वह प्रथा ही आज न होती। इसमें सन्देह नहीं कि ग्रीक इतिहास के वीर-काल में नारी का स्थान सभ्य-काल की नारी से ऊँचा था। पर ऊँचाई कुछ ऐसी ही थी जैसी भारतीय इतिहास के काव्य-काल की नारी की ऊँचाई राजपूत-काल की नारी की ऊँचाई से अधिक थी। ग्रीक इतिहास के वीर-काल में वह स्तुत्य अवश्य है, परंतु भारतीय इतिहास के काव्य-काल की नारी की ही भाँति वह पति के सम्मुख नितांत तुच्छ है, वह उसके औरस-पुत्रों की जननी मात्र है। एक पद उसका और है, दासियों की निरीक्षिका का, जिनमें अनेक उसके पति की रखैल हैं, उसकी स्पर्धिनी। एक पत्नीत्व (Monogamy) के साथ पत्नी की दासता और तरुण सुंदर दासियों का उप-पत्नीत्व अनिवार्य है। इस काल नर का एकपत्नीत्व केवल नारी के लिए, स्वयं नर के लिए सर्वथा नहीं।

ग्रीक काल की गृह तथा सामूहिक (विशेषकर गृह) दासता को समझने के लिए उनकी दोनों जातियों—दोरियनों और यवनों (आयोनियनों)—के इतिहास पर एक नजर डालनी होगी। इनका तिथि-परक स्थान तो होमर के पश्चात् है, परंतु वास्तव में इनके अनेक सामाजिक रूप उसके पूर्व के हैं। दोरियन ग्रीकों में स्पार्ता की व्यवस्था मुख्य है। उनकी विवाह-प्रथा होमरकालीन प्रथा से भी संभवतः प्राचीन है, उनमें भी 'युगल-विवाह' (एक पुरुष-एक स्त्री) की प्रथा का ही प्रचलन था। परंतु संतति-विरहित-विवाह गैरकानूनी करार देकर तोड़ दिए जाते थे। उनमें अनेक भाई एक ही पत्नी से विवाह कर सकते थे, जैसा पांडव-बंधुओं ने द्रौपदी के साथ किया था। स्पार्ता के उत्कर्षकाल में गृह-दासता की प्रथा अनजानी थी क्योंकि उनके दास, जो स्वतंत्र न थे, इलाकों पर काम करने के लिए पृथक कर दिए जाते थे। इस कारण स्पार्तन-नर अपने दास की स्त्री से प्रभावित होने का अवसर कम पाता था। परंतु इसी कारण स्पार्ता में दासों की संख्या भी प्रभुओं से अधिक हो गई थी। और उनका प्रयोग गृह-दासों की भाँति कम, सामूहिक दासों की भाँति अधिक किया जाता था। इसी कारण उनकी नारियों का स्थान यवन-ग्रीक नारियों से कहीं ऊँचा था, आयोनिया में अवस्था दूसरी थी। इन यवनों का केंद्र एथेंस था। वहाँ कुमारियाँ प्रायः सूत कातने, बुनने, सीने-पिरोने और कुछ अंशों में तनिक पढ़ने-लिखने की आदी थीं। उनको तालों के अंदर रहना पड़ता था। घर में उनके लिए ऊपर का अथवा पीछे का खंड नियत था, जहाँ उनका

संबंध केवल नारियों से ही हो सकता था। बाहर वे दासियों की कैद में निकलती थीं, अंदर दासियों की कैद में रहती थीं। गृह के नारीखंड के लिए रक्षक नियत थे। भारतीय नारी-विधान में यह नीति अनजानी नहीं थीं। यहाँ भी गृह में नारीखंड पृथक होता था, जिसे अन्तःपुर, शुद्धांत आदि कहते थे और राजाओं के हरम में इन पर नियंत्रण रखने के लिए यवनी काफिला कायम था, जिनका स्वयं नियंत्रण मौर्य-काल का 'अंतर्वेशिक' (अंतर्वशिक) गुप्त-काल का प्रतीहार अथवा संस्कृत नाटकों का कंचुकी करता था। स्वयं *ऋग्वेद* तक—"गुहा चरंती यौषा"—गृह के अभ्यंतर भाग में फिरने वाली नारियों का हवाला मिलता है। अरिस्तौफानिज की कृतियों से स्पष्ट है कि इस काल के ग्रीकों में 'जारों' को दूर रखने के लिए मोलोस्मियन कुत्ते रखे जाते थे। *ऋग्वेद* में भी इस प्रकार के कुत्तों का वर्णन आया है। जार अपनी प्रेयसी के घर के सामने रात्रि में उपस्थित होकर देवताओं से प्रार्थना करता है कि उस घर के अन्य प्राणी सो जाएँ, केवल प्रेयसी जगी रहे। इस संबंध में वह पहरे के कुत्तों के प्रति भी एक मंत्र बोलता है जिससे वे शीघ्र ही निद्रित होकर उसे अपनी प्रेमिका से सहवास का अवसर दें। पश्चात् वह कुत्तों के सो जाने पर गृह में प्रविष्ट हो प्रेयसी को जगा उसे 'उषा' काल तक भोगता है (*ऋग्वेद*, 1, 134, 13) । अंतःपुर की रक्षा और नियंत्रण के अर्थ पूर्वात्य देशों में तो 'जनखों' का एक व्यवसाय ही चल पड़ा था। ग्रीक इतिहासकार हेरोदोतस्, जो पाँचवीं सदी ई. पू. में ईरानी साम्राज्य में एथेंस का राजदूत रह चुका था, लिखता है कि उसके समय में कीयोस (Chios) नामक स्थान जनखों के व्यवसाय का एक विशिष्ट केंद्र था, जहाँ वे न केवल बेचे-खरीदे वरन् आख्ता किए जाते थे। एथेंस के समाज में नारी का प्रमुख स्थान दासी का हो गया था। वहाँ के पुरुषों के मनोरंजन की वस्तु वे वारांगनाएँ थीं जिनकी संख्या एथेंस के समृद्धि-काल में फली-फूली और जो स्टेट की कृपा-भाजन थीं। इस काल दास-प्रथा के बीच रहने वाली एथेनियन नारी अत्यंत दयनीय हो गई थी। एथेंस के 'दास' स्टेट में एथेनियन नारी का जीवन दासीवत् बीतता था। जब हम इस काल के उन असाधारण नामों—सुकरात, अफलातून, सोफोक्लीज, इस्कीलस, बूरिपीदिज, अरिस्तोफानिस, पेरेक्लिज, आल्किविआदिज, थमिस्तोक्लिज, दिमास्थेनिज, हेरोदोतस, अरस्तु, थ्यूसिदीदिज, प्रैक्सीतीलिज, जेनोफोन—पर विचार करते हैं, जो प्रायः समसामयिक थे और जिन्हें साधारणतः प्रत्येक शिक्षित मनुष्य कम-से-कम नाम से जानता है, तो हम इस बात से स्तंभित रह जाते हैं कि उन्होंने अपनी उन्नति न केवल अपने दासों को कुचल कर वरन् समस्त नारी जाति के अधिकारों को दबा कर की। अफलातून ने स्वयं 'बच्चों, नारियों और दासों' को एक ही श्रेणी में रखा है, ठीक उसी प्रकार जैसे हिंदू और ईसाई धर्म का 'दसवाँ आदेश' पड़ोसी की बीवी, उसके दासों, उसके बैल, गधे और अन्य वस्तुओं को एक साथ रखता है। ग्रीक मीदिया कहती है—"सारे प्राणियों में नितांत घृणित जीवन हम नारियों का है, क्योंकि हम सोना देकर उस पति को

खरीदते हैं जो हमारा स्वामी बन बैठता है। और इस स्वामी के उचित-अनुचित पर हमारा भाग्य निर्भर करता है।" नाटक का एक पात्र कहता है, "नारी वह अच्छी है जिसकी चर्चा पुरुषों से 'अच्छे-बुरे' किसी भाव से नहीं होती।" एक स्थल पर उसी नारी का दयनीय व्यंग्यपूर्ण चित्रण इस प्रकार है–"अच्छी नारी अच्छे सिक्के की भाँति है, जिसे उसका स्वामी घर में गाड़ कर रखता है। बुरी नारी उस खोटे सिक्के की भाँति है, जो बाजार में चलता है।"

पितृसत्ताक परिवार और एकपत्नीक जीवन ने गार्हस्थ्य का सामाजिक रूप नष्ट कर वैयक्तिक कर दिया और नारी गृह की प्रमुख दासी, सामाजिक आचरण से पृथक हो गई। आज का वैयक्तिक परिवार खुले छिपे पत्नी की दासता पर अवलंबित है। ग्रीस–विशेषकर एथेंस–की नारी का यह सारा रूप दासपरक इसलिए है कि वहाँ का सारा जीवन दास-प्रथा से प्रभावित था। दास ग्रीक गार्हस्थ्य जीवन का प्राण था, उसका प्रतीक और आधार।

अब जरा उसी देश के अत्तिका प्रदेश की दास-व्यवस्था पर विचार करें। वहाँ के कर्ज में रहन किए हुए खेतों की सीमा पर स्तंभ गड़े रहते थे। जब इस प्रकार दी हुई भूमि ऋण चुकाने के लिए पर्याप्त न हो तो गरीब कर्जदार अपने बच्चों को गुलाम बनाकर विदेशियों के हाथ बेच देते थे। फिर भी अगर महाजन की अभितृप्ति न होती और ऋण अभी पूर्णतः चुका न होता तो वह अपने ऋणी को दास बना कर बेच सकता था। इस प्रकार दास-प्रथा को प्रश्रय देने अथवा उसको बढ़ाने में सूदखोरी का भी काफी हाथ था। अबीसीनिया में इस रूप में दास बनाने की प्रथा अभी हाल तक जारी रही है। ऋग्वैदिक काल में भी किसी न किसी रूप में यह विद्यमान थी। उसके द्यूत-सूक्त में नारी दाँव पर हारी जाकर विजयी के विलास की वस्तु बनती है और स्वयं जुआरी भी दासत्व के अनुरूप स्थान ग्रहण करता है। यह प्रथा साधारण युद्ध-ग्रहीत दास-प्रथा से भी संभवतः भीषण थी, क्योंकि इनसे अपनी ही जाति अथवा 'जन' के स्वतंत्र व्यक्ति दास बनाए जाते थे। यद्यपि दासता का पुराना रूप अब भारत से उठ गया है, फिर भी ऋणी के रूप में सूदखोरी का गुलाम आज भी वर्तमान है।

अत्तिका में व्यापार, जलदस्युता और विजयों का बाजार गरम था। इस प्रकार विजयों से दास उत्पन्न करने वाला जरिया तो सुरक्षित था ही, जलदस्युता से भी दासों की संख्या बढ़ी। परंतु उनसे कहीं अधिक इस प्रथा का प्रसार व्यापार से कमाए धन ने किया। एथेंस में नागरिकों से कहीं अधिक संख्या बढ़ कर दासों की हो गई। उनकी प्राचीन शासन-व्यवस्था में दासता का नाम तक न था। इस कारण दासों की सम्हाल एक नई बात थी। अब उन्होंने अपने दासों के श्रम का उपयोग उद्योग-धंधों में किया। इससे द्रव्य और समुद्रगामी यानों में उनसे कहीं अधिक दासों की संपत्ति बढ़ी। पहले तो उनका नियंत्रण स्टेट ने अपनी सेना से किया। जब नागरिकों से

भी बढ़कर, उनकी संख्या हो गई तब क्या हो? तब उन्होंने एथेंस में उनका एक पुलिस फोर्स कायम किया। आश्चर्य की बात तो यह थी कि एथेंस के नागरिक जलदस्युता और सैनिकता पर तो गर्व करते थे, परंतु पुलिस कर्म उन्हें हेय जान पड़ता था। वे गुलाम-पुलिस द्वारा बद्ध होते तो लज्जित न होते थे, परंतु उनका कर्म उन्हें घृणित लगता था। समाज दासों और स्वतंत्र नागरिकों में विभक्त था, जिससे दासों की संख्या कहीं अधिक थी। एथेंस की उच्चतम समृद्धि के समय उसके नागरिक-नागरिकाओं और उनके बच्चों की संख्या कुल 90,000 थी, पर उनके दासों की संख्या 3,65,000—अर्थात चौगुनी से भी अधिक। इसी प्रकार कोरिन्थ और ईजिना दोनों में नागरिकों की संख्या से दास-दासियों की संख्या (क्रमशः 4,60,000 और 4,70,000) प्रायः दस गुनी थी। एथेन्स में यह औसत एक बार प्रत्येक नागरिक (नर) पर अट्ठारह दासों का हो गया था। इसका परिणाम हुआ एथेनियन स्टेट का विध्वंस। संपत्ति के एकत्रीकरण से एथेन्स का नागरिक सर्वथा दरिद्र हो गया। न तो वह सम्पत्तिवान् का संपत्ति में मुकाबला कर सका और न गुलाम का श्रम में। इससे क्रमशः वह स्वयं गुलामों की श्रेणी में जा मिला।

रोमन स्टेट में भी दासता का प्रारंभ युद्ध की विजयों, कृषि-कर्म और व्यापारिक संपत्ति से हुआ। रोमन विजित जर्मन प्रांतों में जर्मनों के साथ की संधियों में उनकी कुमारिकाओं का बंधक अत्यंत महत्त्वपूर्ण समझा जाता था। पत्नी अथवा कन्या का दासी बनाया जाना जर्मनों के लिए अत्यंत घृणा की बात थी। धीरे-धीरे रोमनों में काव्यकालीन दासता विलुप्त हो गई। अब दासों का व्यवहार केवल श्रीमान् गृहकार्यों अथवा विलास में करने लगे थे। फिर भी श्रम दासों का काम समझा जाता था। स्वतंत्र रोमन नागरिक शारीरिक श्रम को अनागरिक समझता था। स्वयं ईसाई धर्म ने कभी दास-प्रथा के विरुद्ध आचरण नहीं किया और न उसे कहीं बुरा कहा। यह बात आश्चर्य की होते हुए भी अकारण नहीं है। यह धर्म रोमन शासन में पोषित और वर्द्धित होने के कारण न तो उत्तर के जर्मनों और न दक्षिण के भूमध्यसागरस्थ वेनीशियनों में ही दास-व्यापार का विरोध कर सका। बाद में रोमन सत्ता के नष्ट हो जाने पर जब हब्शी दासों के व्यापार ने जोर पकड़ा तब भी अपनी परंपरा से लाचार इस धर्म ने उसमें किसी प्रकार का हस्तक्षेप न किया। दसवीं सदी ईसवी में होली-रोमन साम्राज्य के अंतर्गत वर्दून नगर में जनखों के दास-व्यापार ने अपना केंद्र बनाया, जनखे बनाए, और स्पेन के 'मूरी' हरमों में नियुक्त होने के लिए सदियों उन्हें भेजते रहे। रोमनों की दास-प्रथा इस कारण नष्ट हो गई कि अब वह अर्थकारी न रह गई थी।

जर्मनों ने जिस दासता का आविष्कार किया उसने रोमन साम्राज्य के अंतर्गत भी प्राचीन दास-प्रथा का स्थान ग्रहण कर लिया। इस दासता में बद्ध दास धीरे-धीरे सामूहिक रूप से मोक्ष पा सकता था। यह व्यक्तिगत दासता से कहीं अच्छी थी।

प्राचीन काल में संगठित विप्लव द्वारा दासता का नाश इतिहास नहीं जानता, यद्यपि स्पार्टाकस नामक दास ने पहली सदी ई. पू. में दासों की बगावत से रोमन श्रीमानों को खतरे में डाल दिया था। परंतु यह ऐतिहासिक सत्य है कि जर्मन भू-दासों ने, जिन्हें 'सर्फ' कहते थे, धीरे-धीरे वर्ग रूप में दासत्व से मोक्ष प्राप्त किया। वास्तव में 'क्लासिकल'—जगत् की श्रम-दासता पूर्वात्य जाति की गृह-दासता के स्तर तक कभी न गिर सकी।

भारतीय दासों की परंपरा भी बहुत प्राचीन थी। आय के भारत-प्रवेश से पूर्व का इतिहास अत्यंत अंधकार में होने के कारण, भारत में इस प्रथा के होने में संदेह किया जाता है। इसमें संदेह नहीं कि सिंधु-सभ्यता में उसका प्रमाण नहीं मिलता, परंतु चूँकि इस सभ्यता के मोहनजोदड़ो और हड़प्पा के भग्नावशेषों में पाए गए ऐतिहासिक आंकड़ों में इसके चिह्न खोजना आसान नहीं, और इस प्रकार की सामाजिक व्यवस्था के अवशेष अधिकतर स्थूल पुरावस्तुओं में मिलते भी नहीं, दासता का सर्वथा वहाँ न होना सिद्ध नहीं किया जा सकता। कम-से-कम यह तो है ही कि अन्य पाषाण-काल के पूर्व और उत्तर युग, बर्बर, पशुपालन, कृषि, उद्योग-व्यापार, धातु कर्म आदि यहाँ भी उसी प्रकार सम्पन्न हुए जैसे विदेशों में पारस्परिक युद्धों की परंपरा यहाँ भी थी। दासता का कोई-न-कोई रूप वर्ग विभाजन के साथ होना ही चाहिए। परंतु ऋग्वैदिक आर्यों के समाज में दासों का बाहुल्य था, इसमें संदेह नहीं किया जा सकता। आर्यों के भारत में आने पर इस भूमि के चप्पे-चप्पे के लिए उन्हें द्रविड़ों से लड़ना पड़ा था। उन्हें युद्ध में जीत, बन्दी बना कर दास बना लेना साधारण बात हो गई थी। अपने शत्रुओं को आर्य ऋषियों ने 'दासाः' आदि कहकर व्यक्त भी किया। यह 'दास' वही शब्द है जो संस्कृत में गुलाम के अर्थ में प्रयुक्त होता है। निश्चय तब भारतीय दास युद्ध में आर्यों के विजित और बंदी होकर उनके गुलाम हो गए और उनकी संज्ञा दासता के अर्थ में धीरे-धीरे रूढ़ हो गई। अत्यंत अधिक संख्या में आर्यों ने अपने शत्रुओं को दास बनाया था, परंतु ये दास निःसंदेह गृह-दास ही थे। उनका उपयोग गृह में सेवा, पशुचारण, कृषि आदि में किया जाता था। आर्य अपने भ्रमण के जीवन के कारण अपने साथ स्त्रियाँ कम लाए थे। परंतु भारत में शत्रुओं की बहुसंख्या के कारण उनको अपने 'जनों' की आवश्यकता अधिक प्रतीत हुई। इससे उन्होंने एक नारी से अधिक से अधिक पुत्र उत्पन्न करने की घोषणा की। प्रत्येक आर्य का यह आदर्श कार्य हो गया कि वह दस पुत्र उत्पन्न करे और ग्यारहवाँ पुरुष वह स्वयं हो। नारियों की संख्या की पूर्ति उन्होंने दो प्रकार से की। एक तो अपनी सती-प्रथा को बंद कर पति के मरते ही उसकी विधवा का विवाह उसके देवर अथवा अन्य पारिवारिक जन से करके, दूसरे 'नियोग' से। पुत्र-जनन की यह नयी व्यवस्था थी। युद्ध में जीती हुई दास स्त्रियों का भी वे पत्नियों की भाँति उपयोग करने लगे। इनके लिए शायद उनको दासों के गाँव भी लूटने पड़े थे,

क्योंकि वे वीरांगनाएं अपने पतियों के साथ देश की स्वतंत्रता के अर्थ खुले युद्ध में लड़ती थीं और जब-तब बंदी हो जाती थीं। (ऋ. 1, 32, 11)।

"दास ने नारियों को अपना अस्त्र बनाया है; भला उनकी सेनाओं से हमारा क्या अपकार होगा?" इससे समाज में नारियों की संख्या बढ़ी और बहु-विवाह की प्रथा जोर से चल पड़ी। राजाओं के हरम दासियों से भर गए। (*राजेवहिजनिभिः* 7, 18, 2, 2, 16, 2, 10, 95, 971)। कक्षीवान् ने दो विवाह किए थे (1, 126, 3; 1, 51, 13) च्यवन ने अनेक (1, 116, 10; 5, 74, 5; 1, 117, 13; 118, 6; 7, 68, 6; 71, 5, 10, 39, 4)। घर में सपत्नियों (सौतों) की बाढ़-सी आ गई। राजा अपने परिजनों और पुरोहितों को गायों, भैंसों, अश्वों आदि के साथ रथों में भर-भर कर दासियाँ भी दान करने लगे (6, 27, 8; 8, 18, 17)। राजा त्रसदस्यु ने सौभर्य कन्व को पचास दासियाँ प्रदान कीं (8, 19, 38; 5, 47, 6)। इसी प्रकार राजा स्वनय भावयव्य के यहाँ अपने विवाह के अवसर पर ऋषि कक्षीवान् ने 'रथों भर कर' दहेज में दासियाँ पाईं। (उपमयाश्यावाः स्वनयेन दत्तां बधुमंतो दशरथाः सो दस्युः", 1, 126, 3 और देखिए 7, 18, 22) इन दासियों की संज्ञा 'वधू' थी, जिससे बिना किसी विवाह क्रिया के उनके साथ पति-कर्म किया जा सके। जहाँ नारियों की संख्या इतनी थी, वहाँ आर्य नारियों का इस संख्या में दान में दिया जाना सर्वथा कल्पना के बाहर है। विवाह अनुष्ठान रूप में केवल आर्य नारी के साथ ही हो सकता था। परंतु दासियों की संज्ञा भी 'वधू' इसलिए कर दी गई थी कि उन्हें बिना विवाह के भी कानूनी मातृत्व का अधिकार प्राप्त हो सके। अभी हाल तक रियासतों में विवाहिता के साथ अनेक सवर्ण दासियाँ विवाह-कौतुक में आती रही हैं और उनका अधिकतर वही प्रयोग होता रहा है जो पत्नी का, यद्यपि उनको पत्नी के अधिकार प्राप्त नहीं रहे हैं। ऋग्वैदिक आर्यों ने अविवाहित किन्तु प्रस्तुत पत्नियों का सृजन किया, जो 'वधू' के नाम से विवाह के अवसर पर वर को अथवा अन्य अवसरों पर पुरोहित को दी जाती थीं। इनसे उत्पन्न होने वाला पुत्र औरस होता था। कक्षीवान् औशिज, कवष, वत्स, आदि प्रमुख ऋग्वैदिक ऋषि इसी प्रकार की दासी-वधुओं से उत्पन्न थे (1, 18, 1; 112, 11)। ग्रीस में दासियाँ केवल रखैल थीं; भारत में आर्यों ने उन्हें अविवाहित 'औरस' पत्नियाँ करार दिया। इससे एक लाभ यह हुआ कि ग्रीकों की भाँति उनकी नारियों का तिरस्कार न हो सका। इस प्रकार *ऋग्वेद* में दास-दासियों की संख्या का पूरा हवाला मिलता है। विवाह के अवसर पर पुरोहित द्वारा जो नव-विवाहिता वधू को "शंनो भव द्विपदे शं चतुष्पदे" का (ऋ., 10, 85 में) बराबर आशीर्वाद मिला है, उसमें भी 'द्विपद' से तात्पर्य दासी से ही है। यदि ऐसा न होता तो 'सासु-ससुर, ननद-देवर' आदि संबंधियों के अलग गिनाने और 'द्विपदों' को चतुष्पदों के साथ 'शूद्र-पशु-नारि' वत् बाँध देने की क्या आवश्यकता थी? जिस प्रकार राजा गायों, अश्वों का दान देता था और ऋषि इन तीनों को एक ही स्वर में समानपदीय

रूप में गिनता था, यहाँ भी पुरोहितों ने दो-पायों और चौपायों को साथ ही रखा है।

भारतीय दासों की परंपरा का उत्तर-वैदिककालीन साहित्य, सूत्र और काव्य-साहित्य में भी स्पष्ट अथवा अस्पष्ट रूप में उल्लेख मिलता है। सिकंदर के भारतीय हमले करे समय तक्षशिला के बाजारों में दास-दासी बेचे जाते थे, जिनमें पिताओं द्वारा बेची जाने वाली कन्याएँ भी थीं। काव्य-काल के पिछले स्तरों, विशेषकर कालिदास और अन्य संस्कृत नाटककारों की कृतियों में दासों का स्पष्ट उल्लेख मिलता है। नाटकों में यवनियों और किरातियों का जो वर्णन आया है, वह दासपरक ही है। यवनियों का उपयोग राजाओं के अंतःपुर में रक्षिकाओं के रूप में होता था। वे राजा की शस्त्रवाहिकाएँ थीं, उसके अस्त्र-शस्त्र को अपनी देख-रेख में रखती थीं। जब राजा आखेट अथवा राजकाज के अर्थ प्रासाद से बाहर निकलता तो वे उसकी पालकी को घेर कर चलती थीं। कालिदास ने इनके विशेष वेष का वर्णन किया है। ईसा पूर्व चौथी सदी में होने वाले चाणक्य ने अपने *अर्थशास्त्र* में लिखा है कि राजा का प्रातः उठते ही इन नारियों का मुख देखना कल्याणकर है। तत्-सामयिकसिल्यूकिद राजदूत मेगस्थनीज ने भी चंद्रगुप्त के नारियों से घिर कर चलने का उल्लेख किया है। ये यवनियाँ कौन थीं, इसका विस्तृत वर्णन प्रथम सदी ईसवी के अज्ञात ग्रीक लेखक द्वारा प्रस्तुत 'इरिथ्रियन-सागर का पेरिप्लस' नामक ग्रंथ करता है। उसमें लिखा है कि किस प्रकार ग्रीस आदि के नगरों से दासियाँ जहाजों में भर-भर कर सुरा और अन्य व्यापारिक वस्तुओं के साथ भारत के पश्चिमी तट के 'बेरीगाजा' (भृगुकच्छ, भड़ोच), शूर्पारक (सोपारा), कल्याण आदि बंदरगाहों पर उतारी जाती थीं, जहाँ से उज्जैन होती हुई वे उत्तरी भारत के राजप्रासादों और श्रीमानों के महलों में पहुँचती थीं। इन्हीं की भाँति 'जनखे' भी व्यापार में खरीदे-बेचे जाते थे। मुगल हरमों में उनका विशेष स्थान था। कालिदास तक ने उनके प्रति संकेत किया है। आखिर कियोस-वरदून में 'बनाए' जाने वाले 'जनखों' के लिए बाजार तो चाहिए ही था। वरदून के जनखे तो अलहम्रा के महलों में जाते थे और प्राचीन कियोस के फारसी महलों और भारतीय प्रासादों में। मुगल हरमों में 'तातारियाँ' प्राचीन यवनियों की ही स्थानापन्न थीं।

मध्य हिंदू काल के बाद अरब-उत्कर्ष के समय मध्य एशिया और योरप में भी अनंत-अनंत संख्या में गुलाम बने जो अपने स्वामियों के विलास में सहायक हुए। तुर्कों की 'जांनिसारी' सेनाओं द्वारा बाल्कन से जीते गुलामों की संख्या बड़ी थी। इनमें से अनेक हरम के अफसर और सुल्तान के शरीर-रक्षक सेना के अध्यक्ष भी हो जाते थे। इन सुल्तानों ने दासियों का उपभोग तो किया ही, सुंदर ईसाई दास बालकों को भी प्राचीन ग्रीकों की भाँति अपने काम का साधन बनाया। परंतु इन्हीं दिनों गुलामों का एक शक्तिशाली परिवार भी उदित हो रहा था। मिस्र, मध्य एशिया, सर्वत्र इन्होंने अपनी शक्ति से अपने स्वामियों को भूलुण्ठित कर दिया। मिस्र और भारत में तो इनके कुलों ने सशक्त शासन भी किया। कुतुबुद्दीन-ऐबक, अल्तमश,

नासिरुद्दीन, बलबन, इसी गुलाम परंपरा के शक्तिपुंज प्रतीक थे। इसके बाद ही मंगोलों (मुगलों) ने भारत पर अनेक आक्रमण किए और तैमूर आदि लाखों की संख्या में भारत से दास ले गए, जिनका उन्होंने मध्य और पश्चिमी एशिया के खेतों पर उपयोग किया। अलाउद्दीन के समय तो दासों की संख्या मध्य एशिया में इतनी बढ़ी कि एक-एक दासी-रखैल साठ-साठ पैसे में खरीदी जा सकती थी और लड़का रखैल तीस-तीस पैसे में। मुगल बादशाहों ने अपने हरमों में दास-दासियों और जनखों को काफी संख्या में रखा। इन्हीं दिनों स्पेन के व्यापारी अफ्रीका के हबशियों का दास-व्यापार करते थे, जिसमें इंग्लैंड और उसकी रानी एलिजाबेथ तक की पूँजी लगकर अनंत गुना धन लाती थी। इस प्रथा का नग्न-नृत्य इंग्लैंड में अठारहवीं-उन्नीसवीं सदी, और अमेरिका में खून खराबे के बाद बंद हुआ।

इस नग्न दासता के अतिरिक्त भू-दासों (सर्फों) की भी एक परंपरा चली जिसे जर्मनों ने जन्म दिया। वे स्वयं जर्मनी में तो स्वतंत्र हो गए, परंतु भारत में आज भी विद्यमान हैं। सामंत युग में ही इस परंपरा का जन्म हुआ, जो जागीरदारी में फलती-फूलती रही और कंपनी के राज में इस्तमरारी बंदोबस्त से भूरहित परिस्थिति में और पनपी। आज भी ये भू-दास भूमि पर अवैतनिक रूप से गुलामी कर रहे हैं। पूँजी के एकत्रीकरण ने श्रमिकों की एक नवीन दास-परंपरा स्थापित की है।

13

संस्कृत के विरुद्ध प्राकृतों का विद्रोह

प्रकृति कहते हैं स्वभाव को, स्वाभाविक अनुकूलता को। उसे बाह्य क्रियात्मकता से चिढ़ है और कभी वह बाह्य और असत्य नियंत्रणों को स्वीकार नहीं करती। यही रूप भाषा की प्राकृतों का है। उसके अनेक संस्कार हुए, परंतु बारंबार वह अपने ही बनाए मार्ग पर आरूढ़ बंधनों को तोड़ कर बह चली। इस सिद्धांत की सत्यता को आँकने और समझने के लिए हमें संस्कृत भाषा और उसकी प्राकृतों के ऐतिह्य पर कुछ विचार करना होगा।

संस्कृत भाषा का आरंभ कितना प्राचीन है यह बताना आज कठिन ही नहीं असंभव है, क्योंकि उसका अधिकतर प्राग्वैदिक अर्थात् प्राकृत रूप बिल्कुल अनजाना है। जाने हुए रूप का अध्ययन और उसके उत्तरकालीन विकास का अनुशीलन संभव है। इस जाने हुए रूप का आरंभ-उपलब्ध ज्ञान *ऋग्वेद* संहिता से होता है। *ऋग्वेद* से पूर्व की संस्कृत-भाषा अथवा उसके साहित्य का ज्ञान हमें नहीं होता, क्योंकि उसके अध्ययन की सामग्री हमें उपलब्ध नहीं। परन्तु साहित्य की न सही, भाषा की हम कुछ न कुछ अटकल लगा सकते हैं। स्वयं *ऋग्वेद* ग्रीकों की देवी मिनर्वा की भाँति बिना शैशव-कैशोर आदि शरीर गठन की आवश्यक अवस्थाओं को पार किए हमारे सामने आ उपस्थित होता है। उसे हम ठीक उसी रूप में स्वतः पूर्ण पाते हैं। लोगों ने उसके भाषा विकास के अनुसार स्तरों को भी जानने की बात कही है। कुछ स्तरों का पता स्वयं *ऋग्वेद* के मंत्रों से ही चल जाता है। उदाहरणस्वरूप एक मंत्र में पूर्व मध्यकालीन ऋषियों की चर्चा की गई है। *ऋग्वेद* संहिता की भाषा पद्यमयी है, परंतु इसके पद्यों के छन्द उत्तरकाल के अलंकार शास्त्र की पद्धति का अनुसरण नहीं करते, जो स्वाभाविक ही है। इससे यह बात प्रकट होती है कि छंदों के उस रूप का अधिकतर अभाव था जिसका दर्शन हमें बाद के अलंकार ग्रंथों में होता है। सामयिक साहित्य उपलब्ध न होने के कारण इस संबंध में कुछ कहना तो कठिन है, परंतु इतना अवश्य कहा जा सकता है कि वह भाषा साधारण बोलचाल की नहीं

हुआ करती। फिर भी छंदोबद्ध जो भाषा है वही गद्य रूप में जनता की हो सकती है। इस छंद रहित गद्य भाषा के दो रूप हो सकते हैं—एक तो वह रूप जो पद्य से वर्जित *ऋग्वेद* की भाषा हो सकती है, जिसे तत्कालीन शिष्ट लोग बोलते होंगे और दूसरा वह जो ग्रामीण अथवा अशिक्षित जन की भाषा रही हो। जो भाषा शिष्ट लोगों की रही होगी वही पाणिनि के 'संस्कृत' का पूर्वरूप है, जिसमें संस्कार का समावेश तो हो चुका है, परंतु जिसके पूर्ण 'संस्कृत' होने में स्वयं पाणिनि को अभी बहुत कुछ करना है। किन्तु जो जनसाधारण की भाषा रही होगी उसे हम पूर्व काल की प्राकृत कह सकते हैं।

कुछ लोगों ने संदेह किया है कि संस्कृत, जिसे हम आज के रूप में जानते हैं, कभी वास्तव में बोली भी जाती थी अथवा नहीं। यह विचारधारा संस्कृत भाषा के अनुशीलन में अनोखी है। यहाँ इसका विवेचन श्रेय नहीं। इस पर विचार, यदि संभव हो सका तो, आगे करेंगे। यहाँ इस बात को विचारना अधिक आवश्यक है कि पहले प्राकृत का जन्म हुआ या संस्कृत का। इस विषय पर विद्वानों का मतैक्य नहीं। कुछ तो प्राकृत को संस्कृत से प्रादुर्भूत मानते हैं और कुछ संस्कृत को प्राकृत से। इनमें पूर्ववर्ती सिद्धांत के पोषक वे भारतीय विद्वान हैं जो संस्कृत को देववाणी-ब्रह्मा के मुख से उत्पन्न—और वेद को अपौरुषेय ईश्वरकृत मानते हैं। संस्कृत से प्राकृत का प्रादुर्भाव युक्तिसंगत नहीं जंचता क्योंकि स्वयं 'संस्कृत' पद से उसका विरोध सिद्ध है। संस्कृत शब्द स्वयं अब संज्ञा होता हुआ भी एक प्रकार का विशेषण है। इसमें एक संस्कार की हुई भाषा का भाव निहित है। फिर संस्कार किसका? स्वयं संस्कृत का? इसका कुछ अर्थ नहीं होता। अवश्य तब उस भाग का संस्कार किया गया जो ग्रामीण और जनसाधारण की थी और खरादी जाने से निखर कर शिष्टों की संस्कार-पूत भाषा बनी। स्वयं प्राकृत शब्द में भी 'संस्कृत' पद की व्युत्पत्ति के निरोध में 'स्वाभाविक', 'प्राकृतिक', 'परिमार्जित', 'असंस्कृत' भाव सिद्ध है। इस हेतु यह मानना आवश्यक हो जाता है कि 'प्राकृत' पहले की है, और संस्कृत बाद की 'प्राकृत' की ही संस्कार युक्त भाषा। बाद की प्राकृत बिना संस्कृत के मध्य आधार के, पुरातन प्राकृतों से निकलती रही, यद्यपि उनका स्वयं समय-समय पर संस्कृत होना और संस्कृत के अनेक शब्दों का फिर से अपभ्रंश अथवा भ्रष्ट होकर प्राकृत बन जाना अनिवार्य न था। परंतु यह बात स्मरण रखने की है कि संस्कृत की बुनियाद भी प्राकृत की भाँति ही प्राचीनतम स्तरों पर पायी जाएगी, क्योंकि उस समय की कल्पना कष्टकर होगी जब 'शिष्टों' का अभाव रहा हो अथवा वे प्राकृतों को विशेष रूप से न बोलते रहे हों। संस्कृत का प्रादुर्भाव किसी सनातन यानी प्राचीन संस्कृत से मानना अयुक्ति सम्मत नहीं। फिर भी प्राकृत की प्रतिक्रिया और भी पूर्व जा पहुँचेगी। संस्कृत का मूल वहाँ खो जाएगा जहाँ से पूर्व 'शिष्टों' की कल्पना न की जा सकेगी। और यदि मानव-विकास का सिद्धांत सही है तो अवश्य कभी एक अवस्था ऐसी रही

होगी जब प्रकृति का सहचर आदि मानव शिष्ट वर्ग के अभाव में उनसे वर्ज्य केवल समान प्राकृत ही बोलता रहा हो। यदि उस अवस्था की कल्पना करें, जब भाषा का जन्म हुआ तो निःसंदेह बालक की भाँति उच्चारण का प्रयास करते हुए, मानव का भाषा संबंधी कोलाहल प्राकृत के अधिक निकट रहा होगा और संस्कृत से अधिक दूर।

संस्कृत भाषा कभी बोली जाती थी या नहीं, इस पर भी विद्वानों का मतभेद है। पाँचवीं सदी ईसवी पूर्व में होने वाले वैयाकरण पाणिनि ने विशेषकर संस्कृत को वह रूप दिया जिसे हम आज पाते हैं। पाणिनी के पूर्व के वैयाकरणों ने तो 'संस्कृत' शब्द का प्रयोग तक नहीं किया। सर्वप्रथम इसका प्रयोग वाल्मीकीय *रामायण* में मिलता है। दंडी ने छठी सदी ईसवी में अपने व्याकारण में 'संस्कृत' का व्यवहार जन-साधारण की बोली प्राकृतों के विरोध में किया है। यास्क और दूसरे प्राचीन भाषा-शास्त्रियों और वैयाकरणों ने वैदिक संस्कृत से इतर 'संस्कृत' को 'भाषा' कहा है। उनके और वक्तव्यों से ज्ञात होता है कि इसे संस्कृत की भाषा कह कर वे प्रचलित, बोली जाने वाली, भाषा की ओर संकेत करते हैं। पतंजलि ने ''लौकिक' संस्कृत की ओर संकेत किया है। स्वयं पाणिनि के अनेक विधानों का कोई अर्थ नहीं हो सकता यदि वे जीवित, बोली जाती हुई, संस्कृत के संबंध में न कहे गए हों। उनकी युक्तियाँ प्रयत्न और उच्चारण आदि के संबंध की हैं, कुछ दूर से बुलाने, प्रणाम करने तथा प्रश्नोत्तर में प्रयुक्त होने वाली स्वर की ध्वनियों के प्रति कही गई हैं। वास्तव में संस्कृत केवल साहित्यिक भाषा हो भी नहीं सकती थी क्योंकि अति प्राचीन काल से ही बोली संबंधी बहुतेरी शाखाएँ और भेद हमें उपलब्ध हैं। यास्क और पाणिनि दोनों बोली की 'पूर्वी' और 'उत्तरी' विशेषताओं का उल्लेख करते हैं। कात्यायन भी बोली संबंधी स्थान-विशेष के परिवर्तनों की बात कहते हैं और स्वयं पतंजलि ने ऐसे शब्दों की गणना की है जिनका व्यवहार स्थानविशेष में होता था। मेक्डोनल की राय में 'द्वितीय' सदी ईसवी में हिमालय और विन्ध्य पर्वतों के मध्यवर्ती समूचे आर्यावर्त प्रदेश में संस्कृत अवश्य बोली जाती थी। यह विचार उतना ही भ्रमपूर्ण है, जितना डॉक्टर एस. डब्ल्यू. टामस का, जिन्होंने त्रिवेन्द्रम में होने वाली ओरियंटल कांफ्रेंस के सभापति की हैसियत से कहा था कि ''सारे भारत में अब भी संस्कृत जन-साधारण की भाषा है।'' इतना जरूर है कि संस्कृत कभी समझी जरूर साधारणतः जाती थी। नाटकों में संस्कृत और प्राकृतें साथ-साथ व्यवहृत हुई हैं। संस्कृत पतंजलि के 'शिष्ट'—राजा, मंत्री, ब्राह्मण आदि—बोलते हैं और प्राकृत साधारण जन द्वारा व्यवहृत होती है। इससे इतना अवश्य स्पष्ट है कि ये नाटक तभी खेले जाते होंगे जब साधारण जनता कम-से-कम संस्कृत समझ सकती थी—उसमें कही गई विशेषताओं को, श्लेषों और गूढ़ ग्रंथियों को वह समझती भी वैसे ही थी जैसे नाटकों के अन्य पात्र स्वयं प्राकृतभाषी होते हुए भी संस्कृत में कही हुई वक्तृताओं में उत्तरप्रत्युत्तर देते थे।

इस प्रकार यह तो सिद्ध हो जाता है कि संस्कृत किसी सीमा तक बोली जाती थी। पर किस सीमा तक? 'शिष्ट' बोलते थे। पर शिष्ट कौन और कहाँ तक इसे बोलते थे? यह बात याद रखने की है कि शिष्टता की सीमा अवश्य ही प्राकृतों की अवधि अथवा हदों को नहीं लाँघती। संस्कृतनिष्ठ व्यक्ति, यदि वह प्राकृतों अथवा प्राकृत बोलियों की प्रधानता वाले देश का रहने वाला हुआ तो, संभवतः वह भी अपने घर के भीतर प्राकृत ही बोलेगा। एक उदाहरण पर्याप्त होगा। आधुनिक काल में खड़ी बोली का केंद्र मेरठ माना जाता है। परंतु खड़ी बोली जिस चुस्ती के साथ मेरठ, दिल्ली अथवा लखनऊ में बोली जाती है, क्या उसकी शतांश सफाई अन्य स्थानों में प्राप्य है? और स्वयं मेरठ, दिल्ली और लखनऊ से केवल मील भर दूर बसने वाले भी क्या शुद्ध खड़ी बोली बोलते अथवा बोल सकते हैं। वे सदा एक या दूसरी प्राकृत का आश्रय लेते हैं? हाँ, जब 'शिष्ट' आपस में मिलते हैं तब अवश्य वे खड़ी बोली का व्यवहार करते हैं, अथवा भिन्न प्रांतों के रहने वाले भी जब परस्पर मिलते हैं तब वे खड़ी बोली का सहारा लेते हैं। इसी प्रकार प्राचीन काल में संस्कृत ने खड़ी बोली का पूर्व स्थान लिया था। आपस में जब 'शिष्ट' मिलते थे, तब वे संस्कृत बोलते थे। जब साहित्यिक प्रसंग उपस्थित होते थे तब 'शिष्ट' संस्कृत का व्यवहार करते थे। राजकार्य में भी बहुधा इसी भाषा का प्रयोग होता था, यद्यपि पालि अथवा अन्य प्राकृतें राजकार्य से अपवर्ज्य न थीं और अशोक, कनिष्क आदि ने उनका प्रयोग किया। प्रमाण तो इस बात का भी है कि पालि कई अवसरों पर राजकीय कार्यों के लिए व्यवहृत हुई है। संस्कृत का स्थान राष्ट्र-भाषा का था। उन साहित्यिक केंद्रों में भी जहाँ का वातावरण पूर्णतः 'शिष्टों' का था, संस्कृत का व्यवहार शिष्ट-गोष्ठी में ही था। उन शिष्टों के व्यक्तिगत अन्तःपुर में नहीं। तभी प्राकृतों का भंडार भी साहित्यिक रूप में धीरे-धीरे भर रहा था। नाटकों में उनके पदों के भी उदाहरण मिलते हैं। ई. पू. अथवा ईसवी पहली सदी की, हाल की *गाथा-शप्तशती* तो उनके माधुर्य का ज्वलंत प्रमाण है।

प्राचीनतम प्राकृत का रूप जो साहित्य में व्यवहृत हुआ है वह है बौद्धों की 'पालि' जिसमें बौद्धधर्म की पुस्तकें और जैनों का प्राचीन साहित्य लिखे गए थे। अशोक के शिलालेखों की भाषा भी वही है। पश्चिम में सिंधु की तलहटी में 'अपभ्रंश' पनपा और 'शौरसेनी' गंगा-जमुना के द्वआब के मथुरा केंद्र में फैली। 'शौरसेनी' की शाखाएँ 'गौडारी' (गुजराती), 'अवंती' (पश्चिमी राजपूतानी) और 'महाराष्ट्री' (पूर्वी राजपूतानी) हुईं। पूर्व में 'मागधी' मगध अथवा बिहार में और अर्धमागधी काशी के चतुर्दिक फैली। अपभ्रंश से सिंधी, पश्चिमी पंजाबी और काश्मीरी, 'शौरसेनी' से पूर्वी पंजाबी और हिंदी प्राचीन काल की अवंती और गुजराती, और 'मागधी' और अर्धमागधी से मराठी, बंगला। मैथिली और भोजपुरी आदि की सृष्टि हुई। हिंदी का आरंभ लगभग आठवीं शताब्दी ईसवी में ही हो गया था।

परंतु इस ऐतिह्य का जोरदार निष्कर्ष यह है कि प्राकृतें सांस्कृतिक कलेवरों में बँध न सकीं, वे जन-साधारण की भाषाएँ थीं। जब-जब उन्हें संस्कृत करने का प्रयास किया गया तब-तब वे शृंखलाएँ तोड़कर स्वतंत्र हो गईं, फिर-फिर जन-कोलाहल की शक्ति बनने लगीं। संभव भी कैसे था? घरेलू माँ, बाप, भाई, भगिनी, आत्मीय, संबंधी सबके अंदर स्नेह-स्रोत का प्रवाह करने वाली भाषा को कौन बाँध सकता था? स्वयं पाणिनि और कात्यायन, पतंजलि और काशिकाकार, भट्टोजी दीक्षित और शिवकुमार शास्त्री अपने घरों में, बंधु-बांधवों में कौन-सी भाषा बोलते थे? क्या इसका उत्तर देना होगा?

इन प्राकृत भाषाओं में एक अत्यंत विद्रोहात्मिका शक्ति रही है, 'शिष्टो' से हट कर 'विशो' में जा मिलने की। जन-साधारण की सत्ता ही उन्हें विशेष प्रिय थी, और यदि सच पूछिए तो वर्ग-वाद का पहला रूप इस भाषा रूपी संस्कृत-प्राकृत के स्वभाव-जन्य विरोध में दृष्टिगोचर हुआ है। जिस प्रकार प्राकृतिक अवस्था में उन्मुक्त शैशव की सुषुप्ति में घुस कर कुछ 'पतियों' ने अपने लाभ कर समाज की प्रतिष्ठा की, उसी प्रकार दूर के अतीत में कुछ शिष्टों ने मिल कर गौरव और धन स्वार्थ की रक्षा के लिए जन्मसिद्ध बोली का संस्कार किया और उस संस्कृत में ही धर्म-संबंधी ग्रन्थों की रचना की जिनकी दार्शनिक संपत्ति जनसाधारण की पहुँच से परे संस्कारों के अँगूठे के नीचे रखी जा सके, जिसे वे अपनी पैतृक संपत्ति की भाँति भोगें और जिनसे औरों को अलग रख सकें। यह वर्गवाद का पहला युद्ध था। परंतु इसका फल यह हुआ कि विद्रोहात्मक प्राकृतें उस बंधन को तोड़ निकल पड़ीं और संस्कृत के टूटे स्तूपों पर स्वयं जीवित खड़ी हुईं। जहाँ संस्कृत का बोलबाला था, वहाँ आज प्रांतों की प्राकृतें हैं।

संस्कृत की दार्शनिक धरोहरों के विरोध में जब-जब विद्रोह हुआ, तब-तब भाव का वाहन प्राकृतों को ही बनना पड़ा। जब-जब वेदों और वैदिक ब्राह्मणों की यज्ञ क्रियाएँ वर्ग विशेष की निधि बन गईं, तब-तब उनसे पृथक् मानवी विचारों का एक स्वच्छ-स्रोत प्रचण्ड रूप से देश में प्रवाहित हो चला। इस नए स्रोत के भगीरथ तब ब्रह्मर्षियों के हाथ से निकलकर राजर्षियों की छाया में चले और तब उपनिषद् तत्त्वों के मनीषी हुए राजन्य जनक विदेह, प्रवाहण जैबलि, अश्वपति कैकेय। परंतु उनके विद्रोह की शक्ति भी परिमित न थी, क्योंकि वे स्वयं वर्ग से बाहर न निकल सके। वे राजा थे और राजन्य। वे एक ओर तो ब्राह्मण कर्मकांडों से स्वतंत्र हो उपनिषदों की प्रकृति में घुसे, परंतु अपने को अथवा अपने अनुचरों को क्षात्र वर्ग से विमुक्त न कर सके, और विदेह जनक चाहे अपना एक पाँव सदा जंगल में रखते थे पर उनका दूसरा पैर तो कम से कम सिंहासन पर जमा ही रहता था। इसी कारण उपनिषदों में विचारों का संघर्ष तो चला, यज्ञों को उन्होंने चुनौती तो दी, फिर भी याज्ञवल्क्य संस्कृत में ही बोलते रहे और वह भी जनक की सभा में, प्रवाहण जैबलि की पंचाल

परिषद में। जन-साधारण अभी दूर थे। इस विद्रोह में अभी सिंह का हुंकार नहीं हुआ था। वह जब आकर अपने दोनों पाँव सिंहासन की पीठ पर से अलग कर कूद पड़ा, जब जनक के दोनों पग बन में जा घुसे और कपिलवस्तु का शाक्य-सिंह राजगिरि की पहाड़ियों में दहाड़ने लगा, तब उस विद्रोह के नारे मगध और राज्य के जन-जन ने सुने। कारण, बुद्ध ने संस्कृत की एकदेशीयता और वर्ग-विशेषता को एक साथ ही अँगूठा दिखा दिया और बोला वह प्राकृत में—तब की पालि में। उसे अपना संदेश जन-जन तक पहुँचाना था। वर्गवाद को चुनौती देता हुआ, ईश्वर और वेदों की दासता से मानव विचारों को मुक्त करता हुआ, शाक्य संत वह खरा भारतीय उस बोली में जन-बल जगाने लगा जो जनता की थी, जिसे जनता बोलती और समझती थी। यह संस्कृत से प्रथम विद्रोह था जो सर्वांग रूप से सफल हुआ, क्योंकि उसके संदेश में समझे जाने की क्षमता थी। कृष्णमूर्ति और बीसेंन्ट की जनता न तो भाषा समझ सकती थी और न उनके विचार। बुद्ध के प्राकृत में कहे सहज-भक्तों के सामने कृत्रिम संस्कृत कलेवर के टाँके-टाँके टूट गए। जैन तीर्थंकर महावीर ने भी प्राकृत में ही अपने उपदेश दिए और फिर जब-जब सत्यशील सन्यस्तों ने अपने संदेश जनता को सुनाने चाहे, तब-तब उन्हें प्राकृत का ही सहारा लेना पड़ा। भाव का वाहन भाषा है और भाव का निधन उसकी भाषा की दुरूहता है।

बुद्ध के निर्वाण के कुछ दिनों बाद सम्राट-प्रवर अशोक ने जब देश-विजय छोड़ धर्म-विजय करनी प्रारंभ की तब उसने बराबर अपनी विजयों से शंख प्राकृत-स्वरों में फूँके और उतने ही प्राकृत में जितने हिंदूकुश से सिंधु पर्यंत लंबे-चौड़े देश में प्रचलित थे। उसके निबंध पालि में पर्वत शिलाओं और स्तंभों पर प्रसारित हुए जिनमें पिता के स्नेह और गुरु की दीक्षा का नाद था। बाद में कुषाणकालीन राजाओं के काल में भी जनसाधारण ने जब मूर्तियाँ, आयागपट्ट आदि प्रतिष्ठित किए तब उनमें प्राकृतों का ही प्राधान्य रहा। पुराविद् उन प्रतिष्ठा-प्रवचक लेखों में संस्कृत की अशुद्धियाँ ढूँढ़ते हैं—क्यों न मिलेंगी जब उनका संबंध जनसाधारण के लिए है, जिनके समझने के लिए वे खुदे हैं? वे 'मंत्रपूतीय' नहीं हैं, वरन् पढ़े और समझे जाने के लिए हैं।

प्रखरबुद्धि शंकर अत्यंत विकट तर्क का कवच पहन देश भर में घूमते रहे। उनकी दिग्विजय भी हुई, परंतु वह दिग्विजय संस्कृत में हुई, जिसका संबंध कतिपय दक्षों से रहा और जिनके शास्त्रार्थों को मूक जनता अचरज से देखती रही। सुन कर करती भी क्या? उनके सिद्धांतों की दुरूहता भाषा की कठिनता में उहापोह हो गई। वह तो उनके और उनके प्रतिस्पर्धी सुरेश्वचार्य के चेहरों के उतार-चढ़ाव में ही देखती रह जाती थी। उनको समझने के लिए भामतीकार की मेधा अपेक्षित थी। कुमारिल का अखाड़ा भी कुछ ऐसे ही दावों से भरा रहा। फिर तो प्राकृतों ने फिर जोर लगाकर संस्कृत को किनारे कर दिया और रामानुज के बाद उसकी साँस ढूँढ़ी जाने लगी,

विशेषकर तब जब संस्कृत के पंडित होकर भी रामानंद ने हिंदी में दोहे लिखे, मुसलमान कबीर के कान फूँके और अयोध्या में नव-मुसलिमों को शुद्ध किया। फिर तो कबीर, नानक, नाथ कवि आए।

इस प्रकार सदा प्राकृतों ने अपने विद्रोहात्मक स्वरूप को कायम रख कर सत्य को ही अमर किया है और जनता को उस सत्य में दीक्षित किया है। जो भी क्रियमाण समाजशास्त्री जनसाधारण तक पहुँचना चाहेगा, उसे इन प्राकृतों का आसरा लेना होगा। आज की ये प्राकृतें हैं—अवधी, भोजपुरी, बैसवाड़ी, ब्रजभाषा आदि। जहाँ खड़ी बोली में सत्साहित्य का सृजन इतना हो रहा है वहाँ इन प्राकृतों को भी सजाने की आवश्यकता है। यदि जन-जन तक संदेशों के क्रम को पहुँचाना है तो अवश्य उन्हीं प्राकृतों की शरण लेनी होगी। इस बात को कभी नहीं भूलना चाहिए कि स्वयं हिंदी के बड़प्पन की नींव अवधी और ब्रजभाषा के जायसी, तुलसी और सूर हैं *रामचरितमानस* भी इसी कारण इतना जनप्रिय बन सका कि उसकी एक-एक मात्रा जनसाधारण की साँस का तार बन गई, समझी जाकर।

14
इतिहास-दर्शन

इतिहास अतीत के सभ्य युग में किए मानव-प्रयास की आनुक्रमिक कथा है। इतिहास-शरीर के आवश्यक अंग हैं–(1) अतीत, (2) सभ्य-युग, (3) मानव-प्रयास, और (4) घटनाओं का आनुक्रमिक प्रसार। 'वर्तमान' जो अभी जीवित है, इतिहास का विषय नहीं, यद्यपि वह शीघ्र अतीत होकर उसका अंग हो जाएगा। घटना जो संपन्न हो चुकी–चाहे अभी, चाहे सहस्राब्दियों पूर्व–इतिहास का अंग हो जाती है। इतिहास विगत घटनाओं का चिंतन करता है।

अतीत अनादि है, उसका अधिकतर सुदूर भाग अज्ञात है। उस सुदूर काल को हम दो बड़े भागों में बाँट सकते हैं–(1) बर्बर, और (2) सभ्य युग। इन दोनों के भी अपने-अपने अनेक काल-भाग हैं, परंतु अपने अध्ययन के लिए हम इन दो विशिष्ट कालों की ही यहाँ चर्चा करेंगे। बर्बर-युग का इतिहास मनुष्य के उस काल-स्तर की घटनाओं का उल्लेख करता है जब वह हिंस्र बर्बर था और प्रकृति से संघर्ष में व्यस्त था, जब वह उष्ण-कटिबंध के वनों-वृक्षों पर, गुफाओं में रहता था, आखेट किया हुआ मांस, कंद-मूल, फल-फूल खाता था, पत्थर के अस्त्र-शस्त्रों से आक्रमण और रक्षा करता था, जब उसने बर्तन-भाँडे बनाने सीखे, अग्नि का प्रयोग जाना, पशु-पालन और कृषि के सूत्र पात किए तथा उस अद्भुत चक्र-यंत्र का अनुसंधान कर यह व्यक्त किया कि गोल पहिया ही चिपटी पृथ्वी पर दौड़ सकता है। ग़रज़ कि बर्बर युग–पूर्व और उत्तर–पाषाणकालीन मनुष्य का काल है। यद्यपि विराट रूप में इतिहास बीती हुई घटनाओं का अध्ययन करता है, चाहे ये घटनाएँ अनंत पूर्व की ही क्यों न हों और इसी कारण सभ्य युग के इतिहास का अध्ययन करते समय इस बर्बर पाषाण युग का भी हवाला दिया जाता है, परंतु यह हवाला वास्तव में सभ्य काल के इतिहास के आधार और पृष्ठभूमि के रूप में ही होता है। उस काल की घटनाएँ प्रायः अनुपलब्ध होने के कारण इतिहास शृंखला की अटूट कड़ियाँ बन कर सामने नहीं आतीं, इससे इतिहास के चेतन कलेवर का निर्माण वैज्ञानिक रूप

से नहीं हो पाता। उस काल की घटनाओं और मानव प्रयासों का अध्ययन वास्तव में किसी न किसी अंश में समाज-शास्त्र का अध्ययन हो जाता है। उसके दो रूप मानवजाति के इतिहास और उस जाति के विभिन्न दलों के स्वकीय और सामूहिक आचरण के अध्ययन हैं। इन्हें क्रमशः 'एंथ्रापालोजी' ओर 'एथ्नालोजी' कहते हैं। इनके अतिरिक्त इतिहास का निकटतम आधार और पूर्ववर्ती विज्ञान 'पुरातत्व' (आर्क्यालोजी) है, जो स्वयं तो इतिहास नहीं, परंतु उसके लिए वह आधार-तत्त्व और सामग्री प्रस्तुत करता है। कभी-कभी इतिहासकार को भू-गर्भ विद्या अथवा भू-निर्माण के इतिहास की भी आवश्यकता पड़ती है, इसी प्रकार भूगोल की भी (और इस भूगोल का तो इतिहास से अत्यंत निकट का संबंध है)। परंतु इतिहास न तो प्रकृति का इतिहास है, न मानवजाति का अथवा मानव समूहों के सामाजिक आचरण का, *न भू-गर्भ का, न पृथ्वी का, न पुरातत्व का। वह सभ्यता काल में किए मानव प्रयासों* का इतिहास है, यद्यपि इतिहासकार के लिए ऊपर गिनाए इतिहासाभासों का ज्ञान उसके कार्य के लिए अत्यंत समर्थ और आवश्यक पृष्ठभूमि प्रस्तुत करता है। उस पृष्ठभूमि के दो अवयव और हैं–तुलनात्मक भाषा-विज्ञान और तुलनात्मक धर्मशास्त्र। इस प्रकार चूँकि प्रकृति और मानव-प्रयासों के विविध-अंगों के अनुशीलन के लिए तत्त्वद्विषयक विज्ञान बन गए हैं, इतिहास का क्षेत्र सभ्य-काल में किए मानव-प्रयासों का ही रह जाता है।

इतिहास मानव-प्रयास से संघटित घटनाओं का होता है। मानव-संघटित घटनाएँ ही इतिहास के अंग हैं, इती नहीं। घटनाएँ क्यों घटती हैं? मनुष्य प्रयास क्यों करता है? आदम के प्रति भगवान के दिए अभिशाप की पूर्ति के अर्थ–पेट के लिए। प्रकृति अन्य प्राणियों की भाँति ही मनुष्य पर भी कुछ अनिवार्य आवश्यकताओं का अनुबंध डालती है। इन्हीं आवश्यकताओं की पूर्ति के निमित्त मनुष्य प्रयास करता है। परंतु न मनुष्य स्वतंत्र है न उसकी परिस्थितियाँ और आवश्यकताएँ और न उसके प्रयास ही। वह माता-पिता के कुटुंब में उत्पन्न होता है और उनकी कृपा से नष्ट होने से बचता है। इस कारण स्वभाव से ही वह यूथचारी होता है और समुदाय-प्रवृत्ति से आचरण करता है। उसकी यह प्रवृत्ति एक समाज (चाहे इसका रूप कितना भी प्रारंभिक क्यों न हो) का सृजन करता है। यही समाज कालांतर में प्रबल, अपनी इकाई व्यक्ति मनुष्य से कहीं प्रबल, हो उठता है और उसका सारभूत कृत्रिम रूप मनुष्य के प्रयास की प्रगति तथा उसकी स्वाभाविक प्रवृत्तियों तक में नैसर्गिक परिवर्तन करने में सक्षम होता है। मानव आवश्यकताएँ इस प्रकार कालांतर में अपनी कृत्रिम सामाजिक परिस्थितियों के वशीभूत हो उनके द्वारा मात्रा और फलतः गुण में प्रभावित होती हैं। उनके रूप तक में अधिकाधिक परिवर्तन होता जाता है। इन्हीं आवश्यकताओं की पूर्ति के प्रयास में मनुष्य इतिहास का सृजन करता है। 'द्वंद्वात्मक भौतिकवाद' के ऐतिहासिक दृष्टिकोण का यह मूल तर्क है, यद्यपि सामाजिक जीवन की यह समष्टि

केवल उसी सिद्धांत की मीमांसा नहीं है। उससे पहले स्वयं हीगेल ने संपूर्ण इतिहासकल्प समाज की निःशेष प्रगति की वैज्ञानिक व्याख्या ढूँढ़ी थी, उन सारे मानव प्रयासों की व्याख्या जो परस्पर स्वतंत्र और पृथक समझे गए थे। यहाँ तक तो हीगेल की मीमांसा सर्वथा साधु और वैज्ञानिक थी, परंतु अमूर्त के उपासक उस अपूर्व दार्शनिक ने अपनी प्रखर मेधा का श्रम अन्ततः निरर्थक कर दिया। 'सर्वदेशीय ब्रह्म' को जगत का आदि कारण और सृष्टि का हेतुक (Telogical) मानने वाले उस विग्ध दार्शनिक की 'समष्टि'-विषयक दृष्टि 'हेतुक' होकर अन्धी हो गयी। आधुनिक द्वंद्वात्मक भौतिकवाद ने हीगेल के मूल से उठ कर उसकी तर्कसंमत पद्धति को अपनाते हुए उस बीच में ही छोड़ी दूषित की हुई मीमांसा को उसके न्याय्य परिणाम तक पहुँचाया। समाज-शास्त्र के वैज्ञानिक अध्ययन-क्षेत्र से हेतुकता का निष्कासन इस द्वंद्वात्मक भौतिकवाद का सफल परिणाम है। और हीगेल के द्वंद्वात्मक तर्क की वस्तुतः यही 'व्याप्ति', यही शुद्ध 'निगमन' है।

इतिहास में एक वर्ग ने 'पूर्वनिश्चित प्रगति' की भी उपासना की है। उसके विचार से मानव-प्रयास 'हेतुक' रूप से एक पूर्व निश्चित पद्धति से पूर्वनिश्चित मार्ग पर चलकर पूर्वनिश्चित परिणाम पर पहुँचता है। वास्तव में जैसा कि इतालवी इतिहास दर्शनकार लाब्रियोला ने सुझाया है, मानव-प्रयास का उद्देश्य सहेतुक नहीं, फलतः उससे संभूत इतिहास किसी सहेतुक अमूर्त विकास के विधान का आसरा नहीं करता, उसके कारण प्रादुर्भूत नहीं होता। मनुष्य इतिहास का निर्माण, जैसा ऊपर कहा जा चुका है, अपनी अनिवार्य और पश्चात् कृत्रिम आवश्यकताओं की पूर्ति के प्रयास में करता है। फिर यह विज्ञान का विषय हो जाता है कि वह इस कारण की व्याख्या करे कि इन आवश्यकताओं की पूर्ति के विविध तरीके किस प्रकार मनुष्य के पारस्परिक सामाजिक आचारों को प्रभावित करते हैं। मानवीय आवश्यकताओं में भूख की अभितृप्ति प्रमुख है और आहार की खोज उसका प्रमुख प्रयास है। आहार को खोजता-खोजता वह उसको उत्पन्न भी करने लगता है। आहारोत्पादन के साधन कुछ तो वह स्वयं खोज निकालता है। कुछ प्रकृति उसे प्रदान करती है। परंतु इसके साथ-साथ ही उन आवश्यकताओं का उन्हीं साधनों से नियंत्रण भी करती है जिनसे एकांश में मनुष्य उस पर अपनी विजय स्थापित करता है। इसका अर्थ यह हुआ कि आवश्यकताएँ उत्पादक शक्तियों द्वारा निश्चित और नियंत्रित होती हैं। जब-जब इन शक्तियों में गुरु परिवर्तन होते हैं तब तक मनुष्य की सामाजिक स्थिति, रूप और संगठन में भी तत्परिणाम में परिवर्तन होते हैं। प्रायः सारे आदर्शवादी (आत्मवादी, हेतुक, 'आइडियलिस्ट') आर्थिक विकारों (संबंध-रूप-विशेषताओं) को मानव स्वभावजन्य मानते हैं, द्वंद्वात्मक भौतिकवादी उन्हें सामाजिक उत्पादक शक्तियों की देन मानते हैं। प्राकृतिक परिस्थितियाँ एक असंस्कृत समाज अथवा सामाजिक संबंध उपस्थिति करती हैं और यह सामाजिक पारस्पर्य उन कृत्रिम परिस्थितियों को जन्म देता है जिनसे

समाज में उत्तरोत्तर परिवर्तन होते हैं और जो प्राकृतिक परिस्थितियों के किसी प्रकार गौण नहीं होतीं।

यह आवश्यकताओं के पूर्त्यर्थ मानव प्रयास से प्रादुर्भूत समाज 'प्रागितिहास' कालीन मानव समाज है। ऐतिहासिक (सभ्य) जीवन का आरंभ वस्तुतः उस सामाजिक परंपरा का आरंभ है जिसमें कृत्रिम परिस्थितियों की सत्ता उत्तरोत्तर विकसित होती और जोर पकड़ती जाती है, प्रायः उसी अनुपात में जिसमें मनुष्य प्रकृति की वश्यता से स्वतंत्र होता और उस पर अपनी प्रभुता स्थापित करता जाता है। विविध समाजों के पेचीदे आंतरिक संबंध, कम से कम अपने ऐतिहासिक विकास (सभ्यकाल) के मार्ग आरूढ़ होने पर, नैसर्गिक परिस्थितियों के हरगिज नहीं बनते। वस्तुतः इस पेचीदे सामाजिक आचरण के निर्माण में आवश्यकता-पूर्ति और उनके साधनों की एक लंबी परंपरा कारण है। समाज के इस प्रारंभिक ऐतिहासिक विकास-स्थिति तक पहुँचने के पूर्व, मजूर के कुछ हथियार बन चुके थे। पशु-पालन और वार्ता का ज्ञान हो चुका था, खानों से धातु निकालने के कुछ तरीके भी अख्तियार किए जा चुके थे। उत्पादन के ये उपकरण समय-समय पर स्थान-स्थान में प्रचुरता और वेग से बदलते रहे। इनमें उन्नति, अगति अथवा जब-तब ह्रास तक होता रहा, परंतु यह महत्त्व की बात है कि मनुष्य इन उन्नति अथवा ह्रास जनित परिवर्तनों के कारण उस बर्बर पाशविक जीवन को न लौट सका जो प्रकृतिप्राण परिस्थितियों के प्राचुर्य का परिणाम है। लाब्रियोला इस सत्य को स्वीकार करते हुए कहता है, "अतः इतिहास-विज्ञान का पहला और मुख्य उद्देश्य इसी कृत्रिम आधार का निश्चय और समीक्षा करना है, उसकी व्यष्टि और समष्टि को समझना है, उसके परिवर्तनों की व्याख्या करना है।"

इस प्रकार आवश्यकताओं की पूर्ति के अर्थ मनुष्य प्रयास करता है, इन प्रयासों में मुख्य आहार के निमित्त होते हैं। उत्पादन के उपकरण और उत्पाद्य शक्तियाँ समाज का रूप स्थिर करती हैं। परिणामतः आर्थिक व्यवहारों का संघटन होता है। इससे उन स्तरों का संबंध बनता है जिसमें समाज के उत्पादक वर्ग (उत्पत्ति के स्वामी और श्रमिक) अपना स्थान ग्रहण करते हैं। आर्थिक व्यवहारों से वर्गीय स्वार्थों का प्रादुर्भाव होता है जिनकी रक्षा के अर्थ समाज के कानून बनते हैं। कानून की प्रत्येक प्रणाली किसी न किसी वर्ग के स्वार्थों का साधन और रक्षा करती है। उत्पादित शक्तियों से जिन वर्गों का निर्माण होता है, उनके स्वार्थ न केवल विभिन्न वरन् परस्पर-विरोधी होते हैं। यह विरोध कलह उत्पन्न करता है, जिससे वर्गों में संघर्ष-बुद्धि और वास्तविक संघर्ष का आरंभ होता है। इस संघर्ष का परिणाम होता है कबीलों का नष्ट-भ्रष्ट हो जाना और उनके स्थान पर स्टेट अथवा राज्य का आरोहण; और इस स्टेट का कर्तव्य उस वर्ग-विशेष के स्वार्थों की रक्षा करना हो जाता है जिसने उसे खड़ा किया है अथवा जो कालवशात उसका सूत्रधार है। अन्ततः समाज में उस समान आचार का जन्म होता है जिससे उसके व्यक्ति साधारणतया संचालित होते हैं। इस प्रकार

व्यवहार (कानून), स्टेट और आर्थिक तथा सामाजिक संबंध एवं परिस्थितियों से निर्मित होते हैं। अर्थ के अभाव में चोरी का भाव न था; अर्थ की रक्षा के लिए चोरी का आचार-विधान हुआ। विवाह-प्रथा के पूर्व व्यभिचार का विचार नहीं उठ सकता था; दासी-रूपिणी कामसाधिका पत्नी की (व्यक्तिगत विलास की) रक्षा के लिए व्यभिचार का आचार-विधान हुआ। कोई आचार-पद्धति प्राकृतिक और मानव-संबंध से विरहित नहीं; वह समाज-संबंध से उत्पन्न और ऐतिहासिक-आर्थिक कारणों से प्रादुर्भूत है। ये ही आर्थिक संबंध किसी न किसी रूप में मन और कल्पना की सारी रचनाओं, कला, विज्ञानादि की रूपरेखा सँवारते हैं। सामाजिक परिस्थिति ही मनुष्य में उसकी चेतनता के रूप (कला-संबंधी आदि) जानती है और इस रूप के प्रादुर्भाव के साथ वह चेतनता इतिहास का अंग बन जाती है। इतिहास की कोई घटना नहीं, कोई सच्चाई नहीं, जो समाज के आर्थिक आधार से न उठी हो, परंतु कोई ऐतिहासिक यथार्थता भी नहीं जिसके पूर्व, साथ और पश्चात् चेतनता (सजग प्रयास) न रही हो।

घटनाओं का आनुक्रमिक प्रसार इतिहास का एक विशिष्ट अंग है। जैसा ऊपर बताया जा चुका है, इतिहास पूर्व-पर से जुड़ी घटनाओं का एक अनादि प्रवाह है जिससे घटना-विशेष को अलग नहीं किया जा सकता। इतिहास की यह श्रृंखला सजीव है। घटना उससे अलग होते ही जल-विरहित मीन की भाँति निर्जीव हो जाती है। उस श्रृंखला को वास्तव में सही-सही एक छोर से ही देखा जा सकता है—उपरली छोर से जिससे 'जनक' और 'जनित' का संबंध बना रहे, कारण और कार्य के संबंध में किसी प्रकार विच्छेद न होने पाए। केवल घटनाओं का एकत्रीकरण उन पुरावस्तुओं के विक्रेता के अज्ञान की भाँति होगा, जो स्वयं अपनी वस्तुओं का वास्तविक मूल्य नहीं जानता। घटनाओं के इस प्रकार के संघटन में पितामह का पौत्र और पौत्र का पितामह हो जाना आश्चर्य की बात नहीं। इस कारण कार्य, पिता-पुत्र के क्रम को सही-सही कायम रखने के लिए इतिहास का आनुक्रमिक वितन्वन आवश्यक हो जाता है। इसी कारण तिथि-क्रम की भी आवश्यकता पड़ती है। तिथि इस क्रम को बनाए रखने के अतिरिक्त घटना को काल से बाँध कर उसकी परिस्थितियों को समझने में भी सहायक होती है, यद्यपि अत्यंत दूर की घटना के संबंध में तिथि विशेष सहायक नहीं सिद्ध होती। अत्यंत दूर की घटना का काल संख्या में अंकित करने पर कुछ असंभव नहीं कि दुर्जेय हो जाय। उदाहरणार्थ एक काल्पनिक इतिहास-वाक्य लें—("13 करोड़ 28 लाख 70 हजार 895 वर्ष हुए जब मंदर नामक राजा शासन करता था।" वस्तुत इसके अतिरिक्त कि यह राजा अत्यंत प्राचीन है, इस वाक्य-संख्या-क्रम से कोई अर्थ नहीं सिद्ध होता। मानव मस्तिष्क उस सुदूर काल के संख्याकाल को धारण करने में सर्वथा असमर्थ है। भारतीय पुराणों में इसी कारण तिथियों का अधिकतर अभाव है। केवल घटना-क्रम को कायम रखने का उन्होंने प्रयत्न किया है। परंतु

इसी कारण वह क्रम उनमें अनेक बार विकृत भी हो गया है। समसामयिक वंश पूर्व-पश्चात्-कालीन हो गए हैं और क्रमिक राजकुल समकालीन। तिथि का एक और भी कार्य है। यह घटना के लिए संकेत का काम भी करती है। जब हम किसी घटना के प्रति संक्षेप में संकेत करना चाहते हैं तब उसे नाम और तिथि प्रदान करते हैं। जैसे सिकंदर का आक्रमण संक्षेप में केवल सांकेतिक रूप में 'सिकंदर 326 ई. पू.' से व्यक्त किया जा सकता है, परंतु उसी सचाई के साथ जैसे जल की बनावट प्रसिद्ध सूत्र 'एच२ओ' से स्पष्ट हो जाती है। इससे यह भी स्पष्ट हो जाएगा कि स्वयं तिथि की इतनी महत्ता नहीं है क्योंकि वह घटना की व्याख्या नहीं करती, उसकी ओर संकेत मात्र करती है। इसी कारण इतिहासकारों का जो वर्ग इस पर अत्यंत आस्था रखता है, वह वास्तव में इतिहास के मुख्य प्रांत पर जोर नहीं देता। घटनाओं के साथ व्यक्तियों और स्थलों के नाम भी इतिहासकार संबद्ध रखता है, कारण कि अमुक घटना कहाँ घटी, उसका संघटयिता कौन था, इसका जानना कठिन हो जाएगा और फलतः इतिहास अस्पष्ट हो जाएगा।

इस प्रकार इतिहास अतीत काल में सभ्य मानव के प्रयास से समुद्भूत घटनाओं का क्रमबद्ध ग्रंथन है। इतिहास-विज्ञान में प्रयोग (Experiments) नहीं हो सकते। जो घटना एक बार घट चुकी वह फिर नहीं घट सकती। उसके विधाता विनष्ट हो चुके। न तो वह समय लौटाया जा सकता है, न वह घटना और न उसके कारण-परिणाम, यद्यपि कभी-कभी समान कारणों से समान घटनाओं के घटने का आभास मिल जाता है। इस प्रकार जब हम ऐतिहासिक क्रम से घटनाओं का वर्णन करते हैं तब उन्हें काल-प्रसार में वितरित करते हैं और जब भौगोलिक क्रम से इनका उल्लेख करते हैं तब हम उन्हें स्थानानुसार रखते हैं। इतिहास और भूगोल दोनों कारण और परिणाम के साथ घटनाओं की तिथि और स्थान को व्यवस्था प्रदान करते हैं।

2

अब हम इतिहास में व्यक्ति के प्रभाव पर विचार करेंगे। व्यक्ति से यहाँ पर 'हीरो' अथवा 'वीर' से मतलब है जिसके विषय में एक वर्ग के इतिहासकारों का मत है कि वह इतिहास की घटनाओं का संघटयिता है और उसकी धारा अपनी सक्रिय शक्ति से बदल सकता है। इसका परिणाम यह हुआ है कि कुछ लोगों ने इतिहास को वीर-कृत्यों का समाहार मात्र मान लिया है। व्यक्ति-विशेष का इतिहास में स्थान अवश्य है परंतु इतिहासनिर्माता के रूप में इतना नहीं जितना परिवर्तन (जो इतिहास-प्रवाह का कारण है) के निमित्त के रूप में। इतिहास का अधिकतर अंश परिवर्तन की कहानी है और महापुरुष कुछ अंश में उस परिवर्तन में सक्रिय योग देते हैं। यह परिवर्तन सभ्य समाज

में ही अधिक तीव्रता से संपन्न होता है। प्रागैतिहास काल में परिवर्तन कम होते हैं। तात्कालिक समाज में रूढ़ियाँ अत्यंत सशक्त होती हैं, प्रथाओं में परिवर्तन कम होते हैं। नवीनताओं के साहसी प्रवर्तकों को कुचल दिया जाता है, इस कारण परिवर्तनहीन दशा में वहाँ इतिहास का निर्माण नहीं हो पाता। इसी कारण कुछ जातियों के इतिहास नहीं हैं, ऐसा कहा जाता है। अर्वाचीन काल में भी अफ्रीका की अनेक जातियाँ ऐसी हैं जिनमें परिवर्तन न हो सकने के कारण उनका इतिहास नहीं है, परंतु जहाँ इतिहास है और परिवर्तन होते हैं वहाँ परिवर्तन को महापुरुषों के प्रयास का फल मान लेना अनुचित और अवैज्ञानिक है। महापुरुष वास्तव में अपने समय की परिस्थितियों का उच्चतम शिखर मात्र है जो अन्य निम्न शिखरों से गुणतः भिन्न नहीं है। इस महत्त्वपूर्ण विषय पर कुछ विस्तार के साथ विचार करना उपादेय होगा।

उन्नीसवीं सदी के चतुर्थ चरण में जर्मन इतिहासकारों में इस विषय् पर बड़ा विवाद चला था। कुछ ने तो यहाँ तक कह डाला कि इन महापुरुषों की राजनीतिक क्रियाशीलता ही ऐतिहासिक विकास का प्रमुख कारण रही है। इसके उत्तर में दूसरे वर्ग ने उस मत को दोषपूर्ण कहा। महापुरुषों के कार्यों और राजनीतिक इतिहास को उचित महत्त्व प्रदान करते हुए उन्होंने इतिहास-विज्ञान के लिए निःशेष ऐतिहासिक जीवन पर विचार करना नितांत अनिवार्य समझा। इस पिछले विचार का प्रवर्तक *जर्मन जाति का इतिहास* का लेखक कार्ल लाम्प्रेख्त (1856-1915) था। बिस्मार्क का एक वक्तव्य उद्धृत करते हुए उसने दिखाया है कि उस महापुरुष ने स्वयं स्वीकार किया है कि समर्थ होकर भी वह घड़ी की सुइयाँ आगे करके भी इतिहास का निर्माण नहीं कर सकता। नितांत प्रतिक्रियावादी और इस्पाती कौल का वह जर्मन चांसलर बिस्मार्क निस्संदेह प्रगति के स्वाभाविक प्रवाह के सम्मुख अपनी निस्सहाय और क्षीण दशा का अनुभव करता था। अपने को वह ऐतिहासिक विकास का निमित्त मात्र मानता था। बिस्मार्क का विश्वास और वक्तव्य घोषित करते हैं कि व्यक्ति अथवा व्यक्तियों का समूह इतिहास में न तो पहले कभी सर्वशक्तिमान हुए और न आगे कभी हो सकेंगे। लाम्प्रेख्त की ही भाँति फ्रेंच इतिहासकार मोनोद और बेल्जियन पाइरेन की भी राय है कि काल-विशेष की सामाजिक और आर्थिक स्थिति समुद्र की जलराशि है, महान् व्यक्ति उसमें ऊँची उठती हुई लहरें मात्र हैं इसलिए इतिहासकार के लिए विशेष गवेषणा का विषय सामाजिक और आर्थिक परिस्थितियाँ होना चाहिए, न कि व्यक्ति-विशेष के कृत्य।

रूसी इतिहास-दार्शनिक प्लेखानोव के विचार से भी इतिहास-विज्ञान का सबसे महत्त्वपूर्ण विषय सामाजिक संस्थाओं और आर्थिक परिस्थितियों का अनुशीलन होना चाहिए। इस विचार-परंपरा का आरंभ वास्तव में उन्नीसवीं सदी के प्रथम चरण में ही हो गया था जब गुइजो, मिन्येत, आगस्तिन ताकेबिल आदि ने इसके पक्ष में व्यक्ति के चरित की समस्या का निःशेष विवेचन नहीं किया। इन फ्रांसीसी इतिहासकारों

का मत वस्तुतः अठारहवीं सदी के विरोधी विचारों की प्रतिक्रिया मात्र था। अठारहवीं सदी के इतिहास-दर्शन में व्यक्तिवाद की पराकाष्ठा हो गई थी।

सामाजिक और आर्थिक परिस्थितियाँ किस प्रकार इतिहास का निर्माण करती हैं और उनकी अपेक्षा व्यक्ति (चाहे वह कितना भी महान् क्यों न हो) के कार्य कितने नगण्य हैं, यह स्पष्ट करने के लिए प्लेखानोव ने कुछ उदाहरण दिए हैं। इनमें से कुछ इस प्रकार हैं—आस्ट्रियन-उत्तराधिकार-युद्ध में फ्रांसीसी सेनाओं ने आस्ट्रिया को अपनी विजयों से इस प्रकार लाचार कर दिया कि यदि फ्राँस चाहता तो आसानी से बेल्जियम छीन सकता था। परंतु लुई पन्द्रहवें ने कहा कि वह विजेता-नरेश है, क्रेता सौदागर नहीं। और आकेन की संधि में फ्रांस को कुछ न मिला। इसका करण कुछ विद्वानों के विचार में एक नारी की शक्ति-लोलुपता थी। मादाम दी पंपादूर लुई की प्रेयसी थी जो राजकार्य में काफी दखल देती थी और उसकी नकेल अपने हाथ में रखती थी। सो आस्ट्रियन रानी मारिया थेरेसा को प्रसन्न करने के लिए पंपादूर ने लुई को तद्वत् आचरण करने को बाध्य किया। फिर सप्तवर्षीय युद्ध में फांस असफल हुआ और उसके सेनापतियों को अनेक बार धूल चाटनी पड़ी। रीचलू लूटमार करने लगा था, सुबोई और ब्रोगली एक-दूसरे की राह में रोड़े अटकाने लगे थे। एक बार तो ब्रोग्ली मुसीबत में पड़ गया था और सुबोई उसकी मदद को नहीं गया जिससे ब्रोग्ली को मैदान छोड़ भागना पड़ा। यह अकुशल सुबोई उसी पंपादूर का प्रसादलब्ध अनुचर था, इससे लुई के उससे अप्रसन्न हो जाने पर भी पंपादूर ने परिस्थिति सम्हाल ली। इससे कहा जा सकता है कि लुई यदि अपेक्षाकृत कम दुर्बल होता अथवा पंपादूर राजकार्यों में दखल न देती तो फ्रांस को क्षति ने उठानी पड़ती। फ्रांसीसी इतिहासकारों का कहना है कि फ्रांस को बजाय आस्ट्रिया आदि से युद्ध करने के समुद्रों में अंग्रेजों के विरुद्ध अपना आधार सबल करना था। परंतु जो वह ऐसा न कर सका। उसका कारण पंपादूर का विरोध था, जो मारिया थेरेसा को प्रसन्न करना चाहती थी और जिसने फ्रांस को युद्ध में झोंक दिया। परंतु उसका एक लाभ अवश्य हुआ। वह यह कि फ्रांस के उपनिवेश उसके हाथ से निकल जाने पर उसके आर्थिक विकास को अत्यंत लाभ हुआ। इस प्रकार नारी की गर्वोन्मत्तता फ्रांस के आर्थिक विकास में एक महत्त्वपूर्ण कारण सिद्ध हुई। 2 अगस्त 1761 को आस्ट्रियन और रूसी सेनाओं ने फ्रेडरिक को घेर लिया, पर आक्रमक शिथिलकर्मा थे और जनरल बुतुर्लिन अपनी सेना लिए लौट गया। इससे आस्ट्रियन जनरल की विजय व्यर्थ हो गई। इसी समय जारीना एलिजाबेथ की मृत्यु ने पासा पलट दिया और फ्रेडरिक पेंच से निकल भागा। यदि बुतुर्लिन सक्रिय होता अथवा उसके स्थान पर रूसी जनरल सुबोरोव होता और एलिजाबेथ मरी न होती, तो निस्संदेह परिणाम और होता।

इन पर विचार करते हुए प्लेखानोव ने उस सबल ऐतिहासिक दृष्टिकोण की प्रतिष्ठा की जो व्यक्ति के प्रभाव को नगण्य कर देता है। पंद्रहवें लुई के शासन

काल में फांस का सैन्य संगठन दिन पर दिन दुर्बल होता गया। सप्तवर्षीय युद्ध के अवसर पर तो फ्रेंच सेना में सौदागरों, नौकरों और वेश्याओं की अगणित संख्या हो गई थी। उसमें युद्ध में काम आने वाले घोड़ों से तिगुनी उन टट्टुओं की संख्या थी जो सामान ढोते थे। यह सेना वस्तुतः तुरेन और गुस्ताव की सेनाओं से कितनी भिन्न थी, दारा और जरक्सीज की सेनाओं के कितनी अनुरूप! संतरी कार्य के लिए नियुक्त सैनिक पास के गाँवों में नाचते फिरते थे और अफसर की आज्ञा स्वेच्छा से ही मानते थे। सेना की इस अधोगति के कारण थे उन अभिजात कुलों का पतन जो सेना के लिए अफसर प्रदान करते थे, और 'प्राचीन-पद्धति' की अधोधः प्रगति। ये कारण सप्तवर्षीय युद्ध में फ्रांस को धूल चटा देने के लिए पर्याप्त थे। सुबोई और पंपादूर का योग फ्रांसीसी मुसीबतों को उत्तरोत्तर बढ़ाता गया। वास्तव में पंपादूर की अपनी शक्ति कुछ नहीं थी। उसकी शक्ति लुई की शक्ति पर अवलंबित थी। यदि लुई की मनोवृत्ति अन्य होती तो पंपादूर की शक्ति कुछ न होती। फिर भी क्या उन आधारभूत सबल परिस्थितियों का निराकरण हो सकता था, जो फ्रांस को क्रांति की ओर खींचे लिए जा रही थीं? रोस्वाख की लड़ाई के बाद पंपादूर के पास जनता की ओर से अपमानभरी अनंत-अनंत बेनामी चिट्ठियाँ आती रहीं जिससे वह उन्निद्र रोग से पीड़ित हो गई। फिर भी वह जनता के रुख के विरुद्ध सुबोई के स्वार्थों की रक्षा करती गई। क्यों? क्योंकि फ्रांसीसी जनता के पास उसे अथवा राजा को उचित आचरण करने पर मजबूर करने के लिए कोई शक्ति, संस्था न थी। समाज का संगठन–जो तात्कालिक सामाजिक और आर्थिक शक्तियों की उपज था–कुछ इस प्रकार था कि पंपादूर के सारे कारनामे उसे सह्य हो सकें। माना कुछ हद तक, कभी-कभी काफी, व्यक्ति समाज के भाग्य को प्रभावित करता है, परंतु यह प्रभाव और इसकी मात्रा समसामयिक समाज के संगठन और उसके अंतर्गत शक्तियों द्वारा सीमित रहती है। व्यक्ति का प्रभाव समाज के विकास में वहीं, उसी काल और उसी सीमा तक परिमित रहता है, जहाँ, जिस काल तक और जिस सीमा तक समाज उसे अंगीकार करता है।

कहा जा सकता है कि व्यक्ति का प्रभाव उसकी अपनी योग्यता से परिमित होता है सही। परंतु यह भी निश्चय है कि व्यक्ति अपना प्रभाव तभी व्यक्त कर सकता है जब वह समाज में एक विशिष्ट स्थान बना लेता है। क्या कारण है कि तत्कालीन फ्रांस के भाग्य एक ऐसे राजा के हाथ में थे जो नितांत अयोग्य और निष्क्रिय था। क्योंकि समाज का संगठन उसे अंगीकार करता था। इस प्रकार संगठन का रूप ही वस्तुतः काल-विशेष में मेधावी अथवा मूर्ख व्यक्तियों के सामाजिक, आर्थिक और राजनीतिक प्रभाव के परिणाम को निश्चित करता है। फ्रांसीसी राजक्रांति के कारण सामाजिक-आर्थिक थे, मिराबो, मारा और रोब्स्पियर नहीं, और न अठारहवीं सदी के एन्साइक्लोपीदिस्त दांतो, होल्बाख और हेल्बेशियस। और न ही बाल्तेयर अथवा

रूसो। इन्होंने उस क्रांति को बढ़ाया जरूर, परंतु वे वहाँ संयोग से ही थे। यदि वहाँ वे न होते तो उनके स्थान पर और होते, उन्हीं के रूप-गुण के। संभव है उनके स्थानापन्न व्यक्ति उनसे लगन, क्रियाशीलता अथवा योग्यता में कम होते, संभव है अधिक होते, पर होते जरूर। कारण कि रूसो, रोब्स्पियर आदि को उन परिस्थितियों ने ही बनाया था जो औरों को भी बना सकती थीं, औरों को भी बनाया—नेपोलियन को, दूसरी क्रांति के प्रवर्त्तकों को, नेपोलियन तृतीय को, 1870 के मजदूर-स्टेट के निर्माताओं को और पहले क्रांतिकालिक साधारण सेनापतियों को, जो कभी अभिनेता, कंपोजिटर, नाई, रंगसाज, वकील और खोंचेवाले थे। यह सोचना नितांत दोषपूर्ण है कि यदि रोब्स्पियर संयोग से मर गया होता अथवा नेपोलियन गोली का शिकार हो गया होता, तो फ्रांस का इतिहास बदल जाता। रोब्स्पियर का दल निश्चय नष्ट हो जाता, क्योंकि उसके सिद्धांतों में क्रांति के परवर्ती जीवन को संगठित करने के लिए कोई सुझाव न था और उसके दल के कार्य नित्य प्रति असह्य होते जा रहे थे। नेपोलियन यदि इटली में गोली का शिकार हो गया होता, तो दूसरे जनरल उसका स्थान ले लेते, यद्यपि संभव है उनकी विजयों की संख्या या मात्रा इतनी न होती जितनी नेपोलियन की थी; परंतु निःसंदेह फ्रेंच प्रजातंत्र निरंतर विजयी होता जाता। फ्रांस के पास उस समय संसार के सबसे बाँके सैनिक थे और सबसे बाँके अफसर। क्यों? क्यों अभी हाल की लुई पंद्रहवें की सैनिक वस्तु-स्थिति सहसा बदल गई थी? क्योंकि अभिजात वर्गीय स्वार्थों की परंपरा अब टूट गई थी और जनता निर्बाध रूप से सेना में भर्ती होकर उसकी शक्ति बदल सकती थी। जनता का अजस्र स्रोत अब खुल कर बह चला था।

स्वयं नेपोलियन वहाँ इसीलिए था कि सामाजिक और राजनीतिक परिस्थितियों ने उसे माँगा। वह वहाँ इसलिए आ धमका कि वह वहाँ था। वह यदि वहाँ न होता तो कोई और होता। प्रजातंत्र मृत्युन्मुख हो चुका था, डिक्टेटरी नष्टप्राय थी। अबीसेये ने जैसे कहा है—जरूरत 'तेज तलवार' की थी, जिसे संयोग से नेपोलियन ने प्रस्तुत कर दिया। वास्तव में उस पद के लिए नेपोलियन का नाम बहुत पीछे लिया गया। पहले जुबर्त का ध्यान लोगों को आया, पर नोवी की लड़ाई में उसके मर जाने पर मोरो, मैक्दोनाल्द बनदोत्त की पुकार हुई। यदि नेपोलियन भी जुबर्त की ही भाँति मर गया होता, तो उसका कोई नाम तक न लेता। और यदि उसका वह अंत न भी होता, जो हुआ तो भी उसकी स्वेच्छाचारिता से उस क्रांति का सृजन होता जो 'तुलरीज' के महलों को वास्तिल के दुर्ग की भाँति पत्थरों का ढेर बना देती। क्या कुछ ही पहले मारा ने नहीं कहा था कि हमारे विजयी जनरल ही हमारी स्वतंत्रता का नाश कर हमारी बेड़ियाँ सिद्ध होंगे? तब नेपोलियन कहाँ था? शायद सेना में एक अगण्य अफसर। क्या मारा का यह उद्गार जनता के एक नए स्तर के विचारों का विस्फोट न था? किसी प्रकार भी फ्रांसीसी राज्यक्रांति का परिणाम व्यक्तियों के

बीच में आ जाने के कारण अन्यथा न होता। अपने मानसिक गुणों और आचरणों से प्रभावशाली व्यक्ति घटनाओं के एकाध अवयव और उनके परिणाम के रंग कुछ गहरे कर दें यह संभव है, पर वे इतिहास का स्वाभाविक प्रवाह बदल दें यह संभव नहीं। हमें इस बात को न भूलना चाहिए कि प्रत्येक व्यक्ति सामाजिक संबंधों का परिणाम है। नेपोलियन महान था, परंतु जन शक्तियाँ जो उसके कृत्यों का समर्थन कर रही थीं, जिनके बल पर—लुई के बल पर मादाम पंपादूर के बल की भाँति—उसकी शक्ति निर्भर थी, वे महत्तर थीं। संभव है रफील और दा विंची न होते तो इटली के नए जागरण के भित्ति-चित्रों अथवा मूर्तियों का सौंदर्य इतना न निखर पाता जितना उनके द्वारा निखरा, पर उनके अभाव में इन कलाओं का अभाव ही रहता, यह मानना असंभव होगा। अनंत छोटे-बड़े कलाकार रफील और दा विंची के अतिरिक्त इतालवी चित्रों और भास्कर्य को सँवार रहे थे और निश्चय ही मात्रा (quantity) से गुणपरक परिवर्तन होता जिससे उस नवजागरण की शक्ति असिद्ध न हो पाती। प्रभावशाली से प्रभावशाली व्यक्ति जन-विचार और जन-प्रवास को उसके स्वाभाविक प्रयास की ओर ढकेलता मात्र है, उसके विरुद्ध खड़ा होकर उसके प्रवाह को लौटा नहीं सकता, चाहे वह बिस्मार्क हो, चाहे हिटलर, चाहे गाँधी। गाँधी ने उस महास्रोत को, जो 1857 अथवा उससे भी पहले फूट पड़ा था, केवल बढ़ाया, केवल उसी ओर जिधर वह स्वयं प्रवाहित हो रहा था। यदि वे उसके विरुद्ध होते, तो निश्चय विपन्न हो जाते जैसे अनेक और उनसे कहीं बढ़कर मेधावी 'लिबरल' विपन्न हो गए। जनघोष में उन्होंने भी अपना निर्घोष मिलाया यद्यपि उनका घोष सबसे ऊँचा था। इस सिद्धांत की सचाई गाँधी के ही जीवन से सिद्ध हो जाती है। जनता ने खादी नहीं पहनाना चाहा और गाँधी के लाख प्रयत्न करने पर भी, चर्खा के निरंतर स्तोत्र गाने पर भी, उसने खादी न पहनी। यह उदाहरण इस बात को निश्चित कर देता है कि सामाजिक परिस्थितियाँ ही इतिहास का निर्माण करती हैं, व्यक्ति-विशेष नहीं। इतिहास का स्रोत बहता जाएगा और क्लियोपात्रा की नाक चाहे उसके सौंदर्य के अनुपात से कुछ छोटी भी हो जाय तो उस प्रवाह में विघ्न नहीं पड़ सकता, क्योंकि सीजर और ऐन्तोनी को उत्पन्न करने वाले कारण अन्यत्र हैं, क्लियोपात्रा के मादक सौंदर्य में नहीं।

3

यहाँ पर इतिहास के दृष्टिकोणों पर भी कुछ विचार कर लेना उचित होगा। साधारणतया इतिहास के, वैज्ञानिक और अवैज्ञानिक, दो दृष्टिकोण हैं। जब इतिहासकार प्रस्तुत सामग्री को पूर्व और पर के क्रम में रख घटनाओं और उनकी शृंखला के कारण और उनके परिणाम को सामने रखते हुए उद्घाटन करता है, तब वह वैज्ञानिक दृष्टिकोण

का प्रयोग करता है। यह इतिहास का आधुनिक दृष्टिकोण है। इस परंपरा में इतिहासकार स्वयं घटनाओं के बीच में नहीं आ जाता, उनको वह अपनी सुविधा अथवा रुचि से नहीं रखता। उनके प्रति पूर्वाग्रह (prejudice) के वशीभूत हो उनके रूप बदलने की वह चेष्टा नहीं करता। घटनाओं को वह शुद्ध बुद्धि से यथातथ्य रखता है। यदि वह उनके संबंध में कुछ कहना चाहता है तो वह उसकी अन्त्य आलोचना होती है जिसे प्रसंग के बाद वह करता है। घटनाओं अथवा उनके संघटयिताओं के प्रति उसे क्रोध या अप्रसन्नता नहीं होती। मनुष्य होने के नाते वह स्वयं उनके अभाव से विरहित तो नहीं रह सकता। परंतु इतिहास के प्रणयन में कम से कम वह अपनापा का उपयोग नहीं करता, अपनी धारणाओं को पृथक् रखता है। इतिहास का मार्क्सवादी दृष्टिकोण इस वैज्ञानिक दृष्टिकोण को स्वीकार करता है, परंतु इसके आधार और परिणाम के संबंध में अपने सिद्धांत रखता है। उस दृष्टिकोण के अनुसार, जैसा आरंभ में कहा जा चुका है, इतिहास का विकास समाज की द्वन्द्वात्मिका परिस्थितियों के कारण होता है। प्राकृतिक आवश्यकताओं की पूर्ति के अर्थ मनुष्य प्रयास करता है। उस प्रयास के सिलसिले में वह उत्पादन का कार्य सम्पन्न करने के लिए अपने हथियार प्रस्तुत करता है, जिसकी सीमाएँ प्रकृति निर्धारित करती है, यद्यपि मनुष्य अपने इन्हीं हथियारों के बल पर प्रकृति पर अपना प्रभुत्व स्थापित करता है। उत्पादन के बाहुल्य और वितरण से समाज के स्तर बनते हैं, जिनमें पारस्परिक संघर्ष होता है। समाज के वर्ग कबीलों को हटा कर स्टेट की स्थापना करते, अपने स्वार्थ में कानून-विधान बनाते हैं। इसी संघर्ष से इतिहास का निर्माण होता है। यह तो हुआ आधार का सिद्धांत। परिणाम के संबंध में मार्क्सवादी दृष्टिकोण शुद्ध वैज्ञानिक से किंचित् भिन्न है। शुद्ध वैज्ञानिक इतिहास जहाँ केवल घटनाओं के तारतम्य को समझा कर उनकी अंतिम व्याख्या कर उनसे पृथक् हो जाता है वहाँ मार्क्सीय इतिहासकार ऐतिहासिक निगमन और निष्कर्ष को काम की वस्तु मानता है। समाज की व्यवस्था आर्थिक कारणों से बदल कर मनुष्य के स्वभाव में भी परिवर्तन करती है। अब तक का समाज मनुष्य ने अपने सचेत प्रयास से बनाया है जो अमान्य अवश्य है इससे आगे वह उसे बदल डालने का प्रयत्न करेगा। उस प्रयत्न को सफल करने में इतिहास अपने इतिवृत्तक उदाहरणों से सहायता करता है। मार्क्सवादी 'कला के लिए' नहीं मानता, उसे मनुष्य के लिए मानता है। इससे वह इतिहास को भी कुछ हद तक उद्देश्यपरक मानता है। परंतु किसी मंजिल पर वह इस कारण इतिहास के स्तरों को उटकारता नहीं। इतिहास का प्रणयन वह भी नितांत वैज्ञानिक ढंग से करता है।

उद्देश्यपरक इतिहास सर्वथा मार्क्सीय अथवा उपादेय ही नहीं होता। शुद्ध वैज्ञानिक रूप में इतिहास अंतर्राष्ट्रीय होता है। राष्ट्रीय इतिहास अवैज्ञानिक और अशुद्ध है। जिस प्रकार राष्ट्रीय औषधि, राष्ट्रीय रसायन, राष्ट्रीय विज्ञान नहीं हो सकते, वैसे ही राष्ट्रीय इतिहास भी नहीं हो सकता। जाति की अखंडता जितनी असत्य है,

इतिहास की राष्ट्रीयता भी उतनी ही अयथार्थ है। इतिहास राष्ट्र की संकुचित सीमाओं को सहज ही पार कर जाता है। जहाँ पर इतिहासकार राष्ट्रीय दृष्टिकोण से इतिहास का प्रणयन करता है, वहाँ वह उसकी घटनाओं और व्यक्तियों से राग-द्वेष करने लगता है। उसके सामने वास्तव में इतिहास नहीं, राष्ट्र और राष्ट्रीय उपादेयता को दृष्टि में रख वह इतिहास की घटनाओं को रूप-रंग देता रहता है। उसके लिए इतिहास एक राजनैतिक उद्देश्य का पूरक हो जाता है, जैसा कि वह नेपोलियन नीरो, बिस्मार्क, हिटलर के हाथ में हो गया था। इसका अर्थ यह नहीं है कि इन व्यक्तियों ने इतिहास की रचना की, वरन् यह कि राष्ट्र को दृष्टि में रख जो उन्होंने इतिहास के आँकड़ों से राष्ट्रीयता को जगाया तो वह भयावह हो गई और उसने कालांतर में अन्य राष्ट्रों को उखाड़ फेंकने का प्रयत्न किया। इतिहास के उदाहरणों का उन्होंने दुरुपयोग किया। मार्क्सवाद के क्षेत्र और दृष्टिकोण अन्तर्राष्ट्रीय हैं, इससे उसकी ऐतिहासिक व्यवस्था में इतिहास की वैज्ञानिकता विच्छृंखल अथवा दूषित नहीं होने पाती। परंतु राष्ट्रीय दृष्टिकोण से लिखे जाने वाले इतिहास में अपने-पराए की मनोवृत्ति का उठना स्वाभाविक है। इस प्रकार के इतिहास में अपनी पराजय की कथा कम अथवा नहीं मिलती, प्रायः विजयों की ही होती है, या पराजय को विजय से भी स्पृहणीय बना दिया जाता है। भारतीय पुराण प्रायः इसी दृष्टिकोण से लिखे गए हैं, इसी कारण उनमें सिकंदर के आक्रमण और विजय तथा कुषाण-राजवंश का कोई हवाला नहीं मिलता। देमित्रियस ने पाटलिपुत्र तक जीत लिया था, इस नाते ग्रीक इतिहासकार उसे 'भारत का राजा' (Rex Indorum) कहते हैं, परंतु सिवा *गार्गी-संहिता* (ज्योतिष-ग्रंथ) के 'युग पुराण' से उसका अन्य पुराणों में हवाला नहीं मिलता। शक-पह्लवों के पाँच-सात कुलों ने भारत के अनेक बाह्य और आभ्यंतर केन्द्रों से राज किया था, परंतु उनका हवाला भी नहीं के बराबर है और यदि इनके सिक्के, अभिलेख आदि उपलब्ध न होते तो हम उन्हें जान भी न सकते। प्रथम सदी ई. पूर्व के लगभग शक अम्लाट के आक्रमण के पश्चात मगध और उसकी राजधानी की जो दयनीय दशा हो गई थी, उसका वर्णन भी किसी पुराण ने नहीं किया है। यह चूँकि विदेशी द्वारा पराजित राष्ट्र की दशा थी, इसका उल्लेख साधारणतया पुराणों में नहीं किया गया। *गार्गी-संहिता* के 'युगपुराण' को छोड़ शेष सारे पुराण इस प्रसंग पर मूक हैं।

इसका अर्थ सर्वथा यह भी नहीं कि राष्ट्रीय इतिहास किसी स्थल पर वैज्ञानिक नहीं होता। अनेक स्थलों पर उसमें सत्य की स्तुति निर्भयता से हो जाती है। *विष्णु-पुराण* गुप्त कालीन है। समुद्रगुप्त की असुर-विजयी प्रणाली से संतप्त होकर पुराणकार ने राम का प्रसंग खड़ा कर कहा है—"मैंने यह इतिवृत्त प्रस्तुत किया है। भविष्य में इन राजाओं का अस्तित्व संदिग्ध होकर वैसे ही विवादास्पद हो जाएगा जैसे आज राम और अन्य महान् व्यक्तियों का हो गया है। सम्राट काल के प्रवाह में पड़ कर भूली हुई ख्यातें बन गए—वे सम्राट, जिन्होंने सोचा था और जो सोचते हैं कि 'भारत

मेरा है।' साम्राज्यों को धिक्कार है! सम्राट राघव के साम्राज्य को धिक्कार है!'' इस प्रकार की वैज्ञानिक आलोचना के जहाँ-तहाँ पुराणों में भी दर्शन हो जाते हैं। राष्ट्रीय इतिहास हर्ष के पंचवर्षीय दान को प्रश्रय देगा, उसकी प्रशंसा करेगा। उस दान की जो जनता के श्रम का परिणाम था, जिसे जनता नंगे-भूखे रह कर, राह में सुरक्षा के अभाव में लुट-लुट कर प्रस्तुत करती थी और जिसे वह अनुत्तरदायी हर्ष स्वार्थ और प्रदर्शन में लुटा देता था! राष्ट्रीय इतिहास की बुनियाद का ही यह फल है कि अतिस्त्रीगामी विलासी पृथ्वीराज युद्ध से भागता हुआ सरस्वती के तट पर मारा जाकर भी अमर है और नरपुंगव जयचंद अपनी मुट्ठी भर सेना के साथ अस्सी वर्ष की बुढ़ौती में चंदावर के मैदान में शहीद होकर भी कायरता और देशद्रोहिता का प्रतीक बना हुआ है। इतिहास की राष्ट्रीयता पर यह विकट व्यंग्य है, अमोघ और अमिट।

यह दोष कुछ भारतीय ही नहीं है। पूर्वाग्रह से विकृत अनेक इतिहासों का निर्माण हुआ है। भारतीय इतिहास विज्ञान को अपनी खोजों से परिपूर्ण करके भी स्वयं 'स्मिथ' अलीक न रह सके और अपने इतिहासों में उन्होंने विजयी जाति के शासकों की मनोवृत्ति दर्शायी। ईरानी दरबार का पाँचवीं सदी ई. पू. का ग्रीक राजदूत हेरोदोतस भारत से आए 'दो पूँछों वाले सिंह' का उल्लेख करता है। उसके इतिहास की सत्यता अनृत के व्यंग्य पर पहुँच जाती है जब वह कहता है कि हिमालय में जो स्वर्ण-सिकता निकलती है और जिसे भारतीय गाड़ियों पर लाद-लाद कर ले जाते हैं, उसे भूमि खोद-खोद कर दीमकें निकालती हैं जो लोमड़ी की ऊँचाई की होती हैं! रोम का इतिहास लिखने वाला लिवी स्वयं पक्षपात से नहीं बच सका। उसकी अवैज्ञानिकता का मुख्य कारण उसकी राष्ट्रीयता है। लिवी मेधावी है, देशप्रेमी है, साहित्यिक है, उसकी लेखनी में जादू है। इतिहास को भी वह साहित्य की भाँति लिखता है और उसमें रस का संचार करता है, परंतु इतिहास विज्ञान की दृष्टि से वह असफल है। लिवी इतिहासकार पीछे है रोमन पहले। इस कारण रोम की अनेक कुरीतियों, अनेक दुर्बलताओं, को वह क्षमा कर देता है। जो रोमन पराजएँ इतिहास सिद्ध हैं, उनको भी वह विजयों में बदल देता है। प्रत्येक रोमन कृत्य का वह अनुमोदन करता है यदि वह रोम के अर्थ साधन में सम्पन्न हुआ है, चाहे वह अत्यंत अनुचित ही क्यों न रहा हो। जब-जब रोम का रोमेतर राष्ट्रों से संघर्ष हुआ है उसके वर्णन में वह रोम पक्षवर्ती हो गया है, यद्यपि रोमन-रोमन के संबंध में उसका पक्ष स्तुत्य और न्याय्य है। लिवी आलोचक की दृष्टि से सर्वथा अनभिज्ञ नहीं, परंतु वैज्ञानिक तरीके को–राष्ट्रीय दृष्टिकोण रखने के कारण–वह समझ ही नहीं पाता। 'अहं' (Subjective element) और रोम की भावना उसमें अधिक है जो उसके दृष्टिकोण को विकृत कर देती है। उसमें धार्मिक भावना भी है जो स्थान-स्थान पर प्रकट होकर उसके विचारों को दूषित कर देती है। परंतु जो उसे अत्यंत अवैज्ञानिक बना देती है वह है उसके भीतर राष्ट्र-दृष्टि की पैठ।

इतिहास की भौगोलिक सीमाएँ नहीं हैं। उसके प्रति इतिहासकार का दृष्टिकोण सार्वभौमिक होना उचित है। इतिहास की सामग्री केवल पुस्तकीय अध्ययन की वस्तु नहीं। उसकी उपादेयता भी है और राष्ट्र तथा राष्ट्रीयों के चरित्र-निर्माण में उसका प्रयोग किया जा सकता है। देश और राष्ट्र-प्रेम बुरा नहीं, परंतु उसके कार्य के लिए इतिहास की शृंखला को दूषित करना बुरा है। देश के बच्चों के चरित्र-गठन के लिए इतिहास के उदात्त-व्यक्तियों के चरित चुने जा सकते हैं। उनका चरित गाया जा सकता है। *रामायण-महाभारत* की भाँति। परंतु उस वीरगाथा को इतिहास नहीं कहा जा सकता। घटना शृंखला की कड़ी है और हटायी नहीं जा सकती। फिर उदात्त चरित के लिए जब हम इतिहास के एक प्रसंग को अलग कर चरितनिर्माण के अर्थ फिर से संगठित करते हैं तब उसके एक स्थल पर अधिक जोर देते हैं, दूसरे को दबा देते हैं। इस प्रकार का इतिहास, इतिहास नहीं, राष्ट्र की सुविधाओं के लिए प्रस्तुत राजनीतिक संकलन है। कुछ अंशों में वह स्तुत्य भी है। परंतु उसे इतिहास की संज्ञा प्रदान करना अनुचित और दोषपूर्ण दोनों है। इतिहास इतिवृत्त है, अतीत में घटी हुई घटना, जिसका इतिहासकार ऋषिवत् दर्शन कर पुनरुद्धार करता है और जिसे वह शुद्ध वैज्ञानिक रूप से हमारे सामने प्रस्तुत करता है। ऐसा इतिहासकार स्तुत्य है, उसका इतिहास स्तुत्य है।

●●●